中国道路丛书

厉以宁 主编　程志强 副主编　赵秋运 主编助理

中国道路
与
经济高质量发展

序 推动经济高质量发展

厉以宁

改革开放四十多年来,中国经济持续快速健康发展,出现了经济的"增长奇迹"。2019年中国GDP超过99万亿元,比上年增长6.1%,经济总量稳居世界第二位;居民消费价格温和上涨,CPI比上年上涨2.9%,低于3%左右的预期涨幅;城镇调查失业率保持在3.6%左右,实现年初提出的低于5.5%的目标;进出口贸易总额首次突破31万亿元,货物贸易规模保持世界第一。在居民收入、消费以及人民生活水平方面,2019年居民人均可支配收入为30733元,比上年实际增长8.9%,稍快于人均GDP增速;居民消费增长加快,人均消费支出实际增长8.6%,

且农村居民增速大于城镇居民;消费结构不断升级,全国居民恩格尔系数为28.2%,比上年下降0.2个百分点。2019年,全社会固定资产投资560874亿元,比上年增长5.1%。脱贫攻坚成效明显。按照每人每年2300元(2010年不变价)的农村贫困标准计算,2019年末农村贫困人口551万人,比上年末减少1109万人,贫困发生率0.6%,比上年下降1.1个百分点。2019年,贫困地区农村居民人均可支配收入11567元,比上年增长11.5%,扣除价格因素,实际增长8.0%。总体而言,中国经济运行平稳,稳中有进。

经过改革开放四十多年的发展,中国经济正处于大发展大变革大调整的新时代。这个时代,世界多极化、经济全球化深入发展,各国相互联系、相互依存,全球命运与共、休戚相关;这个时代,社会信息化、文化多样化持续推进,新一轮科技革命和产业变革正在孕育成长;这个时代,和平、发展、合作、共赢的思想已经成为普遍认可的世界潮流。在这样的时代背景下,中国经济2019年运行总体平稳、稳中有进,但也面临"稳中有变、变中有忧,外部环境复杂严峻,经济面临下行压力"的复杂局势。从内部看,为了解决长期积累的结构性矛盾,中国在加速推进供给侧结构性改革过程中,遇到了一些困难、矛盾和挑战,如产能过剩、产业结构不合理、区域结构不均衡、劳动力红利正逐步消失等问题。展望2020年,中国经济同样面临着下行的压力,但中国经济发展长期向好的趋势没有改变。面对种种外部不确定性,我们要激活内生力量,深化国内改革,同时扩大对外开放。要树立信心,在发展中迎接挑战,在变局中抓住机遇。

中国面临的最大变数来自于外部环境的变化。从外部看,"世界面临百年未有之大变局",单边主义和贸易保护主义导致全球贸易摩擦加剧,欧洲和中东地区的地缘政治冲突给世界经济发展蒙上阴影,全球政策不确定性显著提高,经济风险显著提升,世界动荡调整变革不断加剧。严峻的国际环境主要表现在以下三个方面:

首先,全球主要发达经济体的经济增速将普遍回落。这一方面将制约中国经济的外需增长。另一方面，由于经济增速下降，各发达经济体将努力创造更多的国内就业机会，以保障国内居民生活水平。因此，它们将更加重视发展国内先进制造业、调整国内供应链布局。这将对全球现有产业链的稳定性产生冲击，进而对中国经济构成较大挑战。

其次，国际贸易体系处于单边主义与贸易保护主义盛行的新旧主义交替期。2019年，中国在新形势下遇到一定的贸易、投资摩擦。现阶段，中国经济已经进入深水区，我们应该寻找机会妥善处理与周边国家之间的关系，求同存异，我们相信通过国家之间的友好对话协商能够很好地解决国际经济交往中的贸易、投资摩擦。

最后，全球政治、经济中关键事件的发生。国际上重要国家的政治经济领域随时可能出现的新情况，有可能成为新的政治和经济风险点，这对中国乃至世界经济来说，都将造成一定的不利影响。各国货币政策的频繁调整也会给中国经济带来额外压力，甚至在一定程度上可能导致中国的资本外流。

面对上述多变的外部环境以及内部环境的变化，我们必须要具备忧患意识。2018年12月召开的中央经济工作会议指出，中国发展仍处于并将长期处于重要战略机遇期。近年来，中国先进技术出口增多，如高铁、通信设施等；我们的区域经济影响力在"一带一路"倡议的影响下日渐增强；同时，中国的政治环境一直保持平稳，人民"勤劳、朴实、坚韧、向上"。这一系列现实表明，中国仍有着巨大的经济增长潜力。同时，2020年又是中国改革开放再出发的关键一年，从一系列重要会议和新出台的政策来看，我们能够感受到扑面而来的改革气息。在新的一年，我们没有理由悲观；在新的征程，我们充满信心。我们的信心来源于哪里？

首先，来源于以习近平同志为核心的党中央的英明领导。中国共产党是中国人民和中华民族的先锋队。作为无产阶级的政党，中国共产党始终把为人类做出新的更大的贡献作为自己的使命。市场经济运行的效果受不同国家的国情和文化等因素影响,但根本上还是取决于其制度的驾驭能力。中国改革开放四十多年的实践表明:中国发挥社会主义制度优势成功驾驭和发展市场经济,取得了举世瞩目的成就,充分体现了社会主义市场经济体制的优越性。同时我们也应看到,这并不意味着社会主义制度与市场经济已经实现了完美结合。在新时代,面对纷繁复杂的国内和国际政治经济环境,我们更应坚持发挥好社会主义的制度优势,促进社会主义市场经济更好地发展。一方面,要处理好政府和市场的关系,促进市场在资源配置中起决定性作用,同时更好发挥政府的调控作用;另一方面,坚持党的领导,发挥党总揽全局、协调各方的领导核心作用。这不仅是中国社会主义市场经济体制的一个重要特征,也是保障社会主义制度具有强大动员能力和高效执行能力的重要基础。因此,全党全国各族人民紧密团结在以习近平同志为核心的党中央周围,是政府更好发挥作用的根本保证,也是社会主义市场经济良性发展的重要基础。

其次,来源于中国具有建成强大国内市场的坚实基础。中国目前拥有14亿人口,巨大的人口基数催生出巨大的消费潜力,国内市场还拥有很大的开拓空间。具体来讲,首先,中国城乡收入差距大、人均收入有待提高,政府可以通过推进个税、社保改革,增加居民收入,缩小分配差距,从而促进消费;同时,从消费支出占整个 GDP 比重来看,2017 年中国的消费率是 53.6%,这跟发达国家的 70% 以上的水平相比,尚存在明显的差距,这个差距也就蕴含着巨大的潜力。其次,随着收入的增加,人们对产品质量的期望自然会上升。然而当前中国国内供给的产品质量难以满足中高端消费者的需求,甚至一定程度上抑制了消费,导致大量消费外流。因此,如果中国的企业在产品开发中能够增强创新能力、开发核心技术,监管部门能够将产品的标准水平提升,同时在监管时严把产品质量关,那么,随着中国产品质量的提升,国内消费能够增加,中国产品的国际竞争力也会提升。最后,随着中国人民物质生活水平的提高,人们的消费已经不仅仅局限于物质领域,消费升级的态势,尤其是向服务业转型的态势非常明显,第三产业的消费潜力巨大。综上所述,中国的消费有潜力、有空间朝着好的、向上的势头发展。

最后,来源于供给侧结构性改革的深入推进。步入新时代,中国经济正由高速增长阶段转向高质量发展阶段,必须要坚持深化供给侧结构性改革,这是建设现代化经济体系的关键环节,是实现中国经济真正强起来的关键步骤。从短期看,供给侧结构性改革重在"三去一降一补";从长期看,要适应国内外发展趋势,加快建设制造强国,发展先进制造业,推动互联网、大数据、人工智能等与实体经济深入融合;要支持传统产业优化升级,瞄准国际标准提高水平,促进中国产业迈向全球价值链中高端,培育若干世界级先进制造业集群。

2020年是中华人民共和国成立70周年后的第一年,站在这个历史时刻,我们要把握机遇、迎接挑战,向着实现中国梦的宏伟目标迈进。我们必须要统筹好国内、国外两个大局,全面深化改革开放,抓住机遇,努力发展,补齐短板,奋力实现"中国梦"的发展愿景:

第一,要继续深化农村土地改革,助力城镇化和乡村振兴。党的十九大报告提出,对于农村土地制度,要"巩固和完善农村基本经营制度,深化农村土地制度改革,完善承包地'三权分置'制度"。对此,我们还需要从以下几个方面努力:首先,深化农村集体产权制度改革,将农村土地改革与城镇化和乡村振兴结合起来。在新型城镇化推进过程中,有机结合农村土地改革、现代农业产业发展与乡村建设,为推动乡村产业兴旺、促进城乡融合发展、实现乡村振兴战略目标,发挥向心合力作用。对集体建设过程中土地的所有权、使用权、收益分配进行明确规定,平衡集体和农户间的关系,保障农民应得利益。其次,要深化承包地的"三权分置"改革,进一步明确三权的权益内涵、边界及期限。最后,可以探索建立农村土地股份合作社,完善相应补偿机制。土地股份合作社有利于促进农业的产业化、规模化、集约化生产,促进农民增收。

第二,建立健全金融市场,更好地服务实体经济。深化金融供给侧结构性改革,确保金融市场在实体经济发展中发挥良好的作用,将"放管服"改革作为深化金融改革的重要内容,实施层级管理,划分中央与地方的金融职权,构建多层次、广覆盖、有差异的金融体系;管住金融机构、金融监管部门主要负责人和高中级管理人员;优化实体经济发展环境,继续改善小微企业和"三农"金融服务,最大限度激发市场活力,增强金融服务实体经济能力。同时,应积极稳妥防范化解金融风险,把防范化解金融风险和服务实体经济更好地结合起来,推动中国金融业健康持续发展。

第三,要激发民营企业活力,消除民营企业发展的障碍。民营企业经过多年的发展,已经成长为国民经济的重要组成部分,同时也为中国产业升级和结构优化做出了巨大贡献。然而,目前民营企业发展还存在着诸多障碍,如市场准入障碍、无法平等获得要素资源等。同时,其自身也存在管理制度落后等弊端。因此,为了促进中国民营企业发展,必须消除其发展障碍与自身问题。一方面,政府要有效落实促进非公有制经济发展的政策,为民营企业创造平等的市场准入条件,同时进行要素资源市场化改革,保证民营企业能够平等获得资源;此外,要推进管理体制改革,限制权力滥用,以打消部分民营企业走歪门邪道的念头,打造政府和企业之间"亲近""清明"的关系。另一方面,民营企业自身可以从外部引入职业经理人,建立起科学有效的管理机制。

第四,提高科技创新和技术能力,鼓励创新型企业上市。创新是引领发展的第一动力,是建设现代化经济体系的战略支撑。现阶段,中国经济已由高速增长阶段转向高质量发展阶段,对推动"大众创业、万众创新"提出了新的更高要求。为此,一方面,政府要承担好创新创业环境营造者的角色,通过简政放权释放企业创新活力,通过营造公平的市场环境、加大财税政策支持、优化服务等措施来激发企业创新活力;另一方面,要增强创新型企业引领带动作用,推动高校科研院所创新创业的深度融合,健全科技成果转化的体制机制。

第五,调整对外开放战略,积极融入国际化。改革开放以来,中国一直推行经济对外开放政策。出口导向工业化发展模式的成功,使得中国在全球经济合作中获得了巨大的经济利益,同时也给世界各国带来了利益共赢。近年来,中国在国际合作方面成绩斐然,确立了"一带一路"这一重点经济开放倡议,推动与沿线国家的合作对话,建立了新型全球发展伙伴关系;同时,为适应国际经济新形势和新秩序,中国加快了双边、多边自由贸易协定的谈判。但是,中国国内劳动力成本的上升、制造业过剩、产业挤出性转移,以及国际政治经济格局发生的一系列转折性变化,都使得中国不得不调整、改进对外开放战略。在新形势下的对外开放中,我们要注意以下两个问题:其一,转变对外经济发展模式。从传统的出口导向的工业化发展模式,转向产业升级与出口替代型的后工业化时代经济发展模式,同时实现从劳动力密集型制造业向资本技术密集型制造业和服务业升级。具体措施包括推进2050年"三步走"战略实施,推进智能制造;鼓励硬技术研发,形成中国自主技术和品牌;鼓励民营企业在国外建立销售网络,收购国际知名品牌,形成自己主导的贸易渠道。其二,要为中国的和平发展创造良好的外部条件。多边层面上,中国应该坚定不移支持多边贸易体系,推进贸易自由化和便利化。区域合作层面,要针对区域一体化趋势,真正制定好区域合作战略。正如十九大提出,以"一带一路"为重点,推动形成全面创新的新格局。下一步,中国要从战略高度谋划机制和规则建设,并扎实稳步推进。

第六,打造全球能源互联网,构筑人类能源命运共同体。2017年5月14日,中国国家主席习近平在"一带一路"国际合作高峰论坛上发表主旨演讲,指出"要抓住新一轮能源结构调整和能源技术变革趋势,建设全球能源互联网,实现绿色低碳发展"。构建全球能源互联网的倡议立足于打造人类命运共同体,立足于全球可持续发展,立足于应对人类面对的共同挑战,体现了中国的大国责任和引领作用。全球能源互联网的建立有着深刻的战略意义和战术价值。作为全球能源治理的重大变革和创新,全球能源互联网描绘了未来世界能源发展的崭新蓝图,必将深刻改变全球能源发展、经济增长、社会生活的各个方面,开辟世界能源变革新局面,开启全球能源合作新时代,在人类能源发展史上具有深远意义。

我们相信,在中国共产党的指引下,在以习近平同志为核心的党中央坚强领导下,中国必将经受住各种严峻考验,创造无愧于历史、无愧于时代、无愧于人民的宏伟业绩,如期实现"两个一百年"奋斗目标,不断从胜利走向新的胜利!

目录

理 论 篇

疫情背景下中国经济高质量发展路径
　　研究 ………………………… 程志强 3
转型之路:新旧动能转换与高质量
　　发展 …………… 魏　杰　汪　浩 15
中国特色社会主义基本经济制度推动
　　高质量发展——高铁分析之
　　管见 …………… 郑　拓　刘　伟 25
金融抑制与民营经济高质量
　　发展 …………… 龚六堂　赵玮璇 42
统筹"引进来""走出去",建设高质量
　　开放型经济 ……… 罗　青　马海超 66

无形资产驱动的高科技中小企业升级机理研究
　　——以创业板软件企业为例 ………… 白江涛　周小全 81
切实加强新时代应急管理，推动经济社会高质量
　　发展 ………………………………… 赵子丽　刘玉铭 95
经济高质量发展背景下的大学生就业 …… 蒋　承　陈其然 108
促进贸易高质量发展的路径与政策选择 …… 田惠敏　张欣桐 123
高度城市化地区耕地高质量保护和利用模式研究
　　——以深圳市为例 ………………… 傅帅雄　黄顺魁 137
知识产权、创新与经济高质量发展 ……… 赵秋运　唐　恒 151
以高水平创新驱动高质量发展 …………… 张　骞　张　磊 166

实　践　篇

把握大数据时代机遇，推进国家治理体系和治理
　　能力现代化 ………………………… 谷　彬　车　耳 187
区域发展助推经济高质量发展
　　——以长江经济带发展为例 ………… 罗来军　胡先强 197
丝绸之路经济带核心区高质量发展研究
　　——基于发展路径及金融模式探析 …… 丁志勇　张莉涓 211
新时代中国制造业高质量发展测度研究 …… 邓　丽　张建武 225
高质量发展视角下开发区设立与地区制造业升级
　　研究 ………………………………… 周　茂　陆　毅 247
产业升级一定会带来高质量就业吗？
　　——从欧洲情况看中国提升劳动收入占比的
　　政策着力点 ………………………… 韩非池　张博男 266
经济高质量发展和人类命运共同体 ……… 韩永辉　张　帆 286
完善科技创新体系构建，助力经济
　　高质量发展 ………………………… 赵祚翔　张　龙 304
实用新型专利质量与科技创新 …………… 王红玉　周　立 317

推动制造业高质量发展面临的问题与对策 ··· 冯宗邦　刘中升 339
经济高质量发展视角下期货及衍生品市场演变的
　　路径分析 ·················· 陆文山　刘　畅 351
区域经济高质量发展与基础教育平衡研究
　　——以黑龙江省偏远地区为例 ······ 杨琳娜　魏智武 373
环境规制与高质量创新发展
　　——新结构波特假说的理论探讨 ······· 郑　洁　刘　舫 388

理论篇

疫情背景下中国经济高质量发展路径研究

程志强

  2020年是中国决胜全面小康、圆满收官"十三五"、启动谋划"十四五"、打赢"三大攻坚战"、实现第一个百年奋斗目标的关键一年,新冠肺炎疫情却突如其来,对经济运行造成了前所未有的冲击。但中国经济基础雄厚,具有强劲韧性,保持长期持续向好态势,具有许多有利条件和独特优势。我们要在习近平新时代中国特色社会主义思想的引领下,统筹推进疫情防控和经济社会发展工作,坚定不移贯彻新发展理念,大力推进供给侧结构性改革,进一步深化改革开放,加大宏观政策对冲力度,坚定信心,迎难而上、主动作为,长期推动中国经济高质量发展(厉以宁和程志强,2019)。

一、新冠肺炎疫情对中国和世界经济造成前所未有的冲击,但不会从根本上改变中国经济长期向好的基本面

疫情发生及其防控,不可避免使经济活动受到抑制,无疑会对交通运输业、服务业、旅游餐饮业、文化娱乐业等直接带来冲击,短期内必然会对中国就业、消费、投资增长等产生影响,内外需受到抑制,短期经济增长预期下行,经济形势极不寻常。一季度国内生产总值同比下降6.8%,这是中国经济自1992年以来第一次出现季度性萎缩,其中固定资产投资、进出口总额、第三产业增加值这三项指标分别同比下降16.1%、6.4%、5.2%。

从全球范围来看,世界疫情正从多点暴发到全球蔓延。受疫情影响,世界经济增长、全球供应链和产业链、国际金融市场等均受到严重冲击,全球经济面临衰退的风险。此次疫情必然进一步加剧世界经济长期低迷增长和缓慢复苏的格局。国际货币基金组织最新一期《世界经济展望》预计,受新冠肺炎疫情影响,2020年全球经济将萎缩3%。与2020年1月的预测相比,下调了6.3个百分点。国际货币基金组织称这是"大萧条"以来最严重的经济衰退。世界贸易组织预测:在较乐观的情况下,2020年全球商品贸易将下滑13%,全球GDP将下滑2.5%;在较差情况下,2020年全球商品贸易将重挫32%,明年将反弹提升24%。国际劳工组织4月7日发布的报告显示,在全球33亿劳动人口中,已有81%受到新冠肺炎疫情影响,2470万人遭遇失业。报告预测,疫情将使2020年第二季度全球劳动人口总工时缩减6.7%,相当于1.95亿名全职雇员失业。

此次疫情在某种程度上放大了全球化的负面作用,"逆全球化"思潮可能进一步加剧,导致民粹主义和保护主义抬头,商品、服务、人员和资本的跨境流动会受到越来越多限制,经济全球化发展

可能明显减弱。疫情的全球大流行,必然会带来全球产业链体系的变动,将使全球制造业供应链、能源供应链、技术供应链、金融供应链、物流供应链以及全球消费市场格局发生深刻变化和调整。特别是部分西方国家有意在医药、医疗器械、高科技零部件等产业上与中国"脱钩",寻求产业链条的本土化。全球投资市场掀起无差别抛售潮,国际原油期货价格跌入负值。国际资本正在加速撤离新兴市场,拉美、非洲等发展中国家可能面临大规模主权债务违约。

但是,此次疫情引起的短期经济下行源自供给和需求同时收缩,有别于经济周期支配下供需基本面发生根本性变化导致的常规危机,其特殊性在于,复苏进程取决于何时遏制住疫情。因此,此次暴发疫情引起的经济断崖式下滑是暂时的、可控的。当前,全国上下统筹推进疫情防控和经济社会发展各项工作,疫情防控形势持续向好,复工复产加快推进,关系国计民生的基础行业和重要产品稳定增长,基本民生得到较好保障,经济社会发展大局稳定。与1、2月份相比,3月份经济数据已经表现出明显好转态势。

面对当前极不寻常的经济形势和挑战,我们必须充分估计困难、风险和不确定性,统筹做好疫情防控和经济社会发展工作,努力把疫情影响降到最低。随着中央和地方一系列稳增长、稳就业的财税金融等措施陆续出台,二季度经济比一季度会有明显回升,下半年经济会更加稳健。全球经济深度衰退的背景下,中国经济能够稳住,保持一个适度正增长,就是很大胜利。若能以中国的稳健增长引领全球经济走出衰退或萧条,成为全球经济复苏和增长的最主要动力源,将有利于进一步提升中国在国际经济中的比重、地位和影响力。

尽管疫情在短期内对中国和世界经济发展已经带来了前所未有的冲击,但不会从根本上改变中国经济长期向好的基本面。中国经过四十多年的改革开放,经济总量规模持续扩大,具有强大供给能力、适应能力、修复能力和强劲韧性;特别是中国仍然还是并将继续处在发展中国家水平,处于工业化后期阶段,进入中高速增长期后还有巨大的增长潜力和发展空间。

雄厚基础是应对风险挑战的最大底气。这些年来,中国经济不断攀登新高度,国内生产总值接近100万亿元,人均首次突破1万美元大关,是世界第二大经济体、制造业第一大国、外汇储备第一大国,对世界经济增长贡献连续多年达30%左右。综合国力优势在增强,也意味着抵御短期冲击、应对风险挑战的能力进一步提高。在经济总量持续扩张的同时,经济结构调整升级步伐不断加快,第一、第二、第三产业加速迈向了高质量发展。中国主要工农业产品规模均居世界前列,已经形成了世界上最为完备的产业链。中国是全世界唯一拥有联合国产业分类中所列全部工业门类的国家,在世界500多种主要工业产品中,中国有220多种工业产品的产量占据全球第一,全球疫情导致的供应链断裂影响对比国外相对更小。在抗击疫情的过程中,针对防疫需要,一批汽车、服装等生产企业紧急转产,跨界生产口罩、防护服等紧缺物资。无论是稳产保供还是转产防疫物资,无不体现了中国制造强大的生产能力、齐全的配套能力和高效的应变能力。

内需消费拉动经济发展潜力巨大。中国拥有14亿人口,是全球最大的内需市场。2019年中国消费对GDP的贡献率是57.8%,与发达国家70%以上的水平相比存在较大差距,具有巨大增长潜力。随着人均GDP突破1万美元,可以预期国内消费将有一定程度增长。随着生活水平提高,人们对产品和服务质量的要求自然会上升,这将推动中国企业增强创新能力、加强技术研发,从而以消费升级带动产业升级。随着消费能力的提升,电子信息、远程医疗、健康养老、在线教育等逐渐开始成为家庭消费的重点,新业态、新消费、新热点逐渐被家庭接受,将促进中国消费增长(程志强和马金秋,2018)。

产业结构加快升级促进经济转型发展。随着新业态、新经济、新消费的发展,产业结构转型升级步伐加快。2019年,中国战略性新兴产业增加值比上年增长8.4%,高技术制造业增加值增长8.8%,战略性新兴服务业企业营业收入比上年增长12.7%,高技术产业、装备制造业增速明显快于一般工业。一批重大科技创新成果相继问世,新兴产业蓬勃发展,传统产业加快转型升级,新动能正在深刻改变生产生活方式、塑造发展新优势。

区域协调发展促进全域经济整体提升。中国经济的特点之一就是区域发展不平衡、东中西部发展不平衡、南北方发展不均衡。为解决这一问题,实施区域协调发展战略就成为中国经济转型发展、协调发展的保障。近年来,京津冀协同发展、长江经济带发展、"一带一路"倡议的实施为传统的区域发展赋予了新的理论与内涵,为中国经济发展开创了新的天地。

新型城镇化和新农村建设前景广阔。中国城镇化率目前已经达到60%,大约还有20个百分点的上升空间。新型城镇化与工业化、信息化、农业现代化的同步发展,将推动信息化、工业化与城镇化的深度融合发展,甚至形成良性发展的互助性机制,保障城镇化人口就业,促进中国具有产业支撑的优质城镇化发展。而城镇化势必带动房地产、基础设施、制造业、公共服务等全方位投资,推动经济快速发展,创造良性发展机制。随着年底前如期实现"全面小康"目标,中国农村将彻底摆脱绝对贫困,加快乡村振兴将成为巩固脱贫成果的重要抓手。

二、迎难而上、抢抓机遇,为中国经济发展注入长期持久动力

我们要以习近平新时代中国特色社会主义思想为指引,以应对疫情影响为契机,补短板、强弱项,结合"十三五"收官、"十四五"布局和第二个百年奋斗目标,加强经济领域顶层设计,以少数关键领

域为突破口,为中国经济持续高质量发展不断注入新活力。

(一)坚持以新发展理念引领经济高质量发展

理念是行动的先导,创新、协调、绿色、开放、共享的新发展理念,深刻揭示了实现更高质量、更有效率、更加公平、更可持续发展的必由之路。

将创新作为引领发展的第一动力。着力实施创新驱动发展战略,在高端引领、成果转化和释放创新潜力等方面下大气力,在战略性、基础性、前沿性领域集中力量进行联合攻关,建设一批产学研用紧密结合的技术研发平台、技术转移平台和新型研发机构,突破一批战略性新兴产业的核心技术。推动创新创业创造深度融合,最大程度地释放全社会的创新潜力,鼓励一切有益的创业活动,形成人人崇尚创新、人人渴望创新、人人皆可创新的社会氛围。

将协调作为持续发展的内在要求。着力实施乡村振兴战略和区域协调发展战略。要深化城乡一体化建设,补齐农村能源、通信、交通等基础设施短板,坚持工业反哺农业,城市支持农村和"多予、少取、放活"的方针,促进城乡公共资源均衡配置,加快形成以工促农、以城带乡、工农互惠、城乡一体的工农城乡关系。以京津冀、"长三角"、粤港澳大湾区等城市群建设为重点,建立以中心城市引领城市群发展、城市群带动区域发展新模式,推动区域板块之间融合互动发展,引导鼓励核心城市内相关制造业、服务业疏解至都市圈低成本区域,通过产业聚集、转型升级,逐步形成核心竞争力突出的专业化小镇,实现小分散、大集中。要发挥各地区比较优势,形成优势互补高质量发展的区域经济布局,补齐区域发展不协调的短板。

将绿色作为永续发展的必要条件。树立和践行"绿水青山就是金山银山"的理念,坚持节约资源和保护环境的基本国策,坚定走生产发展、生活富裕、生态良好的文明发展道路,推动形成人与自然和谐发展现代化建设新格局。绿色发展的核心是能源可持续发展。

要认真落实"四个革命、一个合作"的能源安全新战略,顺应世界能源发展大势,以能源互联网建设为重点,积极构建具有绿色安全、泛在互联、高效互动、智能开放等特征的智慧能源系统,推动能源生产低碳化、能源配置网络化、能源消费电气化。坚持绿色发展,大力推动节能减排,积极参与国际气候与环境治理,履行国际减排承诺。

将开放作为国家繁荣发展的必由之路。必须顺应中国经济深度融入世界经济的趋势,坚定不移奉行互利共赢的开放战略,更好利用两个市场、两种资源,把中国开放型经济提升到新水平。要全面融入全球产业链、价值链和创新链,特别是加强与"一带一路"沿线国家和地区在基础设施、产业技术、能源资源等领域的国际交流合作,推动企业、产品、技术、标准、品牌、装备和服务"引进来""走出去",以更宽广的视野谋划开放发展新思路,以高水平开放推动高质量发展。

将共享作为人民共同富裕的内在要求。必须坚持人民主体地位,把人民对美好生活的向往作为奋斗目标,让改革发展成果更多更公平惠及全体人民,朝着实现全体人民共同富裕的方向不断迈进。要着力在脱贫攻坚、增加居民收入、改善民生等方面取得新进展,坚决打赢脱贫攻坚战,把脱贫攻坚和防止返贫摆在重要位置。要不断改善民生,采取针对性更强、覆盖面更大、作用更直接、效果更明显的举措,解决好与群众生活息息相关的教育、就业、医疗卫生、社会保障等民生问题,不断促进人的全面发展。

(二)以供给侧结构性改革推动经济转型升级

深化供给侧结构性改革是建设现代化经济体系的关键环节,是推动中国经济强起来的关键步骤,将为中国经济带来诸多红利。要坚持以供给侧结构性改革为主线,助力中国经济由高速增长阶段迈向高质量发展阶段。

大力推进"新基建"与"传统基建"协同发展。"新基建"是以新发展理念为引领,以技术创新为驱动,以信息网络为基础,面向高质量发展需要,提供数字转型、智能升级、融合创新等服务的基础设施体系,包括5G、物联网、工业互联网等信息基础设施,智慧交通、智慧能源等融合基础设施,以及支撑科学研究、技术开发、产品研制的创新基础设施,具有科技水平高、产业链条长、投资规模大等特点,将催生出大量的新产业、新业态和新模式,经济效益和社会效益都十分显著。根据中国信通院预测,2030年,5G带动的直接产出和间接产出将分别达到6.3万亿和10.6万亿元。要尽快研究出台推动新型基础设施发展的有关指导意见,修订完善有利于新兴行业持续健康发展的准入规则,加快推动5G网络部署等项目建设,激发各类主体的投资积极性,推动技术创新、部署建设和融合应用的互促互进。同时,电力、公路、铁路、机场等传统基础设施领域是关系民生的重点行业,还存在很多短板,特别是农村基础设施还有很大需求,需要以大项目带动大基建,才会有大就业并带动大消费。

加快传统产业转型升级和结构调整。推动信息技术在传统产业中应用,为传统产业创新提供新的动力,推动传统产业创新升级,是实现中国传统制造业向数字制造、智能制造转型的强大动力,有利于促进要素驱动型产业模式转向创新驱动型产业模式,改善产业组织结构,提高产业管理水平,提升产业基础能力和产业链现代化水平。数字经济与传统产业的融合产生了新产业、新业态、新模式,将引领新一轮科技革命、产业革命和社会变革,重构经济活动中的生产、运输、消费等各个环节。例如,数字经济推动先进制造业与现代服务业深度融合,使得定制化服务成为可能,降低了中间环节成本,增加了产品附加值,提高了服务业对经济的贡献率。传统产业在升级过程中,可以利用技术创新和规模效应,进而形成新产业新竞争优势,更好地满足消费者个性化需求,抢占产业数字化、信息化的先机。

释放要素市场化改革红利。中共中央、国务院印发《关于构建更加完善的要素市场化配置体制机制的意见》,就扩大土地、劳动力、资本、技术、数据等要素市场化改革方向和重点做出部署,有利于进一步增强市场配置资源的功能,推动经济发展实现质量变革、效率变革、动力变革。关于劳动力要素,重点是深化户籍制度改革,除个别超大城市外的城市落户限制放松,试行以经常居住地登记户口制度,解决人户分离问题,采取将教育、就业创业、医疗卫生等基本服务与常住人口挂钩机制,畅通人才流通渠道。

(三) 坚持以改革开放打造经济发展新动能

改革开放是过去四十多年来中国发展的核心动力,目前已经进入深水区,要瞄准重点领域和关键环节,进一步深化改革、扩大开放,释放改革开放红利。

深化农村土地改革。农业、农村、农民问题是关系国计民生的根本性问题。首先,深化承包地"三权"分置改革,进一步明确"三权"内涵、边界及期限。其次,在推进新型城镇化过程中,将农村土地改革、发展现代农业与乡村振兴有机结合,为推动乡村产业兴旺、促进城乡一体化发展提供合力。再次,对集体经营性建设用地的土地所有权、使用权和收益分配做出明确规定,保障农民利益。最后,可以探索建立农村土地股份合作社,完善相应补偿机制,促进农业产业化、规模化、集约化发展,促进农民增收。

深化金融改革开放。金融是经济的血脉。应深化金融供给侧结构性改革,确保金融为实体经济服务,更好满足经济社会发展和人民群众需要。将"放管服"改革作为深化金融改革的重要内容,构建多层次、广覆盖、有差异的银行体系;根据市场需求开发多样化的金融产品,继续改进小微企业和"三农"金融服务。同时,积极稳妥防范化解金融风险,管住金融机构、金融监管部门主要负责人和高中级管理人员,并把防范化解金融风险和服务实体经济更好结合起来,推动中国金融业持续健康发展。

激发民营企业活力。民营经济是中国经济制度的内在要素,民营企业和民营企业家是自己人。在中国,民营企业与中小微企业有很大重合度,它们在拉动经济、带动就业、维护稳定等方面发挥了重要作用。当前,民营企业发展面临一些困难和挑战,需要各方面共同努力解决。一方面,要有效落实促进非公有制经济发展的政策措施,为民营企业创造平等的市场准入条件;加快要素市场化改革,保证民营企业能够平等获得资源;深入推进"放管服"改革,在限制权力滥用的同时做好服务支持工作,构建亲清新型政商关系。另一方面,要鼓励民营企业从外部引入职业经理人,不断完善企业治理。

推动共建"一带一路"。将共建"一带一路"作为中国进一步扩大开放、维护多边贸易体系、推动构建国际政治经济新秩序的重要抓手,着力促进沿线国家政策沟通、设施联通、贸易畅通、资金融通、民心相通。要聚焦互联互通,进一步畅通能源流、交通流和信息流,推动沿线地区联动发展;要以民生为导向,重视人力资源开发、教育和职业培训方面的民生项目合作;要加强文化交流,建立多层次人文合作机制,搭建形式多样、领域广泛的交流平台,增进相互理解和认同;坚持可持续发展理念,将其融入项目选择、实施、管理的方方面面,确保项目在经济、社会、财政、环境等方面的可持续性。

三、灵活运用金融财政货币政策工具,发挥逆周期调节作用

这次疫情引起的经济下滑与以往由于经济内部出问题导致的下滑明显不同。要加大宏观政策调节力度和实施力度,短期经济政策要对症下药,解决当前局部性、区域性经济困境,中长期要着眼于国民经济发展整体和全局,发挥财政和货币政策对经济发展的重要调节作用,同时强化金融监管,加大相关产业扶持力度,实现稳就业、稳金融、稳外贸、稳外资、稳投资、稳预期,推动经济高质量发展。

积极的财政政策要更加积极有为。财政政策在短期内应致力于纾困,加大减税和支出力度,进一步加快地方债发行,适度提高政府财政赤字率,发行特别国债,增加地方政府专项债券规模;适当减免上半年受疫情影响严重的部门尤其是交通运输、旅游、餐饮、住宿等行业的增值税,进一步降低社保缴费率,降低企业特别是中小微企业的固定成本;对疫情冲击大的群体和低收入群体,特别是无工作、无收入群体,可以采取直接发放货币补贴的救助方式。中长期财政政策应着力于加快推动重点基建项目建设,加大对交运、教育、医疗等行业的投资,提前做好基建项目储备,以刺激需求、稳定就业,同时通过进一步完善基础设施,提升中国制造竞争力及经济潜在增长率。

稳健的货币政策要更加灵活适度。短期内要继续发挥定向降准、再贷款、再贴现一类结构性货币政策工具的引导作用,对受疫情影响较大的区域、行业、中小企业给予精准支持,避免大规模刺激带来的系统性风险提升;如果疫情影响超预期,可以考虑下调存贷款基准利率,或在必要时适度降准降息,给予特殊时期还本付息延期支持。从中长期看,要加大逆周期调节强度,通过多种货币政策工具,引导贷款利率下行,保持市场流动性合理充裕,特别是要深化利率市场化改革,完善市场报价利率传导机制,坚决打破贷款利率隐性下限,确保市场利率保持在较低水平。

金融政策要强化逆周期监管导向。近期内,要稳定对受疫情影响实体经济行业的金融支持,银行不抽贷、压贷,尤其应进一步加大新增贷款中中小企业贷款的比例;对疫情期间加大信贷尤其是小微企业信贷投放的银行,给予更多准备金、风险容忍等方面优惠政策,提高银行扩大信贷投放积极性;对相关医护人员和染病个人客户,适当提高风险容忍度,延长还款免息期;对需要加大生产的医药防护企业提高审批效率、加大贷款支持。从中长期看,要鼓励和帮助金融机构增加对实体经济支持的能力和积极性,在防范系统性风险和保增长中寻找平衡点,特别是要进一步发展资本市场,提升直接融资比例。

产业政策要加大对中小企业扶持力度。短期内,要加大对商贸零售、餐饮、旅游以及居民服务行业的信贷支持和政府扶持,通过税费减免、专项补贴以及技术扶持等手段,降低企业成本、增强企业信心、稳定企业投资。继续扩大对日常必需品行业在税费减免、贷款贴息、绿色通道、专项资金等方面的一系列支持。中长期看,应加大对中小企业信贷的全面支持,增加小微企业贷款户数,降低普惠型小微企业贷款综合成本,努力提高小微企业贷款中信用贷款、续贷和中长期贷款的比例,提升小微企业的首贷率。为重新提升就业率,要积极鼓励文化娱乐、远程通信视频会议、物流、电子商务、互联网、5G 等行业的发展。

当前,国内外疫情防控和经济形势正在发生新的重大变化,中国既面临前所未有的发展机遇,也面临严峻的现实挑战。我们要以战略定力深化改革开放,主动作为、勇于担当,积极化解经济运行中的突出矛盾,不断巩固中国经济长期向好的发展势头,激发经济持续增长的新动能,推动经济社会高质量发展不断迈上新台阶,为早日实现"两个一百年"奋斗目标奠定坚实基础。

参考文献

1. 程志强、马金秋:"中国人口老龄化的演变与应对之策",《学术交流》2018 年第 12 期。
2. 厉以宁、程志强:"推动经济高质量发展",《商业观察》2019 年第 4 期。

(程志强,北京大学光华管理学院)

转型之路：新旧动能转换与高质量发展

魏 杰　汪 浩

当前中国的经济转型主要有两条主线，一条是从旧动能转向新动能，另一条是从高速增长转向高质量发展，这两条主线相互关联、相互贯通，其中新旧动能转换是中国经济转型升级的内在动力与实质，从高速增长转向高质量发展是中国经济转型的目标与外在表现，这二者是同步进行、相互促进的。新旧动能迭代的过程就是经济发展的过程，也是实现高质量发展的重要动力。在高质量发展阶段，我们不是单纯地追求经济发展的高速度，而是要追求效率更高、供给更有效、结构更高端、更绿色可持续以及更和谐的增长，甚至可以部分放弃对经济增长速度的追求,而达到更高质量的发展。新旧动能转换和高质量发展已经成为中国经济发展的现实要求和未来趋势(魏杰,2020;魏杰和汪浩,2018)。

一、新旧动能转换的内涵与实现新旧动能转换要求产业结构优化升级

新旧动能转换要求产业结构优化升级,主要是指支柱性产业的变动。以前支撑中国经济发展的主要产业是房地产业和传统制造业。现在的产业结构升级是个"退二进三"的过程,也就是说原来的房地产业和传统制造业这两大产业从支柱性产业退为常态性产业,三大产业即将进化为新的支柱性产业,即分别为战略性新兴产业、服务业和现代制造业(魏杰,2018)。

中国的房地产业一度成为支撑经济发展和地方财政的中坚力量,但是当下中国的房地产市场,尤其是一线城市和部分二线城市的房地产市场,受到投资需求和投机需求的刺激,房地产供给远远超过了刚性需求,房地产泡沫现象严重。为解决这一问题,有两种机制可以选择:一是中短期机制,在需求端采取限购限贷控制投资性需求和投机性需求,在供给端限制土地供给和约束开发商的行为;二是长效机制,采取共有产权、租售同权、调整一线城市空间布局、实行房产税等政策。

在过去,中国发展传统制造业的主要优势是廉价的劳动力、充足的土地和政府为招商引资提供的政策优惠。但是传统制造业的发展目前面临着两大问题:一是产能过剩问题,在诸如钢铁、水泥、煤化工等领域都出现了严重的产能过剩;二是产业附加值太低,导致中国在国际分工中处于极大的劣势。目前针对传统制造业提出的措施主要包括:第一,去产能,通过兼并重组和对外投资缓解产能过剩的局面;第二,借助"互联网+"的趋势对传统制造业进行改造,

从而提高其效率和附加值。

战略性新兴产业是指具有远大发展前景,并且短期内技术可突破的产业。其主要具有两个特点:一个是战略性,也就是发展前景广阔;另一个是新兴,也就是短期内技术可突破。战略性新兴产业主要包括新能源、新材料、生命生物工程、信息技术与移动互联网、智能机器人和高端装备制造等。人工智能目前已经形成了国家引导、民营企业负责经营的模式,其中腾讯负责智能医疗、阿里负责智慧城市、百度负责无人驾驶、科大讯飞负责语音识别,这四大平台是中国人工智能领域的重要战略布局。

服务业包括四种,分别为生产服务、商务服务、消费服务和精神服务。中国的服务业目前占 GDP 的比重在百分之五十左右,与欧美发达国家百分之六七十,甚至百分之八十的比例相比,中国的产业结构还有进一步优化的空间。在未来服务业的发展中,文化经济是不可忽视的重要领域,文化经济的发展包括两个层面的含义:一是经济文化建设,包括市场经济规则、契约精神、法治精神等;二是文化经济发展,包括文化产品打造、文化贸易等。在"一带一路"的平台上,大力推进文化国际贸易,不仅有利于经济发展,还有利于文化上的相互理解、心灵相通,从而打造命运共同体。

现代制造业也将成为未来的支柱性产业。制造业分为两种,一种是传统制造业,一种是现代制造业,主要根据其生产产品的类型来决定。传统制造业是生产私人物品的制造业部门,现代制造业是生产公共物品的制造业部门。现代制造业包括航空器制造和航天器制造、高铁装备制造、核电装备制造、特高压输变电装备制造、现代船舶和现代海洋装备制造。

(一) 新旧动能转换要求转变经济增长方式

新旧动能转换要求我们的经济增长方式有所转变,其包含三层含义:一是经济发展由依靠要素和投资驱动,转向依靠创新驱动;二是对外开放战略由以对外出口和引进外资为主,转向以扩大进口和对外投资为主;三是由高污染、高消耗的粗放型经济增长方式,转向绿色环保的集约型经济增长方式。

中国过去的经济发展主要依靠劳动力投入和投资驱动,但是中国的人口红利正在消失,土地红利正在消失,投资贡献逐渐下降,环境逐渐恶化,资源出现短缺,且面临着中等收入陷阱的风险……这都使得要素和投资已经不能继续成为经济的主要驱动力,而创新驱动将成为未来中国经济发展的重要驱动力。创新驱动有三层含义,包括产品与服务的创新、商业模式的创新和技术创新。其中,技术创新是核心,为了实现技术创新,必须要保证创新实现的人才基础、法律基础、物质基础和财力基础。

在对外开放方面,长期以来,中国坚持对外出口和引进外资为主的策略。以前中国经济发展水平相对较低,国内资本不足,外汇储备不足,所以依靠外需发展经济,增加外汇储备。而在当下这个阶段,则要实施以扩大进口和对外投资为主的对外开放战略,扩大进口以满足国内消费升级的需求,对外投资以缓解产能过剩。

经济发展阶段有其自身的规律,大多数国家在工业化初期走的都是高污染、高消耗的道路,中国在经济发展过程中也不可避免地存在资源浪费、环境污染等问题。当前,中国加大了对生态环境的重视程度,提出"既要金山银山,也要绿水青山""绿水青山就是金山银山",坚持人与自然和谐共生的理念。这种增长方式的转变,既要依赖政府的规制和监管,减少生态破坏、环境污染,又要依赖技术进步,尤其是节能环保技术和新能源技术。

(二)新旧动能转换要求加快经济体制改革

制度因素在经济发展中起到越来越重要的作用,一个好的制度能够避免资源错配,最大化地利用资源,激发创新活力,从而促进经济发展,而一个坏的制度则会造成资源使用效率低下,权力寻租泛滥,从而损害经济发展。经济发展的动能不只来自于要素、投资和技术,也来自于制度的变革与完善。新旧动能转换要求进一步加快经济体制改革,这主要包括调整基本经济制度、保护产权、发展混合经济和加快国有企业改革等。

中国的基本经济制度是公有制为主体、多种所有制经济共同发展,按劳分配为主体、多种分配方式并存,社会主义市场经济体制。这就要求民营经济和公有经济有同样的平等地位,主要包括六个方面的平等,即在政治、经济、投资、经营、资源配置和市场竞争上要有平等的地位。但是当前中国在这一问题上还有很大改进空间,比如说民营企业在融资贷款等方面都处于明显的劣势地位,这就直接导致其在市场竞争中处于明显的不利地位。因为一般认为,国有企业的背后是有政府的信誉做担保的,正是这种担保使其在获取资源时比民营企业更有优势。所以为了真正实现民营企业和国有企业在市场中的公平竞争,应该进一步加快国有企业市场化改革,允许国有企业的破产、重组等。

产权问题是市场经济的一个核心问题。产权问题主要包括产权清晰、产权结构多元化、产权顺畅流动、产权组织方式合理化以及产权权责明确五方面内容。目前国有经济需要解决多头管理和多层次管理的问题,民营经济主要解决法律地位不完整和产权有效保护的问题。只有把产权问题规范好、保护好,才能建设好社会主义市场经济。

发展混合经济是现代经济发展的趋势,发展混合经济有两层含义:一是在社会主义市场经济中,既要有国有经济,又要有民营经济,不同的经济成分公平竞争,和谐共生;二是在企业微观层面上,不断推进产权结构多元化从而形成混合所有制的企业产权结构。发展混合经济为建立现代企业制度奠定了基础,并且有利于人们收入的多元化、提高人民收入水平、扩大中产阶级,从而实现国富民强。

国有企业改革也是重要的改革红利,目前国有企业改革的主要思路是分类改革和混合所有制改革并行,这两类改革相互关联、同步进行,激发国有资本活力,提高运行效率。我们将国有企业分为两类:一类是商业类,一类是公益类。其中主业处于充分竞争行业和领域的商业类国有企业,原则上都要实行公司制股份制改革,积极引入其他国有资本或非国有资本实行股权多元化,国有资本可以绝对控股、相对控股,也可以参股,着力推进整体上市。对于主业关系到国家安全、国民经济命脉,主要承担重大专项任务的商业类国有企业,要保持国有资本的控股地位,支持非国有资本参股。公益类国有企业以保障民生、服务社会、提供公共产品和服务为主要目标。对于这类企业,要引入市场机制,提高公共服务效率和能力。这类企业实行国有独资的形式,具备条件的也可以实行股权多元化,还可以通过购买服务、委托代理、特许经营等方式,鼓励非国有企业参与经营。

二、高质量发展的内涵与高效率增长

经济增长如果用效率指标来评价,可分为高效率增长与低效率增长。高效率增长是指以较少的投入获得较多的收益,而低效率增长则是指以较多的投入却只获得了较少的收益。高质量发展则是指高效率增长。

决定高效率增长的一个重要因素是技术创新。技术创新可以使各种要素投入最大程度地发挥作用,即以较少的投入实现收益最大化。因此,为了实现高效率增长和高质量发展,就必须有效推动技术创新,尤其是要获得颠覆性技术与原创性技术。为此,就要进行超前性的基础研究,形成技术创新所需要的财力基础、法律基础、物质基础、人才基础。

决定高效率增长的另一个因素是制度创新。制度创新可以有效调动各种要素的积极性,使各种要素最大限度发挥作用,实现以较少的消耗获得更大的利益。中国改革开放以来经济效率的提高,就是得益于制度创新。因此,我们要推动高效率增长、实现高质量发展,就必须继续推进制度创新,尤其是建立以现代市场经济为核心的现代化经济体系。

(一) 高质量发展是有效供给性增长

经济增长如果从市场供求关系状况来评价,可分为有效供给性增长与无效供给性增长。有效供给性增长是指经济运行过程实现了供求关系的平衡,无效供给性增长则表现为市场关系失衡,产能严重过剩,库存积压很大。高质量发展是指有效供给性增长。

中国在过去一段时间虽然经济增长较快,但不少产业产能严重过剩,库存积压太大,与此同时,人们需要的产品与服务却提供不出来,出国购买成为时尚,这实际上是一种无效供给性增长。这种无效供给性增长,单靠市场调节是难以快速见效的,因而中央提出供给侧结构性改革的战略对策,快速对过剩产能及库存积压问题做出反应,为有效供给性增长打下了基础。

无效供给性增长形成的一个重要原因,是供给方没有风险意识,盲目扩张,盲目负债,因而消除无效供给性增长必须去杠杆,降低整个社会的杠杆率。在未来几年内,我们必须将去杠杆作为消除无效供给性增长的重要任务。

无效供给形成的另一个重要原因,是制度的风险约束性不够,经营者对过剩产能及库存没有风险约束,因而会在短期利益驱使下盲目扩张。因此,必须有效推进制度改革,尤其是国有企业改革,彻底解决国有企业背后的刚性兑付问题,使经营者与国有企业的利益及风险真正挂钩,实现有效的利益与风险约束。

(二) 高质量发展是中高端结构增长

从结构方面来划分,经济增长可分为中低端结构增长与中高端结构增长。中国过去较长时期实际上是一种中低端增长,这主要是由当时中国的生产力发展水平所决定的。高质量发展实际上就是中高端结构增长。

中高端结构增长与中低端结构增长的最大区别在于支柱性产业的不同。中低端结构的支柱性产业包括传统制造业、建筑业及房地产业等。中高端结构的支柱性产业则主要有三：一是战略性新兴产业，例如新能源、新材料、生命生物工程、信息技术及移动互联网、节能环保、新能源汽车、智能机器人、高端装备制造等；二是服务业，例如消费服务业、商务服务业、生产服务业、精神服务业等；三是现代制造业，例如航天器制造与航空器制造、高铁装备制造、核电装备制造、特高压输变电装备制造、现代船舶制造与海洋装备制造等。

因此，中国在向中高端结构增长的转变中，要大力发展战略性新兴产业、服务业、现代制造业，这些产业也将逐渐成为中国的支柱性产业。

（三）高质量发展是绿色增长

经济增长有时是在高污染和高消耗条件下实现的，但这种高速增长绝不会长久。高质量发展与这种以高污染和高消耗资源为基础的所谓高速增长是相对立的，高质量发展强调节能环保，是一种绿色增长。

要实现绿色增长，首先要维持好自然生态环境，增长不能以破坏自然生态环境为代价。过去，中国一些地方忽视对生态环境的保护，甚至不惜以破坏生态环境为代价换取 GDP 的增加，严重危及国家的生态安全。发展是硬道理，但"硬"发展则是没有道理。因此，在绿色发展的理念下，我们要从各个方面入手加大对自然生态的修复，包括各种河流自然生态带、山脉自然生态带等。

要实现绿色发展，必须要对工业化与城市化所带来的废水、废气、固体垃圾进行良好的处理。如果对"三废"不能做好处理，那就不是真正的工业化与城市化，当然也就不是绿色发展。从经验与教训来看,废水、废气、固体垃圾处理的唯一办法是依靠技术,要形成良好的节能环保型技术,走技术化的道路。技术化标志着节能环保的产业化、企业化。因此,节能环保要走技术化、产业化、企业化的道路。

(四) 高质量发展是可持续增长

在盲目扩张与粗放方式下,虽然也可以实现高速经济增长,但往往不可持续,甚至会引发经济危机。因此,盲目扩张与粗放方式的高速增长是不可取的。高质量发展是可持续增长。

可持续增长要求在经济增长战略上克服盲目扩张的倾向。盲目扩张必然会促使个人、企业及政府盲目加杠杆,而过度加杠杆必将导致金融风险的形成甚至引发金融危机。近几十年世界范围的几次金融危机背后的原因都是过度加杠杆。现代经济危机几乎都表现为金融危机,而金融危机大都是盲目加杠杆导致整个社会杠杆率太高的结果。因此,我们必须在经济较快增长的整个过程中,防止杠杆率过高,随时要去杠杆。越是经济处于顺周期时,就越要注重去杠杆。

可持续增长需要认真考虑各种经济资源及社会资源的承受能力,不能以为为了经济增长可以为所欲为,任意提高增长速度。这就是一些国家在经济高速增长期却爆发各种社会危机的原因。中国一些地区经济发展速度很快,但社会矛盾却很尖锐,这就是脱离客观实际、盲目追求速度的结果。因此,要做到高质量发展,就必须遵守客观规律,坚守科学发展观,量力而行,保证经济平稳地可持续发展。

(五) 高质量发展是和谐增长

经济增长的最终目的是为了造福于人民,提高各个阶层人民的福祉,如果经济增长没有达到这个目的,甚至造成了各个社会阶层之间的对立,那么这种经济增长就是以社会动荡为基础的经济增长,我们需要的显然不是这种经济增长。

社会和谐性增长要求每个社会阶层的福祉都能随着经济增长而增长,虽然各个社会阶层的福祉增长水平有所不同,但必须都能够有其应有的增长。"大锅饭"没有前途,但过度福祉分化也会形成社会的不稳定。因此,为了保证各个社会阶层的福祉能够随着经济增长而有所增长,就必须实行良好的税收制度与社会保障制度,实现初次分配强调效率、再分配更加注重公平的有效社会财富调节机制。

在市场经济条件下,人们因为自身的天赋(聪明程度、身体健康状况等)、家庭出身、地缘经济、机遇等原因,在经济增长中有不同程度的利益收益,甚至出现同样的付出带来不同的利益收益的情况。因而必须要建立完善的基本保障制度,不能让任何成员因某些原因而落入贫困。消除贫困是和谐性增长的底线,只有消除贫困,社会才能保持应有的和谐。因此,消除贫困是和谐性经济增长的长期举措,当前的精准扶贫、产业扶贫就是为消除贫困、实现和谐性增长推出的政策举措。

高质量发展是经济增长速度与质量的协调,是短期利益与长期利益的平衡,从高速增长向高质量发展的转型是不可逆转的趋势。中国的政策导向也需要从高效率、有效供给、中高端结构、绿色环保、可持续以及和谐增长几个方面切入,从而推动高质量发展的实现。

参考文献

1. 魏杰:"2020年宏观经济形势",《企业观察家》2020年第1期。
2. 魏杰:"高质量发展是速度与质量的协调",《佛山日报》2018年7月27日。
3. 魏杰、汪浩:"高质量发展的六大特质",《北京日报》2018年7月23日。

(魏杰,清华大学经济管理学院;汪浩,清华大学经济管理学院)

中国特色社会主义基本经济制度推动高质量发展——高铁分析之管见

郑拓 刘伟

一、引言

改革开放四十多年以来,中国的经济发展取得了令世界人民瞩目的成就。从1978年到2018年,中国年均实际GDP增长率超过9.5%,增速低于6%的年份只有三年;以2010年不变价美元计算,中国人均收入翻了25倍。[1] 这一系列的伟大成绩与党和人民持续不断的对社会主义基本经济制度的探

---

[1] 参见厉以宁、辜胜阻、高培勇、刘世锦、刘伟、洪银兴、樊纲、洪永淼:"中国经济学70年:回顾与展望——庆祝新中国成立70周年笔谈(下)",《经济研究》2019年第10期。

索和深化改革有着密不可分的关系。在新的发展阶段,中国内部与外部环境发生了深刻的变化,粗放型的经济增长模式不再能满足当前发展需求,走出创新驱动、协调发展、环保绿色的高质量发展道路是中国的必然选择。十九届四中全会审议通过的《中共中央关于坚持和完善中国特色社会主义制度、推进国家治理体系和治理能力现代化若干重大问题的决定》在以往公有制为主体、多种所有制经济共同发展,按劳分配为主体、多种分配方式并存的生产和分配制度的基础上,将社会主义市场经济体制这一经济运行制度扩充成为中国社会主义基本经济制度。这一转变,在明确了中国社会主义本质的基础上,肯定了市场经济的作用,将市场经济的地位从"决定资源配置"提升到了"基本经济制度"。[1]

中国特色社会主义经济理论的创新并不是虚无缥缈的空中楼阁。秉承着"实践是检验真理的唯一标准"的理念,这次重大的理论创新正是结合中国特有国情,在适应现阶段社会生产力发展水平的基础上,对中国经济发展过程中的具体现象抽象总结而来。坚持社会主义基本经济制度,不仅可以刺激市场上各个经济主体的活力,同时发挥有效市场在资源配置中的决定性作用和有为政府在发展中的引导作用,极大地解放和发展生产力,而且可以根据新的发展理念,有效调整经济结构,以供给侧结构性改革为主线,推动经济由高速增长向高质量发展转变。

本文主要从三个方面来论述中国特色社会主义基本经济制度对于高质量发展的基石作用。首先,从理论层面分析中国经济理论变革,特别是与其他计划经济国家改革进行对比,阐述中国的经济制度改革得以突破公有制与市场经济的藩篱、形成现有基本经济制度的原因。其次,以中国高速铁路为例,可以看到公有制为主体和

---

[1] 参见刘伟:"坚持和完善社会主义基本经济制度 不断解放和发展社会生产力",《光明日报》2019年12月13日。

市场机制运行的有机统一助力企业发展的现象,深刻揭示出中国社会主义基本经济制度在快速发展阶段所提供的不可替代的作用。最后,通过对京沪高铁经济与社会效益的分析,从技术创新、协同发展、绿色节能三方面说明坚持社会主义基本经济制度是下一步中国推动高质量发展的必要前提。

二、中国特色社会主义基本经济制度发展

不论是在西方经济学的理论框架下,还是在马克思主义经典政治经济学的理论框架下,社会主义公有制和市场经济体制都不可能相融合。西方经济学各个流派的学者普遍都将公有制与计划经济、私有制与市场经济联系起来,认为市场经济体制是从资本主义中孕育而来的,从而否定社会主义国家的正确价格的发现机制与资源合理化配置的可能性。传统的马克思主义政治经济学学者同样将私有制视为市场经济的前提,同时批判市场机制在资源配置方面的盲目性。他们认为,当共产主义公有制取代资本主义私有制的时候,商品与货币将不复存在,市场经济也将最终消亡,计划经济就是资源配置的最优方式。

第二次世界大战后,伴随着经济发展,政府渐渐无法完成经济运行过程中越来越繁杂的信息的收集与处理工作,计划经济无法做到有效的资源配置。面对经济发展中面临的现实问题,实行计划经济体制的国家开始寻求改革,尝试构建将社会主义公有制与市场机制相结合的理论与方法。从20世纪50年代开始,苏联、波兰、捷克斯洛伐克、匈牙利、南斯拉夫等国家纷纷探索试验市场社会主义改革,期望减少计划经济中的资源配置扭曲与获得市场经济中的资源配置效率(陈健和郭冠清,2018)。但是这些改革的探索与尝试并未能将社会主义公有制与市场经济有效地统一起来。在公有制与计划经济体制的双重束缚下,这些国家市场要素的发育非常地缓慢和

艰难。进入20世纪80年代,陷入经济困难的转轨国家只得纷纷按照"华盛顿共识"的改革逻辑,放弃社会主义公有制的制度基础,以产权全面私有化来配合市场经济改革,这宣告了东欧社会主义国家经济体制改革的失败。

中国特色社会主义基本经济制度之所以能成功,在于实行的改革逻辑与东欧社会主义国家有着很大区别。

在中国特色社会主义基本经济制度的改革实践中,中国一直将所有制结构的改革与社会主义市场经济体制的改革有机地结合在一起:既没有教条地实行单一的公有制,也没有跟随东欧社会主义国家脚步倒向西方经济学理论、全面实行资本私有化;而是配合中国不断解放和发展社会生产力的现实需求,认为个体经济、私营经济和外资经济是对社会主义公有制的补充,确立了"公有制为主体、多种所有制经济共同发展"的所有制结构,并积极鼓励发展混合所有制,走出了一条前无古人的改革道路。正是在这样的所有制结构下,中国生产资料市场、劳动力市场、资本市场和消费品市场各个要素的正确价格形成机制才得以建立,社会主义市场经济才能快速发展,从而实现资源公平合理高效的配置和自由的流通。

同时,中国突破了传统经济学理论中对于政府与市场的认识。在经济制度改革的不断深入中,党和国家认识到:如果中央发布了过多的指令性计划,日常经济运行中经济主体的激励机制就会被扭曲,市场经济的发展就会受到抑制;如果政府仅仅充当"守夜人"的角色,中国公有制的主体地位将无法得到保证,交通设施、环境保护等关乎国计民生方面、正向外部性较强项目的发展将会滞后,经济结构的失衡、区域发展中的不协调将无法进行宏观调控。因此,在社会市场经济建设过程中,党和国家一直施行放管结合的政策:在资源配置方面不越位,主要依靠指导性的发展规划导向和以财政政策和货币政策为主要工具的宏观调控;在市场监管方面不失位,逐步完善法制环境、明确产权制度、改善营商环境。得益于此,中国改革进程中才既保持了政府对经济发展的宏观可控,又在局部上激发了各类市场主体的活力,而没有陷入东欧市场社会主义改革的困境中去。

中国实行的中国特色社会主义基本经济制度的改革节奏也与东欧社会主义国家不同。

在早期的市场社会主义改革试验失败后,转轨经济国家受到西方经济学影响,按照"华盛顿共识"提出的以产权私有化为前提,用"休克疗法"进行市场经济改革。结果大部分东欧转轨国家政府对经济失去控制,市场秩序一片混乱,造成了经济大幅衰退。中国则采用渐进式的改革方式,在加速形成价格机制的过程中,逐步调节公有制经济与非公有制经济、计划经济与市场经济的比例,从而实现了四十多年经济高速稳定的增长,向世界展现了"中国奇迹"。

更为关键的是,在从计划经济体制向市场经济体制转型的过程中,中国一直同步推进企业产权改革,建立现代企业制度。对于从计划经济延续下来的国有企业来说,产权改革既涉及公有制能否成为主体所有制的问题,又涉及国有企业能否遵循市场经济制度、受到市场约束的问题。传统计划经济体制下,国有企业通常由政府直接领导,生产和经营受到计划指标的决定性影响,甚至经营亏损也可以得到国家相应的补贴,几乎没有竞争压力。这种带有"软预算约束"特征的企业制度无法满足社会主义市场经济的运行要求。因此,伴随着对于社会主义市场经济认识的提高,中国国有企业产权制度的改革不断深入,经历了"放权让利"、"股份制"改革和中国特色现代企业制度三个阶段。在所有制结构上,确立混合所有制为公有制的一种实现形式,进行国有企业混合所有制改革;在产权制度上,形成权利、责任、利益三者之间的互相制衡(刘伟,2019);在管理对象上,由对国有企业的管理逐渐转变为对国有资本的管理(杨瑞龙,2018)。这使得国有企业经营行为受到市场的硬约束,在增强了国有经济竞争力和创新性、发挥了国有企业引领经济发展的应有作用的同时,也使得中国特色市场经济体制改革能得以落实。

三、中国高速铁路跨越式发展

从历史上看,中国高速铁路行业的发展起步较晚,技术实力与先发国家差距较大。但是近十几年来,以国务院讨论形成的《研究铁路机车车辆装备有关问题的会议纪要》为标志,中国高速铁路按照"引进先进技术、联合设计生产、打造中国品牌"的基本方针,通过引进消化吸收再创新与自主创新齐头并进,不断攻克高速动车组生产难题和高质量、长里程高速铁路铺设难关,真正实现了弯道超车、后发赶超。

中国高速铁路行业快速发展过程中,最重要的战略性决定之一就是在国务院的支持下,原铁道部提出以市场换技术,以求高速铁路行业在较短时间内以较低成本追上国际先进水平。然而在实际的跨越式发展中,存在着两大难题:第一,中国更加希望引进的是高速动车组列车的制造技术,在谈判中必须说服国外企业转让其核心技术,并确保中国科研人员掌握,以避免赔了市场却没有换取技术的窘境。第二,在购买产品与技术时,需要支付高额费用,并且后续还有很长的消化和再创新的研发周期。中国也是首次尝试建设高速铁路,没有成熟的商业模式可以借鉴。对于企业来说,既没有意愿也没有能力进行如此巨额的投资。

一方面,铁路行业技术发展相对不足,无法满足经济发展对于铁路运输能力与速度日渐增长的需求;另一方面,单靠个别企业的市场行为显然无法完成高速铁路行业跨越式发展的任务。高速铁路的发展作为基础设施建设领域中的重要组成部分,拥有很强的正外部性。加快完成中国高速铁路网建设,可以有效地促进经济发展和提高城镇化率。针对这个特点,中国政府坚持中国特色社会主义基本经济制度,帮助高速铁路行业在技术进步上实现四级跳,达到了世界最顶尖水准,体现了中国社会主义制度的优越性。

第一步,在国务院批准下,原铁道部于2004年发布了《中长期铁路网规划》,描绘出建设"四纵四横"高铁客运专线骨干网络的计划。这份规划中包含投资两万亿元、超过一万公里的高速铁路里程建设目标,吸引了世界上主要高铁制造企业的目光。为了增强中国在技术引进谈判中的议价能力,也为了确保国家的前期投入可以有效地形成国有固定资产,原铁道部指定了南车集团(青岛四方机车车辆股份有限公司)和北车集团(长春轨道客车股份有限公司和唐山轨道客车有限责任公司)两家国有企业作为技术引进的"战略买家"。

第二步,为了实打实地给中国企业和高铁技术人员创造学习国外核心技术的机会,原铁道部在2004年对时速200公里铁路动车组进行招标和2005年引进时速300公里及以上的动力分散性动车组时,都明确指定投标企业必须为中外合资企业。得益于中国特色社会主义基本经济制度改革取得的阶段性成果,在所有制层面上,国有资本与外国资本结合形成的混合所有制企业有力地提升了中国对外全面开放的层次,在分配制度层面上,国外资本的合法收入可以得到切实保护,促进了对外开放的广度与深度。国际上技术实力最强的日本高铁联合体、庞巴迪和西门子、阿尔斯通分别与南车集团和北车集团合作,成立了中外合资企业,负责高铁动车组列车的引进和国产化。

第三步,中国政府用"集中力量办大事"的魄力,拨付巨额资金用来购买外国企业的产品、零件和技术。在实际操作中,中国以"包"为单位,每"包"含有20辆高速列车,其中一列是作为样本进口的原型车,两列是散件列车,按照国外企业技术人员的指导,在国内将进口零部件组装完成,余下17列则以原材料和制造用机械设备的方式进口,最终实现零部件的进口替代,实现整车国产化。包含核心技术的转让费在内,每"包"20 辆列车的采购价格在 40 亿元人民币左右。2004 年和 2005 年的两次招标中,中国一共采购了 7 "包"时速 200 公里的高速列车和 3"包"时速 300 公里以上的高速列车,总共花费超过 400 亿元。

第四步,在将引入技术消化吸收的基础上,为了实现高铁领域完全自主化,中国依靠社会主义市场经济条件下关键核心技术攻关的举国体制,结合中国实际应用情况,对新一代技术进行探索与研发。2008 年,凭借国家拨款加研发单位自筹共计 30 亿元启动了"中国高速铁路关键技术及装备研制"项目。2011 年,以国家自然科学基金委员会和原铁道部为主体,成立了高速铁路基础研究联合基金,每年提供研究经费 3000 万元。通过官产学研相融合的技术创新体系,中国高速铁路行业科技工作者于 2017 年成功研制出运行时速为 350 千米、具有完全自主知识产权的中国标准动车组列车"复兴号"。[1]

四、京沪高铁实践高质量发展

高速铁路作为中国基础设施的典型,通常都被认为是国有资产,由中国国家铁路集团有限公司(国铁集团,前铁路总公司)代表中央政府,与地方政府共同出资、建设和运营。截至 2018 年,中国共成立了 65 家高铁公司,其中由政府完全出资、不含其他社会资本的公有制高铁公司有 57 家,占比超过 87%。而按照《国务院关于投资体制改革的决定》(国发[2004]20 号)中加快铁路投资体制改革、建立市场化融资机制的要求形成的混合所有制高铁公司中,也只有 4 家社会资本共计出资超过 10%(见表 1)。

---

[1]"中国高速铁路发展历程",《中国机械工程》2019 年第 3 期。

表 1 混合所有制高铁公司股份比例

公　　司	股份比例（中央∶地方∶社会资本）
长吉城际铁路有限责任公司	62.39%∶37.4%∶0.21%
沪汉蓉铁路湖北有限责任公司	79.07%∶10.96%∶9.97%
京津城际铁路有限责任公司	41.75%∶41.75%∶16.5%
石太铁路客运专线有限责任公司	45.51%∶7.96%∶46.53%
沪杭铁路客运专线股份有限公司	35.96%∶50%∶14.04%
济青高速铁路有限公司	20%∶73%∶7%
鲁南高速铁路有限公司	20%∶74.6%∶5.4%
京沪高速铁路股份有限公司	46.21%∶29.89%∶23.9%

资料来源：北京交通大学《京沪高铁区域经济及社会效益研究》。

传统上国家单一投资、国铁集团独家承担建设任务的高铁公司运营模式存在着两大弊端。其一，高速铁路的建设与高速动车组列车的制造成本十分高昂。以京沪高铁为例，从 2008 年 1 月开工到最终建成，总投资超过了 2200 亿元。巨额的资金投入不仅削弱了有限的国有资本在国家整体经济发展中的引导作用，同时限制了高速铁路网铺设的进度。而国家作为唯一出资人，又对铁路企业的运营负有无限责任，承担全部的盈亏风险。其二，国有企业的所有权与经营权很难彻底分离。因此，公司治理就会不规范不透明，对于发车数量与时间、不同舱位价格等运营方面事宜的调整容易脱离市场需求，使得国有资产无法完成保值增值的任务，出行群众的利益也无法得到保证。同时，高铁公司作为国务院管理的企业，又承担着保障人们日常出行的重要民生任务。因此，企业自主经营的激励不足，很难完成自我积累发展。大部分高铁企业都存在无法适应市场竞争、经营持续亏损的问题。

京沪高速铁路股份有限公司（京沪高铁公司）在资金筹集、公司组建和后期运营三个阶段坚持中国特色社会主义基本经济制度，成功克服了单一公有制体制下的两大弊端。从 2011 年开通运营以来，仅用三年便扭亏为盈，2015 年成为中国首条为社会资本出资股东分红的高速铁路,证明高铁项目是可以实现经济效益的。

京沪高铁公司除了拥有国铁集团和地方政府作为出资人之外,还有国有企业全国社会保障基金理事会、民营企业平安资产管理有限责任公司和外资企业中银集团投资有限公司作为社会资本出资人。通过对铁路混合所有制改革的实践,国家在基础设施建设领域加速了资本的集中,得以用较少的国有资本控制非国有资本进行扩大再生产。因为有社会股东的存在,公司在经营中受到市场经济的硬约束,公司发展会更加以经济利益为导向,从而盘活了国有资产,并减少了国有资本经营亏损的风险。

在公司组建过程中,京沪高铁公司按照国家现代企业制度的改革要求,在股东大会下设立了董事会与监事会,并由董事会组建管理层,明确了各自的权利和责任边界,形成了有效的企业内部权力制约机制和规范的法人治理结构。通过党委会、股东会、董事会、监事会,管理层实现了公司的内部治理和企业的协调运转。同时,为了保障京沪高铁公司作为混合所有制企业应有的权利,国家推动国铁集团与合资铁路公司之间的关系向市场化与法制化发展。这一改革打破了以往原铁道部对下级企业单位行政管理的思路,促进了政企分开,明确了国铁集团与合资铁路公司之间出资人与被出资人的平等法律关系。得益于独立明晰的企业产权,京沪高铁公司才可以实现自主经营,在市场竞争中谋求生存与发展。

完成公司资产保值增值的经营目标、对客运货运进行组织管理和对相关设备进行养护维修是京沪高铁公司运营的三项主要任务。中国存在着三种不同的管理模式:自管自营模式中资产经营与生产经营由合资铁路公司统一管理;完全委托模式中资产经营由合资铁路公司管理,生产经营则全部委托地方铁路局管理;部分委托模式中合资铁路公司负责管理资产经营与少部分核心运输业务,其他生产经营则委托地方铁路局管理。考虑到经营成本,京沪高铁公司将日常运营业务全部委托给地方铁路局,有效地发挥了铁路局在生产经营中人员、设备和经验等方面的优势,并合理地减少了自建运营管理部门的成本,增强了企业的赢利能力。京沪高铁公司也更能发挥自身在资产经营中的优势,集中力量打造高质量服务品牌。以市场需求为牵引,产品供给侧改革为乘客提供了智能化的车站和车上服务。利用大数据手段,精确测算客座率、开行收益等指标,利用差异化票价策略来增运增收。

除了取得良好的企业经济效益之外,京沪高铁公司还取得了令人瞩目的社会效益,用中国高质量的经济制度,推动了京沪高铁高质量的发展,践行了技术创新、协同发展、绿色节能的发展理念。[1]

(一) 以问题为导向,推进技术创新

京沪高铁正线长 1318 公里。因为需要多次跨越海河、黄河、淮河、长江四大水系的众多河流,必须架设众多长距离的大型桥梁。工程修建规模大、技术难度高。在建设过程中,京沪高铁公司技术人员在消化吸收前期技术成果的基础上,不断通过自主研发推进科技持续创新,完善高速铁路工程的技术体系。在 2008 年至 2011 年建设期间,共获得发明专利 53 项、实用新型专利 116 项、外观设计专利 5 项、软件著作权 8 项;获得了国家级工法 9 项、省部级工法 49 项;并获得超过 50 项高速铁路行业学会(协会)科学技术成果奖;圆满完成了 244 座、共计 1059.7 公里桥梁的架设任务,其中南京大胜关长江大桥跨度大、载重要求高。通过科研攻关,京沪高铁公司建成了在体量、跨度、载荷、速度四个方面当时位居世界第一的高速铁路桥梁。京沪高铁作为世界上一次性建成技术标准最高的高速铁路,为后来的高铁建设积累了宝贵的经验与技术。

---

[1] 参见逄锦聚、林岗、杨瑞龙、黄泰岩:"促进经济高质量发展笔谈",《经济学动态》2019 年第 7 期。

(二) 平衡地区资源，协调经济发展

在中国改革开放四十多年的发展历程中，一部分地区由于自然禀赋或者政策导向的原因，发展速度比较快，导致了富裕地区与贫困地区之间经济水平差距越来越大。习近平总书记指出："我国发展不协调是一个长期存在的问题，突出表现在区域、城乡、经济和社会、物质文明和精神文明、经济建设和国防建设上。"在全面建成小康社会的要求下，我们更应注重协调发展，解决地区之间经济发展不平衡的问题。京沪铁路一共穿过北京、天津、上海三个直辖市，以及河北、山东、安徽和江苏四省共计16个地级及以上城市。这之中既有上海、北京这种地区GDP每年超过3万亿元的国际经济中心，也有像宿州、蚌埠和滁州这样地区GDP每年不到2000亿元的发展中城市。由于虹吸效应的存在，经济发展迅速的特大型城市会抢占周边城市的资源和人才，从而压制周边城市，造成不同地区经济发展越来越不平衡。

京沪高铁于2011年6月30日建成通车，7月1日正式运营。为了衡量京沪高铁对地区之间协调发展的作用，本文考察了2008年至2011年建设期和2012年至2015年运营期，共计七年时间沿线地级及以上城市的经济发展情况。各市以及全国的年均GDP增长率如表2所示。

可以看出，在沿线19个主要城市中，有11个城市的年均GDP增长率超过了全国平均水平，地区经济规模发展最快的徐州年均GDP增长率达到17.9%。京沪高铁的设计调研与道路建设拉动了施工地区工业相关领域和服务业的发展。在实际开行后，京沪高铁作为高标准的运输通道，增强了沿线区域交通的可达性，拉近了环渤海与长江三角洲两大经济区的联系，形成了"南北经济走廊"，促进了东部地区经济的整体发展。

表2 沿线城市年均GDP增长率(%)

城市	年均GDP增长率	城市	年均GDP增长率
北京	11.85	宿州	13.44
廊坊	13.00	蚌埠	14.48
天津	13.73	滁州	14.60
沧州	11.79	南京	14.30
德州	10.12	镇江	13.75
济南	10.58	常州	12.82
泰安	11.08	无锡	9.75
济宁	9.53	苏州	10.88
枣庄	9.47	上海	8.95
徐州	17.90	全国	11.61

资料来源：各市及各省统计局2008—2015年《国民经济和社会发展统计公报》。

考虑到从2008年到2015年中国经济增长速度很快，多数地区都实现了经济总量翻倍，因此方差和标准差并不适合对比不同年度不同地区经济发展的离散程度。本文使用变异系数，通过对各地GDP离散程度的标准化，来考察地区之间经济发展的平衡性以及不同年度之间的变化趋势。在数据处理中，考虑到一个地区对人才的吸引能力与此地区的经济发展互为因果，而各个城市居住人口数量的差别也是地区之间发展不协调的一个方面，本文将经济层面的因素与人口层面的因素统一计算。

假设参与发展协调性评定的地区数量为N，第i个地区第t年的地区GDP为X_{it}，$i \in (1,2,\cdots,N)$，第t年各地区GDP的平均值为μ_t，标准差为σ_t，则第t年变异系数CV_t可表示为

$$CV_t = \frac{\sigma_t}{\mu_t} = \frac{\sqrt{N \sum_{i=1}^{N} \left(X_{it} - \frac{\sum_{i=1}^{N} X_{it}}{N}\right)^2}}{\sum_{i=1}^{N} X_{it}} \tag{1}$$

通过计算,七年之间京沪高铁沿线的19个地级及以上城市的地区年GDP变异系数下降了7.28%,地区之间发展的均衡性有所提升。为了排除经济整体协调性改进的影响,本文构建实验对照组,考察北京、天津、上海三个直辖市与冀鲁皖苏四省不同年份之间变异系数的变化。京沪铁路沿线城市与省级地区经济水平协调性变化趋势如图1所示。

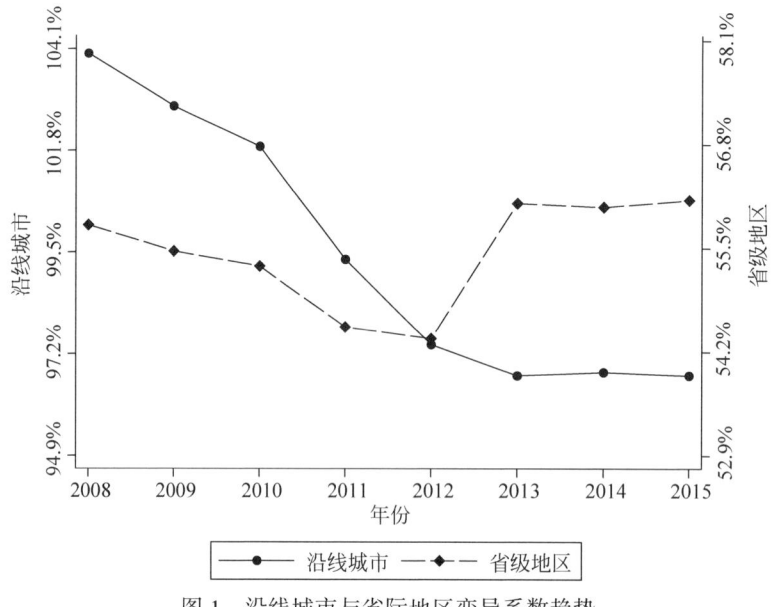

图1 沿线城市与省际地区变异系数趋势

省级地区变异系数从2008年的55.79%上升至2015年的56.1%。同样的时间段内,各地区经济发展的协调状况恶化,发展机会不平等的矛盾逐步加深。在排除共同趋势影响因素外,京沪高铁的开通确实为沿线的发展中城市带去了资源,促进经济更协调地发展,从而推动实现全民小康、共同富裕的伟大理想。

(三)减少污染排放,引导绿色出行

虽然中国经济快速腾飞,但是人和自然并没有和谐共处。在发展过程中,中国对于生态环境的破坏比较严重,造成了水土流失、空气污染等一系列的环境问题。交通运输业作为国民经济发展中最重要的行业之一,对于能源,特别是化石能源,消耗巨大。以2015年为例,中国交通运输行业能源消费占全年全部行业总消费的15.7%,二氧化碳排放量占总排放量的10.6%。[1]为了践行中国节约资源和保护环境的基本国策,也为了实现中国对世界做出的单位GDP碳排放强度下降40%—45%的庄严承诺,京沪高速铁路在运行中完全以电力作为行驶动力,并且采用全封闭的运行环境,在运营的全过程中几乎不产生二氧化碳排放。

不可否认的是,中国目前还是以火力发电为主。在发电过程中燃烧化石原料将不可避免地排放出二氧化碳。但是与公路运输和航空运输相比,铁路运输的单位旅客周转量二氧化碳排放量要少得多(见表3)。同时,公路运输和航空运输交通工具能源的产生目前为止还是以化石燃料的直接燃烧为主。在这种情况下,燃烧不充分、尾气超标等情况从制度上难以监控,从技术上难以处理。而火电站虽说同样是以化石能源燃烧的方式发电,对污染物整体的监测与处理则更具有可行性,成本方面也更经济。京沪高铁的开通为人们提供了一种更清洁的出行方式,替代了部分公路运输与航空运输,推动了中国采用节约优先、绿色低碳的发展模式,走生态良好的文明发展道路。在促进地区经济发展的同时,实现节能减排的目标。

表3 主要交通方式单位旅客周转量二氧化碳排放量(吨CO_2/百万人公里)

年份	2011	2012	2013	2014	2015	2016
京沪高铁	26.2	35.4	31.7	28.5	25.3	24.3
京沪高速	66.8	67.0	66.3	66.5	66.7	67.2
京沪民航	96.8	94.6	87.1	87.1	84.3	83.9

资料来源:中国铁路经济规划研究院《京沪高铁运输效益及创新示范作用研究》。

---

[1] International Union of Railways, *Railway Handbook 2017*, https://uic.org, pp. 70-71.

五、结论

四十多年来中国改革的成果与经济发展所取得的成就是有目共睹的。中国成功的改革经验证明,断章取义地理解马克思主义经典作家的个别"结论",盲目地实行"一大二公"的计划经济体制,是无法解放和发展生产力的。而盲目地照搬照抄西方经济学理论,改弦易辙信奉市场经济的"神话",就会像东欧转轨国家一样陷入到秩序混乱、经济衰退的境况中去。只有在坚持以公有制为主体的基础上,突破既有经济理论束缚,将公有制与市场经济结合起来,形成中国特色社会主义基本经济制度,才能走出一条中国独有的高质量发展之路。

中国社会主义基本经济制度的科学性体现在:在理论上解释了中国的发展奇迹,在实践上指导了中国经济改革的方向。中国高速铁路行业正是在坚持基本经济制度的前提下,通过不断地深化改革,实现了从无到有、从好到优的跨越式发展。在国家战略性计划的引导和巨额国有资本投入下,高铁行业才能在技术上攻坚克难,通过引进消化吸收再创新和自主创新两条路,在十八年时间内具备了国际顶级高铁动车组列车的制造能力和世界最高标准高速铁路的修建能力。

科学的经济制度也是指导下一步经济高质量发展的基石。京沪高铁公司的成功经验告诉我们,只有坚持中国特色社会主义基本经济制度,将社会主义公有制与市场配置资源两方面的优势结合起来,做到"看得见的手"和"看不见的手"相统一,才能真正实现经济效益与社会效益共同发展,推进地区与地区之间、人与自然之间的协调发展。中国的经济发展已经进入到一个新的阶段,将会面临新的机遇与挑战。在新的时代背景下,中国必须持续贯彻坚持社会主义市场经济体制,深化现代企业制度改革,使市场在资源配置中起决定性作用。同时要更好地发挥政府的引导作用,加强法制建设,规范市场行为。如此才能推动中国特色社会主义事业不断发展,实现中国经济总量与质量的同步提高。

参考文献

1. 陈健、郭冠清:"社会主义市场化改革模式的比较",《经济纵横》2018年第11期。
2. 厉以宁、辜胜阻、高培勇、刘世锦、刘伟、洪银兴、樊纲、洪永淼:"中国经济学70年:回顾与展望——庆祝新中国成立70周年笔谈(下)",《经济研究》2019年第10期。
3. 刘伟:"坚持社会主义市场经济的改革方向——中国特色社会主义经济转轨的体制目标",《中国高校社会科学》2019年第2期。
4. 刘伟:"坚持和完善社会主义基本经济制度 不断解放和发展社会生产力",《光明日报》2019年12月13日。
5. 逄锦聚、林岗、杨瑞龙、黄泰岩:"促进经济高质量发展笔谈",《经济学动态》2019年第7期。
6. 杨瑞龙:"国有企业改革逻辑与实践的演变及反思",《中国人民大学学报》2018年第5期。
7. "中国高速铁路发展历程",《中国机械工程》2019年第3期。
8. International Union of Railways, *Railway Handbook 2017*, https://uic.org, pp. 70-71.

(郑拓,中国人民大学;刘伟,中国人民大学)

金融抑制与民营经济高质量发展

龚六堂　赵玮璇

一、引言

自 1978 年实行改革开放以来,中国经济走过了四十多年波澜壮阔的征程。这四十多年与中国五千年的历史相比,是短短一瞬,但它却深深影响和改变了中国和中国人。在这个过程中,民营企业的萌芽、发展与壮大,伴随着中国经济体制向社会主义市场经济演变的脚步,更是四十多年中国改革开放的一个缩影。习近平总书记在 2018 年召开的民营企业座谈会上指出,改革开放四十年来,中国民营经济从小到大、从弱到强,贡献了 50% 以上的税收、60% 以上的国内生产总值、70%以上的技术创新成果、80%以上的城镇劳动就业、90%以上的企业数量。经济发展能够创造中国奇迹,民营经济功不可没。

四十多年砥砺前行,民营企业的发展伴随着思想解放、改革开放的深入以及政策环境的持续优化。在其中,金融政策支持的不断加强与金融服务差异化程度的不断减轻为民营经济健康发展提供了根本性的保障。根据美国经济学家麦金农的金融抑制理论,发展中国家政府会通过设置存贷款利率上下限、主动调控通货膨胀率以降低实际利率水平、采取信贷配给的手段分配有限的资本资源、加大对金融部门的控制、提高法定准备金率、采取资本管制等方式,实现资本向政府优先发展的资本密集型产业流动,造成金融扭曲程度不断加深,整个金融体系的资源配置功能也被严重扭曲(Mckinnon,1973),即所谓的"金融抑制"。图 1 为 1978—2008 年中国的金融抑制指数,可以看出,中国的金融抑制程度在三十年间下降了将近一半。

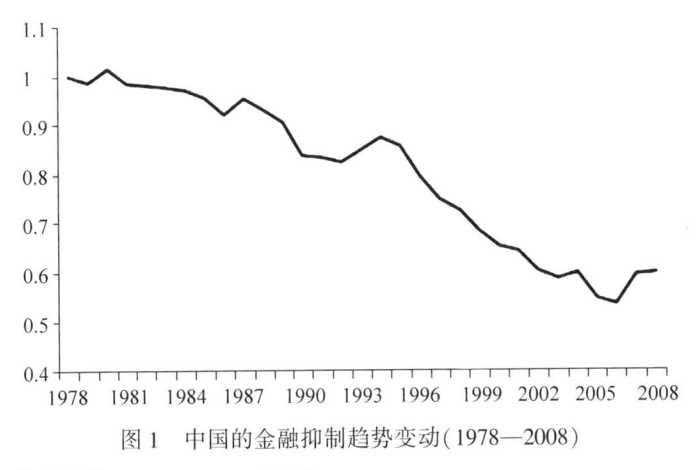

图 1 中国的金融抑制趋势变动(1978—2008)

资料来源:Huang and Wang(2011)。

然而,在 2008 年国际金融危机爆发和 2009 年中国快速的信贷扩张后,中国以大银行为主导的金融体系将信贷资源优先支持国有企业和大型项目。中国银行的信贷分配表现出明显的"所有制歧视",资金配给明显偏向于国有经济部门与大型企业。股票市场和企业债市场也发展缓慢,私营部门与中小企业很难通过金融市场筹措资金。陈彦斌等(2014)指出,近十年来,由于利率管制的存在,中国的实际利率自2003年以来频繁为负,现在中国的官方利率至少比市场利率平均低50%—100%。从全球范围来看,国际货币基金组织的报告认为,中国的金融抑制程度不仅远高于发达国家的平均水平,更远高于发展中国家、亚洲国家以及转型国家的平均水平。根据 Abiad 等(2010)的测算结果,中国的金融抑制指数在91个样本国中高居第五位,仅次于埃塞俄比亚、尼泊尔、乌兹别克斯坦与越南。

金融抑制政策究竟对发展中国家的民营企业和经济发展造成了怎样的影响?本文梳理了改革开放以来国家对民营企业政策的变迁,探讨了民营企业的政策待遇与融资环境,并在大量中外文献的基础上,通过数理建模的方法,论证了所有制歧视的金融抑制政策对经济高质量发展的影响。此外,本文还利用跨国面板数据对模型提出的结论进行检验,为理论提供了实证支持。本文共分为五部分:下面的第二部分为民营经济政策变迁梳理与相关理论的文献综述;第三部分为对金融抑制政策影响的数理建模;第四部分为对结论的实证检验;最后为全文的总结与政策建议。

二、文献综述

(一) 金融抑制与经济发展

对发展中国家金融抑制与经济转型发展关系的探讨主要兴起于上世纪末,并逐渐成为近年来学界的一个热点话题(Pagano,1993;Trew,2006)。从1973年开始,金融发展理论进入了一个黄金发展期。最为著名的就是 McKinnon(1973)发表的《经济发展中的货币与资本》以及 Shaw(1973)发表的《经济发展中的金融深化》两部著作。这两部著作开始以发展中国家或地区为研究对象,展开对金融发展和经济发展的关系的研究。McKinnon(1973)指出,在发展中国家,存在着政府对金融体系的各种限制,并且人为设定利率和汇率,使之不能根据市场的供求关系做出调节,也无法让市场起到资源配置的作用。在利率和汇率双扭曲的情况下,整个金融体系的资源配置功能也被严重扭曲,即出现"金融抑制"现象。

在此之后,越来越多的经济学家开始把目光投向发展中国家金融抑制问题的研究上。Galbis(1980)从发展中国家经济中存在的分割性出发,构建了一个两部门模型,并指出金融抑制阻碍了流动性资金从低回报率的传统部门向高回报率的现代部门的流动趋势,造成了金融资源的错配与生产率较高部门的投资不足,进而影响经济增长。该研究的两部门模型很类似于中国目前所存在的国有部门和民营部门,因而近年有许多研究(娄姚荣,2013;江迪蒙,2014)都是在这一基础上改进模型,讨论中国的金融抑制问题。Fry 在 1980 年的文章中讨论了金融抑制造成经济增长损失的问题,并得出真实存款利率每低于市场均衡利率 1 个百分点,经济增长率就会损失 0.5 个百分点。Roubini and Sala-I-Martin(1992)从拉美国家的经济发展现状出发,提出金融抑制会严重阻碍经济增长,并以实证方法对理论进行证明。卢峰和姚洋(2004)基于法律经济学的视角阐述金融抑制的影响,认为中国私人部门存在较为严重的金融抑制。周业安和赵坚毅(2005)检验了金融市场化指数和经济增长之间的关系,发现金融市场化的程度越深,越能够提高经济增长率。

通过对金融抑制现有文献的梳理,不难发现学界存在两种不同的观点。一部分学者如 McKinnon(1973)和 Shaw(1973)大力支持金融自由化,而另一部分强调了金融管制对经济的有益作用。其中对金融抑制负面作用的研究是现有文献的主体,这些理论一致认为金融抑制会对国民经济的运行造成不利影响,如投资效率损失、削弱科技创新能力、降低经济发展效率、产业结构与收入分配结构失衡等,从而阻碍经济的发展。

对于金融管制持支持态度的学者则从东南亚与拉美金融危机的历史及发展中国家市场失灵的现状出发,强调国家对金融管制的积极作用。他们认为,在经济发展的初始阶段,一个政府主导的有力的"大推进"可能有助于一国摆脱"贫困陷阱",进入"起飞"阶段并走上自我持续增长的轨道。作为国家控制权的支持者,Gerschenkron(1962)认为政府能够向高生产率的投资项目配置资本,国有银行也能够克服市场失灵的缺陷,动员储蓄去实现具有战略意义的重要项目。Stiglitz 在多篇论文中提出(Stiglitz & Weiss,1981;Stiglitz,2000;Stiglitz,1994),在不完全信息的市场环境中,较高的利率会促使投资者向更有风险的项目投资,从而加大银行的信贷风险。因此,利率管制和信贷配给可能是银行更为理性的选择。他还认为,过去几十年发展中国家不断爆发的金融危机正是由于金融自由化而产生,在金融抑制政策下,发展中国家会更好地管理其货币供给并实现金融系统的稳定。Fry(1997)在道德风险的动态模型下证明,实施金融自由化必须存在一些先决条件,如适当的审慎监管、对金融机构与金融市场的有效管理、物价稳定在一个合理的程度等。Hellmann 等(1997)指出,金融领域的竞争会破坏银行的审慎决策,对资本不加以管制更会导致帕累托无效的结果,因此适当金融政策工具的应用将有助于经济效率的提高。通过实证检验,Arestis and Demetriades(1997)和 Demetriades and Luintel(2001)两篇研究都证明韩国的金融抑制政策对其金融发展起到了积极作用。国际货币基金组织经济学家 Aziz and Duenwald(2002)的研究得出:金融体系管制可以保证无效率的国有企业生存,不产生过多的失业,从而使转型成本达到社会的稳定不受威胁的水平。陈彦斌等(2014)使用数值模拟实验证明,利率管制具有一定的"增长效应":偏低的实际利率对企业部门扩大投资规模提供了激励,经济体的资本存量将会增加,进而促进了总产出的提高。

金融抑制对经济发展究竟是起促进作用还是抑制作用?根据现有文献的实证研究,这个问题是由一国金融机构情况、市场发展情况、监管机构情况、政府战略等多种因素共同决定的。虽然金融抑制政策在一般情况下会降低经济效率,但这一政策同时也有效地帮助政府解决了市场失灵和金融危机等问题。因此,金融抑制政策的净效应是由正负两种潜在机制共同决定的。这两种效应随着经济发展而不断变化,最终的结果要看哪种机制起主导作用。

到目前为止,学界研究的结果基本上得出了一条中间路线:一方面必须渐进地推行金融自由化;另一方面基于金融市场的内在约束,政府监管也不可避免。Li(2001)认为在经济发展早期,温和的金融抑制政策可能支持了宏观经济的稳定和经济的增长,但这一政策逐渐成为经济增长的负担并在近些年出现了自我维系的特征。郭为(2004)指出在工业化的早期阶段,银行主导的金融体系能起到很好的作用,但随着经济的发展和对作为增长引擎的知识密集型产业的关注,一种混合的金融形式可能更为有效。在中国,银行业过快的私有化可能会造成效率低下的国有企业大面积地难以获得信贷,引发很多社会和政治问题。Maswana(2008)提出,虽然金融抑制政策不利于经济的配置效率,但它可能创造出一种调整效率,这使政府有能力在变化的环境中做出迅速的调整。余静文(2013)进一步总结出,不同的经济发展阶段对应着不同的"最优金融条件",最优的金融抑制水平应当随着经济发展水平的提升而下降,而任何相对于"最优金融条件"的偏离都将使经济增速下降。

(二) 研究方法与创新点

在金融抑制指标的选取上,学界尚没有达成统一。蒙荫莉(2003)计算出 M2 与 GDP 的比值作为指标进行计量分析。郭为(2004)把居民手持货币量或者居民手持货币量与投资性金融资产的比率作为度量金融发展或抑制的一个指标。白重恩(2010)以存贷总额占 GDP 的比重衡量金融抑制的程度。陈斌开和林毅夫(2012)以人民币存款一年期真实利率表示金融抑制水平。Arestis and Demetriades(1997)采取了主成分法计算金融抑制指标。此后,大量的文献都沿用了这一研究思路,以多重指标综合考虑金融抑制的程度。Ang and Mckibbin(2007)采用主成分分析法构建了马来西亚的金融抑制指标。陈宇峰等(2015)借鉴了 Demetriades 的方法,采取主成分法测度了 1993—2012 年中国的金融抑制程度。Huang and Wang(2011)同样通过主成分分析法,用六个变量构建指标表示金融抑制情况。因此,文本也采取主成分法,借鉴 Huang and Wang(2011)的研究方法,对金融抑制情况进行测度。

综上所述,现在已有文献研究金融抑制政策在中国及世界范围内对经济增长的不利影响,也有文献研究金融抑制政策在中国改革过程中的双重作用。然而目前尚没有文献研究在世界范围内金融抑制政策对民营经济和经济增长的一般性规律及双重作用。因此,本文期望在该领域进行讨论与分析,得出相关结论,并为中国民营企业的更好发展提供理论依据。

三、理论模型

本文以新古典理论为基础建立数理模型,对金融抑制政策、民营经济发展及经济增长等问题进行数理化分析。对于发展中国家而言,城市化进程尚未完成,农村劳动力正在由传统部门向现代部门流动,因此现代部门拥有大量的人口红利,可以借此制定较低的工资并获得资本积累。根据 Galbis(1980)、Baumol(1985)将经济部门根据技术水平、要素密集度等划分为两大部门的研究方法,本文根据国情以所有制将企业大致分为国有经济和民营经济两大部门。同时,由于发展中国家政府往往采取赶超战略,对金融采取垄断控制,并制定偏向于政策倾斜企业的利率结构,可以说,中国的金融抑制,实际上是一种利率抑制加"双轨制",即国有工业部门享受低廉并且足额配额的利率,而民营部门则面对高利率并稀缺的贷款资源。

因此,本文对模型采取如下假设:(1)企业以 Cobb-Douglas 生产函数进行生产,且不存在规模效应;(2)消费者为 Cobb-Douglas 型效用函数;(3)政府制定利率,且国有与民营企业利率不相同;(4)城镇劳动力市场中企业有更强的市场势力,具有更高的议价权;(5)企业根据生产的边际成本,以一定的利润加成制定产品价格;(6)同一产业内所有企业面对相同的要素价格与产品价格,且价格水平具有一定黏性。

同时设定变量 $i=1,2$ 分别代表国有经济部门与民营经济部门;A_i、L_i、K_i、Y_i 分别代表两部门的技术水平、企业劳动力、资本存量与总产值;w_i、r_i、P_i 分别代表两部门的名义工资、利率与产品价格。

设生产部门两部门的生产函数分别为

$$Y_1 = A_1 K_1^{1-\alpha} L_1^{\alpha} \tag{1}$$

$$Y_2 = A_2 K_2^{1-\beta} L_2^{\beta} \tag{2}$$

根据新古典边际理论,在最优化生产时,企业根据政府制定的利率、市场中价格等外生条件选择资本、劳动力进行生产,此时,

$$\frac{MYL}{MYK} = \frac{w/P}{r} \tag{3}$$

以部门 1 为例,由(3)可推出

$$\frac{w_1 L_1}{P_1 r_1 K_1} = \frac{1-\alpha}{\alpha} \tag{4}$$

企业生产总成本为

$$TC = rK + wL \tag{5}$$

将(1)(4)代入(5)中,可得到

$$TC_1 = \frac{(1-\alpha)^{\alpha-1}}{A_1 \alpha^{\alpha}} \cdot \frac{r^{\alpha}}{\left(\frac{w_1}{P_1}\right)^{\alpha-1}} \cdot Y_1 \tag{6}$$

用产出对总成本求导得到边际成本：

$$MC_1 = \frac{(1-\alpha)^{\alpha-1}}{A_1\alpha^\alpha} \cdot \frac{r^\alpha}{\left(\frac{w_1}{P_1}\right)^{\alpha-1}} \qquad (7)$$

可见产品的边际成本由技术水平、价格水平等因素决定且与产量无关。正如 Lewis-Fei-Ranis 模型所述，发展中国家拥有巨大的人口红利，现代部门可以通过压低工人工资获取正的利润，达到资本积累和扩张的目的，从而实现经济增长。因此本文假设，厂商在市场上具有一定的垄断定价权，可以制定有利于自己的工资价格与产品价格。方便起见，假设两部门分别以利润率 π_1、π_2 制定价格：

$$P_i = (1 + \pi_i) MC_i \quad (i = 1,2) \qquad (8)$$

现在考虑消费者。设消费者对国有经济与民营经济产品的需求分别为 X_1 和 X_2，消费者对两类产品的效用函数为

$$U = X_1^{1-\gamma} X_2^\gamma \qquad (9)$$

消费者的收入为 M，预算约束为

$$P_1 X_1 + P_2 X_2 = M \qquad (10)$$

根据新古典经济学消费者理论，在效用最大化时消费者对两种产品的支出比例是固定的：

$$\frac{P_1 X_1}{P_2 X_2} = \frac{\gamma}{1-\gamma} \qquad (11)$$

在产品市场供需均衡时，

$$Y_i = X_i \quad (i = 1,2) \qquad (12)$$

设 S 为国有经济与民营经济的比值，则在一般均衡时，

$$S = \frac{Y_1}{Y_2} = \frac{X_1}{X_2} = \frac{\gamma}{1-\gamma} \frac{P_2}{P_1} \qquad (13)$$

将(7)(8)代入上式中，有

$$S = \frac{\gamma}{1-\gamma} \cdot \frac{\alpha^\alpha (1-\alpha)^{1-\alpha}}{\beta^\beta (1-\beta)^{1-\beta}} \cdot \frac{A_1}{A_2} \cdot \frac{r_2^\beta w_2^{1-\beta}}{r_1^\alpha w_1^{1-\alpha}} \qquad (14)$$

设系数 $k = \frac{\gamma}{1-\gamma} \cdot \frac{\alpha^\alpha(1-\alpha)^{1-\alpha}}{\beta^\beta(1-\beta)^{1-\beta}}$，$k$ 为常数。

则产业结构可表示为

$$S = k \cdot \frac{A_1}{A_2} \cdot \frac{r_2^\beta w_2^{1-\beta}}{r_1^\alpha w_1^{1-\alpha}} \tag{15}$$

由于政府采取偏向于国有企业的金融抑制政策，国有经济部门可以享有更为优惠的金融支持。根据林毅夫的定义及其他学者的相关研究，本文以两部门的利率比值代表金融抑制程度。设金融抑制系数为 φ，经济体的金融抑制越严重，系数就越大。两部门利率关系为

$$r_2 = \varphi r_1 \quad (\varphi > 0) \tag{16}$$

同时引入时间 t，在经济动态发展的视角上解释金融抑制对经济体在长期发展过程中所产生的影响。根据摩尔定律，本文假设技术以指数型进步。设两部门的技术进步率分别为 a_1 和 a_2，则生产技术的动态形式为

$$A_{it} = A_0 e^{a_i t} \quad (i = 1, 2) \tag{17}$$

设劳动力可以在两部门间自由流动，即本文暂不考虑劳动力市场分割的情况。则有

$$w_{1t} = w_{2t} = w_t \tag{18}$$

根据（15）（16）（17）与（18）可知，

$$S_t = k \cdot e^{(a_1 - a_2)t} \cdot \varphi_t^\beta r_{1t}^{\beta-\alpha} w_t^{\alpha-\beta} \tag{19}$$

在政府采取偏向于国有经济的金融抑制政策后，金融抑制系数 φ 会大于1。由于 $\beta>0$，φ 的提高会对 S_t 产生正向的影响。也就是说，金融抑制政策会提高国有经济在产业中的占比，且抑制越严重，产业扭曲程度越大。也就是说，长期的金融抑制会阻碍民营经济的发展，阻碍经济改革的顺利进行。

设整体经济、国有经济部门和民营经济部门的经济增速分别为 g_t、g_{1t} 和 g_{2t}，且它们之间的关系为

$$g_t = \frac{S_t g_{1t} + g_{2t}}{1 + S_t} \tag{20}$$

由于 $g_t = \ln\frac{Y_{t+1}}{Y_t}$，代入生产函数，以部门 1 为例，化简得

$$g_{1t} = a_1 + (1-\alpha)\ln\left(\frac{k_{1t+1}}{k_{1t}}\right) + \alpha\ln\left(\frac{L_{1t+1}}{L_{1t}}\right) \tag{21}$$

根据前文假设，两部门分别以 π_{1t}、π_{2t} 积累资本，且以最优的资本劳动比生产。

将(4)式代入上式，有

$$g_{1t} = a_1 + \ln(1+\pi_{1t}) + \alpha\ln\left(\frac{r_{1t+1}}{r_{1t}}\right) - \alpha\ln\left(\frac{w_{1t+1}/P_{1t+1}}{w_{1t}/P_{1t}}\right) \tag{22}$$

$$g_{2t} = a_2 + \ln(1+\pi_{2t}) + \beta\ln\left(\frac{r_{2t+1}}{r_{2t}}\right) - \beta\ln\left(\frac{w_{2t+1}/P_{2t+1}}{w_{2t}/P_{2t}}\right) \tag{23}$$

在不考虑部门间实际工资差距，且两部门利率关系保持为 $r_2 = \varphi r_1$ 时，将以上两式代回(20)中，得到

$$g_t = \frac{1}{1+S_t}(a_1 S_t + a_2) + \frac{1}{1+S_t}[S_t \ln(1+\pi_{1t}) + \ln(1+\pi_{2t})] + \frac{1}{1+S_t}(\alpha S_t + \beta) \cdot \left[\ln\left(\frac{r_{1t+1}}{r_{1t}}\right) - \ln\left(\frac{w_{t+1}/P_{t+1}}{w_t/P_t}\right)\right] \tag{24}$$

根据这个增长函数，经济增长可以分为三个部分：技术进步、资本积累和资本与劳动的分配关系。二战后的发展中国家，大多受到结构主义的影响，通过压低利率和工资来获得较高的资本积累，实现国有重工业的快速发展。而在后期，随着利率市场化的推进，利率水平逐步回升；同时，由于人口红利的消失，劳动力实际工资也开始上涨。本文暂不考虑利率与实际工资的增长关系，重点关注公式中的前两部分。

在经济增长前期，由于国家重点支持国有经济发展，国有经济由于具有政策、资本等优势，相对于民营经济有更高的资本积累率

和技术进步率。此时较高的 S_t 会带来暂时的经济高速发展。然而,由于传统国有经济部门往往缺乏比较优势,且在长期中民营经济技术进步能力不断提升,经济发展到后期,靠扭曲价格获得高资本积累的发展模式难以为继,经济体开始转向以技术进步驱动发展的模式。此时,实行扭曲利率的金融抑制政策会阻碍经济结构的调整,使 S_t 保持在较高的水平,进而降低经济增长速度。[1] 也就是说,金融抑制政策在经济发展初期可能会促进经济增长,但在长期中会降低经济增长速度,阻碍一国经济发展。

四、实证检验

前文已证,金融抑制政策不仅会扭曲产业结构、阻碍经济转型的进行,还会对经济增长造成影响。前文的数理模型与大量文献已经证明,金融抑制政策对经济增长的影响可能是双重的:经济起步阶段,由于金融市场的不稳定性和交易市场的不完备,国家管制金融,扶持国有重工业等战略性产业,可能会带来更高的资本积累和经济增长;在经济发展后期,靠扭曲价格获得高资本积累的发展模式难以为继,经济体开始转向以技术进步驱动发展的模式。此时,实行扭曲利率的金融抑制政策会阻碍经济结构的调整,降低经济增长速度。

(一) 构建面板模型

一国政府采取的金融抑制政策可能包含许多方面的内容,标准化的跨国衡量成为研究的重难点。正如文献综述部分介绍,以往文献存在多种选取金融抑制指标的方法,目前的主流方法是主成分法。本文使用 Abiad 等(2010)的金融改革数据库计算金融抑制指

---

[1] 在经济发展后期,主要考虑(24)式中第一部分技术进步带来的经济增长。由于金融抑制 φ 与经济结构 S_t 成正比,在 $a_1<a_2$ 时,S_t 与 g_t 成反比,故 φ 的提高会使 g_t 下降。

标。这一数据库提供了91个经济体1973—2005年的金融改革数据,它们分别从信贷控制、利率控制、金融业进入壁垒、私有化程度、银行业监管质量、国际资本流动自由度和证券市场发展七个方面对一国的金融状况进行评估,然后将七个政策变量加总并标准化处理,得到各国金融改革情况的面板数据。这一数据不仅较好地解决了经济层面的内生性问题,也更好地反映出政府的政策倾向与意图。根据金融自由化与金融抑制的反相关关系,本文将金融改革指标求倒数后取对数处理,得到金融抑制指标 FinRep。为了研究发展中国家采取赶超战略时金融抑制政策对经济增长造成的影响,本文选取其中47个二战后发展起来的后发国家或地区进行计量分析。其余数据均来源于世界银行世界发展指标(WDI)数据库。

建立面板数据回归模型,探讨金融抑制对经济发展的影响:

$$GGDP_{i,t} = \beta_0 + \beta_1 \cdot FinRep_{i,t} + \beta_2 \cdot FinRep_{i,t} \cdot D + \beta_3 \cdot D + \gamma X_{i,t} + \mu_i + \omega_t + \varepsilon_{i,t} \quad (25)$$

其中,$GGDP$ 是各国劳均生产总值的增长率,$FinRrep$ 是金融抑制指数,D 是控制金融抑制作用阶段的虚拟变量(Dummy),X 是一组与经济增长相关的控制变量,μ_i 和 ω_t 分别为国家固定效应和时间固定效应,用于吸收不可观测的随国别和时间而变化的遗漏影响,$\varepsilon_{i,t}$ 为残差项。

本文参考 Huang and Wang(2011)在研究中国金融抑制对经济增长双重作用时选取的控制变量:加入资本形成占比(Capit)解释资本投入对经济增长的作用;加入失业率(Unempl)吸收经济短期波动的影响;加入进出口总额占 GDP 比(Trade)表示一国的贸易开放度;加入政府公共支出占 GDP 比例(Gov)解释政府财政支出对经济的影响。

(二) 虚拟变量

在虚拟变量的设定上,根据现有大量文献及作者结论(赵玮璇,2018),产业结构会随经济发展而呈现先上升后下降的倒"U"形变化规律。在经济发展前期,各国工业占比不断上升,工业化是经济发展的主要任务,此阶段金融抑制政策可能有利于经济的快速积累和增长;而在"U"形拐点之后,经济进入以技术进步驱动增长的新阶段,此时的金融抑制政策可能会阻碍经济的进一步发展。因此,本文以产业结构转型的拐点作为临界点,探究在两个经济发展阶段金融抑制政策的不同作用。

根据理论模型中的构造与文献常见的做法,定义产业结构指标 $Stru$,使之等于工业部门产出相对于服务业部门产出之比,该值越高,说明经济结构越偏向于工业部门。本文从世界银行数据库[1]获得各国的现价美元工业产值与现价美元服务业产值,相除得到产业结构指标 $Stru$,获得劳均产出作为经济发展水平指标。为了考虑经济体的一般演变规律,本文去除以下国家:1.世界银行定义的太平洋小岛国;2.人口小于100万的国家(2015年数据),如梵蒂冈、斐济等;3.战乱国、石油国、非工业国等特殊经济体(沙特阿拉伯、伊拉克、卡塔尔、科威特等)。最终样本数据量为109个国家。以劳均产出对产业结构做二次线性回归,定义实证模型如下:

$$Stru = \beta_0 + \beta_1 \times \ln(PerGDP) + \beta_2 \times \ln^2(PerGDP) + \varepsilon \quad (26)$$

式中,$PerGDP$ 为劳均 GDP。以 Stata12 软件对(26)式进行估计,得到如下拟合结果:

$$Stru = -4.924 + 1.178 \times \ln(PerGDP) - 0.062 \times \ln^2(PerGDP) \quad (27)$$

上式中各项系数的 t 检验均在99%置信度上显著,且整体模型结果通过 F 检验。同理,对其中发展中国家数据进行回归,也得到倒"U"形变化关系:

$$Stru = -1.586 + 0.556 \times \ln(PerGDP) - 0.033 \times \ln^2(PerGDP) \quad (28)$$

---

[1] http://www.worldbank.org.

由(27)式和(28)式计算可得,世界各国产业结构变化的转折点为对数劳均 GDP 等于 9.45 时,发展中国家的转折点为该值等于 8.42 时。因此,本文取对数劳均 GDP 等于 9 作为产业结构转型的近似分界点,并以此设置虚拟变量 D:

$$D = \begin{cases} 1 & \text{LnPerGDP} < 9 \\ 0 & \text{LnPerGDP} \geq 9 \end{cases} \quad (29)$$

(三) 实证结果

表 1 是各变量的含义、描述性统计及数据来源。由表格可知,各变量样本充足,统计特征良好,可以进行回归建模。

表 1　变量描述性统计

变量	含义	观测值	均值	标准差	最小值	最大值
GGDP	劳均 GDP 增长率	470	0.024	0.044	-0.316	0.239
FinRep	金融抑制程度	618	-2.513	0.581	-3.045	0.288
D	金融抑制虚拟变量	618	0.092	0.290	0.000	1.000
Capit	社会资本形成占生产总值比	447	0.220	0.057	0.055	0.399
Unempl	失业率	516	8.575	4.599	0.900	27.200
Trade	贸易依赖度	423	0.571	0.328	0.122	2.918
Gov	政府支出占比	610	14.247	4.509	4.833	

对模型进行 F 检验与 LSDV 检验,结果显示固定效应模型明显优于混合回归模型;对模型进行 LM 检验,结果强烈拒绝不存在个体随机效应的原假设,认为在随机效应与混合回归二者之间应该选择随机效应模型。最后,进行 Hausman 检验,结果 p 值等于 0.024,可以在 95% 的显著性水平上拒绝原假设,认为使用固定效应模型会优于随机效应模型。综上,本文选择个体固定效应模型(One-way FE)对面板数据进行估计。用金融抑制指标对经济增长率进行面板数据回归,得到 Stata 回归结果如表 2 所示:

表 2　金融抑制对经济增长率估计结果

	(1) FE	(2) FE	(3) FE	(4) FE	(5) FE	(6) FE
GGDP						
FinRep	-0.084*** (0.015)	-0.104*** (0.017)	-0.084*** (0.015)	-0.085*** (0.019)	-0.086*** (0.015)	-0.089*** (0.021)
FinRep·D	0.095*** (0.022)	0.131*** (0.028)	0.096*** (0.022)	0.098*** (0.024)	0.100*** (0.022)	0.115*** (0.031)
D	-0.072*** (0.023)	-0.065*** (0.024)	-0.072*** (0.024)	-0.064*** (0.023)	-0.078*** (0.023)	-0.055** (0.025)
Capit		0.126 (0.080)				0.249** (0.102)
Unempl			-0.000 (0.001)			0.003** (0.002)
Trade				0.039** (0.019)		0.043** (0.020)
Gov					-0.003** (0.001)	-0.001 (0.001)
常数	0.055*** (0.006)	0.032* (0.019)	0.059*** (0.012)	0.034** (0.015)	0.098*** (0.019)	-0.037 (0.046)
国家数量	46	39	46	41	46	39
N	470	377	470	374	470	358
R^2	0.080	0.113	0.080	0.094	0.092	0.121

注:括号内为标准差,***、**和*分别表示1%、5%和10%的显著性水平。

回归 1 未加入控制变量,回归 2 至回归 5 分别加入资本形成、失业率、贸易和政府支出的影响,回归 6 加入全部控制变量。各回归结果中金融抑制指标、虚拟变量及其交叉项系数均显著,且金融抑制指标系数均为负,金融抑制指标系数与交叉项系数相加均为正,金融抑制政策在不同阶段的双重作用得证。以回归 6 为例:

$$GGDP_{i,t} = \begin{cases} -0.092 + 0.026 FinRep_{i,t} + 0.249 Capit_{i,t} + \\ 0.003 Unempl_{i,t} + 0.043 Trade_{i,t}, LnPerGDP < 9 \\ -0.037 - 0.089 FinRep_{i,t} + 0.249 Capit_{i,t} + \\ 0.003 Unempl_{i,t} + 0.043 Trade_{i,t}, LnPerGDP \geqslant 9 \end{cases}$$

(30)

可见,在经济发展初期,金融抑制政策对经济增长存在正向促进作用,而在经济发展到一定阶段后,金融抑制政策则会阻碍经济的增长,且阻碍作用远远大于早期的促进作用。

从控制变量来看,资本形成占比($Capit$)对经济增长存在一定的正向作用。对于发展中国家而言,增加资本积累水平是实现经济快速发展的重要方式,然而这种粗放的发展模式在经济发展到一定阶段则可能产生诸多弊端,如收入分配失衡、供需结构扭曲、资源错配浪费等。

失业率($Unempl$)显著性较低,作用不明显。发展中国家失业登记制度不完善,失业率数据往往不能正确反映经济的短期波动情况;同时,在城乡二元转型过程中传统部门存在大量剩余劳动力,就业情况主要表现在传统部门的隐性失业,城市居民的登记失业率并不能表现经济的真实状况。

贸易开放度($Trade$)对经济增长存在较为显著的正向作用。二战之后,经济全球化成为世界发展的主流。后发的亚非拉各国积极承接发达国家的产业转移,并利用自身的廉价原材料与廉价劳动力优势实现了技术进步与资本积累。因而,发展中国家更为积极的贸易政策往往会促进其经济增长。

政府公共支出占比(Gov)的显著性较差,作用不明显。在回归结果中,只有回归5显著,其他结果均不显著。其系数符号都是负号,表示政府公共支出的增加可能对经济增长产生一定负向作用,这与 Huang and Wang(2011)的回归结果一致。政府支出对经济增长的作用一直是学界主张"大政府"与主张"小政府"的两派经济学家争论的话题之一,各流派的学者都曾对此问题展开过讨论,本文不再进行具体机制分析。

(四)稳健性分析

本文对结果的稳健性分析主要包括改变模型估计方法、调整变量和样本,以及对内生性的考虑。在表2中,以及通过逐一添加控制变量及加入全部控制变量的方式,检测了结果的稳健性。在表3中,回归1为调整样本为仅亚洲国家的固定效应面板回归的结果,回归2为随机效应模型,回归3为加入时间影响的双向固定效应模型。从结果可以看出,无论调整样本还是估计方法,估计结果均不变且显著。

此外,在回归模型中可能没有将解释变量全部列出,引起解释变量与随机扰动项相关,导致内生性问题。因此,本文使用金融抑制指标的滞后变量作为代理工具变量,缓解随时间变化的遗漏变量和解释变量相关产生的内生性偏误。回归4—6是以金融抑制指标的滞后项作为工具变量进行的固定效应面板回归。回归4为不加入控制变量的回归结果,回归5、6分别为加入全部控制变量和去除了不显著控制变量的回归结果。所有结果均支持前文结论,金融抑制政策在不同阶段会对经济增长起双重作用的结果稳健。

表 3　稳健性分析估计结果

	(1) FE (Asia)	(2) RE	(3) FE Two-way	(4) FE IV	(5) FE IV	(6) FE IV
GGDP						
FinRep	-0.138*** (0.038)	-0.055*** (0.015)	-0.117*** (0.028)	-0.062*** (0.012)	-0.062*** (0.016)	-0.063*** (0.016)
FinRep·D	0.166*** (0.040)	0.088*** (0.022)	0.123*** (0.032)	0.077*** (0.019)	0.090*** (0.026)	0.091*** (0.026)
D	-0.068*** (0.018)	-0.030** (0.014)	-0.050** (0.025)	-0.068*** (0.023)	-0.049** (0.025)	-0.047* (0.024)
Capit	0.368*** (0.140)	0.196*** (0.061)	0.217** (0.105)		0.257** (0.102)	0.264*** (0.102)
Unempl	0.006* (0.003)	0.002* (0.001)	0.004** (0.002)		0.004** (0.002)	0.004** (0.002)
OTrade	0.075*** (0.019)	0.017* (0.010)	0.032 (0.023)		0.045** (0.020)	0.046** (0.020)
Gov	-0.005** (0.002)	-0.001 (0.001)	-0.001 (0.001)		-0.001 (0.001)	
常数	-0.045 (0.062)	-0.013 (0.021)	0.022 (0.056)	0.050*** (0.005)	-0.052 (0.046)	-0.068* (0.038)
国家数量	8	39	39	46	39	39
N	74	358	358	470	358	358
R²	0.444		0.181	0.069	0.114	0.113

注：括号内为标准差，***、**和*分别表示1%、5%和10%的显著性水平。

五、结论性与政策建议

民营经济作为经济中的重要组成部分,对于增强经济活力与维持经济持续增长具有重大意义,而金融支持在其中无疑发挥着重要作用。通过模型与实证分析,本文得出结论:金融抑制政策会提高国有经济在产业中的占比,且抑制越严重,产业扭曲程度越大。也就是说,长期的金融抑制会阻碍民营经济的发展;金融抑制政策在经济发展初期可能会促进经济增长,但在长期会降低经济增长速度,阻碍一国经济发展。

金融抑制政策在一国经济发展初期,对稳定宏观经济和解决市场失灵做出了重要贡献,也对金融系统稳定和经济增长起到了重要作用。比如,政府控制的信贷配给保证了稀缺金融资源能够被投资到优先发展的领域,利率管控不仅降低了企业使用资本的成本,同时也避免了金融机构间的利率竞争。这些措施都在一国金融体系不完善时,为动员资源发展经济提供了有利条件。然而随着经济结构的不断转型、金融系统的发展,以及更有活力的民营经济部门面对越来越多的资金约束,金融抑制政策带来的资本配置扭曲和效率损失问题日益突出,对经济发展贡献巨大的新兴经济面临着严重的资金不足,以投资驱动的经济发展模式也带来了经济结构的不平衡和供给过剩。同时,金融抑制政策本身也具有严重的路径依赖性,持续的金融抑制不仅延缓了金融自由化的进程,也使经济陷入一个低效的陷阱,阻碍了经济发展进程。

因此,中国应注意不同经济发展阶段增长驱动机制的不同与适时切换的必要性。在一国发展至中等收入水平后,应适时调整金融政策,净化要素市场环境,逐步减少金融市场中金融抑制的存在,使宏观层面上的经济结构与微观层面上的企业技术选择符合经济规律。同时,也应积极改变大银行在银行业中占据垄断地位的局面,推动非国有银行和中小银行的发展,构建与最优经济结构匹配的最优金融结构。

此外,发展中国家也应注意推行金融自由化的时间节点问题。金融自由化必须和市场化改革互相配合。自由的金融体系要能正常发挥作用,和高度发达的市场经济是密不可分的。欧美发达国家无不是有了高度发达的自由资本主义市场经济之后,发达的金融体系才开始出现。如果市场是分割的,资本在各行业不能自由流动,那么放任自流的金融体系只会加剧金融风险,造成金融系统崩溃。日本、韩国确实在金融自由化改革完成后从发展中国家跃升进入发达国家的行列;然而还有很多国家,如拉美的墨西哥、委内瑞拉、智利以及东南亚的泰国、马来西亚及印度尼西亚等在经历了金融自由化改革之后,迎接它们的不是经济上的腾飞,而是严重的金融危机,以及接下来长达几年甚至十几年的经济缓慢增长或停滞不前,陷入了所谓"中等收入陷阱"。这些国家具有一个共性,那就是过快、过早以及过度的金融自由化。这种与实体经济发展程度不匹配的改革节奏将本国尚不完善成熟的市场暴露在国际资本面前;而政府过早地从金融市场中抽身,也导致了在危机来临时控制手段和渠道的受限。

不同于许多金融自由化操之过快的拉美和东南亚国家,上世纪70年代中国的改革从商品市场开始,并且始终对金融市场改革保持一种审慎的态度。这种渐进性改革措施保证了改革的平稳进行,实现了整体的帕累托改进。中国政府前期审慎的金融改革虽然为其他发展中国家提供了借鉴,但实证表明,中国目前的金融自由化进程不但落后于大多其他的新兴经济体,也落后于自身商品市场改革的进程。根据作者的结论,一国的对数劳均 GDP 在达到 9 以后,金融抑制政策对经济发展的作用就已经转为负面。中国在 2003 年左右就达到了这一水平,开始进入以制度调整和技术创新驱动发展的新阶段。因此,中国目前所迫切需要做的,仍然是更为大力地推动金融自由化进程和市场化改革。

在金融自由化改革的步骤安排上,应先对国内金融市场进行改革,完成之后再逐步对外放开,以"从内到外"的方式实现金融自由化的改革;在金融自由化改革的时长上,要注意时间跨度的安排能够保证新规则的诞生,从而使得金融自由化的改革是符合其本国国情的改革,使整个改革的轨迹保持平稳与连续。

最后,按照西方的金融与经济增长理论,经济增长的背后是良好的金融体系,金融体系的背后是有效率的法律制度。Stulz and Williamson(2003)就研究了文化和开放对金融的影响,他们发现,一个国家的证券市场主要取决于该国的法律体系,而信贷市场则主要受制于文化。因此,积极健全法律体系、完善市场制度、构建公开透明的市场环境、培养公平竞争的文化氛围更是发展中国家真正实现现代化的核心要义所在。

参考文献

1. 白重恩、钱震杰:"劳动收入份额决定因素:来自中国省际面板数据的证据",《世界经济》2010年第12期。
2. 陈斌开、林毅夫:"金融抑制、产业结构与收入分配",《世界经济》2012年第1期。
3. 陈彦斌、陈小亮、陈伟泽:"利率管制与总需求结构失衡",《经济研究》2014年第2期。
4. 陈宇峰、田珊、朱荣军:"中国金融抑制与劳动收入份额关系研究",《浙江金融》2015年第6期。
5. 郭为:"中国的金融抑制与经济增长",复旦大学,2004年。
6. 江迪蒙:"金融支持、经济结构调整与中等收入陷阱规避",厦门大学,2014年。
7. "解读'非公经济36条'",《经济视角》2005年第5期。
8. 娄姚荣:"金融抑制、金融自由化与'中等收入陷阱'",浙江大学,2013年。
9. 卢峰、姚洋:"金融压抑下的法治、金融发展和经济增长",《中国社会科学》2004年第1期。
10. 蒙荫莉:"金融深化、经济增长与城市化的效应分析",《数量经济技术经济研究》2003 年第 4 期。
11. 余静文:"最优金融条件与经济发展——国际经验与中国案例",《经济研究》2013 年第 12 期。
12. 赵玮璇:"金融抑制、产业结构转型和收入分配:新结构经济学视角",北京大学未名经英学术论坛工作论文,2018 年 12 月。
13. 周业安、赵坚毅:"我国金融市场化的测度、市场化过程和经济增长",《金融研究》2005 年第 4 期。
14. Abiad, A., E. Detragiache, and T. Tressel., "A New Database of Financial Reforms," IMF Staff Papers57(2):281-302,2010.
15. Ang, J. B., Mckibbin, W. J., Ang, J. B. "Financial liberalization, financial sector development and growth: Evidence from Malaysia," *Journal of Development Economics*, 84(1):215-233,2007.
16. Arestis, P. and Demetriades, P. O., "Financial development and economic growth: Assessing the evidence," *Economic Journal*, Vol. 107, pp. 783-799,1997.
17. Aziz, J., Duenwald, C. K. "Growth-financial intermediation nexus in China," *IMF Working Papers*, 02(194),2002.
18. Baumol, W. J., Wolff, E. N. "Unbalanced growth revisited: Asymptotic stagnancy and new evidence," *American Economic Review*, 75(4):806-17,1985.
19. Demetriades, P. O. and Luintel, K. B. "Financial restraints in the South Korean miracle," *Journal of Development Economics*, Vol. 64, pp. 459-479,2001.
20. Fry, M. J. "Saving, investment, growth and the cost of financial repression," *World Development*, 8(4):317-327,1980.
21. Fry, M., "In favour of financial liberalization," *Economic Journal*, Vol. 107, pp. 754-770,1997.
22. Galbis, V., "Financial intermediation and economic growth in less developed countries: A theoretical approach," *Journal of Development Studies*, 13(2):71-84,1980.
23. Gerschenkron, A., *Economic Backwardness in Historical Perspective*, The Belknap Press of Harvard University Press:383-385,1962.
24. Hellmann, T., Murdock, K. and Stiglitz, J., "Financial restraint: Toward a new paradigm," in Aoki M.,1997.
25. Huang, Y. P., and X. Wang, "Does financial repression inhibit or facilitate

economic growth? A case study of chinese reform experience," *Oxford Bulletin of Economics and Statistics*, 73, 6, 833-855, 2011.

26. Li, D. "Beating the trap of financial repression in China," *Cato Journal*, Vol. 21, pp. 77-90, 2001.

27. Maswana, J., "China's financial development and economic growth: Exploring the contradictions," *International Research Journal of Finance and Economics*, Vol. 19, pp. 89-101, 2008.

28. McKinnon, R. I., *Money and Capital in Economic Development*, Washington: Brookings Institution Press, 1973.

29. Pagano, M., "Financial markets and growth: An overview," *European Economic Review* 37, 613-622, 1993.

30. Rene M. Stulz, Rohan Williamson, "Culture, openness, and finance," *Journal of Financial Economics*, 70(3):313-349, 2003.

31. Roubini, N., Sala-I-Martin, X. "A growth model of inflation, tax evasion, and financial repression," New Haven Connecticut Yale University Economic Growth Center, Apr, 35(2):275-301, 1992.

32. Shaw, Edward Stone, *Financial Deepening in Economic Development*, Oxford University Press, 1973.

33. Stiglitz, J. E., Weiss A. "Credit rationing in markets with imperfect information," *American Economic Review*, 71(71):393-410, 1981.

34. Stiglitz, J. E. "Capital market liberalization, economic growth, and instability," *World Development*, 28(6):1075-1086, 2000.

35. Stiglitz, J. E., "The role of the state in financial markets," in Bruno M. and Pleskovic B. (eds), Proceeding of the World Bank Annual Conference on Development Economics, 1993: Supplement to the World Bank Economic Review and the World Bank Research Observer, Washington, DC: World Bank, pp. 19-61, 1994.

36. Trew, A. W., "Finance and growth: a critical survey," *The Economic Record*, Vol. 82, pp. 481-490, 2006.

(龚六堂,北京大学光华管理学院;赵玮璇,北京大学光华管理学院)

统筹"引进来""走出去",建设高质量开放型经济

罗青 马海超

一、"引进来""走出去"的重要性

(一)"引进来""走出去"并行增长是中国的现实国情

自从实行改革开放政策以来,中国的吸引外资战略获得了极大成功,有效利用国际资金弥补了工业化进程中的资金缺口,为改革开放早期的经济腾飞做出了不可替代的贡献。随着改革开放进一步扩大,中国逐步融入经济全球化进程,尤其在加入世界贸易组织之后,跨国贸易额和对外投资额快速增长,实现了从单纯引进外资到双向投资的转

变。自2006年国家"十五"计划中提出鼓励国内企业"走出去"的战略之后,越来越多的中国企业进行海外投资,以寻求资源、市场、技术、品牌并提升全球竞争力。国家"十三五"规划中进一步提出,"推动对外投资与国内产业发展彼此促进,'走出去'和'引进来'相辅相成,以充分利用两个市场的优势共同发展",对"走出去"和"引进来"并重的内引外联模式做出了清晰阐述。"一带一路"倡议的提出和推进,也为中国与相关国家的产能合作、互联互通、投资往来提供了有利契机。一方面,中国吸引外商直接投资(Foreign Direct Investment,FDI)的规模稳步上升,质量逐步升级;另一方面,中国企业的对外直接投资(Outward Direct Investment,ODI)快速增长,范围日趋广泛。

近年来,中国吸引的外商直接投资和中国企业的对外直接投资呈并行增长趋势(见图1)。2014年,中国对外直接投资额达到1231.2亿美元,实际利用外商直接投资金额为1195.6亿美元,对外直接投资规模首次超过吸引外商投资规模,中国成为净对外投资国。2016年,中国成为全球第二大对外投资国,对外直接投资金额达到1961.5亿美元,创下历史最高值,比上一年增长34.7%,占全球比重达到13.5%。"引进来"和"走出去"同时呈现增长势头,是改革开放进行到一定阶段的结果,也是目前中国的现实国情。

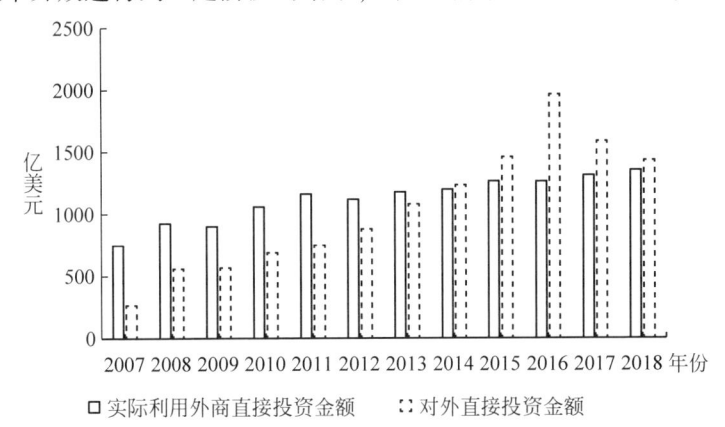

图1 中国历年利用外商直接投资额和对外直接投资额(2007—2018)
资料来源:国家统计局。

(二)"引进来""走出去"相匹配是更高经济发展阶段的基本标志

对外直接投资是在东道国长期、高成本的资本投入,对企业跨国运营的水平要求很高。跨国投资理论的创始人约翰·邓宁(John Dunning)将一国参与跨国投资的发展状态划分为三个阶段:起步时是以吸引外资为主、对外投资为辅的初级不平衡阶段;随着对外投资增加,进入国际双向投资大体平衡的中级平衡阶段;最终走向吸收外资和对外投资相匹配的高级平衡阶段。

回顾战后新兴国家经济发展的历史进程可以发现,从吸引外资到对外投资,是一个国家向更高经济地位转变的关键标志。以"亚洲四小龙"中的韩国为例,1980 年 FDI 与 GDP 比值为 0.009%,ODI 与 GDP 比值为 0.066%;1985 年 FDI 与 GDP 比值增长至 0.233%,ODI 与 GDP 比值迅速提升至 0.606%;1990 年 FDI 与 GDP 比值提升至 0.282%,ODI 与 GDP 比值则为 0.406%。这十年间,韩国的 GDP 年均增长 9.93%,占全球 GDP 比重由 0.58%提高到 1.24%,吸引外资和对外投资呈现出并行增长。目前,世界上主要发达经济体均既是吸引外商投资大国,又是对外投资大国(见表1)。

表1 世界主要发达经济体 FDI 和 ODI 流量(2017 年)

单位:百万美元

经济体	美国	加拿大	欧盟	德国	法国	英国	日本	韩国
FDI	277258	24832	340570	36931	29802	101238	10430	17913
ODI	300378	79824	412873	91799	41257	117544	160449	34069

资料来源:2018 年世界投资报告(World Investment Report 2018)。

(三)统筹"引进来""走出去"是建设高质量开放型经济的必然要求

提高对外开放水平,充分利用国内和国外两个市场、两种资源,是建设高质量开放型经济的必然要求。开放型经济本身就包含向内开放和向外开放两大特征,前者体现为对外资"引进来"的开放,后者表现为对国内企业"走出去"的开放。如果长期偏重引进外资,忽视对外投资,势必造成资金和技术的单向流动,产生对国外资金和技术的严重依赖,导致国际收支失衡,甚至引发债务危机。以对外投资带动商品出口,参与全球分工和竞争,有助于实现从"市场换资金、换技术"走向"市场换市场"。

随着中国经济进入新常态,转变经济增长方式、追求经济发展质效成为新的目标。中国应将二十余年来吸引外资的巨大成果与对外投资结合起来,将外商直接投资转化为中国企业的竞争力和对外投资能力,培育一批优秀的跨国公司,主动参与全球化竞争。党的十九大报告明确提出"坚持'引进来'和'走出去'并重"以及"推动形成全面开放新格局"的重大战略部署,为促进中国双向投资升级和实现经济长期可持续发展提供了重要指导,为进一步扩大开放、建设高质量开放型经济指明了方向。

在此背景下,统筹好"走出去"和"引进来"两者之间的相互关系,平衡好吸引外资和对外投资,优化内引外联的经济开放格局,是建设高质量开放型经济的关键所在。

二、现阶段中国对外经济开放的特点

(一) 由政策性开放向制度性开放转变

改革开放四十余年来,随着中国加入 WTO 以及主动推进开放型经济体制构建,目前已基本实现由政策性开放向制度性开放转变。中国先后七次修改外商投资产业指导目录,不断扩大外商投资准入领域,同时通过削减审批事项,实现由"正面清单"逐渐过渡到"负面清单"的外资管理体制转变,在吸引外资政策上实现由"超国民待遇"向"准入前国民待遇"、内外资统一市场准入的制度性开放转变。

在制度性对外开放的新阶段,中国更注重放宽市场准入,营造公平、法制、诚信的营商环境以吸引优质外资,同时通过内外资同台竞争倒逼国内经济结构转型和企业改革。在对外直接投资领域则由核准制转向备案制,同时实现企业对外投资的自主决策和自主经营,不断完善权益保障、贸易救济、贸易促进与知识产权保护法律体系,推动企业参与全球竞争。在不断提升贸易自由化和投资便利化水平的基础上,中国正逐步转向全方位的开放型经济新体制。

(二)"引进来"和"走出去"双向开放

十九大报告提出,要构建全面开放新格局。自2017年以来,中国的对外开放领域越来越全面。在贸易领域,中国自主降低了进口关税水平,实行了大量的贸易便利化举措,大大降低了通关速度和费用,提高了通关的便利化,创造性地举办了中国国际进口博览会。在投资领域,中国自主开放了大量外商投资的新领域,采取了一系列的投资自由化和便利化措施。和以往相比,新一轮开放是以服务业开放为重点,制造业开放也在进一步推进中。

除了在"引进来"领域不断扩大开放,中国也在持续推动"走出去"开放,不断推动"一带一路"倡议落地,构建"走出去"和"引进来"互动、货物贸易和服务贸易相结合、贸易和投资并重的全面开放新格局。

(三)开放型经济平台建设日益多元化

从吸引外资方面来看,除各地的经济技术开发区外,自由贸易试验区建设成为新阶段中国建设开放型经济新体制的重要试验田。自贸试验区凭借制度优势,在吸收外资方面发挥了重要作用,成为各地区吸引外资的新引擎。自2013年设立上海自由贸易试验区以来,中国已经形成"1+3+7+1+6"的自贸试验区试点新格局,成为推动陆海内外联动、打造对外开放新高地的重要平台。

从对外投资方面来看,中国除在推动国际经济合作的传统"双多边自由贸易协定"方面不断发力外,还提出了"一带一路"倡议并大力推动境外经贸合作园区建设,成为新一轮推动建设更高水平开放型经济体制的平台。"一带一路"建设的推进有效推动了中国对内对外双向开放,同时为引进外资和对外投资相互结合、培育国际竞争新优势提供了平台。境外经贸合作区是推动中国企业"走出去"的战略平台,它的建设有助于带动形成产业集聚效应,为国内企业"走出去"提供更好的信息资源、生产要素、基础设施等,有助于形成集体"走出去",同时促进东道国就业和税收,提升技术水平。至2017年,中国已建设99个境外经贸合作区,极大地推动了对外投资的发展。

三、现阶段中国对外经济开放的挑战

改革开放至今,中国对外开放事业取得丰硕成果。但随着国内产业结构调整和国际宏观经济形势变化,中国对外开放面临诸多新的挑战,构建新的对外开放格局刻不容缓。

(一) 保护主义抬头与中美经贸摩擦

2008年,美国次贷危机引发全球性的金融危机,并造成欧洲多个国家的主权债务危机,使全球经济出现大范围衰退。在发达国家经济复苏乏力、新兴经济体快速崛起、地缘政治冲突频现等多方面因素的共同作用下,"逆全球化"思潮和民粹主义开始抬头,美国宣布退出跨太平洋伙伴关系协定(Trans-Pacific Partnership, TPP)、英国脱欧正是这一思潮作用下的结果。自2018年以来,美国以保护国内制造业和劳工利益为名,采取单边措施对中国企业进行制裁,抬高关税壁垒,引发中美之间经贸摩擦不断升级。

在跨国投资方面,保护主义及逆全球化最直接的影响是增加了政策不确定性,进而打击了跨国企业海外投资的积极性。自2017年以来,全球经济政策不确定性指数(Global Economic Policy Uncertainty,GEPU)急剧攀升(见图2)。在中美经贸摩擦期间,美国对中国实施了更加严格的直接投资审查,其中301调查中提出限制中国在美国的投资并购活动,尤其集中在高新技术领域。美国的外国投资委员会(Committee on Foreign Investment in the United States,CFIUS)严格审查中资企业的投资项目,为金融、通信、能源、高科技等行业的投资设置重重障碍,中兴、华为等中国企业先后遭到调查和打压。虽然中美贸易谈判取得阶段性进展,但潜伏的危机依然尚未消除,中美之间将长期维持"斗而不破"的局面。可以预测在未来一段时期内,中国企业在美国的投资活动仍将受到不同程度的限制。

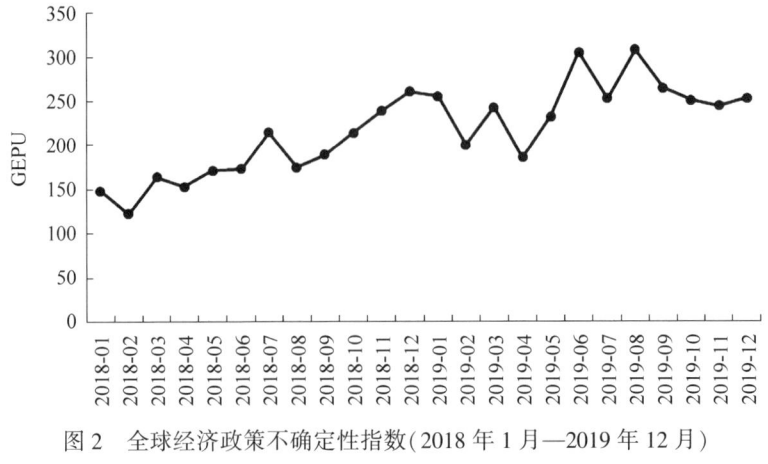

图2 全球经济政策不确定性指数(2018年1月—2019年12月)

资料来源:美联储经济数据库(Federal Reserve Economic Data,FRED)。[1]

---

[1] 可从圣路易斯联邦储备银行的网站获取,网址为 https://fred.stlouisfed.org。

(二) WTO 改革与国际经济规则重构

国际金融危机发生以后,以中国为代表的新兴经济体率先走出泥潭,为全球经济复苏注入新动力。与此同时,新兴经济体在国际经济治理体系中扮演越来越重要的角色,也谋求与其经济地位相对等的话语权。金融危机之后,各国开放进程明显分化,对国际经贸规则的诉求严重不一致,全球经济中的深层次问题尚未解决,仍然面临许多不稳定因素。世界经济格局迎来结构调整和制度变革,国际经济规则体系正经历着自 1994 年乌拉圭回合谈判以来的最大幅度改革。

2018 年,美国、日本、欧盟等发达经济体从自身利益出发,大力倡导对 WTO 进行改革,意欲引领下一代国际贸易规则。从当前 WTO 改革的主要谈判内容来看,主要集中在公平竞争环境、知识产权保护、技术转让、产业补贴、国企行为等方面。在 WTO 体系之外,美国与韩国已完成升级版自由贸易协定(Free Trade Agreement,FTA),美国、墨西哥、加拿大达成《美墨加协定》(United States-Mexico-Canada Agreement,USMCA),美国与日本、欧盟、英国也将开启"21 世纪高标准"贸易规则谈判,WTO 规则体系面临着生存危机。

WTO 改革和国际经贸规则重构,将对中国未来的对外经济开放产生重大影响。国有企业海外投资行为的规范将使欧美国家加强对中国国有企业海外投资的审查力度,强制技术转让条款增加了未来海外投资获取技术转移和技术溢出的难度,市场经济标准条款则对中国已经签订的双多边贸易协定存续带来威胁。"宽领域、高标准"的国际经济贸易新规则客观上将增加参与国承担的义务和成本,也将加大中国国内制度规范和经济改革的紧迫性。

（三）对外开放格局中的区域协调问题

从历史角度来看,中国对外开放格局的建立具有明确的区域特征。改革开放过程中,对外开放窗口从沿海经济特区、沿海开放城市、沿海经济开发区过渡到沿江开放城市,再进一步扩大到内陆开放城市、沿边开放口岸,逐步形成"沿海—沿江—内陆"的开放格局。由于这一历史原因,中西部内陆地区开放较晚,在对外经济开放的深度上远远不及先行的沿海地区。

另一方面,沿海开放地区由于自身区位优势,出口贸易可面向全球主要的发达国家和新兴经济体,并且由于侨胞文化的先天优势,在海外经营和跨国投资方面具有更多便利。而内陆开放地区,尤其是沿边开放地区,在对外经济开放中面临较强的局限性。具体来看,东北地区主要面向俄罗斯、蒙古,西北地区主要面向中亚、西亚,均不是新兴经济体或贸易大国。在对外经济开放的广度上,内陆地区也远远不及沿海地区。

为了积极应对以上挑战,中国必须进一步构建全方位、高质量的开放经济体制,打造区域协调的全面对外开放格局,扩大国际经济合作朋友圈,尽快构建符合国际规则的经济贸易制度框架,为深度参与国际经济合作、引领经济全球化打牢基础。

四、高质量开放型经济建设的内涵

高质量开放型经济需要彻底改变以往粗放式经济增长模式,不再依靠扩大低端要素投入规模、盲目扩张产能、追求货物出口量和引进外资规模来实现增长,而是追求提升出口货物附加值,提高引进外资项目的技术、经济、环保和社会效益标准,逐步解决过去以"高增速"为导向的发展模式累积的产能过剩、效益低下、资源浪费、环境污染、杠杆过高、竞争力不足等问题,以实现开放型经济发展模式的良性、可持续循环和竞争力提升。具体而言,高质量开放型经济包含三个层面的内涵。

(一) 发展速度以"稳"为目标

高质量开放型经济以质量升级为目标导向,不单纯追求出口贸易量和外资利用规模的快速增长。开放型经济的质量升级离不开平稳增长的贸易和投资规模作为基础支撑,没有数量基础作为保障,质量升级也无从谈起。一方面,企业产品和服务的质量升级是逐步积累的过程,对于发展中国家的企业而言,"以低端育高端"的质量升级路径是较为普遍且合理的选择,即企业需要通过贸易和投资在国际中低端产品和服务市场上获得稳定的利润流入,以补贴自身在高端市场上的高昂技术研发成本。因此,中国企业稳定自身在国际中低端产品和服务市场上的既有优势地位和市场份额,是保障自身有机会实现质量升级的重要前提。另一方面,庞大的双向贸易和投资规模是中国融入全球价值链体系的"新型比较优势"。继续借力外部市场,保障中国双向贸易和投资规模的平稳增长,防止低端产业链和低端工序过快外流,保证国内价值链的长度和完整度,是中国企业以低成本实现向高端产业和高端工序突破的重要路径。

(二) 发展质量以国际一流为目标

中国过去的开放型经济发展模式虽然取得了数量上的成功,但在发展质量上仍与发达经济体存在较大差距。以货物出口部门为例,商务部发布的《全球价值链与中国贸易增加值核算报告》显示:2012年,中国每千美元货物出口中所包含的国内增加值仅为621美元,而美国为850美元,欧盟和日本也都在700美元和800美元之间。虽然近年来中国出口中所包含的国内增加值稳步增长,但年均增速仅为1.4%,2016年每千美元货物出口中所包含的国内增加值也仅为669美元,与美国、日本和欧盟等发达经济体之间仍存在较大差距。因此,高质量开放型经济发展的核心内涵就是要向世界一流标准看齐,提升中国外向型经济部门的技术水平、国际竞争力和国内附加值,彻底解决中国企业"大而不强"、出口带来的环境和社会效益低、在全球价值链分工中"低端锁定"等瓶颈问题。

(三)发展领域以进口和对外投资为重点

在进口方面,积极扩大消费品进口,有利于刺激进口替代部门的质量升级。中国作为制造业大国,以往进口部门的主要服务对象是工业企业,进口消费品供给不足且价格过高已严重制约国内消费者日益增长的对美好生活的需要。开放是激发国内生产力的重要手段,主动扩大进口不仅可以直接改善国内消费者福利,而且可以加速淘汰国内落后产能,有效激发国内企业的技术创新能力。

在对外投资方面,应鼓励"走出去"的企业利用全球优势资源布局由中国企业主导的产业链,早日实现由全球价值链"参与者"向"构建者"的转变。一方面要面向发达经济体,谋求技术合作类型的直接投资,利用被并购企业的技术资源或东道国的人才资源,反哺国内企业短板;另一方面要面向发展中国家,开展以产能合作为主的直接投资,利用东道国的人口红利、自然资源和市场规模,延长中国企业在传统优势产业的生命周期,并逐步打造由中国企业主导的区域价值链。

五、高质量开放型经济建设的政策建议

(一)改善营商环境,完善利用外资形式

世界银行发布的《2020年营商环境报告》显示,在全球190个经济体中,中国营商环境排名第31位,连续两年入列全球优化营商环境改善幅度最大的十大经济体。虽然中国的营商环境排名逐年提高,但与主要发达国家相比仍有不小差距,尤其是在纳税和信贷

等分项指标方面,排名仍然靠后(见表2)。中国仍需进一步简政放权,减少政府对企业的直接干预,优化提升对企业的服务职能;尽力消除负面清单制度中的限制条件不准确及过度复杂现象,推出更多保障措施和实施细则;加强知识产权保护,完善制度设计,加大执法力度。

表2 中国营商环境分项指标排名和得分情况

指标	2020年排名	2020年得分	2019年得分	得分变化率
总体	31	77.9	74.0	3.9%
开办企业	27	94.1	93.4	0.7%
办理施工许可证	33	77.3	65.2	12.1%
获得电力	12	95.4	92.0	3.4%
登记财产	28	81.0	80.8	0.2%
获得信贷	80	60.0	60.0	—
保护少数投资者	28	72.0	62.0	10%
纳税	105	70.1	67.9	2.2%
跨境贸易	56	86.5	83.4	3.1%
执行合同	5	80.9	79.0	1.9%
办理破产	51	62.1	55.8	6.3%

资料来源:世界银行(https://chinese.doingbusiness.org/zh/data/exploreeconomies/china)。

过去中国利用外资主要集中于实体行业,下一步应完善引进外资的方式,进一步扩大资本市场开放。鼓励外资以参股、并购、天使基金、私募基金等形式参与国内企业的兼并重组,这有助于发挥外资的新技术、新产品、新优势的溢出效应。积极利用国内资本市场开放成果,发挥沪深港通、沪伦通、中日ETF互通的平台作用,引入外资控股的券商、资产管理机构、私募基金管理人,激发国内资本市场活力,发挥出外资的"鲶鱼效应"。

(二)以"一带一路"建设为着力点,创新对外投资方式

中国在推进"一带一路"建设过程中,为相关国家或地区的国

际产能合作提供投融资支持,同时推动贸易便利化、基础设施互通、民心相通,这将为中国企业向沿线国家"走出去"打造良好的软硬件环境,成为中国企业"走出去"新的推动因素。在"一带一路"投资规模稳步增长的基础上,还应合理规划投资布局,加强与沿线各国的基础设施合作,建设国际产能合作平台,通过项目实施带动装备标准输出。

党的十九大报告指出,要创新对外投资方式。在对"一带一路"投资方面,可以探索公私合营模式(Public-Private Partnership,PPP)的应用。公私合营模式由于私人企业的进入而减轻了政府部门的资金负担,可有效弥补大型基础设施建设的资金缺口。大部分"一带一路"国家和地区面临基础设施条件亟待改善的现状,然而政府预算有限。中国企业在高铁、高速公路、机场、港口、发电站、通信网等基础设施建设领域具有技术、资金和管理优势,可采用公私合营模式积极参与"一带一路"国家和地区的基建项目投资,并带动相关的成套设备出口和劳务输出。

(三) 发挥大型投资机构的平台作用,推动中国价值创造

中国的主权财富基金,应当发挥大型机构投资者的独特作用,充分发挥资金优势、专业优势、资源优势、平台优势、网络优势,扮演好对外投资中的"国家队"角色,立足中长期的稳健投资,努力创新对外投资方式,通过设立双边、多边投资基金等形式,为中国的对外直接投资企业提供更多的指引和帮助。中国发起和主导的多边金融机构,如亚洲基础设施投资银行(Asian Infrastructure Investment Bank,AIIB)、金砖国家新开发银行(New Development Bank,NDB)、丝路基金等,也应当发挥平台作用,为更多的优质大型直接投资项目提供融资支持。

中国不仅是重要的资本输出国,也是经济前景最具吸引力的投资目的地,从"中国视角"挖掘投资机会,通过内引外联,可以推动

更多的中国价值创造。大型投资机构应注重将"走出去"和"引进来"相结合,联合相关国家的领先金融机构,聚焦优势互补产业,推动中国产业界、金融界对接各方资源,提升项目投资价值,形成国际产业合作与双向投资的有效互动。

参考文献

1. 陈建奇:"中国开放型经济的新发展、新挑战及新战略",《国际贸易》2015年第9期。
2. 程志强:"创新发展视角下中国经济体制改革重点研究",《中国市场》2014年第3期。
3. 程志强:"新常态下经济转型发展路径研究",《中国市场》2015年第5期。
4. 郭周明、张晓磊:"高质量开放型经济发展的内涵与关键任务",《改革》2019年第1期。
5. 李丹、董琴:"'引进来''走出去'与我国对外开放新格局的构建",《中国特色社会主义研究》2019年第2期。
6. 李磊、冼国明、包群:"'引进来'是否促进了'走出去'?——外商投资对中国企业对外直接投资的影响",《经济研究》2018年第3期。
7. 厉以宁:"中国公司对外直接投资的前景",《环渤海经济瞭望》1995年第4期。
8. 厉以宁、程志强:"推动经济高质量发展",《商业观察》2019年第4期。
9. 裴长洪、郑文:"中国开放型经济新体制的基本目标和主要特征",《经济学动态》2014年第4期。
10. 全毅:"论开放型经济新体制的基本框架与实现路径",《国际贸易》2015年第9期。
11. 沈丹阳:"我国构建开放型经济新体制与推动建设开放型世界经济",《世界经济研究》2017年第12期。
12. 盛斌、黎峰:"中国开放型经济新体制'新'在哪里?",《国际经济评论》2017年第1期。
13. 谢康、于蕾:"'引进来'与'走出去'相结合的中国对外投资战略",《世界经济研究》2003年第6期。
14. 张建平、刘桓:"改革开放40年:'引进来'与'走出去'",《先锋》2019年第2期。
15. 赵蓓文、李丹:"从举借外债、吸收外资到双向投资:新中国70年'引进来'

与'走出去'的政策与经验回顾",《世界经济研究》2019年第8期。

16. Amitabh, D., Shama, P., Enrique, P. "China's economic globalization through the WTO," *International Journal of Education Economics and Development*, vol. 9, 2018, pp. 182-192.
17. Deborah, B., Tang Xiaoyang. "Going global in groups: Structural transformation and China's special economic zones overseas," *World Development*, vol. 63, 2014, pp. 78-91.
18. Tobias, B. "Chinese firms 'going global': Recent OFDI trends, policy support and international implications," *International Politics*, vol. 52, 2015, pp. 666-683.

(罗青,内蒙古呼和浩特市委、市政府,和林格尔新区党工委、管委会;马海超,中国投资有限责任公司)

无形资产驱动的高科技中小企业升级机理研究——以创业板软件企业为例

白江涛 周小全

一、引言

中国经济的高质量发展离不开技术进步,高科技企业在从技术研发到产能置换的过程中发挥着关键性作用,尤其是数量众多的高科技中小企业,它们是科技创新和产业升级的主力军,也是孕育中国经济高质量发展新动能的孵化器。研究高科技中小企业转型升级的机理具有极强的现实意义和理论价值,高科技企业是以"消耗有形资产、创造无形资产"为基本特征的特殊营利组织,无形资产的质量和功能一定程度上决定了技术的高低、组织结构的好坏、战略决策的优劣。本文选择无形资产富集的创业板软件企业为研究标的,尝试阐述无形资产在孕育高科技中小企业发展新动能方面的作用,从微观主体入手探寻高质量发展的力量之源。

二、驱动机理的理论模型构建

目前中国软件中小企业正处于发展的初级阶段,内在成长的需求和外部多变的竞争环境激发了该类企业转型的动能。如何甄别、挖掘、优化无形资产并基于它驱动企业转型成为能否有效解决中小软件企业发展问题的关键。

中小软件企业转型的过程是消耗有形资产转化无形资产的过程,也是低级无形资产向高级无形资产演进的过程,软件产业的转型通过软件技术的更新换代和软件产品的推陈出新,在向消费者提供更多应用功能和操作体验的同时,实现软件产业自身的快速成长。纵观软件业的发展历程,从1949年软件诞生至今,软件业从无到有,用六十年时间成为全球第一大产业,产值超5000亿美元,年增速保持在30%以上。美国福布斯财富排行榜和世界500强的榜单上软件业占30%,微软和甲骨文的CEO盖茨和拉里·埃里森连续二十年位列富豪榜前五位。在回顾软件产业价值创造传奇时不禁令人发问:是什么创造了软件业丰硕的财富?更多是土地、机器、资本这样的有形资产投入,还是以人才、技术专利版权和客户关系为代表的无形资产?另一方面,软件业的财富又是通过什么样的方式被创造出来的?是通过降低成本和提高产能在产品价格和数量上占据优势,还是通过技术进步创造多元化体验和延伸升级产品功能来锁定客户?

在思索软件产业成长路径和转型过程时,本文认为凝结在软件产品中的包括技术、人才、知识产权制度、稳定优质的客户关系在内的一系列无形资产是驱动软件产业转型并快速成长的核心动力,而在此过程中这些无形资产本身也处于变化之中,由低端无形资产向高端无形资产进化,如图1所示。

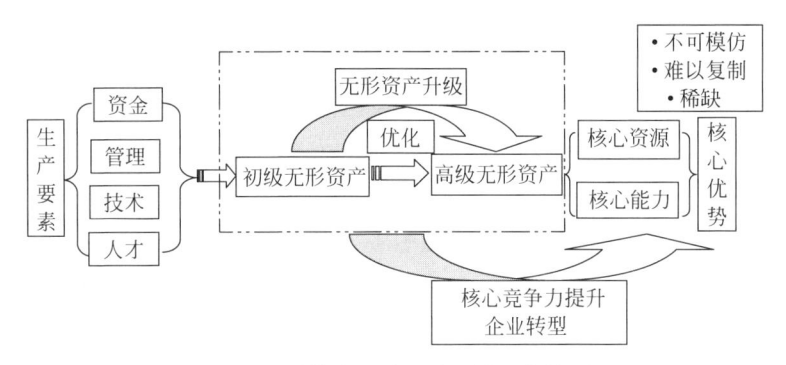

图 1 无形资产驱动上升的转型趋势图

软件产业特有的技术经济属性决定了无形资产在中小软件企业成长中的关键性作用,然而企业的成长过程必然会面临来自内部组织自身以及外部市场环境的双重制约。发展中的这些问题需要在发展中解决,这就倒逼产生了企业转型需求,因此软件企业发展的过程是无形资产内涵形成、结构演进和功能释放的过程,也是企业转型升级不断成长的过程。在这个过程中,无形资产螺旋式进化路径也塑造了软件企业转型的渐进轨迹。

本文尝试描述这一由无形资产驱动转型的动态演进过程,基于无形资产评估方法和企业转型理论,探讨中小软件企业转型的无形资产优化路径和运作机理。通过构建企业转型——无形资产驱动模型,基于对创业板软件企业无形资产的甄别和结构的诊断,总结转型较为成功企业的经营模式,从而对三类转型(战略转型、技术转型、组织转型)路径进行评价并给出建议。运用 AHP、德尔菲法识别无形资产因子中影响中小软件企业进步的转型因子,并形成转型方案组合,描述中小软件企业无形资产在积累、优化、升级过程中带动企业呈现螺旋式上升转型的路径轨迹,以期较好解决企业转型路径选择的理性分析难题。无形资产驱动转型的表示模型如图 2 所示。

借助层次分析法将影响中小软件企业成长最为关键的无形资产予以分类和赋权,分析这些核心无形资产作为转型主体如何通过

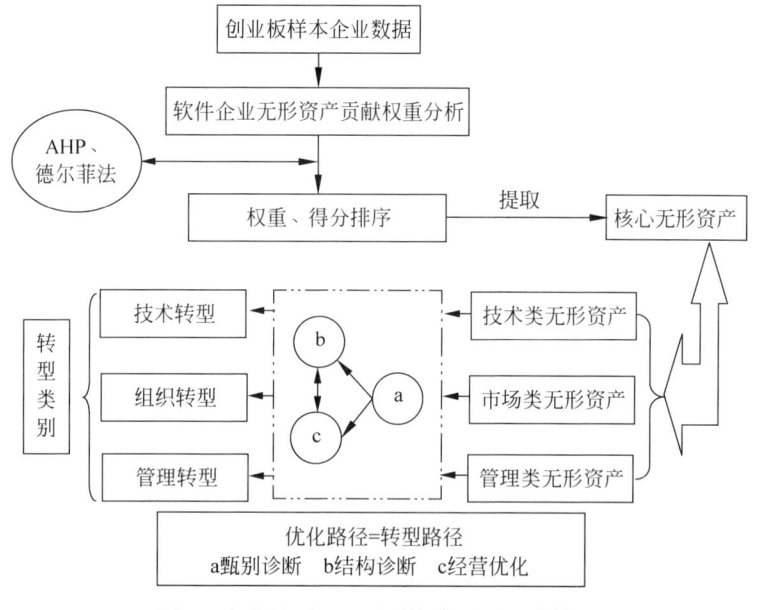

图 2　企业转型——无形资产因子驱动模型

a、b、c 三种路径作用转型变量实现中小软件企业转型的目标。

三、无形资产的筛选

随着社会进步和经济发展,无形资产的边界和种类呈现延展化和多样化趋势,这就需要我们在研究某一特定行业的无形资产时聚焦其中一部分最为典型和最有价值的无形资产展开分析,层次分析法就是通过专家打分和逻辑推理相结合的方法系统、科学地解决评价指标的层次关系,最终将各类资产的影响因素和贡献水平从企业价值中剥离出来并且进行量化的方法,这种方法为本文软件行业无形资产种类的选取提供了技术支持。

本文针对创业板中小软件企业无形资产的贡献价值和主要问题设计了调查问卷,调查对象主要是业内高管、总会计师、财务总监以及相关中介机构,如资产评估公司等。此次共发放调查问卷 300 份,实际有效样本 195 份,将软件中小企业核心无形资产划分如下(见表1)。

表 1 无形资产指标分类

一级指标	二级指标	内容
技术类无形资产	计算机版权	软件程序和说明书
	专利	实用新型、外观设计、发明
	非专利技术	商业秘密
	技术标准类	国标、行标、企标、地标
市场类无形资产	客户关系类	大客户比例
	商标类	文字、图形
管理类无形资产	高管团队	经理、董秘、财务总监
	创业股东	知识背景、社会关系、创业团队

依据无形资产的贡献度与重要性,本文将其分为九个等级,即最重要、相当重要、较重要、稍重要、不重要以及两两之间的临界区域。权重的计算过程如下。

(一) 构建判断矩阵

设定八项二级指标:知识产权类 A_1、营销网络类 A_2、管理制度类 A_3、客户关系类 A_4、非专利技术类 A_5、商标类 A_6、高管类 A_7、技术标准类 A_8,应用 AHP 构建判断矩阵如表2。

表 2 层次分析法判断矩阵列表

A	A_1	A_2	A_3	A_4	A_5	A_6	A_7	A_8
A_1	1	9/7	3	9/4	9/8	3/2	9/2	9/5
A_2	7/9	1	7/3	7/4	7/8	7/6	7/2	7/5
A_3	1/3	3/7	1	3/4	3/8	1/2	3/2	3/5
A_4	4/9	4/7	4/3	1	1/2	2/3	2	4/5
A_5	8/9	8/7	8/3	2	1	4/3	4	8/5
A_6	2/3	6/7	2	3/2	3/4	1	3	6/5
A_7	2/9	2/7	2/3	1/2	1/4	1/3	1	2/5
A_8	5/9	5/7	5/3	5/4	5/8	5/6	5/2	1

资料来源:基于调查问卷和专家打分。

(二) 矩阵行元素成绩的方根计算

$$u_1 = \sqrt[8]{1 \times \frac{9}{7} \times 3 \times \frac{9}{4} \times \frac{9}{8} \times \frac{3}{2} \times \frac{9}{2} \times \frac{9}{5}} = 1.7167;$$

$$u_2 = \sqrt[8]{\frac{7}{9} \times 1 \times \frac{7}{3} \times \frac{7}{4} \times \frac{7}{8} \times \frac{7}{6} \times \frac{7}{2} \times \frac{7}{5}} = 1.3130;$$

$$u_3 = \sqrt[8]{\frac{1}{3} \times \frac{3}{7} \times 1 \times \frac{3}{4} \times \frac{3}{8} \times \frac{1}{2} \times \frac{3}{2} \times \frac{3}{5}} = 0.7056;$$

$$u_4 = \sqrt[8]{\frac{4}{9} \times \frac{4}{3} \times \frac{4}{7} \times 1 \times \frac{1}{2} \times \frac{2}{3} \times 2 \times \frac{4}{5}} = 0.7074;$$

$$u_5 = \sqrt[8]{\frac{8}{9} \times \frac{8}{7} \times \frac{8}{3} \times 2 \times 1 \times \frac{4}{3} \times 4 \times \frac{8}{5}} = 1.5148;$$

$$u_6 = \sqrt[8]{\frac{2}{3} \times \frac{6}{7} \times 2 \times \frac{3}{2} \times \frac{3}{4} \times 1 \times 3 \times \frac{6}{5}} = 1.3131;$$

$$u_7 = \sqrt[8]{\frac{2}{9} \times \frac{2}{7} \times \frac{2}{3} \times \frac{1}{2} \times \frac{1}{4} \times \frac{1}{3} \times 1 \times \frac{2}{5}} = 0.4337;$$

$$u_8 = \sqrt[8]{\frac{5}{9} \times \frac{5}{3} \times \frac{5}{7} \times \frac{5}{4} \times \frac{5}{8} \times \frac{5}{6} \times \frac{5}{2} \times 1} = 1.196$$

(三) 计算权重向量并做归一化处理

$$E_1 = \frac{u_1}{u_1 + u_2 + u_3 + u_4 + u_5 + u_6 + u_7 + u_8} = 0.2045;$$

$$E_2 = \frac{u_2}{u_1 + u_2 + u_3 + u_4 + u_5 + u_6 + u_7 + u_8} = 0.1591;$$

$$E_3 = \frac{u_3}{u_1 + u_2 + u_3 + u_4 + u_5 + u_6 + u_7 + u_8} = 0.0682;$$

$$E_4 = \frac{u_4}{u_1 + u_2 + u_3 + u_4 + u_5 + u_6 + u_7 + u_8} = 0.0909;$$

$$E_5 = \frac{u_5}{u_1 + u_2 + u_3 + u_4 + u_5 + u_6 + u_7 + u_8} = 0.1818;$$

$$E_6 = \frac{u_6}{u_1 + u_2 + u_3 + u_4 + u_5 + u_6 + u_7 + u_8} = 0.1364;$$

$$E_7 = \frac{u_7}{u_1 + u_2 + u_3 + u_4 + u_5 + u_6 + u_7 + u_8} = 0.0455;$$

$$E_8 = \frac{u_8}{u_1 + u_2 + u_3 + u_4 + u_5 + u_6 + u_7 + u_8} = 0.1136$$

（四）计算矩阵特征值

$$AW = \begin{bmatrix} 1 & \frac{9}{7} & 3 & \frac{9}{4} & \frac{9}{8} & \frac{3}{2} & \frac{9}{2} & \frac{9}{5} \\ \frac{7}{9} & 1 & \frac{7}{3} & \frac{7}{4} & \frac{7}{8} & \frac{7}{6} & \frac{7}{2} & \frac{7}{5} \\ \frac{1}{3} & \frac{3}{7} & 1 & \frac{3}{4} & \frac{3}{8} & \frac{1}{2} & \frac{3}{2} & \frac{3}{5} \\ \frac{4}{9} & \frac{4}{7} & \frac{4}{3} & 1 & \frac{1}{2} & \frac{2}{3} & 2 & \frac{4}{5} \\ \frac{8}{9} & \frac{8}{7} & \frac{8}{3} & 2 & 1 & \frac{4}{3} & 4 & \frac{8}{5} \\ \frac{2}{3} & \frac{6}{7} & 2 & \frac{3}{2} & \frac{3}{4} & 1 & 3 & \frac{6}{5} \\ \frac{2}{9} & \frac{2}{7} & \frac{2}{3} & \frac{1}{2} & \frac{1}{4} & \frac{1}{3} & 1 & \frac{2}{5} \\ \frac{5}{9} & \frac{5}{7} & \frac{5}{3} & \frac{5}{4} & \frac{5}{8} & \frac{5}{6} & \frac{5}{2} & 1 \end{bmatrix} \begin{bmatrix} 0.2045 \\ 0.1591 \\ 0.0682 \\ 0.0909 \\ 0.1818 \\ 0.1364 \\ 0.0455 \\ 0.1136 \end{bmatrix} = \begin{bmatrix} 1.64 \\ 1.27 \\ 0.55 \\ 0.73 \\ 1.45 \\ 1.09 \\ 0.36 \\ 0.91 \end{bmatrix}$$

（五）计算矩阵特征值

$$\lambda_{max} = \frac{1}{8}\left(\frac{1.64}{0.20} + \frac{1.27}{0.16} + \frac{0.55}{0.07} + \frac{0.73}{0.09} + \frac{1.45}{0.18} + \frac{1.09}{0.14} + \frac{0.36}{0.05} + \frac{0.91}{0.11}\right)$$
$$\approx 7$$

(六) 一致性检验

$$CI = \frac{(\lambda_{\max} - n)}{(n-1)} = 0.0004539$$

$$CR = \frac{CI}{RI} = 0.0003605 < 0.1$$

上述各步演绎了使用 AHP 计算指标权重的过程,最终结果通过了一致性检验代表着软件企业的无形资产贡献的差别化价值可以被量化为权重:

E(计算机版权 A_1、计算机专利 A_2、创业股东 A_3、客户关系 A_4、非专利技术 A_5、商标 A_6、高管团队 A_7、技术标准类 A_8) = (20.45%、15.91%、6.82%、9.09%、18.18%、13.64%、4.55%、11.36%)

一级指标的三类无形资产权重为:

技术类无形资产 = 计算机版权 + 专利 + 技术标准
+ 非专利技术 = 49.99%

市场类无形资产 = 客户关系 + 商标类 = 22.73%

管理类无形资产 = 创业股东 + 高管团队 = 27.28%

四、转型企业的样本提取

研究中小软件企业的转型问题,不可避免地需要讨论转型企业的样本选择范围和转型目标,本文选取创业板 42 家软件企业为研究对象,分析各类无形资产在驱动企业转型中发挥的多种作用。因此下文就样本选择的原因和转型目标的分类进行阐述。

中小企业规模小、风险大,即便是上市企业也并没有完全转型成功,恰恰相反,中小企业正是要借助资本市场这个融资平台募集资金,从而实现企业转型的目标。一方面上市成功给公司带来的最大裨益就是为公司提供了更为广阔的发展空间以及更为宽广的发展平台,另一方面上市也给公司带来了关于如何转型的思考。以上海佳豪(300008.SZ)为例,现任董事长、创业股东刘楠就曾在接受第一财经采访时说:"上市后开始考虑如何实现从单纯设计公司到全面技术提供商、技术服务商的科技创新型公司的转变。"[1]很明显,上海佳豪面临的是以业务范围扩展为导向的技术转型。当然还有例如荣科科技以市场拓展为目标上市,借助募集资金强化客服质量和网络销售渠道;东软载波将企业战略管理与技术、市场并重,将募集资金投入到营运管理能力的建设上。上述事实表明,企业上市的初衷是获取资金,而大多企业募资的最终目标是包括技术升级、市场拓展和治理能力提升等方面的企业转型。如果这一推断成立,那么我们就可以通过企业上市募集资金的用途来分析企业转型的目标。

(一) 募集资金用途统计

我们从招股说明书中统计出IPO上市后募集的资金用途主要有三个流向:一是用于产能扩张和技术升级。而产品的产量和质量提升离不开技术创新和相关技术研发环境的软硬件投入,因此,这部分资金主要用途在于技术转型。二是用于客户维护与市场拓展。虽然技术升级本身就是占有市场的有效路径之一,但是更为直接的方法是建设营销网络和客服维护系统,因此我们将企业直接投资于市场营销的部分与技术投入区别开。三是用于企业治理方面的投入。企业运营效率的高低取决于企业治理水平,因此募集资金的另一个重要目的是提升企业管理能力,实现治理转型(见表3)。

表3 首发募集资金的去向

资金用途	技术和产品	客户与市场	经营与管理	其他
企业数量(家)	42	18	37	1
项目数量(项)	125	22	37	1

---

[1] "上市给公司带来转型思考",《第一财经日报》2010年10月9日。

续表

转型类别	技术主导型	市场主导型	管理主导型	无明显转型导向
企业数量(家)	32	2	0	8
比例(%)	76.2	4.8	0	19

资料来源:招股说明书对募集资金用途的描述统计。

通过表3可以发现以下问题:一是募集资金主要流向技术升级和产品研发。在所有42家企业的185项主要开发项目中,技术项目就达到125项,占到项目总数的67.6%,而用于客户维护和市场拓展的募集资金仅分别占11.9%和20.5%,因此看来,软件企业技术转型是最主要的企业转型目标。二是企业转型目标的多元化。据统计,16家软件企业同时对技术、市场和管理三个方面进行项目建设,23家对其中两个方面投入资金,虽然企业转型目标多样,但又各有侧重。我们将各类投资超过该企业项目总数60%的募资流向作为企业的主要转型导向,由上表统计,技术转型主导的企业占到76.2%,市场转型主导的企业占到4.8%,而为治理转型所投入的项目数在各企业中比例最小,因此没有只为治理转型上市的企业。此外,有8家企业同时在其中两个或三个方面持有相似的投入比例,使得转型导向不明显,但另一方面也体现了上市软件企业面临多方面的巨大转型需求和空间。

(二) 转型目标导向

上述对募集资金流向的统计一定程度上反映了企业上市转型的目标,但这并不是转型的全部过程。资金不会自己形成企业竞争能力,所谓的项目建设本身也是为了提升企业价值服务。对于软件企业而言,拥有比较优势的核心技术就具备了研发和生产业内较高性能的软件产品和服务的技术基础。但技术不等于资产,不拥有资产的经济学和法学功能,如果技术不加以保护,那么所有权和使用权就会遭到侵犯,如果对技术不加以管理和应用,其价值只能体现在产品中,而不能脱离产品发挥更大的经济效应。因此从技术转型到企业价值提升还有关键的一环:或者将技术通过申报专利、版权等方法利用知识产权法进行保护和管理,或者凭借行业技术优势参与制定技术标准,或者构建严密的商业秘密保护机制对核心非专利技术加以储备。而这些举措本身就是将技术作为一种无形资产诊断、保护和升级的过程,也是企业技术转型的过程。同理,市场类无形资产是将商标和客户关系作为企业资产进行管理和优化从而推动中小企业的经营转型;管理类无形资产以现代企业制度中的所有者——股东和管理者——总经理作为主要研究对象,通过组织结构和管理制度的优化完成企业治理转型。

上述三类企业转型都是在无形资产驱动下完成的,技术类无形资产升级促使企业技术转型、市场类无形资产升级带动企业经营转型、管理类无形资产升级引导企业治理转型。

五、借助无形资产实现转型的问题及相关建议

(一)存在的问题

1. 创业板融资环境有待优化

中国创业板启动为以软件业为代表的中小高新企业解决融资问题打造了资本平台,也被人民期许为"中国的纳斯达克",孕育"中华民族的谷歌、微软、苹果"的摇篮。创业板确实为中国打造了一批优秀的软件中小企业,如东软载波、神州泰岳等,但同时我们也发现由于创业板上市制度过于刻板,市场层次显得较为单一,无法满足多层次企业多样化的上市需求,许多有潜力的企业限于财务指标门槛无法获得上市资格。而与此相对的是,许多企业上市前表现出色,上市后就频频爆出空壳上市,套现频繁,业绩下滑,这些令投资者受损的不良企业却并未在市场的淘汰机制下受到相应的惩罚。

创业板市场出现的问题显然会对融资环境和信用生态造成影响,这种影响也会传导至优质的企业,使其市值被低估。这是不公平的,长此以往创业板市场会有沦为"柠檬市场"的风险。

2. 无形资产甄别有待加强

从创业板软件企业的无形资产数量上看,根据样本企业上市以来的年报数据,软件企业无形资产无论是价值还是占总资产的比例都保持上升的趋势。但无形资产的甄别问题却依然突出:首先,企业对自身拥有哪些无形资产、这些无形资产在发挥着怎样的作用尚不清晰;其次,传统的版权和专利价值往往只是从研发成本得出,并没有估算其未来价值和无形资产间的协同价值;再次,包括市场类无形资产和管理类无形资产在内的更多无形资产并没有被企业管理者识别和挖掘,在企业兼并过程中存在大量流失的现象;最后,由于自身尚不清楚无形资产的价值因此也很少通过年报和财表对投资者披露,由此造成的甄别盲区阻碍了资本市场对企业价值的发现功能。鉴于以上四个方面的问题,企业和社会对于无形资产的甄别和认识工作任重而道远。

3. 无形资产信息披露制度不完善

证监会作为政府金融监管机构有责任对上市企业进行督导和监管,秉承信息披露的"真实性、准确性、完整性、及时性和公平性"原则,制定了中国创业板上市公司信息披露制度,但从现行的披露规范来看,针对上市公司无形资产的信息披露仍然存在漏洞。

首先,披露制度对无形资产的界定不完整,包括企业资质、特许经营权、客户资源、劳动力集合等在内的符合无形资产特征的诸多企业核心资源并未列入无形资产的界定范围。这一方面是由于会计制度的缺失,导致企业自身对无形资产的认识不足;另一方面是由于证监会并没有为此做出前瞻性的尝试,摆脱既有会计制度和评估制度的框架。金融实践走在制度之后往往是为了规避操作风险,而附加性的针对无形资产披露的改革并不会触及操作规范,只会增加投资者的信息量,从而引导企业和投资者关注这部分隐性的企业资源,并无"副作用"。

其次,无形资产信息披露过分依赖反映历史状况的财务数据。上市企业自身本就拥有发现未来价值的能力,将适用于所有企业的财务制度覆盖在上市企业之上,往往会造成对当前和未来市场价值的低估;同时,需要看到,在过去的很长时间,会计人员不断研究如何应用财务指标反映企业状况,这一方面是社会的进步但同时也反映出财务指标容易被操纵的现实,即使同一套会计准则也可以采用不同的方法计量,从而得出不同的结论。显然,过分依赖财务指标数据不利于完整地反映初创期的上市公司无形资产的实际价值,不能准确评价企业的核心竞争优势。

(二)应用无形资产转型的建议

如何通过无形资产的优化来驱动软件中小企业转型,本文针对上述问题给出以下几点建议:

一是制度创新和结构优化。针对不同类型、不同阶段中小企业制定多样化上市制度,引导企业组织转型,适时引入做市商制度和转板机制,进一步挖掘和发现企业价值,动态化地管理企业,对上市后表现不佳的企业实施强制性退出或者将其转入较低层次资本市场,而让表现良好的企业拥有转入更高层次市场的机会,为中小企业构建灵活通畅的转型通道,真正发挥多层次资本市场的发现机制和劣汰机制。

二是加强对市场和中介机构的监管力度。首先,应加强对创业板上市公司的监管,加大上市公司和券商的违规行为尤其是信息披露违规行为的处罚力度,净化创业板市场投资环境;其次,建立行之有效的创业板上市公司信息披露信用体系,在现有的信息披露考评基础上增加对上市公司信息披露质量的考核次数和检查深度,建立诚信档案,及时向投资人公布创业板上市公司信息披露考核结果的详细报告和信息披露违规行为的处罚信息;再次,为缓解创业板上市公司普遍存在高市盈率、高发行价、高超募资金的"三高"问题,应加强对市场投机行为的监管和处罚力度,谨慎监控和处理创业板上市公司股票价格尤其是发行首日股价异常波动的情况,杜绝市场操纵行为,严格执行停牌制度,保护普通投资者的利益;最后,加强对中介机构的监管,优化保荐人制度,加强保荐机构的公正性和独立性。目前中国保荐人制度有待完善,保荐机构本身是在证监会注册的证券公司,受证监会监管,其市场效力受到制约,某些市场职能与证监会区分不清。有的证券机构在承销发行人股票的同时也保荐其股票,独立性难以保证。同时,要强化中介机构的法律责任,严厉打击中介机构粉饰、包装发行人财务信息,误导投资者的违规行为。

参考文献

1. 张丽、杜培林:"客户资产评估影响因素研究",《会计之友旬刊》2012年第3期。
2. 周媛媛:"我国证券市场知识产权信息披露问题研究",厦门大学学位论文,2012年。
3. Heavin, C., "Cases in five small to medium sized software enterprises," *Journal of Decision Systems*, vol. 20, 2011, pp. 397-415.
4. Kini, R. B., A. Rominger & B. S. Vijayaraman, "An empirical study of software piracy and moral intensity among university students," *The Journal of Computer Information Systems*, vol. 40, 2000, pp. 62.
5. Groth, R., "Is the software industry's productivity declining?" *Software IEEE*, vol. 21, 2004, pp. 92-94.

(白江涛,上海海事大学;周小全,民生证券股份有限公司)

切实加强新时代应急管理，推动经济社会高质量发展

赵子丽 刘玉铭

突发事件具有非稀缺性、危害性、风险性和可防救性等社会经济属性，其造成的损失构成一种减值现象，在经济发展中必须高度关注这一减值因素。中国作为世界上少数灾害频发、灾害损失严重的国家之一，政府历来高度重视防灾减灾工作。2003年抗击"非典"时，面对这场突如其来的重大灾害，中国政府一手抓防治"非典"，一手抓经济建设不动摇，而没有偏废。这种应急管理的工作思路，既有效地遏制了"非典"的蔓延，又使中国遭受到的"非典"负面影响降到最低，国民经济相对持续健康发展。可以说，这是一种非常明智的抉择。这一应急管

理工作思路也延续到后来历次突发公共事件应对,并成为中国应急管理的一条非常重要的基本经验。这种坚持"两手抓"的基本经验的良好政策效果,在 2008 年汶川地震救援中体现得淋漓尽致。可以看出,与唐山地震救援相比,中国政府和公众在汶川地震救灾过程中呈现出一种全新的形象。归根结底,一切都源于中国改革开放的积累。可以说,改革开放四十多年取得了巨大成就,经济社会高质量发展的同时国力不断增强,为各种突发公共事件的有效应对提供了坚实的物质基础。

然而,随着城镇化的持续推进,很多经济社会问题和矛盾的重心逐渐向基层转移,与城镇化相伴而生的诸多社会风险也开始不断积聚。中国已经进入全面深化改革的重要战略期,社会矛盾不断积攒,潜在安全问题不断积累,这对社会稳定和经济社会发展构成了潜在威胁。一旦这一系列具有可能性的风险变为现实的危机,势必对社会秩序和经济发展造成巨大的影响,所以正视和直面当前经济新常态下城镇化进程面临的诸多社会风险,是实现社会稳定和经济社会高质量发展的基本前提。

一、推动完善新时代应急管理的必要性

(一)实现经济社会安定有序和维护政府公信力的现实需要

完善应急管理的目的,就是要最大限度地降低人类社会悲剧的发生。应急管理是以社会的系统变化和各种关系的变化作为调整对象的,其最终目的就是使无序的社会系统重新恢复到有序状态,也是维护政府公信力的现实需要。

随着经济社会的不断发展、社会信息化水平的提升,世界正步入一个不同于以往的"风险社会"。恰如乌尔里希·贝克在《风险社会》中所言,"人类正坐在文明世界的火山口上"。安东尼·吉登斯在《现代性的后果》中同样强调,随着人类文明程度的提升,社会

风险系数也与之同比例提高。现实的确如此。随着城镇化大力推进，几乎每年增加20座城市，预计到2020年，还有可能形成一批新的城市群。与此同时，这也带来了新的社会风险，社会风险系数不断提高，多种社会风险源丛生遍布并盘根错节。只有在整个社会领域构建一种长效、高效的应急管理体系，才能够有效降低社会风险系数。

社会安全利益是国家与社会的第一利益，有效控制和应对突发事件是政府的基本职责，应急管理是政府全面履行职能的主要内容。突发公共事件发生后，对于以维护社会公共利益为价值取向的政府，避免和最大限度减少突发公共事件造成的损害，是其分内之事。另外，社会风险中最基本的风险就是信任风险。诚信一旦缺失将使社会失序，严重的可能导致社会秩序混乱，继而引发各类突发事件，所以诚信在政务、商业和人际关系等领域中至关重要，尤其是政务诚信。然而近几年，毒奶粉、疫苗案等突发公共事件，以及关涉深化分配领域改革的诸多问题，正在考验着政府公信力。这些因素的累积和增加，更加凸显维护政府公信力的现实需要以及继续推动和完善应急管理建设的必要性。

(二) 推进国家治理现代化和应对危机的迫切选择

继续推动和完善应急管理建设，是推进国家治理现代化和有效应对突发公共事件的迫切选择。推进国家治理体系和治理能力现代化，体现了执政党在应对经济社会转型期过程中面临的治理困境时，正在着力完善治理体系、调整治理方式和不断提高治理水平。应急管理是与突发事件相伴而生的，它是为了应对突发公共事件，通过建立必要的应对机制，采取一系列必要措施，用科学的方法对其加以干预和控制而实施的一系列有计划有组织的管理过程。主要任务是有效预防和处置各种突发公共事件，尽量降低负面影响，保障群众生命财产安全，促进社会和谐健康发展。而以国家和谐治理为取向的应急管理模式创新，能够最大限度整合各种有利于突发公共事件应对的资源,推进社会和谐稳定。中国特色应急管理建设,当属国家治理体系和治理能力现代化的题中之义,体现在两个方面:一方面,"国家治理体系和治理能力是制度和制度执行能力的体现",而"国家治理体系"是党和政府领导人民治理国家的制度安排与运行机制,"国家治理能力"则是指运用"国家治理体系"治理社会各领域事业与事务的能力,其核心是如何正确处理好改革、发展、稳定三者之间的关系。而中国特色应急管理建设是以政府为主导,在应对突发事件时,运用应急制度和运行机制来处理和控制突发事件,实现应急管理体系和应急管理能力现代化。由此可见,实现应急管理内蕴于国家治理现代化。另一方面,"国家治理体系与治理能力现代化"这一提法着重在于强调"治理",而非"统治"。"治理"与传统"统治"模式中单向性的公权力运行方式不同,"治理"在承认和注重权威重要性的同时,更加强调具有不同利益诉求甚或发生冲突的主体在尊重规则的基础上实现多元互动和协商共赢,并在此过程中以寻求多元主体合作为目标,以促进不同社会主体公共利益最大化为取向,而这些刚好是中国应急管理建设的基本逻辑和实现多元主体参与的内在要求。

(三) 推进国家治理体系和治理能力现代化的重要内容

国家治理体系体现在一个国家的方方面面,涉及经济、政治领域,以及文化、社会和生态领域的机制和法律法规制度等。应急管理工作是社会建设的重要方面,也是维护社会稳定的重要工作。因此,应急管理工作的首要任务便是通过建立健全应急管理制度,实现应急管理能力的提升,以达到减少损失、保障人民生命财产安全的目标。

从当前中国经济社会各方发展情况看,我们面临着前所未有的机遇与挑战;我们必须牢牢把握机会,实现经济社会平稳发展。但是我们也不能忽视面对的各种挑战与困难。现阶段,我们的发展面临着各类风险与矛盾,公共安全压力前所未有。究其原因主要有以下几个方面:第一,改革开放四十多年,国家进步的同时社会矛盾也发生变化,社会矛盾发生转变的过程,也是中国社会矛盾的凸显期,出现了许多以前没有遇到也不曾出现的新矛盾,急需解决方案和制度供给。第二,新旧矛盾并存,加大了社会治理成本和应急管理难度。经济社会的发展,确实解决了部分原有社会矛盾,但是有些社会矛盾很难随着经济社会的发展而消解。新旧利益诉求的交织,增加了化解矛盾的复杂程度和困难程度。特别是随着互联网的发展进步,各种社交媒体软件层出不穷,信息的传播渠道丰富多样,如果发生突发公共事件,就容易形成网上网下呼应和相互作用的局面,使得突发事件影响的波及范围更广泛、处置起来更加困难。第三,中国自然灾害发生概率较高,也是中国应急管理压力较大的客观原因。从世界范围看,中国是世界上为数不多的几个自然灾害较多的国家,尤其是经常产生的台风、洪涝、干旱等自然灾害,其防范和处置难度极大。由于中国地处亚欧板块和太平洋板块交界处,由地震引发的原生灾害和次生灾害频繁发生,也对人民的生命财产安全构成了严重威胁。除上述自然灾害外,中国面临的各类传染疾病的防控、食品安全的监管、药品行业制假售假不法行为的管控,都对我们的应急管理提出了更高的要求。第四,随着中国各方面的快速发展,中国综合国力和国际地位迅速提升,在国际社会中的影响力也不断提升。且随着"一带一路"建设的加速实施和"走出去"战略的发展,中国在海外的利益存在不断增加,驻外人员数量也快速增加。这对中国涉外事件处理的能力与水平也提出了更高的要求。

国内国际不断可能出现的各类事件和问题,对我们的应急管理工作提出了严峻的挑战。在突发事件未发生前,能否做到提前预警,事件发生后,能否做到妥善处置,对我们的应急管理能力是极大的考验。因此,我们必须将应急管理能力的提升纳入国家治理体系和治理能力现代化建设的过程中,将应急管理作为重要工作进行研究与落实。

二、中国应急管理面临的新挑战

十九大报告指出,当前中国正处于重要战略机遇期,面对来自全球的不同挑战,要时刻做到居安思危、登高望远。报告还指明了民族工作方略,确立了中国特色社会主义新时代解决中国问题的理论指导,为应急管理工作提供了行动指南,也对应急管理工作提出了更高的要求。

(一) 重大基础设施和生命线工程的承灾能力面临更高要求

城镇化步伐不断加快,新型城市不断出现,但用于应急管理的公共安全基础设施的建设和完善却没有紧跟城镇化快速发展的步伐。城镇化步伐的加快,加大了社会人口结构的复杂性,社会风险也呈现上升趋势,这对于城市重大基础设施的承载力提出了严峻的挑战。一些城市在水、电、网、天然气等基础设施方面存在很大隐患,公共安全体系十分薄弱。

城镇化和城市现代化进程中出现的问题主要包括以下几个方面:首先,城镇化建设和新城市的出现,必然会出现新型的关系、生产生活方式的多样化和人口结构的多样化,如农民工群体在城市中占据较高的比重。其次,油、气、水、电等基础设施和生命线工程对于城市来说明显增多,各类基础设施建设密不可分,一旦发生突发事件,可能会导致连锁反应。还有一些城市建设存在布局不合理、基础设施配套跟不上、功能不完善等短板,容易造成交通拥堵和环境恶化等城市典型问题。

应急管理公共安全基础设施在管理规划方面存在的明显不足就是基础设施的整合度不高。由于一些相对不发达地区还处于由单灾种应对到全过程应对的过渡时期,应急管理公共安全基础设施在管理和规划过程中相互平行,没有融合,各个部门各自为政,一旦同时发生多种灾害,或者引发衍生灾害和次生灾害,就会出现安全基础设施管理混乱,严重影响应急管理效率。

新时代下,对应急管理基础设施提出了新的更高要求,基础设施概念正向整合方向转变。其一,对公共安全的认识从观念上发生了转变,从重视灾害应急向重视灾害预防转变,逐渐开始重视和领悟到预防的重要性,做到预防与应急兼顾。其二,需要从单一灾种管理向综合应急管理以及灾害的全过程管理转变,实现从事前预防到事后完善的整个阶段的综合性防御。其三,公共安全基础设施的内涵延伸,从传统的网、水、电、油、气等向空间设施转变,注重的是公共安全空间设施体系的建设。

(二) 突发公共事件日益复杂化

改革开放四十多年来,中国的国家地位提高了很多,在中国经济迅猛发展的同时,社会问题依然存在。即使是同一类社会问题,也会由于自然条件、经济社会发展程度、民族宗教等因素而变得更加复杂,各类社会矛盾和热点问题相互叠加、相互影响,一旦处理不当就会引发突发事件,增加了应急管理工作的难度。近年来,城镇化进程加快,各地因为拆迁征地引发的突发事件层出不穷,城市环境污染问题仍备受关注。另外,境外敌对势力虎视眈眈,蓄意渗透,维护社会和谐稳定难度增加。一些西方资本主义国家,蓄意用西方所鼓吹的民主和自由来对中国的意识形态进行渗透,对中国的社会主义进行西化,企图让中国走上像苏联和东欧国家一样的社会主义瓦解的道路,从而遏制中国的发展。互联网信息技术的发展,不但让中国拥有了大量互联网用户,也为敌对势力蓄意散播负面信息提供了渠道,他们恶意否定社会主义核心价值观,植入西方思想,刻意西化青少年思维。

此外,"三股势力"勾结国外恐怖组织蓄意在中国新疆等民族地区不断制造恐怖事件,给中国民族地区造成严重损失,给人民生命财产造成严重危害。如西藏"3·14"事件、新疆"7·5事件"以及2008年之后几年里在新疆爆发的一系列打砸抢烧暴力犯罪事件,导致人民死伤严重,对社会造成极其恶劣的影响。

中国已经进入全面深化改革的重要战略期,社会矛盾不断积攒,潜在安全问题不断积累。境外敌对势力、民族分裂分子以及信息网络安全问题突出和生态环境恶化等都导致中国维护社会稳定难度增大。

(三) 人民群众对安全和稳定的需求日益增长

随着经济发展和社会生活水平的提高、社会生活方式的现代化,人民群众的需求也出现不少变化。过去更多地追求生存利益、低层次的利益,现在更多地追求发展利益乃至享受利益。如在饮食方面,对食品安全问题越来越重视;在生活方面,对生活环境、空气质量的要求越来越高;在工作就业方面,期望得到更多的社会保障;在子女学业方面,期望得到平等的读书机会;等等。诸如此类的要求,是伴随经济社会发展必然产生的现象,而这些要求必须建立在社会安全和稳定的基础之上,只有在一个安全稳定的国家和社会,人民群众日益增长的需求才能得到满足。应急管理能力的提高不仅体现在突发公共事件发生时的应对上,更主要的是对潜在危机的预防、及时化解危机,做到防患于未然,维护国家和社会的安全和稳定。

同样,随着社会的发展进步,公众对除了物质以外的东西追求越来越高,比如安全、公平和法制等,这些方面得不到满足很容易诱发不满和积攒矛盾,一旦处理不慎,就可能导致突发公共事件。随着社会的发展和转型,社会矛盾呈现出频发态势,这对于应急管理提出了考验,必须由"突击管理"转化为"常态管理",将应急管理工作与日常工作融合起来,做到防患于未然,及时化解潜在危机,进而满足人民群众日益增长的需求。

(四) 境内外安全形势的双重挑战

国家安全是保障国家发展和人民幸福的前提,是事关国家和人民的大事。当前,中国的安全形势严峻,同时面临来自国际和国内的"双重考验"。一方面,国际安全环境呈现出新的特点,不同种类矛盾集聚、叠加,国际安全进入了大动荡、大调整、大变革时期。另一方面,中国国内的社会矛盾和热点问题日益错综复杂,应急管理成为维护公共安全与国家安全的重要手段和工具。面对新形势、新任务,中国特色应急管理体系应该抓住新机遇,重新找准自身的定位,进一步提高应对突发事件的水平。

首先,国际战略格局转型促进国家安全理念的转变。"9·11"事件以后,美国先后在中东地区发动了几场战争,致使中东地区陷入长期动荡之中。自"阿拉伯之春"爆发以来,地区资源的争夺还在不停上演。同时,"斯诺登事件"的爆发暴露出当今世界互联网安全问题的严峻形势,互联网进而成为世界各国的新"武器"。另外,中国的周边国家中,我们与其中14个陆地接壤,与8个隔海相望。中国是地缘政治复杂的国家之一,与周边国家一直持续存在海洋权益矛盾、能源问题纠纷等,周边的安全形势不可小觑。因此,中国面临的周边安全压力较大,地缘政治威胁增大甚至会引发一些民族、宗教、恐怖主义等突发事件。中国周边问题将会越来越庞杂,敏感和热点问题会频繁出现。同样,粮食安全问题也面临较大挑战。中国是粮食进口大国,粮食进口量每年居高不下,对外进口依赖性越来越高。

其次,改革开放四十多年来中国的综合国力和国际地位提高了很多,但经济迅猛发展的同时社会问题依然存在,各类社会矛盾和热点问题相互叠加,相互影响,一旦处理不当就会引发突发事件,增加了应急管理的难度。另外,多年以来,中国国内自然事件的频发导致了严重的损失,还有近年来由于温室效应,全球变暖,中国出现极端天气的频率增加。例如,近几年雾霾天气、自然资源的破坏、生态系统的退化等,严重影响了人民群众的身体健康和生活环境。中国人口数量大,城市人口居住较密集,生活所需的公共设施较为集中等,一旦发生天灾人祸,都将导致大量人员伤亡。因此,为了维护人民生活安全、社会稳定,构建和完善中国特色应急管理体系迫在眉睫。

(五) 科学技术的新机遇和新风险

互联网的发展创新为社会各项事业都带来了便利和技术支撑,在应急管理工作中同样如此。大数据作为互联网发展最具有代表性的技术,可以集中社会各项事业的信息资源,通过数据处理,运用到各行各业中。比如生活中最常见的医院、交通等方面,也为应急管理提供了全新视角,以一种全新的思维方式影响着人类的生产生活。大数据在应急管理方面的运用,主要集中在应急预警和预防阶段,通过大数据来收集各类潜在风险信息,经过储存、处理和分析,可以很大程度上提高危机预警监测的科学性和效率,为应急管理工作的预测、处理和决策等提供科学的依据和判断能力。通过科学的判断,可以及时采取科学的应对措施,实现应急资源合理配置。

互联网的成熟发展给人们的生活带来了便利,改变了人们的生活方式。然而另一方面,互联网的发展也给国家安全带来了新的风险,为境外反动势力蓄意散播网络谣言提供了途径。根据《2015年中国高级持续性威胁(APT)研究报告》[1],境外反动势力试图用黑客手段攻击中国重要部门,包括政府领域、科研领域和能源领域。中国成为受到黑客攻击的主要国家之一。网络安全问题成为热点问题,个人信息泄露屡禁不止以及网络犯罪和网络诈骗等都对中国

---

[1] 王亮:APT-2015中国高级持续性威胁研究报告[EB/OL],http://xue163.com3200/1/32006163.html,2017-3-27/2017-3-28。

国家安全和社会稳定造成不良影响。

可见,科学技术的发展在为人们带来便利的同时也为社会带来了风险。因此,发生突发事件如果处理不够慎重,很有可能带来衍生危机和次生危机,扩大突发事件的影响范围和影响程度。可以说,科学技术提高了风险的复杂程度,也可以说它是一把双刃剑,如何运用和把握好它是关键。

三、实现新时代下的应急管理新发展

新时代,要站在满足国家治理体系和治理能力现代化建设需要的高度,加快实现应急管理在整体规划、协同联动、系统保障等方面的新发展。[1]

(一) 加快实现应急管理在整体规划方面的新发展

应急管理事业必须坚持以新发展理念为指导,同中国的经济社会发展实践相结合。要借助应急管理部机构改革的有利契机,充分调动各方面的力量。社区治理是国家治理体系和治理能力现代化的基础性工程,要充分发挥社区的力量;要围绕提高应急管理能力和水平,制定科学的应急管理发展整体规划,加快建立起完备的法制体系、健全的管理体制、有效的应急机制;要坚持以人民为中心的理念,把开展应急宣传教育纳入整体规划之中,让人民群众更多地了解和熟悉应急管理工作,增强人民群众的安全感和获得感;要借鉴国际上的应急管理发展经验,通过开展高端论坛、学术研讨和交流访问等形式,与西方发达国家在应急管理的法制建设、机构设置、指挥调动、信息传递、物资保障等方面进行有益的交流合作,加强国际应急管理资源的开发和共享。

---

[1] 赵子丽:中国应急管理的新要求和新发展,《人民论坛》2019年第2期。

（二）加快实现应急管理在协同联动方面的新发展

各方面的协同联动,是应急管理效能最大化的前提和保证。要在行政管理体制改革的进程中,围绕组建应急管理部,改进现行的应急管理机构设置、人员配比和权力分配模式,建立专门的常设机构,负责日常管理和统筹协调,发挥应急管理部牵头组织各方面协同联动的职能作用。要进一步细化中央和地方政府在应急管理上的权责划分,赋予地方政府更多的职能和自主权,加强对地方政府应急管理机构改革的指导,整合各领域应急管理职能,强化专职机构的权威,建立起牵头组织和协同联动机制,形成科学、规范、高效的应急管理体系。要打破半封闭的应急管理行政体制,建立起政府、市场和社会在应急管理中的协同联动关系,通过合作参与、激励评价,鼓励和引导社会资本参与应急管理,整合全社应急资源,形成由政府主导、市场运行、公众参与的多元化、多主体协同运行的应急管理模式,通过协同联动提高应急管理的实效性。

（三）加快实现应急管理在系统保障方面的新发展

实现系统保障是应急管理的根本目的。要通过加强应急管理的教育培训和应急演练,建立起专业化高素质的应急指挥和救援人员队伍,提高对各类突发事件的预防和处置能力;要通过应急管理学科体系建设,加强基础理论研究和学术创新,设置应急管理专业,建立科研平台,培育高端人才,积极破解在实践中遇到的困难和问题,实现应急管理的长期健康发展;要通过应急管理标准化建设,建立起科学的应急设施和物资动态监测管理体系,提高各级政府的灾害处置和物资供给能力;要鼓励在应急管理领域的创新发展,深入研究灾害周期理论,加强源头治理和动态评估,不断完善应急管理的法制和预案体系,鼓励开展技术创新和智能化,探索利用大数据和云计算等科技手段,建立起有效的危机风险预警机制,实现应急管理的现代化发展。

参考文献

1. 黄明:"加快应急管理事业改革发展,更好服务经济社会发展全局",《劳动保护》2019年第4期。
2. 刘铁民:"新时代应急管理体系建设现状与展望",《中国应急管理》2018年第6期。
3. 彭贤都:"新时代中国特色社会主义应急管理基本理论撷要",《领导科学》2018年第27期。
4. 闪淳昌:"提升新时代我国应急管理水平",《社会治理》2018年第5期。
5. 王宏伟:"统筹协调——新时代应急管理的核心能力",《中国安全生产》2019年第2期。
6. 薛澜:"学习四中全会《决定》精神,推进国家应急管理体系和能力现代化",《公共管理评论》2019年第1期。
7. 张海波:"新时代国家应急管理体制机制的创新发展",《人民论坛·学术前沿》2019年第5期。

(赵子丽,北京大学政府管理学院;刘玉铭,雍盛研究院)

经济高质量发展背景下的大学生就业

蒋承 陈其然

一、研究背景

"高质量发展"是中国共产党第十九次全国代表大会上首次提出的新表述,用以说明中国经济由高速增长阶段转向高质量发展阶段。它与"创新、协调、绿色、开放、共享"的五大发展理念相契合。[1] 随着中国人口红利减少,传统制造业在国际贸易中的地位逐渐下降,以往追求速度的粗放型发展模式逐渐显露弊端。新时期的经济增长更

---

[1] 参见师博、张冰瑶:"新时代、新动能、新经济——当前中国经济高质量发展解析",《上海经济研究》2018年第5期。

关注优化结构、提升效益,在产业协同、区域协调的发展基础上,通过供给侧结构性改革,促进供需动态平衡,释放市场活力。

高质量就业是实现经济高质量发展的重要保障。习近平总书记强调:"发展是第一要务,人才是第一资源,创新是第一动力。"推动中国经济高质量发展,利用好现有的人才资源,实现创新驱动,需要重视就业这一环节。就业是将人才输送至工作岗位的关键一环,高质量的就业有利于劳动力市场供需平衡,发挥劳动者的个人积极性。同时,劳动者将新的知识与技术引入行业,也有利于促进行业改革创新,提升产品和服务的质量。"推动高质量发展,离不开资金、技术、信息等资源,但这些资源要更好发挥作用,要成为推动高质量发展的现实生产力,都需要人才这个因素对其进行整合、组织和运用。人才资源是撬动其他资源的首要资源,是最重要的起着决定性作用的资源。"[1]劳动者是生产力的决定要素,高素质的劳动者有助于推动科技发展,提高社会的生产力水平。就业作为劳动力市场分配人力资源的关键步骤,为鼓励发展的新兴产业提供了人才储备。从区域发展角度来看,提高中西部省份就业的吸引力,促使更多劳动者选择到经济较落后的区域参与就业,也有助于实现区域协调发展。

高新人才带来的创新能力是高质量发展的重要驱动力。"创新是增强经济发展动力的必由之路。通过创新提高产品和服务的质量和档次,通过创新增加产品和服务的附加价值,通过提高经济的质量和效益来促进增长,也就是从过去依靠简单扩大规模和增加要素投入的增长,转向依靠创新驱动的增长。"[2]为了推动中国经济发展模式从要素驱动型向创新驱动型转变,需要创新技术、寻求新的经济增长点。当前中国各种要素成本都在上升,靠低价格就能获

---

[1] 张军扩:"牢牢把握高质量发展的三个关键",《求是》2018年第12期。
[2] 同上。

取市场份额的时代已然过去。企业需要通过创新提升产品质量,提高经济效益,开发自己的核心竞争优势,提升品牌价值。创新的实施需要技术的支持,而技术开发有赖于高素质人才。实现高质量就业,有利于为高质量发展提供人力资源保障,高新技术人才的创新能力也将成为高质量发展的重要驱动力。

二、大学生就业与经济高质量发展的关系

(一) 大学生就业质量对经济发展的重要意义

大学生就业质量是大学生在就业过程中与生产资料结合并获得收入和发展的具体状况之优劣程度的综合反映。[1] 具体到指标,人力资源的匹配、创新意愿、获得感和满意度等都可以反映其就业质量。目前中国正处于经济发展转型的关键时期,不论是经济结构的调整,还是产业结构的升级,都离不开高等教育在知识、技术、人才上的大力支持。[2] 大学生是国家的重要人力资源,大学生群体的就业情况反映出高等教育投入与市场经济需求间的匹配状况。所以,大学生高质量就业对中国经济高质量发展具有重要意义。

新时期人力资源供给与市场需求的匹配度反映了高等教育的社会收益率。岳昌君等(2004)使用2003年全国性就业调查数据,发现学历、专业、学习成绩和学校性质等人力资本因素是决定高校大学生就业竞争力的最关键因素。[3] 有学者认为,人力资本不仅是经济发展的内生性要素,而且是社会发展的内生性要素,在社会

---

[1] 参见喻名峰、陈成文、李恒全:"回顾与前瞻:大学生就业问题研究十年(2001—2011)",《高等教育研究》2012年第2期。
[2] 同上。
[3] 参见岳昌君、文东茅、丁小浩:"求职与起薪:高校毕业生就业竞争力实证分析",《管理世界》2004年第11期。

发展中具有要素、效率、均平和稳定四项基本功能。[1] 大学生通过就业将人力资本转化为经济收益,即充分利用生产要素,实现岗位与人力资源间的高效匹配。

大学生是自主创业主力军。创业人才不仅能够在现有的资源、政策和体制环境下进行创业,他们的资源整合和组织行为还能影响和引导各类要素的升级和改进,从而对整个经济的转型升级和质量提升起到重要推动作用。[2] 大学生自主创业,有助于增加就业岗位,缓解社会的就业压力,促进中小企业的发展。研究表明,相较于大企业,中小企业与总的经济增长率有更大的相关性。[3] 提升大学生的就业质量,有利于激发中小企业创新创业活力,促进中小企业成长升级,助力中国经济高质量发展。

(二) 新环境下大学生就业的特征与变化

近十年是高等教育规模和毕业生总量迅速扩张的重要阶段,也是中国进入新常态、加快经济结构调整升级的关键时期。加快发展新经济,推动新技术、新产业、新业态的成长,已成为中国供给侧结构性改革、推动经济高质量发展的重要内容之一。在新环境下,大学生就业形势和就业方式都会出现新的特点。

在第三次科技革命的大背景下,以"互联网+"为依托的经济提高了资源的使用效率,也带来了新的需求。互联网技术发展引起了产业结构的变化。研究表明,近十年来第一产业增加值占 GDP 的比重不断下降,第三产业增加值的比重不断上升。2015 年,第三产

---

[1] 参见李建民:"论人力资本的社会功能",《广东社会科学》2003 年第 5 期。

[2] 参见张军扩:"牢牢把握高质量发展的三个关键",《求是》2018 年第 12 期。

[3] 参见林毅夫、李永军:"中小金融机构发展与中小企业融资",《经济研究》2001 年第 1 期。

业在国内生产总值中的占比首次过半,成为拉动中国经济增长的重要源泉。[1] 产业结构的调整也引发了就业结构的改变。国家统计局数据显示,近年来第三产业已成为吸纳最多劳动力就业的产业。由于高校毕业生求职青睐的多为金融、IT、科技、教育等快速增长的行业,产业升级换代为大学毕业生提供了更多的创业机会,也为其找到与专业对口的岗位创造了更多的可能性,有助于大学生就业质量的提高。

统筹城乡就业是统筹城乡发展的重要工作之一。2018年中央经济工作会议指出,要围绕推动高质量发展,做好八项重点工作,其中一项是实施乡村振兴战略。十九大报告中提到,"农业农村农民问题是关系国计民生的根本性问题,必须始终把解决好'三农'问题作为全党工作的重中之重,实施乡村振兴战略"。[2] 有学者认为,城乡统筹是劳动力在城乡间、区域间有序流动和保证劳动力有效交易的一系列机制,是建立统一劳动力市场的制度基础。[3] 近来,新一线城市对大学生落户实行优惠政策,缩小了大学毕业生在就业上的城乡差距。高校毕业生基层就业学费补偿和助学贷款代偿等政策也支持农村大学生返乡创业。大学生村官、"三支一扶"、志愿服务西部等计划为毕业生基层就业提供了政策扶持。在乡村振兴的背景下,大学毕业生的就业去向多元化,就业流动性增强,城乡差异逐步缩小。

大学生就业质量是经济高质量发展的重要体现。对新时期高校毕业生的就业状况和变化趋势进行分析,有利于实施更加积极的就业政策、创造更多适合大学生的就业岗位、提高大学生的就业

---

[1] 参见岳昌君、周丽萍:"中国高校毕业生就业趋势分析:2003—2017年",《北京大学教育评论》2017年第4期。

[2] 《党的十九大文件汇编》,党建读物出版社2017年版。

[3] 参见张建武:"城乡统筹就业问题研究",《中国农村经济》2001年第8期。

质量。

三、近十年来中国大学生的就业特征分析

在中国经济快速发展的时代背景之下,在高校毕业生就业率不断提升的同时,我们更关注的是保障和提高大学生的就业质量。由于中国普通高校扩招,毕业生就业群体规模不断扩大。教育部公开数据显示,自从1999年高校扩招以来,中国高校毕业生人数增长了将近八倍。2017年,中国高校毕业生人数达到了795万人。同时,该群体的就业率和就业质量也引起了社会和学界的充分关注与热烈讨论。在内部因素和外部因素的双重作用下,大学生就业呈现出一系列特征。本节将基于北京大学教育经济所于2003年、2009年、2011年和2017年进行的"高校毕业生就业状况调查"的问卷调查数据,对近十年中国大学生的就业特征进行分析和总结,从而进一步归纳出大学生高质量就业的具体表现。

在2003年、2009年、2011年和2017年等四次高校毕业生问卷调查中,生源地分布情况是,城镇生源所占比例持续高于乡村生源占比。根据问卷设计,本节将家庭所在地为大中城市、地级市和县级市县城的毕业生归类为城镇生源,将家庭所在地为乡镇和农村的毕业生归类为乡村生源。这四年,城镇生源和农村生源的比例分别为1.08∶1、1.6∶1、1.7∶1、2.4∶1,被调查学生中城镇生源占比不断提高。关于学历分布情况,被调查毕业生的学历包括专科、本科、硕士、博士等多个学历层次。但考虑到硕士和博士的样本量较小,专科生和本科生成为被调查毕业生群体的主力军。所以,在只保留专科学历和本科学历样本数据的基础上,被调查学生中学历分布为,本科学历和专科学历所占比例分别是1.5∶1、2.4∶1、1.4∶1、2.3∶1。本节将通过统计描述对毕业生就业特征问题进行归纳分析,从而进一步研究中国经济发展与大学生高质量就业的相关

问题。

(一) 大学生就业率不断提升、流动性增强

为了更深入细致地研究被调查大学生就业率及就业去向的变化特征,本小节从生源地城乡结构的角度,统计了城镇生源和乡村生源的就业率、自主创业比例以及基层就业比例(见表1)。另外,需要说明的是,"基层就业"一般来讲是指到县级以下的机关、企事业单位以及地处艰苦地区的中央单位工作。所以根据问卷的设计,本小节研究选取了县及县以下地区就业样本作为基层就业群体。

表1 按生源地统计被调查大学生的就业去向情况(%)

	生源地	2003	2009	2011	2017
大学生就业率	城镇	46.8	45.1	54	55
	乡村	41	42.9	58.1	62.4
其中,自主创业比例	城镇	5.3	6	5.1	9.1
	乡村	3.7	4.8	6.5	7.7
其中,基层就业比例	城镇	18	16	2.6	19.6
	乡村	32.9	26.7	8.4	26.2

资料来源:2003—2017年北京大学毕业生就业调查问卷数据。

根据表1可知,从2003—2017年间四次统计的数据来看,城镇生源和乡村生源的就业率都呈现上升趋势,且城乡差异并不明显,均维持在10%以内。其中,选择自主创业的被调查大学生所占比例也有所提高,选择基层就业的大学生比例波动较大。城镇生源大学生的就业率从2003年的48.6%上升至2017年的55%。同时,乡村生源大学生的就业率从2003年的41%上升至2017年的62.4%。乡村生源的就业率增幅较大,并在2011年和2017年的调查中超过了城镇生源。一方面,随着经济社会发展,国家越来越重视缩小中国城乡发展差距,乡村家庭收入相应提升,乡村生源获得了更多的接受高等教育的机会。劳动力市场需求增加,意味着乡村生源毕业

后的工作机会增多。这些原因都正向影响了农村生源毕业生就业率的大幅上升。另一方面,城镇生源毕业后除了选择直接就业之外,社会和家庭为其提供了更多选择,例如升学读研、出国留学等。这也侧面导致了城镇生源毕业后选择就业的占比有所下降。

在已就业大学生中,其就业形式包括了已确定就业单位、自由职业、灵活就业和自主创业等多样化的就业方式。值得关注的是,大学生毕业后选择自主创业的比例在不断地上升,且城镇生源选择自主创业所占比例普遍高于乡村生源。2003年,在被调查的已就业大学生中,城镇生源中有5.3%选择自主创业,乡村生源中有3.7%选择自主创业。到2017年,城镇已就业生源中有9.1%选择自主创业,乡村生源中有7.7%选择自主创业。对比2003年,城乡生源选择自主创业的比例都有一倍左右的增长。这一现象既得益于国家鼓励大学生创业的政策出台,例如,提供创业贷款和创业基金,为大学生就业去向和就业形式提供更多选择,同时,也离不开学生自身创业意识和商业素养的不断提高,尤其是城镇生源可以利用家庭社会资本和较高的自身综合素质,获得自主创业的成功。

另外,在已就业大学生中,选择基层就业的大学生比例波动下降,尤其是乡村生源毕业后选择回到基层就业的比例有明显的波动下降。相比2003年,2011年城镇生源和乡镇生源基层就业比例从18%和32.9%跌至2.6%和8.4%。为了促进城乡均衡发展,国家后续出台了定向招生、定向就业等鼓励大学生基层就业的相关政策。到2017年这一指标回升至19.6%和26.2%。无论是城镇生源还是乡村生源在毕业后大部分都选择流向大中城市就业。这一现象反映了基层群众向上流动的意愿、大中城市对乡村毕业生的吸引力增加,以及大学生毕业后的就业流动性增强。

(二) 大学生就业去向多样化、就业形式更为丰富

为了全面地研究大学生就业去向变化规律以及大学生就业质

量的提升,除了上文从城乡生源地的角度对比大学生就业率和就业去向的差异外,本小节从大学生学历层次出发,通过对大学生就业率和其中自主创业比例的描述分析,进一步总结不同学历层次大学生就业去向和就业形式的变化(见表2)。

表2 按学历统计被调查大学生的就业去向情况(%)

		2003	2009	2011	2017
大学生就业率	本科	56.3	39.80	45.7	49
	专科	25.7	55	69.6	76.2
其中,自主创业比例	本科	4.8	4.5	7.3	8.3
	专科	3.2	7.4	4.6	9.4

资料来源:2003—2017年北京大学毕业生就业调查问卷数据。

由表2可知,2003—2017年本科生就业率有波动下降趋势,专科生就业率有大幅提升。其中,本科生和专科生的自主创业比例都有所上升,专科生自主创业比例增幅略大于本科生。2003年,被调查本科大学生就业率是56.3%,专科生的就业率只有25.7%。2017年,本科生就业率小幅下降到49%,但是专科生就业率则大幅提升到76.2%。聚焦已就业大学生中选择自主创业的比例,2003年,在被调查已就业大学生中,4.8%的本科生和3.2%的专科生选择自主创业。2017年,8.3%的本科生和9.4%的专科生选择自主创业,专科生自主创业比例超过本科生自主创业比例。不同学历层次就业率的变化,反映了不同学历层次毕业生的毕业去向和就业选择存在较大的差异。部分本科生毕业后选择升学、出国,也有部分学生在家庭经济背景的支撑下选择暂时待业,这些都导致了本科生就业率下降。而部分家庭经济实力较弱的专科生迫于经济压力毕业后选择立即就业,自食其力,减轻家庭经济负担。部分职业学校通过校企合作等培养方式让专科学生迅速具备了相关工作技能,使得专科生在劳动力市场更具有竞争力。无论是本科生还是专科生,越来越多人选择在毕业后进行自主创业、自由职业等多元化灵活的就业方式。这些都说明了中国高校毕业生的就业形式打破了单一局面,学生能够选择更适合自身特点的就业方式,大学生就业质量也在不断提高。

无论是从生源地结构还是从学历层次角度来看近十年大学生就业去向的变化,可以总结出,近年来大学生就业呈现出就业去向多元化、就业流动性增强、城乡差异逐步缩小、学历层次差异有所扩大等特征,大学生的普遍就业质量在不断提高。

除了上文论述的大学生就业变化特征之外,下文将着重论述大学生就业质量提高的具体表现。从就业满意度、就业起薪、工作匹配度三个方面更加具体地刻画大学生就业质量的提升及其背后的经济意义。首先从主观和客观两个角度比较来自不同生源地的毕业大学生就业满意度和就业起薪变化情况。接着对不同学历层次大学生的工作匹配度进行相关的数据描述,进一步证明大学生就业质量在不断提升。

(三) 大学生就业满意度提升

表3 按生源地统计被调查大学生的就业满意度情况(%)

	2003	2009	2011	2017
城镇	46.4	57.4	55.1	81.8
乡村	41.3	47.1	48.1	73.2

资料来源:2003—2017年北京大学毕业生就业调查问卷数据。

根据表3可知,被调查大学生就业满意度大幅上升,其中城镇生源的就业满意度普遍高于乡村生源,且这一差距也在不断扩大。2003年,被调查的城镇生源就业满意度为46.4%,乡村生源就业满意度为41.3%。到2011年,被调查的城镇生源就业满意度上升至55.1%,乡村生源就业满意度上升至48.1%,增加幅度相对较小。到2017年,城镇生源就业满意度大幅提升至81.8%,乡村生源就业满意度为73.2%。就业满意度作为评价大学生就业质量的重要主观指标,其上升直接反映了就业质量的提高。但是,从生源地的角度分析,不可忽视的是城镇生源和乡村生源就业满意度的差异。

对于城镇生源来说,由于家庭经济条件相对较好,来自外部的就业压力较小。家庭社会资本显著正向影响了子女的就业结果。城镇生源的就业起薪相对较高,且自身的综合素质较强,职业目标明确,职业规划清晰。所以,这些内外部有利因素都使得城镇生源更容易找到满意的工作。相反,对于乡村生源来说,来自家庭的外部压力较大,就业起薪也相对较低。学生自己对职业设定和职业规划也相对模糊。这就造成了乡村生源的就业满意度普遍低于城镇生源。

(四)大学生就业起薪显著增加

表4 按生源地统计被调查大学生的就业起薪情况(元)

	2003	2009	2011	2017
城镇	1560.5	2234.1	2387	4402.1
乡村	1346.1	1946.1	2316	3776.5

资料来源:2003—2017年北京大学毕业生就业调查问卷数据。

由表4可知,2003—2017年四个被调查年份中,被调查大学生的就业起薪都有一定幅度的上升,但仍存在一定的城乡差异。需要说明的是,为了更有效地统计样本均值,本文将就业起薪的取值范围设定为200—50000元。2003年,被调查大学生中城镇生源就业起薪为1560.5元,乡村生源就业起薪为1346.1元。经过2009年、2011年的不断增长,到2017年,城镇生源就业起薪为4402.1元,乡村生源就业起薪为3776.5元。但此时的城乡差距也在进一步扩大。

就业起薪为反映就业质量的客观关键指标之一。被调查大学生就业起薪的城乡差距反映出,在全国大学生就业质量普遍不断提升的背后,我们仍需关注城乡发展差距造成的就业质量不均衡发展。一方面,由于城镇生源大多选择在大中城市就业,薪资水平普遍较高。另一方面,由于学历和自身素质的限制,部分乡村生源进入了次要劳动力市场,直接导致乡村生源的平均薪资水平低于城镇生源。

(五)大学生就业的工作匹配度稳中有升

根据问卷设计,本小节选取"自身专业与工作相关程度"和"自身学历与胜任工作所需的学历层次"两个指标来衡量被调查大学生工作匹配情况。工作匹配度的提高也是大学生高质量就业的主要表现之一。

由图1可知,2003—2017年间四次调查的数据显示,被调查大学生工作匹配度呈现波动上升趋势。被调查本科毕业生的专业匹配度和学历匹配度均高于专科毕业生,说明在高校毕业生就业质量普遍提升的同时,不同学历层次的就业质量提升程度仍存在一定差异。首先,从专业匹配度来看,2003年有93.9%的本科生认为目前这份工作与所学专业是非常对口、基本对口和有一定的联系的;有87.8%的专科生认为目前工作与所学专业相关。但这一数据在2009年即金融危机后的一年下降至86.5%和78.1%,并通过后续加强对大学毕业生的职业规划指导和就业指导得到提高。2017年,有90%的本科生认为目前工作与所学专业相关,有81.2%的专科生认为目前工作与所学专业相关,二者之间仍存在差距。其次,从学历匹配度来看,2003年有66.5%的本科生认为目前的工作实际需要的学历层次为本科学历,有46%的专科生认为目前的工作实际需要的学历为专科学历,专科生的学历匹配度远低于本科生。2017年,有78.3%的本科生认为目前的工作实际需要的学历层次为本科学历,有61.4%的专科生认为目前的工作实际需要的学历为专科学历,二者的学历匹配度差距有所缩小。专业相关度在一定程度上影响着大学生的就业满意度,学历层次与工作需求相匹配在一定程度上减少了人才浪费。

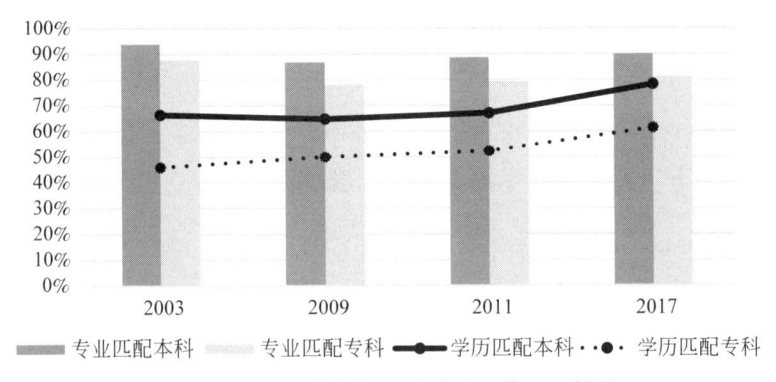

图1　2003—2017年被调查大学生工作匹配情况

资料来源：2003—2017年北京大学毕业生就业调查问卷数据。

从上述三个指标——大学生就业满意度、大学生就业起薪、大学生工作匹配度来看，在2003—2017年期间，中国大学生就业质量逐渐提高，但仍存在城乡差异和学历层次差异。关于近十年大学生就业呈现出的问题与特征研究，为进一步提高大学生就业质量提供了重要的依据与方向。首先，社会关注的焦点和大学生就业评价标准不应仅限于大学生就业率的提高，应该同时关注大学生就业质量的变化与提升，尤其应注重缩小大学生就业的城乡差距和学历层次差距。其次，政府和教育部门应针对不同学历层次、不同生源地的学生特征制定更加优化合理的大学生就业政策，为大学生自主创业、灵活就业等多形式的就业方式提供可靠的经济支持、便捷的政府服务，打造规范的市场环境。再次，学校对于人才的培养和就业培训不应采取"一刀切"的方案和措施。对于专科生应对其进行职业规划和就业指导的培训，帮助他们尽早树立合理的职业发展目标，着重提高其综合素质、增强工作竞争力。对于本科生的培养，应注意了解学生特色及个性化需求，从而为其提供更加个性化的指导和帮助，加强对其职业技能和实践能力的培养。最后，对于学生自身来说,应树立正确的就业观,结合自身实际制定职业发展规划。大学生应通过学习和掌握专业知识技能,不断提高自身的综合素质和工作竞争力。

四、结论与讨论

经济高质量发展有赖于大学生高质量就业带来的人才红利。大学生是国家的重要人力资源,其就业的高质量对经济高质量发展具有重要的决定意义。本文基于全国大学生就业调查数据的研究分析,对近十年中国大学生的就业特征进行了分析和总结。研究发现,近年来大学生就业呈现出就业去向多元化、就业流动性增强、城乡差异逐步缩小、学历层次差异有所扩大等特征,大学生的就业质量在不断提高。为了促进新环境下大学生就业质量提升,本文提出以下几点政策建议。

首先,政府应持续鼓励发展第三产业,为大学毕业生提供更多的就业机会。新经济时代对劳动者提出了更高要求,政府应继续加大高等教育投入,培养更多高技能、高素质人才,以促进经济高质量发展。第二,政府应继续关注就业领域仍存在的城乡差距问题,为农村户籍毕业生提供政策支持,降低户籍制度带来的就业门槛,创造更公平的竞争环境。同时,通过资金支持鼓励农村户籍毕业生返乡创业,进而带动乡村经济发展,缩小城乡发展差距。第三,鼓励培育多种就业观念,并为偏远地区或基层就业的大学生提供更多锻炼机会与晋升通道,从而促进区域协调发展。

参考文献

1. 《党的十九大文件汇编》,党建读物出版社 2017 年版。
2. 李建民:"论人力资本的社会功能",《广东社会科学》2003 年第 5 期。
3. 林毅夫、李永军:"中小金融机构发展与中小企业融资",《经济研究》2001 年第 1 期。

4. 师博、张冰瑶:"新时代、新动能、新经济——当前中国高质量经济发展解析",《上海经济研究》2018年第5期。
5. 喻名峰、陈成文、李恒全:"回顾与前瞻:大学生就业问题研究十年(2001—2011)",《高等教育研究》2012年第2期。
6. 岳昌君、文东茅、丁小浩:"求职与起薪:高校毕业生就业竞争力实证分析",《管理世界》2004年第11期。
7. 岳昌君、周丽萍:"中国高校毕业生就业趋势分析:2003—2017年",《北京大学教育评论》2017年第4期。
8. 张建武:"城乡统筹就业问题研究",《中国农村经济》2001年第8期。
9. 张军扩:"牢牢把握高质量发展的三个关键",《求是》2018年第12期。

(蒋承,北京大学教育学院;陈其然,北京大学教育学院)

促进贸易高质量发展的路径与政策选择

田惠敏　张欣桐

随着中国特色社会主义进入新时代,中国经济发展也已进入新时代,中国经济行为特征已由"高速增长"调向"高质量发展",中国贸易也从"高速增长阶段"转向"高质量发展阶段"。在过去几十年中,出口贸易作为拉动中国经济增长的三驾马车之一,在驱动中国经济的快速增长进程中做出了历史性贡献,但也潜藏了贸易发展不平衡、不充分等问题。当前,面对世界经济不确定性的逐渐增大,面对国际形势百年未有之大变局,如何选择贸易高质量发展路径与政策以促进对外贸易提质增效,是中国进一步扩大对外开放、实现经济高质量发展应考虑的关键问题。

一、贸易高质量发展的机遇与挑战

（一）中国贸易发展取得的成就

纵观中国经济发展历程，对外贸易作为改革开放以来中国开放式经济体系的重要组成部分，对国民经济发展产生了巨大的推动力，并取得了举世瞩目的成就。改革开放四十多年来，借助国际市场的强劲需求，中国依托丰富而廉价的劳动力、为促进贸易发展而出台的一系列优惠政策等传统低成本优势，成功地探索出了一条具有中国特色的对外贸易发展之路。中国贸易以"低端嵌入"的方式快速融入全球价值链分工体系，从原本处于全球贸易价值链的边缘地带跻身于国际贸易最有实力的参与者及重要的体系建构者之一。改革开放以来，中国贸易发展不断突破阶段性平台，跨越一个又一个新台阶，于 2009 年成为货物贸易出口第一大国，于 2013 年成为世界货物贸易第一大国（秦夏，2019）。如今，中国正加速向贸易强国迈进。1978—2018 年，中国货物进出口总额由 206.4 亿美元增至 46224.2 亿美元，增长 223 倍，进出口差额由逆差 11.48 亿美元转为顺差 3509.5 亿美元（见表 1）。1982—2018 年，中国服务进出口总额从 46.9 亿美元提高到 7919 亿美元。如今，中国已成为世界 120 多个国家和地区的最大贸易伙伴，已成长为世界第一大货物贸易国和第二大服务贸易国，是经济全球化最重要的受益者之一。

表 1　中国 1978—2018 年进出口总额与差额

年份	进出口总额（百万美元）	进出口差额（百万美元）	年份	进出口总额（百万美元）	进出口差额（百万美元）	年份	进出口总额（百万美元）	进出口差额（百万美元）
2018	4622415	350948	2004	1154554	32097	1990	115436	8746
2017	4107138	419552	2003	850988	25468	1989	111678	-6600
2016	3685557	509705	2002	620766	30426	1988	102784	-7750
2015	3953033	593904	2001	509651	22545	1987	82653	-3770
2014	4301527	383058	2000	474297	24109	1986	73846	-11970
2013	4158993	259015	1999	360630	29232	1985	69602	-14902
2012	3867119	230309	1998	323949	43475	1984	53549	-1270
2011	3641864	154897	1997	325162	40422	1983	43616	840
2010	2974001	181507	1996	289881	12215	1982	41606	3030
2009	2207535	195689	1995	280864	16696	1981	44022	-10
2008	2563255	298131	1994	236621	5391	1980	38136	-1898
2007	2176175	263944	1993	195703	-12215	1979	29330	-2010
2006	1760438	177517	1992	165525	4355	1978	20638	-1148
2005	1421906	102001	1991	135634	8052			

资料来源：国家统计局。

(二) 贸易高质量发展的目标

当前,经济全球化与科技革命相互交织,新兴国家和一些发展中国家迅速崛起,国际格局发生深刻变化,国际贸易也发生重大变化。为加快培育中国对外贸易竞争新动能,推进贸易高质量发展,2019年11月28日,中共中央、国务院发布《关于推进贸易高质量发展的指导意见》(以下称《指导意见》)。《指导意见》对于促进中国产业升级、增添贸易新动能、增进创新技术往来、提升国际贸易竞争力的路径与政策选择均具有重要意义。《指导意见》既有总体规划,也有具体举措,并在总体要求中提出贸易高质量发展的目标:坚持新发展理念,坚持推动高质量发展,以供给侧结构性改革为主线,多措并举以促进国际国内要素有序自由流动、资源高效配置、市场深度融合,促进国际收支基本平衡,实现贸易高质量发展,开创开放合作、包容普惠、共享共赢的国际贸易新局面。实现国内国际要素有序自由流动,重点在于消除阻碍要素流动的体制机制障碍,加快要素的市场化价格形成机制改革,缓解因要素价格的政策扭曲导致要素利用低效率的问题,以提高要素使用效率,激励要素集聚,促进要素市场一体化。促进资源高效配置,重点在于以高质量发展为引领,解决中高级生产要素的集聚能力、培育能力及配置效率等问题,推动国内外优质资源向优质企业和产品集中,加快推动资源配置的质量、效率和动力变革(易行健,2014)。加快市场深度融合,重点通过要素有序自由流动、关键技术创新及资源高效配置,推动先进科技与实体经济深度融合、先进制造业与现代服务业深度融合,深度开展全球产业链及价值链合作,在中高端消费、绿色低碳、现代供应链等领域及新兴产业培育新的贸易增长点,促进中国进一步融入全球经贸体系。

(三) 贸易高质量发展的机遇与挑战

在当前中国贸易大国地位较为稳固及国际贸易政治经济格局发生重大变化的双重背景下,中国迈向贸易强国之路机遇与挑战并存,必须全面培育贸易竞争新优势,从而推进贸易高质量发展。《指导意见》作为未来中国贸易发展的顶层设计,体现了加快创新驱动、促进协调平衡、培育新业态等贸易高质量发展方向,并提出以"一带一路"建设为重点,大力优化贸易结构,推动进口与出口、货物贸易与服务贸易、贸易与双向投资、贸易与产业协调发展等新要求。

1. 全球经济增速放缓、需求不振

过去几十年中,中国经济高速增长,这一方面是由于改革开放政策的实施,另一方面得益于全球经济繁荣所带来的广阔国际市场需求,特别是来自发达经济体的强劲需求。然而2008年国际金融危机后,全球经济进入了深度调整期,制造业生产和国际投资呈收缩态势,经济总体表现为增长乏力、需求不振,经济增速持续放缓。同时,随着全球老龄化趋势日益突出,全球投资者投资信心受到冲击并持续低迷,前一轮技术革命和产业革命所创造的动能已然乏力,新一轮科技革命尚在酝酿中,多背景叠加进一步导致全球经济放缓趋势更加明显,需求不振的状态也仍将持续。

2. 国际政治形势复杂多变

当前国际经济形势仍处于长周期低速增长区间,国际政治形势依旧复杂多变。逆全球化思潮、单边主义、贸易保护主义、贸易摩擦、金融动荡等不利因素仍将持续,进一步加剧了国际贸易环境的严峻性,严重制约经济全球化及贸易自由化发展。国际贸易规则进入重塑期,世界贸易组织多边贸易体制受到冲击,各方就改革方向及现代化问题分歧较大,同时,新时期出现的一些区域性谈判协定亦呈现出新的特征和趋势,均为国际贸易发展的平稳性增加了不确定性(陈昭,2019)。中国外贸正面临着错综复杂的国际形势,贸易发展机遇空前,挑战亦是前所未有。

3. 全球贸易竞争日益激烈化

新一轮产业革命和技术革命正在酝酿中,各国都在加大科技创新力度,在技术密集型新兴产业领域展开白热化竞争,这对于中国外贸来说既是挑战也是机遇。发达经济体相继实施"再工业化"战略,如美国的"先进制造业"发展战略、德国的"工业4.0"战略等,力图重塑制造业竞争新优势,以争夺全球经济增长制高点。另一方面,随着经济全球化的深入发展,更多的发展中国家加入到全球贸易竞争与合作中,特别是印度、越南等在一些初级要素供给上比中国更具低成本优势的发展中国家的加入,成为发达国家转移中低端制造业的更优选择。在国际市场需求相对紧缩、低成本供给不断涌现这样"高端回流、低端分流"的背景下,中国制造不再是一枝独秀,中国外贸难以再依靠低成本优势借助强劲的外部需求而"以量取胜"(戴翔、宋婕,2018)。

4. "一带一路"倡议下的贸易新机遇

"一带一路"倡议包括海上丝绸之路和陆上丝绸之路,贯穿亚、欧、非大陆,目前已覆盖60多个国家和地区。自2013年倡议提出以来,在中国和参与各方的积极推动下,"一带一路"合作取得了显著成效,中国与"一带一路"沿线国家和地区的贸易规模持续扩大,贸易往来日益频繁,贸易结构趋于优化,基本形成了"六廊六路多国多港"的互联互通架构,以及区域全面经济合作伙伴关系。从国际方面来看,"一带一路"倡议迎合了大多数发展中国家迫切发展经济贸易的强烈意愿,参与各方通过优势互补和深度合作,促进新兴市场贸易潜力的进一步释放。"一带一路"合作将为世界经济贸易增长构建新平台,开辟新空间,培育新动能,加速推动全球贸易自由化便利化进程。

从国内方面来看,"一带一路"倡议有利于解决中国贸易发展"不平衡不充分"问题,这里的"不平衡"主要是指区域经贸发展结构、产业结构以及开放范围失衡的矛盾,而"不充分"主要是指对外贸易发展"质"与"量"的目标协调问题以及产品与服务的"供给"动力激发与"需求"潜力挖掘问题。"一带一路"战略将利用中国西部地区的地理优势,使西部省市成为对外开放的重要门户,通过陆路贸易促进西部地区的外贸发展,缓解东西部经贸发展失衡问题。从促进产业结构升级来看,"一带一路"沿线国家的潜在需求为转移中国过剩产能提供了广阔市场,将为新兴产业的创新发展提供空间。同时,通过与沿线国家的深度合作,整合全球优势要素,促进资源、劳动力、技术、资金与管理等方面"走出去"与"引进来",形成优势互补,可进一步提升资源配置的合理化和高效率,激发产品与服务的供给动力与需求潜力,实现贸易均衡充分发展。综上,"一带一路"倡议的实施,为中国贸易高质量发展创造了新的发展机遇,是推进外贸高质量发展、经济高质量发展的重要路径之一(陈昭,2019)。

二、贸易高质量发展的实现路径

(一) 重视出口产品质量管理

产品质量是企业出口的关键要素,推进贸易高质量发展,离不开高质量产品。《指导意见》中提出要"提高产品质量",重点是要加强产品质量管理,推动一批重点行业产品质量达到国际先进水平,完善认证认可制度、检验检测体系,加快推进与国际重点市场认证和监测结果互认。产品质量管理具体应从以下几方面进行努力:其一,大力推广产品质量管理先进标准和方法。积极采用先进技术和方法,创新产品质量管理工具,推广应用质量管理先进标准和方法,全面保障产品质量的有效提升。其二,进一步完善产品质量认证认可制度及检验检测体系。广泛开展质量管理体系升级行动,拓展产品质量认证覆盖面,加强检验检测服务平台建设,培育发展检验检测认证服务业(徐建华,2019)。其三,简化规范认证机构审批检验检测机构资质认定程序,同时加强认证活动事中事后监管,严格落实从业机构及人员责任。其四,深化质量认证与监测国际合作互认。通过构建认证认可国际合作机制,提高国内认证认可及检验检测市场开放度,加快推进中国检验检测认证"走出去"步伐。其五,作为供给方的生产企业,必须深入研究不断变化的市场需求,关注自身产品属性和目标消费群体认知度的匹配程度,用"匠人精神"追求将产品品质做优做精,并及时调整市场战略,始终把握产品在国际市场上所处的竞争地位(霍建国,2019)。

(二) 加强加快培育中国品牌

在世界品牌方面,中国上榜世界品牌榜单上的品牌较少,这与中国贸易大国的地位并不匹配。《指导意见》中提出要"加快品牌培育",重点是要培育行业性、区域性品牌,强化品牌研究与设计,完善品牌管理体系,加强商标、地理标志品牌建设,推动品牌产品走向世界,提升中国产品与品牌影响力。贸易高质量发展的品牌培育实现路径重点有以下几方面:第一,在国际重点市场举办中国产品品牌推介会,加强品牌交流,改变国外市场对中国品牌的传统认识,提升中国重点外贸产品的品牌附加值及美誉度。第二,强化品牌研究、设计、定位,加快培育行业性、区域性、民族性品牌培育,促进中国的贸易从传统的产品为主向品牌为主转化,从制造大国向品牌强国转化。第三,完善对外贸易企业品牌的保护和监管,重点加强对外贸企业商标、专利等知识产权的保护和监管,对假冒、仿冒品牌,伪质、劣势产品予以严厉打击。第四,鼓励中国企业的商标、专利等知识产权"走出去",到境外注册,提升品牌影响力,并支持国内大型超市、大型卖场"走出去",拓宽中国产品在外的销售渠道。第五,从企业自身出发,企业内部应增强产品研发能力,提升产品追溯和售后服务能力,不断提高产品质量和附加值,树立品牌硬实力,并利用电子商务平台、企业门户网站、大型商品博览会等途径扩大产品的宣传和推广,提升企业的品牌价值和产品的国际竞争力。

(三) 深化服务贸易改革与开放

服务贸易是建设贸易强国的重要支撑,在推动全球价值链迈向中高端水平进程中发挥着至关重要的作用。近年来,中国服务贸易快速增长,已成为拉动国际服务贸易发展的主要引擎,但中国在服务贸易方面产业基础仍然较弱,仍存在着发展不平衡、不充分等问题,服务贸易有效供给不足。在数字经济背景下,制造业与服务业加速融合,为服务贸易增长提供了市场需求,我们应优化贸易结构,深化服务贸易领域改革与开放,加快服务贸易技术、业态、模式创新,推动服务贸易高质量发展。首先,鼓励服务贸易企业增加科研投入力度,提高核心关键技术创新能力,特别是在芯片、软件等关键领域提升自主创新能力和掌控能力。其次,加快数字贸易发展,利用共享经济和平台经济,培育跨境电商、外贸综合服务等新兴服务贸易业态,提高全球价值链增值空间。再次,进一步放宽文化、数字服务、中医药服务、研发设计等特色服务领域外资准入和政策限制,推进特色服务贸易出口基地建设。此外,建立健全服务贸易发展的管理体制,完善法律、财税、统计、科技等政策体系,深化"放管服"改革,进一步促进服务贸易便利化。最后,利用服务经济、数字经济的制度优势,加速创新要素跨境自由流动,集聚基础研究、技术创新、产品开发等新兴产业发展所配套的高端要素与资源,引导智能制造与数字服务融合发展,推动智能制造、高端装备制造业等新产业新业态发展,提升高端智能再制造产业国际竞争力(江若尘、牛志勇,2020)。

(四) 优化贸易便利化营商环境

法制化、国际化、便利化的营商环境,有利于降低国际贸易交易成本;推动要素交易的便利化、自由化,提高资源配置效率,是贸易高质量稳定发展的沃土。优化贸易便利化营商环境可从以下几方面考虑。第一,深化外贸管理体制改革,推进简政放权,精简和优化内部审核手续。同时,进一步加强财税政策、金融政策、产业政策之间的衔接,完善政策协调机制。第二,通过推进贸易体制改革,加大对外贸企业,特别是小微型外贸企业的支持力度。通过对金融机构和地方政府实行差别利率、再贷款等政策,及进一步规范进出口经营性、服务性费用,降低外贸企业经营成本,提高经营效益,改善经营环境。第三,在沿海地区及内陆基础条件较好地区,加快增设自由贸易试验区,高水平建设自由贸易港。推动自贸区、自贸港先试先行,并推广复制创新政策举措,加快形成法制化、国际化、便利化的营商环境。第四,提升跨境贸易投资便利化水平,重点以"一带一路"为依托,积极开展多边合作,加强贸易和投资领域规则与标准对接,同时以金融市场双向开放为重点,稳妥有序推进资本项目开放,拓宽双向投资领域,促进外贸高质量发展稳中提质。第五,优化外贸国内区域布局,挖掘中国中西部外贸发展潜力,提升内陆全面开放水平,打造开放层次更高的营商环境。加大对中西部地区的支持力度,在中西部地区承接外向型企业、申建自贸区、数字服务出口基地等项目中给予支持(李小健,2019)。

三、贸易高质量发展的政策选择

(一)以"一带一路"与自贸区建设为契机,优化对外开放格局

"一带一路"倡议和自由贸易区战略是在相同的战略背景下提出的,是新时期中国优化对外开放格局、推进贸易高质量发展的两项重要战略依托。以"一带一路"倡议统领自贸区发展,以自贸区建设充实"一带一路"战略内容,有利于构建中国进一步扩大对外开放的重要载体,从内外两方面疏通国内市场与沿线国家市场的贸易经络。一方面,应不断扩大自贸区覆盖范围,充分发挥自贸区的

溢出效应,建设"一带一路"对接示范区。在与沿线各国自由贸易协定的基础上,在沿线构建贸易核心区作为自由贸易的地域节点,加快形成辐射"一带一路"、面向全球的高标准自贸区网络。同时,依托自贸区优势及"一带一路"沿线国家的强大需求,积极承接沿线国家的贸易外包,加快拓展研发设计、资讯服务、文化创意等领域的新兴市场及建筑、运输、旅游等传统市场,并着力打造国家品牌。另一方面,应进一步推动自贸区金融创新,支持"一带一路"沿线国家政府在自贸区发行人民币债券,进一步实现国际市场资金融通。同时推动自贸区打造一批大宗商品交易平台,完善大宗商品定价机制,塑造自贸区的国际金融影响力。此外,营造自贸区与"一带一路"沿线国家的便利化贸易环境。以制度创新为核心,推动自贸区与"一带一路"沿线国家进一步开展信息共享、标准互认、执法互助等方面的政策沟通,加快形成国际化便利化的贸易营商环境。

(二)以"创新驱动"战略为动力,培育贸易竞争新优势

"创新驱动"战略是推进中国贸易高质量发展的关键,亦是推动中国经济高质量发展的重要引擎。当前,制约贸易转型升级、高质量发展的创新力不足问题较为突出,努力巩固外贸传统优势,加快培育竞争新优势的关键点均在于创新(秦夏,2019)。《指导意见》把"创新驱动"放在了首要位置,并明确提出要增强贸易创新能力,加强原始创新、集成创新,强化制造业创新对贸易的支撑作用,加快培育新动能。可见"创新驱动"战略蕴含着巨大动能,不但可以夯实贸易发展的产业基础,增加贸易创新能力,还可以提高外贸产品整体质量,提升中国品牌影响力,从而对贸易高质量发展产生至关重要的作用。首先,要将"创新驱动"贯穿于推进贸易高质量发展的全过程,促进贸易与产业互动,优化升级传统产业,加快培育壮大新兴产业。要利用互联网、物联网、大数据、智能制造、人工智能等新技术提高传统产业的数字化、网络化、智能化水平,对传统产

业进行全方位改造升级,提升制造和贸易全产业链的国际竞争力。同时,应注重创新能力的国际开发与合作,加强国际先进技术交流与合作,通过技术创新、制度创新,推进先进制造业与现代服务业深度融合,加快发展现代服务贸易,并加快培育壮大新兴产业,力争在重点领域取得率先突破。此外,要依靠制度创新,不断完善科技、人才、财税、贸易等政策体系,加快补短板,重点解决科技创新主体动能不足、科研力量分散、资源配置效率不高、贸易营商环境不够优化等突出问题,整体上提高国家创新体系效能。

(三) 以"四个协调"优化贸易结构,提高贸易发展质量

《指导意见》强调大力优化贸易结构,推动进口与出口、货物与服务贸易、贸易与双向投资、贸易与产业协调发展。在进口与出口协调发展方面,要积极扩大进口,通过降低进口关税和制度成本,鼓励国内生活日用品、医药养老设备、有需求的资源性产品、先进设备、零部件的货物进口和研发设计、环境服务等生产性服务进口。同时,提高出口贸易市场多元化的程度,优化出口产品国际布局,加强与多个国家和地区在出口贸易方面的往来。在货物与服务贸易协调发展方面,在深化制造业开放的同时,重点扩大服务业对外开放,大幅放宽教育文化、医药医疗、数字服务、金融商务、幼育养老、商贸物流、研发设计等领域外资准入和政策限制,进一步完善促进服务贸易发展的管理体制和政策体系。在贸易与双向投资协调发展方面,注重资本"引进来"与"走出去"的双向投资作用,继续放宽外资市场准入,将外资和现代服务业、新兴产业相融合,发挥外资对产业升级发展的带动作用。同时,在"一带一路"倡议背景下,重点发展与沿线国家的对外承包工程,推动中国装备技术、标准认证及服务走出去。在贸易与产业协调发展方面,首先厘清贸易政策与产业政策的基础理论的内在关系,结合不同产业政策特点分析贸易政策与产业政策相结合应用中潜在的体制性、结构性问题,破解协调

障碍与瓶颈,使贸易政策与产业政策有机结合,贸易与产业协调发展、高质量发展(陈建奇,2019)。

(四)以平台体系建设为依托,发挥对贸易的支撑作用

国际贸易平台分为传统贸易平台与电子商务贸易平台两大类,其中传统贸易平台主要指专业市场、国际商品展会等,电子商务平台主要指包括洽谈、签约、结算、运输、报关、税务等贸易流程的电子化平台。目前中国的国际贸易平台仍以传统贸易平台为主,但电子商务平台在贸易流通领域中的影响力日益凸显,部分传统贸易平台也已逐步吸纳电子商务技术。二者趋于相互协调、相互促进的联动发展模式,有助于实现优势互补,将在支撑贸易高质量发展进程中释放极强的生命力。首先,传统贸易平台与电子商务平台需要加快自身软硬件改造升级,实现交易方式便捷化、贸易模式安全化,建立起以联动发展为核心的虚实对接国际立体商圈,发挥其对贸易高质量发展的支撑作用。其次,按照国际一流标准办好中国国际进口博览会、中国进出口商品交易会、中国国际服务贸易交易会等综合性展会,不断完善博览会一站式交易促进服务平台建设,突破原有的传统服务模式,引入电子商务技术,加快高质量服务落地,拓展展会功能,扩大展会影响力,为国外的商品和服务进入中国市场与国内的商品和服务走入国际市场提供优质高效全面的服务支撑(江若尘、牛志勇,2019)。再次,推进国际营销体系建设,鼓励跨境电商创新发展。鼓励企业针对不同的国际市场、不同的产品与服务,推进跨境电商进口监管模式创新,积极运用物联网、大数据等技术的监测、运营、维护等功能,完善风险监测、商品追溯、售后服务体系等,促进线上线下融合发展,推进国际营销平台建设(蒋姣姣,2012)。

参考文献

1. 商务部国际贸易经济合作研究院:《迈向贸易强国之路》,中国商务出版社

2018年版。
2. 陈建奇:"贸易高质量发展的推进路径与政策选择",《学习时报》2019年9月25日。
3. 陈昭:"以'一带一路'建设推动贸易高质量发展",《中国发展观察》2019年第21期。
4. 戴翔、宋婕:"我国外贸转向高质量发展的内涵、路径及方略",《宏观质量研究》2018年第3期。
5. 霍建国:"高质量发展,外贸企业的奋斗目标",《国际商报》2019年12月6日。
6. 江若尘、牛志勇:"进一步推动上海对外贸易高质量发展",《科学发展》2020年第1期。
7. 蒋姣姣:"电子商务平台与传统贸易平台的联动发展研究",《江苏商论》2012年第10期。
8. 李小健:"推进贸易高质量发展,需切实办好哪些事情?",《中国人大》2019年第21期。
9. 秦夏:"循着贸易高质量发展'路线图前行'",《中国贸易报》2019年9月19日。
10. 秦夏:"让外贸高质量发展成为'定海神针'",《中国贸易报》2019年12月26日。
11. 徐建华:"贸易高质量发展离不开高质量产品与品牌",《中国质量报》2019年12月11日。
12. 易行健:"国内外要素自由流动:构建开放型经济体制关键",《南方日报》2014年2月10日。

(田惠敏,国家开发银行;张欣桐,中国矿业大学)

高度城市化地区耕地高质量保护和利用模式研究——以深圳市为例

傅帅雄 黄顺魁

在经济社会发展的不同阶段,耕地的保护和利用模式必然有所不同。深圳自设立经济特区以来,从一个边陲小镇发展为2018年常住人口超1300万的超大城市,特别是经过1992年原特区内城市化统征,以及2004年将原特区外农村集体居民统一转为城镇户籍人口和集体土地转为国有土地,深圳成为全国第一个没有农村建制和农业户口的城市,耕地不再归原村民"所有",也不再是原村民赖以生存的生产资料。同时,深圳农业已经从传统农业向现代都市农业转变。2018年第一产业增加值为22.61亿元,占全市地区生产总值的比重不到0.1%。深圳市是中国率先高度城市化的地区,耕地作为纯农业耕作保护和利用,已经与高度城市化发展背景不相适应,耕地保护面临着巨大的压力与挑战。《深圳市土地利用总体规划(2006—2020年)》提出积极探索高度城市化地区土地管理新模式,不破坏耕地生产条件,以现代经营形式推进耕地的高效利用,充分发挥耕地的资源价值、社会保障价值和生态环境价值,探索适应于高度城市化地区的耕地高质量保护和利用新模式。

一、高度城市化地区耕地保护和高质量利用的内涵

耕地作为土地开发的后备资源,随着城市规模的扩大而不断消耗;在城市扩张过程中必须应对耕地转变为城市建设用地的巨大经济压力。在高度城市化地区,生态环境可持续发展的重要性不断增强,耕地的生产资料属性逐渐减弱,生态效用和旅游休闲功能日益凸显与强化。《市县乡级土地利用总体规划编制指导意见》提出,"充分发挥耕地的生产、生态、景观和间隔的综合功能""使生态建设与耕地保护有机统一"。因此,高度城市化地区耕地高质量保护和利用,必须改变以生产为主的保护模式,确定全新的耕地经营原则、方向和空间布局结构,调整传统的耕地利用政策,全面发挥耕地的生态化利用价值。高度城市化地区耕地高质量保护和利用,需从以下几个方面进行转变:

耕地保护转换为农业用地保护。随着经济社会的发展,保护和利用耕地的目标在不断变化,保护和利用的内容也应根据形势变化而动态调整。在高度城市化地区,人们的膳食结构发生了较大的变化,非谷物的农产品,如水果、牛奶、蔬菜、鱼、畜禽类产品需求增大。比耕地包含范围更广泛的农业用地的作用难以忽视,保护和利用耕地的理念应拓展到农业用地的范畴,树立大农地保护和利用的观念。通过政策的支持引导,建立适应高度城市化地区的大农地保护

制度,允许将优质的非耕农业用地(如园地、林地、牧草地、养捕水面)等作为耕地或基本农田进行保护,在不破坏耕作层的前提下进行大农业生产。通过大农地保护和利用,既可以保证一定的农业生产能力,也能通过理顺现有政策与实际的冲突,满足高度发达地区对食物、生态和景观的综合需求。

数量平衡提升为生产能力平衡。随着农业生产技术和管理水平的发展,一定耕地面积能够生产更多的粮食、蔬菜等农产品。当耕地与科技、经济、文化资源结合后,将产生新的业态,形成高附加值的科研基地或有一定规模优势的特色产品和主导产业,促进耕地的高效利用。如深圳市拥有现代农业生物育种创新示范区、观澜版画原创产业基地等高科技农业、定制农业、创作基地。同时,高度发达地区的耕地保护和利用,在确保耕地数量平衡的基础上,更应该注重生产能力的平衡。耕地在提供粮食生产的基础功能上,还能提供蔬菜瓜果等农副产品,耕地保护已经退出了传统的保障粮食生产的目标,应该通过生产力提升,确保农业用地数量、类型及用于耕地的可恢复性,并制定有效的转换机制,确保农业用地中各种类型用地能够及时转换,保障农产品的生产能力。

生产价值拓展为生态价值。《明日的田园城市》提出将人类社区包围于农田或花园的区域之中的"田园城市"的城市规划理念。从这个意义上,耕地不但是粮食生产的载体,也为城市居民提供了更多的开发空间和文化传承载体,如观光农业、休闲农业、社区支持农业和科普农业等。同时,随着人们对生态服务的需求越来越高,高度城市化地区的耕地已成为公共空间、传统文化及景观、生态资源的重要载体。在此背景下,应根据社会经济发展的实际需要,在确保耕地肥力、灌溉条件、耕作层等生产条件不被破坏的前提下,选择其他具有更高生态服务功能价值的土地利用类型,强化高度发达地区耕地的生态服务功能,通过耕地向高质量生态用地转化,既有效保护城市农业的物资基础,又提高生态环境质量。比如,深圳市通过耕地保护红线与基本生态控制线的"双线保护",通过基本农田布局优化调整,将耕地更多地调整到基本生态线控制线内,强化基本农田的生态、景观和间隔等综合功能,避免耕地位于城市建成区内而面临的城市建设占用、工业污染等问题,最大限度地发挥了耕地的生态功能。

二、深圳市耕地保护和利用的基本情况

改革开放以后,深圳进入快速城市化发展进程,大面积的耕地转化为非农用地,耕地面积从1979年的53.21万亩迅速减少为1994年的6.86万亩,在15年内减少将近90%,年均减少超过3万亩。1995—2006年,深圳市经济社会发展由外延式扩张转变为内涵式发展,耕地被占用情况得到缓解,耕地资源流失速度逐渐放慢停滞,耕地面积从6.58万亩减少至3.95万亩,耕地面积在11年内减少2.63万亩,年均减少面积0.24万亩。在2006年之前,深圳并未建立有效的耕地保护管理体系,耕地利用全面为城市建设扩张让路。2007年6月,深圳市出台《深圳市区级政府耕地保护责任目标考核办法》,正式建立市区级政府耕地保护责任目标考核制度。2007年12月,出台《关于加强耕地和基本农田保护工作的意见》,明确市政府成立深圳市耕地和基本农田保护工作领导小组,加强对全市耕地和基本农田保护工作的组织协调。2007年以后,深圳市通过基本农田改造工程增加耕地面积,使得耕地面积呈现反弹增长,并根据土地利用总体规划确定的耕地保有量指标,保持相对稳定的耕地面积。2007年以后,深圳市耕地面积维持在5万亩左右(见图1)。

截至目前,深圳编制了两轮土地利用规划。第一轮即《深圳市土地利用总体规划(1997—2010)》,土地利用规划目标是:实现土地利用的可持续发展,实现耕地总量动态平衡,实现城市建设用地增长方式由粗放型向集约型转变;通过耕地总量动态平衡,2000年

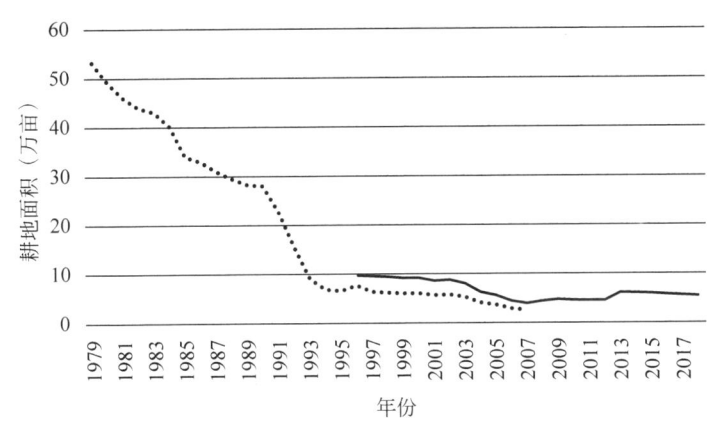

图 1 改革开放以来深圳市耕地面积

资料来源:虚线代表的 1979—2007 年的耕地数据来源于《深圳市统计年鉴 2008》。实线代表的 1996—2008 年的耕地面积,根据 2007 年启动的第二次土地调查工作结果,结合《深圳市统计年鉴 2008》耕地面积数据,经作者计算所得。2009—2018 年的数据来源于深圳市 2010—2012 年度土地变更调查主要数据成果的公报以及 2013—2018 年深圳市年度土地变更调查主要数据成果的公报。

和 2010 年耕地面积仍保持为 1996 年第一次土地详查时的 6464.51 公顷(9.70 万亩)。但实际执行结果是,1997 年耕地保有量就下降至 9.46 万亩,到 2000 年耕地保有量为 9.20 万亩,比 2000 年的控制目标减少了 0.5 万亩。直到 2006 年编制第二轮土地利用规划时,深圳市耕地面积持续下降,耕地保有量仅为 4.45 万亩,比 2010 年控制目标少了 5.25 万亩,不到控制目标的 50%。第二轮土地利用规划即《深圳市土地利用总体规划(2006—2020 年)》,定位为"适应中国国情和深圳市实际的高度城市化背景下的约束、转型和创新规划,探索建设用地减量增长的土地利用规划新模式",正式提出探索高度城市化地区的耕地保护和利用新模式。耕地保护目标中,2010 年耕地保有量保持在 4296 公顷(6.44 万亩)以上,2020 年耕地保有量保持在 4288 公顷(6.43 万亩)以上。此轮土地利用规划执行相对较好,深圳市耕地保有量从 2006 年的 4.45 万亩增加到 2018 年的 5.43 万亩,增加了 21.93%。但是相比于规划目标,2010 年深圳市耕地保有量仅为 2010 年规划目标的 71.3%,2018 年耕地保有量也仅为 2020 年规划目标的 64.5%。两轮规划的执行,深圳耕地保有量指标均大大低于当时土地利用总体规划所提出的控制目标,耕地管制制度严重失灵。其主要原因在于快速城市化背景下,实际人口规模增速、经济总量增速大大高于预期,而且土地利用效率不高,导致城市建设区规模急剧扩大,被动式的耕地管理体制已经难以适用。

从 2018 年数据来看,深圳市现有耕地主要用于发展高科技农业、蔬菜种植、经济作物种植和开展休闲农业项目。其中,发展高科技农业面积 8480 亩,主要用于杂交水稻育种、作物分子设计育种、航天育种、杂交小麦育种等高科技农业项目科研;蔬菜种植面积 35688 亩,主要种植叶菜、番茄、辣椒和瓜豆等;经济作物种植面积 5175 亩,主要种植花卉、葡萄、草莓、火龙果、铁皮石斛等;开展休闲农业项目的面积约有 9731 亩。特别是依托基本农田建设国家农业科技园区,大力发展以生物育种为代表的高科技农业,园区自主创新能力不断提高,科研团队不断壮大,主要农作物育种取得重大突破。截至 2018 年 3 月底,共取得 168 项国家发明专利、192 项 PCT 国际专利,推广 92 个农作物新品种;园区产业化发展进程加快,截至 2017 年年底,入驻农业企业 49 个,累计投入资金 36.86 亿元、产值 219.20 亿元、利润 18.68 亿元,产业集聚效应日益显现。

三、当前深圳市耕地保护和利用的管理机制

(一)完善各项管理制度

深圳市依托基本农田保护和管理,推动耕地保护和利用。一是制定基本农田保护和管理的基本立法。制定《深圳市基本农田保护

区管理办法》(自2014年8月1日起施行),在保障基本农田数量,提高基本农田质量,明确基本农田保护区的划定、租赁、管理和保护机制等方面,起到了较好的推动作用。二是建立相对完善的配套政策体系。《基本农田保护区管理办法》实施后,先后出台《深圳市基本农田保护区内土地租赁招标投标管理办法》《深圳市基本农田保护区内土地租赁合同》《深圳市基本农田租金最低价及减免标准》等配套文件,建立了相对完善的配套政策体系。三是加强基本农田日常管理工作。印发《市经贸信息委关于开展整洁田园专项行动的通知》《市经贸信息委关于印发深圳市推进乡村振兴战略实施现代农业提质增效工作方案(2018—2020年)的通知》等文件。

(二) 逐级分解落实责任

一是制定《深圳市区级政府耕地保护目标责任考核办法》,规定每年对各区的耕地保护目标责任落实情况进行考核,并明确将有关考核结果列为各区政府第一责任人业绩考核的重要内容,落实最严格的耕地保护制度,促进节约集约用地。二是市政府和相关区政府将基本农田保护工作纳入国民经济和社会发展规划纲要。例如,《深圳市国民经济和社会发展第十三个五年规划纲要》提出,加大土壤污染防治力度,重点开展基本农田综合整治,优先保护耕地等土壤环境;《深圳市宝安区国民经济和社会发展第十三个五年规划纲要》提出,"十三五"期间,要全面完成基本农田面源污染控制工程。三是推进各区政府落实耕地保护目标与责任。市政府与区政府主要负责人、区政府与街道主要负责人之间层层签订《耕地保护责任书》和《基本农田保护责任书》,将基本农田巡查保护的工作职责落实到各区,耕地和基本农田保护目标均落实到图斑,并对全市所有耕地图斑制图建册,明确责任人。在耕地和基本农田保护日常工作中明确各部门的职责分工,确保耕地和基本农田高效管理,包括耕地和基本农田日常管理、耕地质量建设、基本农田维护项目实施、农业设施建设、违法用地查处等。

(三) 有序开展基本农田保护区内土地租赁工作

深圳市严格开展基本农田保护区土地租赁工作,通过协议出让和公开招标方式确定基本农田承包经营单位,规范基本农田保护区内土地租赁招标投标活动,明确租赁合同签订相关事项,并发布基本农田租赁合同示范文本,明确相关租金标准。自2014年《基本农田保护区管理办法》颁布实施以来,各区陆续与承租方签订租赁合同,合同租赁期限统一为八年。截至2018年3月底,深圳市共有基本农田地块121个。其中,已经签订基本农田土地租赁合同的地块102个,涉及面积26229亩;暂未签订基本农田土地租赁合同的地块14个,涉及面积4211亩,其中涉及重大项目建设(中大校区选址、赣深高铁建设)的地块3个,区级计划重新确定规划用途和使用单位的地块11个;与一级水源保护区重叠的地块5个,涉及面积930亩。

(四) 优化空间布局和改造基本农田

自2008年以来,深圳市通过基本农田改造建设和重新划定,优化了城市空间布局,基本农田更集中连片,释放了可建设用地,为城市发展提供了有力支撑,解决了一批土地历史遗留问题。特别是2010年以后,深圳市每年编制近期建设与土地利用规划的年度实施计划,评价上一年度计划的实施情况,分析本年度社会经济发展形势和土地利用形势,制定年度计划目标,明确农用地转用计划和指标控制。同时,根据《深圳市农业发展专项资金管理办法》的相关规定,深圳市每年投入资金用于基本农田建设和维护项目,主要开展耕地质量提升、灌溉排水系统升级改造及维护、美丽田园建设等项目,解决耕地零散破碎难以利用,以及质量较低存在污染的问题。

(五)加强基本农田动态监测和信息共享

深圳市通过卫星遥感监测、航拍、电子监控和监察人员巡查等方式,加强对基本农田数量、质量以及区域的变化,基本农田土地违法行为等领域的动态监测,并及时更新数据,共享信息。同时,深圳市建立市农业主管部门和各区政府对基本农田违法用地和违法建筑共同责任制度,定期巡查并积极查处基本农田范围内的违法建筑。

(六)探索都市农业发展方式

深圳市积极利用农业科研优势,形成高附加值的科研基地或有一定规模优势的特色产品,促进耕地的高效利用。一是旅游观光。建设集农业现代化生产、科学研究与推广、科普教育及观光旅游等功能于一体的农业现代化示范区,如光明农场、西部田园风光、青青世界等。二是生物育种。深圳市依托科技优势,聚焦生物育种产业,已在全国处于领先地位。

四、深圳市耕地保护和利用中存在的问题

(一)耕地管理制度缺少运行基础

深圳是全国第一个取消农村建制的城市,经过 1992 年和 2004 年两次城市化改制,全部农村人口已经转为城市居民,全部土地已经转为国有。同时,深圳市耕地保护的主体也发生了变化,原农村居民和原村集体经济组织对耕地保护的意识已淡化,并且在利益的驱使下,原农村居民和原村集体经济组织也是破坏耕地保护制度的群体。深圳市各级政府不得不直接承担耕地保护的责任,成为耕地保护的主体。

(二) 耕地空间布局分割

深圳快速城市化过程中,各项非农建设,特别是交通路网、市政设施建设等导致了耕地的严重破碎化,打破了耕地的连贯性,使耕地空间分布零散,集中连片的很少,难以形成基地化和规模化经营,甚至很多生活垃圾、工业废气、废水都在污染耕地。比如,南山区某街道共有耕地212宗,宗地面积几十到几千平方米不等,其中不足200平方米的16宗,最小的才38.07平方米,散落于各个社区村头巷尾、山边林地,零碎化现象严重,难以发展规模化现代农业,而且日常管理困难。同时,由于地块边界不明,与群众生产、生活区域交错,不仅耕种条件较差,而且经常形成违法卫片图斑,既不利于开展农田建设、农业生产,也不利于监督管理。以光明区为例,现有耕地2010块,其中5亩以下未集中连片的耕地约436块,352块耕地(57块永久基本农田)嵌入实际建成区。

(三) 各种地块交叉重叠

自2009年第二次全国土地调查划分以来,深圳耕地基本未进行过大的调整。随着城市发展,一些耕地处于不协调的地理位置,少部分耕地位于生态控制线和水源保护区内,现场杂草丛生,树木成林,很难进行实质性耕种。比如,南山区某街道就有76宗耕地分散于水源保护区、公园、国有储备地范围或与人行道重叠,管理与利用难度大。深圳市部分基本农田管理范围线和林业红线、生态控制线、一级水源保护区相互重叠,部分区域还位于高压走廊下,相关主管部门依据各自管理办法及图斑指导用地单位履行报批手续,在保护方式、允许从事活动方面存在较大差距,不利于重叠区域开展相关保护工作,易出现"谁也不想管"的监管"真空"或多头管理弊端,给基本农田管理带来困难。特别是党的十九大报告提出开展生态保护红线、永久基本农田、城镇开发边界三条控制线划定工作,生态保护红线是生态空间范围内具有特殊重要生态功能、必须强制性严格保护的区域,而基本农田属于农业生产空间,人为活动干预比较强烈,二者在保护方式、允许从事活动方面存在一定差异。

(四) 区街职责划分不清晰

《深圳市基本农田保护区管理办法》有关区农业主管部门职责分工的规定过于刚性、不够合理,与部分区的实际情况不符。同时,各区对基本农田的管理模式不同,具体职责的承担主体也不一样。各区农业主管部门力量较为薄弱,一般仅配备二至四名工作人员,难以完成辖区基本农田保护区内的土地租赁管理、设施农用地管理、日常巡查保护以及违法行为查处等相关工作,且部分区已经根据实际情况将基本农田的租赁管理、发包等职责下放至各街道办事处,但深圳市并没有明确街道办事处在基本农田保护方面的职责。以宝安区为例,该区已经将基本农田的租赁管理、发包等职责下放至各街道办事处,而非区农业主管部门。

(五) 农业产业边缘化

高度城市化地区,耕地资源稀少且规模化利用程度低,农业附加值小,相对于第二、第三产业处于比较劣势,产业被不断边缘化。这类地区给予耕地的关注不多,对农业生产进行投资的意愿不高,耕地的荒废、闲置和被其他用途侵蚀现象便常常发生,传统的以粮食生产价值为主的保护模式,不利于耕地资源的高效利用,也难以实现对耕地的有效保护。一方面,根据《深圳市基本农田保护区管理办法》第十三条,列入基本农田范畴的是粮、棉、油、糖等重要农产品生产基地内的耕地,而实际上深圳市基本农田主要用于种植蔬菜,基本上没有种植粮、棉、糖等农作物,基本农田的范围和管理要素不能体现深圳实际情况。另一方面,深圳市休闲农业发展落后于江浙地区,现有耕地和基本农田管理政策无法满足农业新产业、新业态的需求。主要原因在于深圳基本农田租赁期仅八年,期限太短,制约了承租人的投资、经营和发展思路,不利于承租人长期且稳定地进行投资、经营和发展;设施农用地管理过于僵化,仅限于农业相关用途,无法提供餐饮、购物、娱乐等功能,市民体验难以提升;进行工厂化作物栽培的,附属设施用地规模过小,原则上占比不多于5%,最多不超过10亩。

五、创新高度城市化地区耕地高质量保护和利用的政策建议

(一) 优化耕地占补平衡机制

一是结合耕地提质改造和高标准农田建设,以街道或者社区为单位,优化耕地和永久基本农田布局,将生活生产区域内不再适宜耕种的耕地(基本农田)置换出来,在尽量确保辖区范围内耕地(基本农田)面积、等级不下降的前提下,促成耕地(基本农田)连片整治,为引进高水平生态农业企业,发展现代化、规模化、科技化生态农业创造条件。二是开展异地退沙还耕调剂,在省、市层面与陕西、甘肃、内蒙古等荒漠地占有一定比例的省份合作,租借或者购买其荒地、沙地进行退沙还耕,以此来调剂补充深圳的耕地指标。三是建立"藏粮于地"的粮食综合生产能力转换机制,树立大农地保护的观念,严格保有一定数量和质量的宜转农地,确保这部分土地的数量和质量及粮食生产的可恢复性,在粮食安全预警之时,可以迅速将潜在的粮食生产能力转变为现实粮食产量,平时以发挥耕地的生态服务功能为主。

(二) 完善耕地保护的社会激励机制

在高度城市化地区,耕地不再是原村民和社区股份公司赖以生存的生产资料,其社会属性逐渐成为主导,要进一步明确耕地物权,

提高原村民和社区股份公司在耕地占用过程中的主体地位,完善耕地保护的社会激励机制,调动全社会参与耕地保护的积极性。同时,从资源配置、生态建设、产业引导、就业、财税政策等方面明确耕地保护的权责,完善耕地租赁期限和租金及减免标准制定机制,适当延长有关租赁期限。

(三) 健全耕地保护监管长效机制

一是开展《深圳市基本农田保护区管理办法》立法修订,细化明确职责分工,强化属地监管职责,明确街道办事处在基本农田保护管理方面的职责分工,确保实现基本农田的高效利用与保护。允许各区根据实际情况将基本农田保护、租赁、监督等相关职责分解到相关区政府部门、街道办事处。二是开展深圳市耕地和基本农田第三方监管服务,要求专业机构配备专业技术人员、巡查车辆、无人机等每月对全市耕地和基本农田开展巡查监管工作,及时发现耕地遭受破坏、低效利用、闲置撂荒等现象,坚决遏制农地非农化现象,严守耕地保护红线。三是优化调整耕地和永久基本农田空间布局,创新编制农用地控制性详细规划,细化国土空间用途管制要求,提高农用地保护和利用水平。四是加强基本农田保护区划定与生态保护红线等的衔接,明确生态保护红线、永久基本农田、城镇开发边界三条控制线划定的关系和统筹协调问题,推进"多规合一"相关工作。明确划定基本农田保护区、生态保护区、林地保护区、河道、水库水源保护区时应尽量避免重叠,并明确相关重叠区域涉及多重保护问题的处理规则。

(四) 将耕地保护融入生态产业发展

一是以转变基本农田生产方式、建设美丽田园为核心,在保证耕地和永久基本农田不硬化的前提下,发挥耕地和永久基本农田的综合价值,在高度城市化地区传承彰显农耕文化。二是根据深圳市实际情况和发展高科技农业、休闲科普农业的需要，通过推广无土栽培、构建垂直农场、试点地上地下开发模式方式等提高空间利用率，研究适当利用设施农用地建设非永久性的科研设施和休闲农业必要设施，如田间实验室、小型简易停车场、厕所、休息区、农产品展销场地等。三是高品质打造具有深圳特色的现代都市田园，将基本农田纳入特色小镇建设规划，统筹规划山、水、田、园、林、路，充分挖掘基本农田绿色、生态、景观和体验功能，和周边的民宿、景区、绿道等进行统一规划布局，使农地成为市民体验农耕文明、参与集体劳动、接受农业教育的重要场所，将其打造为具有活力的公共空间。四是以生态用地保护替代耕地保护，将耕地管理纳入基本生态控制线管理范围，实行耕地管理与基本生态控制线双重管理，逐步将基本生态控制线管理确立为深圳执行和落实国家土地用途管制的一项重要制度。

参考文献

1. 陈小妹:"高度城市化地区耕地价值再认识——以深圳市为例",《中国土地》2014 年第 11 期。
2. 冯小东:"高度城市化地区耕地保护模式研究",《合作经济与科技》2010 年第 6 期。
3. 刘宪法、刘蓉:"高度城市化地区农用地管理制度探索——以深圳为例",《开放导报》2011 年第 2 期。
4. 罗罡辉:"高度城市化背景下的耕地保护模式研究——以深圳市为例",《安徽农业科学》2010 年第 26 期。
5. 深圳市经济贸易和信息化委员会:"《深圳市基本农田保护区管理办法》立法后评估报告",2018 年 12 月。
6. 朱丹娅、苏墨、罗罡辉:"对深圳市耕地空间布局优化的思考",《特区经济》2017 年第 7 期。

(傅帅雄,北京大学光华管理学院;黄顺魁,深圳市大鹏新区改革与发展研究中心)

知识产权、创新与经济高质量发展

赵秋运 唐恒

一、引言

1978年,中国的人均GDP尚不足非洲撒哈拉沙漠以南地区平均水平的三分之一,但是自实行改革开放以来到2018年的四十年时间里,中国GDP的年均增长率为9.4%,2018年年底中国人均国民收入达到9732美元,已经属于中等偏上的收入经济体。发展阶段的这种变化也意味着中国有越来越多的产业开始接近世界技术前沿水平,甚至已经成为世界领先的产业,而这些"领先型"产业的技术进步则主要依靠自主创新,因此知识产权的保护对于这类产业的升级就显得尤其关键。此外,对于那些现阶段仍处于以技术模仿为主的"追赶型"产业,或者具有"换道超车"潜力的产业,抑或是失去比较优势需要把产业转移出去的"转进型"产业,甚至是涉及国防安全与经济安全的战略型产业,皆需要从动态发展的角度去考虑知识产权对这些不同类型产业的不同作用。

知识产权战略是创新驱动发展的重要制度安排,产业是创新驱动发展的核心,而服务于产业创新是知识产权战略发挥作用的关键路径。随着知识产权在产业全球化竞争中的作用日益凸显,知识产权驱动产业的发展模式已经成为全球经济发展的主流。在新时代背景下,经济转型和产业升级是中国面临的重大挑战,依托创新驱动转型升级是发展的重要手段,知识产权战略是重要抓手。在全球范围内,无论是传统产业升级还是高技术产业快速发展,都逐步转向依托核心专利技术或品牌的知识产权密集型业态发展。知识产权制度是市场经济的产物,面对中国市场化改革进程中"市场失灵"和"政府失灵"交织的现象,迫切需要一套成熟的经济理论来引导知识产权战略不断优化,尤其是推动知识产权战略与产业创新发展的充分融合,通过针对性知识产权战略规划和实施来持续提升中国产业竞争力。

从中国知识产权战略的发展历程来看,尽管取得了跨越发展的成就,但也面临着非均衡发展的态势。随着经济社会发展阶段的转变,知识产权战略面临的现实国情也发生了重大变化,长期积累的结构性矛盾日益成为阻碍知识产权战略支撑创新驱动的重要因素。在新时代背景下,为了更好地推动经济高质量发展,中国知识产权战略发展规划的制定需要进一步认清形势,明晰知识产权战略未来发展所面临的现实境遇,以引导中国知识产权战略发展切实服务经济社会发展的需要。

（一）面临着由高速增长向高质量发展的转型

十九大报告指出中国进入了新时代,在该阶段,中国经济发展面临着由高速增长向高质量发展的重要转变。高质量发展是中国经济发展中的一场革命性变革,其问题意识来源于中国经过四十多年高速发展、步入中等收入国家后,如何通过新的发展路径和发展要求,进一步迈向高收入国家,实现由经济大国向经济强国的转变。新常态是高质量发展的重要理论前提,从新常态的特点不难看出,它所提及的经济结构升级和创新驱动都与知识产权密切相关,知识产权制度所赋予的创新激励效应不仅能够加速要素升级,推动创新与产业结合进而驱动产业转型,而且能够有效提升经济发展的质量,降低中国经济运行的风险,提升稳定性。知识产权制度作为维护市场秩序的一种有效制度安排,是推动高质量发展的制度环境中不可或缺的关键一环。完善知识产权制度,强化知识产权的创造、运用、保护、管理和服务能力,提升知识产权的市场化、法治化、国际化程度,是推动高质量发展的重要途径。历经十年知识产权战略的实施,中国知识产权事业发展取得了重大突破,但在新时代发展阶段,知识产权战略发展在支撑经济高质量发展方面仍面临诸多挑战,推动知识产权战略着眼于解决高质量发展过程中制约和困扰中国经济长期发展的速度与效益、速度与质量、速度与结构等诸多深层次矛盾,实现经济速度换挡、结构优化、动力转换,是知识产权战略发展面临的重要现实境遇。

（二）跨越"中等收入陷阱"的艰难历程

改革开放四十多年来,中国长期凭借以要素驱动为特征的外延式经济增长模式,保持了经济高速增长,实现了经济发展的历史性变革,实现了由低收入国家向中等收入国家的跨越:1996年以前,中国属于低收入国家,1999年巩固地进入下中等收入国家行列,

2010年进入上中等收入国家行列(王丽莉、文一,2017)。然而,伴随中国进入中等收入阶段,中国经济发展面临的诸多结构性、深层次矛盾也日益凸显。与低收入国家相比,中国已经逐渐失去劳动力低成本的优势,特别是在技术要求与附加值都比较低、劳动密集型的可贸易产品、产业上的国际竞争力逐渐降低。而随着战略性、颠覆性、前沿性技术日益成为综合国力竞争的决定性力量,与发达国家相比,中国在研发创新能力方面通常也不具备比较优势,在附加值较高的、技术与资本相对更加密集的产品与产业上又受到来自发达国家的"打压"。

尽管从经济增长角度看,中国跨越"中等收入陷阱"之路是相当乐观的(1990年和2016年,中国人均国民总收入分别相当于对应年份高收入门槛值的4.3%和67.5%,由此可以看出,中国人均国民总收入向高收入门槛值的收敛速度几乎是指数式的),但是,由中等收入迈向高收入,从直观上看是经济增长问题,实际上却涉及一系列结构性问题。只有解决好这一系列结构性问题,实现高质量发展,才能顺利而巩固地进入高收入国家行列,其中最关键的即为持续推动技术和产业升级。[1] 为应对新形势,党的十八大以来,中国以创新主动适应和引领新常态,从容面对"前后围堵"的双重挤压,创新性产品和创新性技术正在成为推动中国经济前行的强大动力。2018年,中国经济保持了6.6%的中高速增长。中国经济之所以能够继续保持稳中向好的趋势,一个重要原因也正是新旧动能转换加快,以及由此带来的产业结构升级。[2] 但同时,由于发达国家收入

---

[1] "林毅夫:我国具备顺利跨越'中等收入陷阱'的条件",http://finance.sina.com.cn/china/gncj/2018-01-14/doc-ifyqqieu6364777.shtml。

[2] 2018年,在世界知识产权组织等权威机构推出的全球创新指数排行榜上,中国排名第17,也是进入前20名的唯一发展中国家。相关报告认为,"中国经济在优先研发和创新发展的公共政策的指引下,已经进入一个快速变化的阶段"。

分配失衡,助长保守主义、民粹主义思潮,一些国家"逆全球化"思潮泛滥,全球范围内贸易保护主义倾向日益凸显,贸易自由化进程面临严重威胁。一些国家试图采取贸易限制措施解决国内经济面临的问题,全球范围内贸易摩擦明显增多。在此背景下,以中美经贸摩擦为代表的贸易争端将会长期对中国由"中等收入国家"向"高收入国家"收敛带来不利影响。

二、新时代背景下的知识产权强国战略与经济高质量发展

中共十九大和中央经济工作会议做出了"中国特色社会主义进入了新时代,我国经济发展也进入了新时代"的重大论断,指出新时代中国经济发展的基本特征,就是中国经济已由高速增长阶段转向高质量发展阶段。高质量发展已成为中国新时代发展的核心主题。高质量发展需要创新驱动,创新驱动是引领高质量发展的第一动力,是建设现代化经济体系的战略支撑,也是未来可预见到的时期内经济发展的重要战略。知识产权的发展是创新驱动发展战略的重要组成部分,知识产权的发展推动了创新驱动的发展,创新驱动也促进了知识产权战略的实施,二者交互融合,挖掘新的资源与潜力,共同为经济增长提供源源不断的内生性动力(Mansfield,1994;Falvey等,2006;马一德,2015)。要想实现高质量发展就需要实施创新驱动战略,也就需要知识产权战略先行,不断完善知识产权制度建设。知识产权强国战略上升至国家发展战略层面是高质量发展的重要推动力。

2018年3月,美国总统特朗普正式发起了对中国的贸易战,这场贸易战对于中美知识产权与科技服务业的发展是一场历史机遇,中国应当在中美经贸摩擦的知识产权摩擦中努力寻求解决和发展,逐步建立并完善知识产权制度和相关法律体系。同时,中国处于中等收入国家行列,也正处于新旧动能结构性调整的关键阶段,从原

先依靠廉价劳动力和资本驱动的发展模式逐步转变为技术驱动,这就需要实施创新驱动发展战略,打造"中国创造"和"中国智造"的名片。创新是经济长期可持续发展的驱动力,并且实现经济长期可持续增长的根本动力是技术创新。在市场经济条件下,知识产权制度是激励技术创新、促进经济创新发展的基础性制度。建设知识产权强国是成为世界创新型大国的必经之路,也是实现经济发展战略的重要保障,更是跨越"中等收入陷阱"的重要手段。改革开放四十多年来,中国经历了从"仿制就是好的"到"创造是更好的"再到如今"创新才是最好的"三个阶段,正在用实际行动践行"创新驱动发展"的理念。[1] 但同时中国还面对着基础研发经费占比过低、整体专利质量水平较低、核心技术被国外垄断、创新发展的体制机制不健全等内部问题,以及美国对中国在技术和人才流动方面的遏制等外部问题。如何面对这些挑战,将成为中国未来技术进步的重要话题,在新时代如何实施知识产权强国战略、积极发挥知识产权制度的保障作用以实施创新驱动和高质量发展也就成为一项重要的课题。

进入新时代,人民日益增长的美好生活需要和不平衡不充分的发展之间的矛盾变化,揭示了中国经济发展的阶段性特征,也成为中国经济迈上高质量发展之路的逻辑起点。高质量发展是经济发展的必经阶段,契合经济发展的客观规律,需要中国增强信心、保持定力。不同的经济发展阶段,关注并着力解决的问题必然有所不同,聚焦并追求的目标也必然有所不同。依据要素禀赋的比较优势来选择成本最低的技术创新模式是新结构创新理论的重要要求。改革开放四十多年来,中国采用向发达国家引进相关高技术商品和设备等间接方式引进适宜的技术,实现了人类经济发展史的增长"奇迹"。相较改革开放之初,经济的高速发展推动了中国要素禀

---

[1] 目前中国研发投入总量居世界第二位,发明专利申请和授权数量已超越美国成为世界第一。2018年,华为公司成为专利申请量最多的企业。

赋结构的重大变化,但同时,过去传统劳动力的比较优势逐渐丧失殆尽,粗放式的经济发展模式难以为继,经济发展对于创新结构的需求也发生了相应改变。经济高质量发展迫切需要实现经济转型和产业升级,而创新驱动是根本驱动力,这也是高质量发展阶段实施知识产权强国战略的重要原因。知识产权强国战略的实施能够为创新驱动发展提供强大制度支撑,是提升生产能力、提高市场效率、增强企业竞争、实现协调发展的重大战略安排。

经济发展阶段是一国要素禀赋及其结构的重要体现,也是决定一国未来发展模式的最大实际。实施知识产权强国战略既是中国应对要素禀赋及其结构的不断升级、资本愈来愈多等经济发展现象的重要制度安排,也体现了改革开放以来中国政府积极变革和战略谋划的因势利导过程,政府的积极有为是改革开放过程中中国经济实现高速发展以及高质量转型的重要因素。新时代,推动高质量发展,密切协同知识产权战略与不同产业转型发展之间的关系是重中之重,尤其在处理与制造业升级以及新兴产业发展的关系时,应通过强化服务于技术创新,提升知识产权事业在生产性服务业以及"互联网+"发展过程中的支撑性作用。同时,推动高质量发展,提升知识产权保护水平是重要基础。坚定不移加强知识产权保护,将更有力地推动中国经济发展转向创新成为第一动力、协调成为内生特点、绿色成为普遍形态、开放成为必由之路、共享成为根本目的的发展。加强知识产权保护不仅是完善产权保护制度最重要的内容,也是提高中国经济竞争力最大的激励。另外,推动高质量发展,提升知识产权创造和运用能力是关键手段。新时代,中国需要推动由知识产权大国向强国的转变,其中的主要问题在于以专利为主的知识产权质量总体不高,高价值专利还不多。培育高价值专利不仅是构建知识产权运营体系、提升知识产权运用水平的现实选择,也是深入实施创新驱动发展战略和推动高质量发展的客观要求。最后,推动高质量发展,要突出企业市场主体地位的发挥。作为市场经济的产物,知识产权强国战略的实施应以服务企业为核心建立完善的技术创新体系以及协同创新机制,加快由增长激励向创新激励的转变,提高知识产权制度运行对经济增长的贡献率(Nelson,1993)。

三、新时代背景下新结构经济学与知识产权强国战略实施

(一) 推动要素禀赋及其结构的提升是新时代知识产权强国建设的内在动力

要素禀赋及其结构是新结构经济学分析问题的起点。一个经济体在每个时点上的产业结构和技术结构内生于该经济体在该时点给定的要素禀赋及其结构。当一个经济体劳动力要素相对丰裕时,该经济体的比较优势就在于劳动密集型产业。如果一个经济体遵循比较优势的发展战略,其资本积累速度将达到最快。当资本相对丰富、劳动力相对稀缺时,具有比较优势的产业就是资本密集型产业,发展资本密集型为主的产业能够创造出最多的剩余。在现代社会,决定经济结构变迁的根本力量是要素禀赋结构从资本和劳动力比例较低水平向较高水平的提升(赵秋运、王勇,2018)。随着资本密集型产业的发展,该经济体需要创新驱动,创新驱动的发展则需要知识产权制度作为保障。作为国家发展的战略性资源和国际竞争力的核心要素,以知识产权要素密集为特征的知识产权密集型产业发展极大地提升了知识产权制度在创新驱动发展中的重要作用,以专利、商标、版权、地理标志等各类知识产权为核心的资源密集业态发展带动了大量的直接和间接就业,并极大驱动了各国经济的增长。关注并推动知识产权密集型产业发展已经成为全球各国建设创新型国家的重要支撑和掌握发展主动权的关键。发达国家以创新为主要动力推动经济发展,充分利用知识产权制度维护其竞争优势,而发展中国家积极采取适应国情的知识产权政策措施来促进自身发展。

知识产权强国战略实施需要根据要素禀赋及其结构的变化推动知识产权密集型产业发展。区别于其他产业集群,知识产权密集型产业投入了大量的高级生产要素,诸如高层次人才、资本以及高强度的研发投入等,拥有不易模仿的核心竞争力,加之产权保护制度的保护,知识产权密集型产业可以产生较多的附加值,从而对经济做出更大更快的贡献。当前,中国知识产权事业正处于从知识产权大国向知识产权强国迈进的重要转型发展阶段,知识产权对于经济发展影响的路径是复杂的,并且由于技术差异而有所不同。企业在产业技术天然禀赋的内因与外部的知识产权制度环境双重影响下会做出正确的选择,最终从产业层面上形成专利密集型、商标密集型或其他知识产权要素密集型的表象。因此,需要发挥要素禀赋的比较优势,激发产业市场活力。另外,从要素禀赋及其结构的特征看,大国不同区域以及相同区域的要素禀赋及其结构都呈现出差异性,有利于形成优势互补的产业格局,形成一种能够使不同要素较好地发挥作用的耦合机理。在实施知识产权强国战略的过程中亦需要考虑区域性知识产权战略。比如,对于东部地区而言,其创新能力较强,已经进入高收入阶段,这就需要对标发达国家的知识产权战略;而对于中西部地区而言,则需要结合自己的禀赋选择适宜的知识产权战略。

(二) 发挥"有为政府"和"有效市场"的协同作用是新时代建设知识产权强国战略的重要推动力

新结构经济学认为,一个国家的经济发展是一个作为经济基础的产业、技术不断升级和作为上层建筑的制度安排不断完善的结构变迁过程,并以此作为研究的切入点,强调在这个过程中既需要"有效市场"在资源配置上起决定性作用,也需要"有为政府"来克服结构变迁过程中必然存在的市场失灵,弥补市场失灵的缺陷。在此基础上,新结构经济学不仅明确了政府行为的边界与类型,而且进一步探讨了在经济转型升级时市场的边界出现在什么地方,以及如何来克服,让政府不会因为无知而"无为"或无知而"乱为"(林毅夫,2016;王勇、华秀萍,2017)。同时,新结构经济学还明确了"有为政府"至少具有"动态变迁"和改革两层含义。[1] 事实上,从中国改革开放四十多年的轨迹可以发现,每一次重大改革都是在市场经济理论取得重大突破以后产生的,而且每一次重大突破的改革取向都是调整和优化政府和市场的关系。作为市场化改革的重要组成部分,知识产权领域的政府与市场关系处理在知识产权强国建设阶段变得尤为重要,无论是在体制机制还是最基础的知识产权制度供给方面,新结构经济学所倡导的政府与市场的辩证关系都能够为全面打通二者协同发展的全新格局提供理论支撑。新时代知识产权强国战略的实施是推动产业结构加速变迁的关键战略驱动要素,通过强化"有效市场"和"有为政府"之间的相互协同,能够推动实现经济高质量发展过程中的质量变革、效率变革和动力变革。[2] 这三方面变革均是以提高创新驱动水平为目标,从而实现中国经济的高质量发展。

在推动经济高质量发展和知识产权强国战略实施过程中,一方面需要发挥"有效市场"的作用,企业追求利润最大化,并基于生产要素之间的相对价格来选择进入哪种产业、采用何种技术。但企业根据要素禀赋结构决定比较优势的前提是市场机制的有效与完善,只有价格体系能反映经济体要素的相对丰裕程度,市场达到充分竞争的状态,产业发展才能处于最佳状态。另一方面亦需要"有为政

---

[1] "动态变迁"指政府需要在不同的经济发展阶段根据不同的经济结构特征,克服对应的市场不完美,弥补各种各样的市场失灵,干预、增进与补充。

[2] 质量变革主要体现在提升生产质量和供给体系的质量上。效率变革主要包括生产效率、市场效率和协调效率三个方面。动力变革是指经济发展动力的调整,包括创新发展动力、结构发展动力。

府"发挥因势利导的作用,政府应通过完善软硬件基础设施,解决企业间协调和外部性等瓶颈限制,降低知识产权产业发展过程中的交易费用和风险。政府在引导产业创新发展过程中,应避免进行具体技术、产品或标准的选择,而应从设定竞争规则、调节价格信号、培训市场需求上入手。并且,政府还应进一步严格知识产权保护,加大对知识产权侵权行为的惩治力度,加强新业态、新领域创新成果的知识产权保护。同时,积极推动开展知识产权区域布局试点,形成以知识产权资源为核心的配置导向目录,推进区域知识产权资源配置和政策优化调整,促进知识产权工作融入"一带一路"建设及京津冀协同发展、长江经济带建设等国家战略,重点发展知识产权先行优势区域。

(三)实施政府因势利导的产业政策是新时代实施知识产权强国战略发展的重要保障

产业政策是指中央政府或者地方政府为了促进某种产业在该国或该地区的发展,而有意识采取的一些政策措施(林毅夫,2017;林毅夫等,2018)。产业政策的作用过程实际上就是政府行为与市场活动之间的相互作用过程,它也是实现新结构经济学所着力推动形成的"有为政府"和"有效市场"协同格局的基本手段。新结构经济学理论倡导在产业结构升级过程中的政府因势利导作用,同时倡导使用"产业甄别和因势利导"框架识别具有潜在比较优势的产业,针对不同类型的五大产业,提出有针对性的产业政策,实施不同的知识产权战略,从低质量的生产要素转向高质量的生产要素,培育经济发展的新动能,实现经济高质量发展。

知识产权强国战略的实施关乎中国能否实现经济高质量发展,也关乎中国能否有效应对经济全球化带来的新挑战,而产业政策是支撑知识产权强国战略的重要抓手。新时代背景下,因势利导的产业政策应以建设产业强国为目标,结合对特定产业、领域、对象的结构性安排,消除产业结构升级中的制约因素,增强产业创新能力、国际竞争力和可持续发展能力,促进资源配置效率和社会福利水平的提升。首先,实施因势利导的产业政策应该以五大产业为出发点和归宿。对领先型产业而言,应密切结合产业特性把握全球新一轮科技革命所引发的产业创新趋势,运用知识产权制度不断提升产业创新的全球竞争力。对战略型产业而言,其关乎国计民生,其发展往往受制于西方发达国家的重重阻碍,尽管很多产业创新竞争力仍然较弱,但无论是出于国内产业发展安全还是应对外部发展形势的考虑,其都需要确立并逐步完善以领先(自主)创新模式为核心的知识产权战略。对换道超车型产业而言,在"互联网+"时代,此类产业的国际竞争异常激烈,其知识产权战略的规划亦更为复杂,应当进一步提高自主创新意识,强化全球知识产权保护意识,结合企业内外部环境,明确自身定位,统筹安排各类知识产权发展规划。而追赶型和转进型产业通常需要建立以渐进式创新为基础的知识产权战略,应结合产业发展阶段积极通过引进、消化、吸收的方式不断提升产业创新能力和完善产业知识产权战略规划。其次,因势利导的产业政策应更为重视创新,其重点是包括研发政策在内的创新政策,并以掌握和广泛推广自主核心技术为核心。当前中国已到达与互联网深度融合的发展阶段,因势利导产业政策的实施需要顺应这种趋势。中国要实现由大变强,关键在于创新。具体而言,从技术角度来讲,需要用企业的方式去实现技术的"ABCD",[1]并使其项目化、系统化,从而为经济带来颠覆性的变革。因势利导的产业政策重点在于全力推进中国制造计划,本质在于把握新一代信息技术与制造业融合发展的趋势,抢占产业竞争制高点。再次,为支撑低端制造业升级,因势利导的产业政策需要考虑产业的"垂直结构"。

---

[1] "ABCD"是指:AI,人工智能;block chain,指区块链;cloud,指"云";data,大数据。

在新时代背景下,生产性服务业,包括金融、电信、商业服务(例如创新研发)等,作为高质量制造业和消费性服务业的上游产业,为下游产业生产提供中间品,从而在结构转型和产业升级过程中发挥重要作用。最后,政府应当通过因势利导的产业政策协调企业之间的关系,从而克服市场失灵。中国正处于产业升级和结构转型的关键阶段,当务之急是降低生产性服务业的行政壁垒,促进结构转型和产业升级。

(四)实现以自主创新能力提升为核心的企业自生发展是新时代知识产权强国建设的重要源泉

当今世界,科学技术已成为各国经济社会发展的决定性力量,成为国家综合国力的重要标志。企业间的竞争已不是商品数量和价格的竞争,而主要是商品技术含量、品牌、质量安全性和成本的竞争。自主创新能力是一个国家的核心竞争力,也是企业生存和发展的关键。只有全面提高中国企业的自主创新能力,掌握更多的自主知识产权,才能突破发达国家及跨国公司的技术垄断,争取更为有利的贸易地位和竞争优势,才能为提高中国国际竞争力和抗风险能力提供重要支撑。企业自生能力的培养与提升是新结构经济学的微观分析基础,与要素禀赋及其结构相匹配的企业方具有自生能力。从劳动密集型产业到资本密集型产业,再到知识密集型产业和数据密集型产业,企业皆应该与该产业所在的要素禀赋结构相适应。进入高质量发展阶段,知识已成为一种重要的禀赋,同时,企业创新驱动战略所推动的知识产权强国战略的出发点和落脚点应该属于企业,企业是产业发展和自主创新的主体。

增强自主创新能力,首先要全方位营造企业自主创新的良好环境。良好的企业自主创新环境是提升企业自主创新能力的必备条件。企业自主创新良好环境的形成,离不开政府制定并实施有利于自主创新的投资、财税、金融、技术转移等方面的政策,知识产权强国建设应立足于此,充分调动知识产权在支撑企业投融资以及技术转移等方面的作用,帮助企业建立与自身要素禀赋结构相匹配的知识产权战略。其次,要着力构建开放式技术创新体系。建立高效、协同、开放的技术创新体系,对企业技术创新能力的提升至关重要。企业要努力解决科技资源重复分散的现象,着力加强实验室、中试基地等基础条件平台建设,打造一批世界一流的科研开发平台,建立有利于自主创新的内部技术开发机构。鼓励企业广泛开展各种形式的自主创新活动,促使企业成为自主创新的主体,体现企业自主创新主体地位。鼓励企业与高校、科研院所形成创新联合体。再次,要充分发挥企业作为投入主体、研发主体、受益主体和风险承担主体的作用,将其作为新时代知识产权强国建设的核心主体。在企业自身层面,要培育更多的创新型领军企业。[1] 在产业层面,要有新的动能,要加快推进产业由资本密集型向知识密集型转变,由产业链的中低端向中高端迈进。在区域层面,要有杀手锏,要集中力量在关键领域、卡脖子的地方下大功夫,攻克难题,获取自主知识产权。这个区域层面对一个国家来讲尤为重要。例如,在"中兴事件"中,中兴正是因为缺"芯"这个关键技术而受制于人,所以说"卡脖子"技术对整个产业影响很大,对一个地区、一个国家竞争力影响很大。未来,当数据成为一种要素禀赋时,数据科技革命阶段的企业亦需要自主创新以培养和提升其自生能力。

参考文献

1. 林毅夫、张军、王勇、寇宗来:《产业政策:总结、反思与展望》,北京大学出版社2018年版。
2. 林毅夫:"中国经验对新兴经济体的启示",《共产党员(河北)》2016年第

---

[1] 所谓创新型领军企业,意味着这些企业不仅要拥有更多的知识产权,而且要有很强的知识产权应用能力,要依靠知识产权提高自身在市场中的自主能力和控制力。

17期。

3. 林毅夫:"产业政策与我国经济的发展:新结构经济学的视角",《复旦学报(社会科学版)》2017年第2期。
4. 马一德:《创新驱动发展与知识产权战略研究》,北京大学出版社2015年版。
5. 王丽莉、文一:"中国能跨越中等收入陷阱吗?——基于工业化路径的跨国比较",《经济评论》2017年第3期。
6. 王勇、华秀萍:"详论新结构经济学中'有为政府'的内涵——兼对田国强教授批评的回复",《经济评论》2017年第3期。
7. 赵秋运、王勇:"新结构经济学的理论溯源与进展——庆祝林毅夫教授回国从教30周年",《财经研究》2018年第9期。
8. Falvey, R., Foster, N., Greenaway, D. "Intellectual property rights and economic growth," *Review of Development Economics*, vol. 10, 2006, pp. 700-719.
9. Mansfield, E., "Intellectual property protection, foreign direct investment, and technology transfer," World Bank discussion paper, vol. 9, 1994.
10. Nelson, R. R., *National Innovation Systems: A Comparative Analysis*, London: Oxford University Press, 1993.

(赵秋运,北京大学新结构经济学研究院,新结构经济学知识产权研究院;唐恒,江苏大学知识产权研究院)

以高水平创新驱动高质量发展

张骞 张磊

中国经济进入了由高速增长阶段转向高质量发展阶段的新时代,正处于转变发展方式、优化经济结构、转换增长动力的攻关期。这是中国经济发展新的历史方位及特征。在此背景下,创新被提升到前所未有的高度,日益受到社会各界的广泛关注。高质量发展就是创新作为第一动力的发展,推动经济高质量发展就要从要素驱动、投资驱动转向创新驱动。事实上,改革开放以来,特别是党的十八大以来,中国党和政府一直高度重视科技与创新事业,国家创新能力不断提升,创新成果不断涌现,创新型国家建设取得显著成绩。目前中国创新发展迈入了新阶段,面临着新的环境和任务,同时也存在一些问题与挑战。为适应新时代高质量发展要求,应推动更高水平创新,促进创新发展从数量增长向质量跃升、从规模扩张向效益提高、从引进模仿向自主开发转型升级。

一、创新驱动高质量发展的机理

高质量发展是以满足人民日益增长的美好生活需要为目标的高效率、公平和绿色可持续的发展,提高发展质量最基本的要求是提高产品和服务的质量和标准(张军扩等,2019)。科技创新可以通过提升全要素生产率(Total Factor Productivity,简称TFP)、促进产业转型升级、推动绿色发展和提高生活质量等路径驱动经济高质量发展。

首先,创新是经济增长的动力和源泉,是提高全要素生产率的关键(沈坤荣、曹扬,2017)。全要素生产率的变动一般可被分解为技术进步率和技术效率变化,科技创新一方面可以通过创造新技术、改进旧技术,推动生产技术的进步,正如熊彼特所言,创新就是"建立一种新的生产函数",即把一种关于生产要素和生产条件的"新组合"引入生产系统(赵玉林,2017);另一方面可以促进分工的专业化,优化资源配置,推动生产方式朝着更有效率的方向变革,不断提高生产要素使用率和产出效率,使得等量的资源投入创造出更多的财富产出,最终促进劳动生产率和全要素生产率的提升,实现经济更高质量的增长(白俊红、王林东,2016)。刘思明等(2019)发现,无论是创新驱动综合指数,还是科技创新和制度创新指数,均对一国全要素生产率具有显著正向影响。

其次,创新作为经济发展的驱动力,引起了产业结构的变革。科技创新不仅能够支撑传统产业转型,促进产业升级(任保平、李禹墨,2019),促使产业向全球价值链中高端攀升,还直接促进了知识产业的兴起与高技术产业的发展。科技创新通过促进劳动生产率提升,使第一、第二产业的就业人数减少、收入增加,为第三产业发展提供了劳动力和资本支撑(赵玉林,2017)。付宏等(2013)认为,创新通过投入研发经费和研发人员来影响产业结构的高级化产出,对产业结构高级化进程具有积极作用。郑威和陆远权(2019)发现,创新驱动不仅提升了本地区产业结构,还通过空间溢出效应显著地促进了周边地区尤其是地理相近省份的产业结构升级。

最后,创新能够推动绿色发展和提高生活质量。创新的本质就是将科学技术应用于产品、工艺以及其他商业用途上,以改变人们的生活方式,提高人们的生活水平(赵玉林,2017)。科技创新有助于在降低资源消耗的同时增加生产产品的附加值(白俊红、王林东,2016),提高产品和服务的质量和标准。通过科技创新,还可以实现资源节约化、产业生态化、生态经济化、消费绿色化,进而实现经济效益、社会效益、生态环境效益,最终实现区域绿色化发展(华坚、胡金昕,2019)。陈阳等(2019)发现,中国自2003年以来的技术创新有利于减少环境污染,表现为"绿色技术创新"的环境友好型特征。

二、改革开放以来的主要科技创新政策

创新发展与创新政策密不可分,了解中国的科技和创新政策有助于认识中国创新之路。总的来说,中国科技与创新政策是随着改革开放的深化和国民经济的发展而不断走向成熟并日益完善的,政策脉络呈现出从科学政策到科学技术政策再到创新政策进而创新发展政策的演进特点,在政策思路上体现为从重视科学技术的作用及应用到强调科技进步与创新再到突出以科技创新为核心的全面创新的变化趋势,并在国家战略层面先后提出了科教兴国、人才强国、自主创新(建设创新型国家)、创新驱动发展等重大战略。下面

对改革开放以来中国科技创新主要政策及重要思想做简要梳理。

1978年3月,全国科学大会在北京隆重举行,标志着科学的春天的到来;邓小平在讲话中指出"四个现代化"的关键是科学技术的现代化,并着重阐述了科学技术是生产力的观点。1985年,中共中央颁布《关于科学技术体制改革的决定》,明确提出科技要面向经济、经济要依靠科技的发展理念,从而拉开了科技体制改革的序幕。1988年,邓小平进一步做出"科学技术是第一生产力"的著名论断,这成为中国科技与创新事业发展的重要指导思想,在此思想论断指导下的科教兴国战略于1995年宣布实施,该战略强调把科技和教育摆在经济、社会发展的重要位置,增强国家的科技实力和科学技术向现实生产力转化的能力,提高科技对经济的贡献率。

1999年8月,首届全国技术创新大会颁布了《关于加强技术创新,发展高科技,实现产业化的决定》,指出要依靠科技进步与创新来提高增长质量与效益,建设国家知识创新体系,增强自主创新能力。2002年,中共中央、国务院制定下发了《2002—2005年全国人才队伍建设规划纲要》,首次提出实施人才强国战略。2006年,全国科技大会提出自主创新、建设创新型国家战略,发布了《国家中长期科学和技术发展规划纲要(2006—2020年)》,强调把提高自主创新能力摆在全部科技工作的突出位置,并确立了到2020年进入创新型国家行列的总体目标。2007年10月,党的十七大报告进一步指出:提高自主创新能力、建设创新型国家是国家发展战略的核心,是提高综合国力的关键,要坚持走中国特色自主创新道路。

2012年11月,党的十八大做出了实施创新驱动发展战略的重大部署,强调科技创新是提高社会生产力和综合国力的战略支撑,必须摆在国家发展全局的核心位置。2014年6月9日,习近平在中国科学院、中国工程院两院院士大会上指出:将创新驱动发展作为国家战略,构建"企业为主体、市场为导向、产学研相结合的技术创新体系",并将其作为建设国家创新体系的重要内容。同年8月18

日,习近平在中央财经领导小组第七次会议上强调,实施创新驱动发展战略,就是要推动以科技创新为核心的全面创新,必须紧紧抓住科技创新这个"牛鼻子"。2016 年 5 月,党中央、国务院印发了《国家创新驱动发展战略纲要》,该文件指出:创新驱动是国家命运所系、世界大势所趋、发展形势所迫;国家力量的核心支撑是科技创新能力;把创新驱动发展作为国家的优先战略;坚持科技创新和体制机制创新双轮驱动;到 2030 年跻身创新型国家前列。2017 年 10 月,党的十九大报告提出,创新是引领发展的第一动力,是建设现代化经济体系的战略支撑,要加快建设创新型国家。2018 年 5 月 28 日,习近平在两院院士大会上号召,要瞄准世界科技前沿,引领科技发展方向,努力建设世界科技强国,并提出到中华人民共和国成立 100 年时使中国成为世界科技强国。

三、中国创新发展的事实特征与现状

(一) 创新发展取得的成绩

改革开放以来的四十多年,在一定意义上也是科技创新不断发展的四十多年,而中国的创新能力与经济总量在整体上是同步提升的(魏江等,2015)。中国创新之路是典型的后发国技术赶超之路(魏婕、安同良,2020),在经历了较长时期的"跟跑"发达国家后,中国目前在很多科技领域处于与发达国家"并跑"的状态,并在部分领域迈进"领跑"行列,比如,在载人航天、北斗导航、量子通信、高速铁路等领域,中国科技创新居于世界前列,可谓成功实现了"后发先至"。根据世界知识产权组织发布的《2019 全球创新指数报告》,中国创新指数排名第 14 位,较 2018 年的第 17 位上升 3 位,排名连续四年攀升;在中等收入经济体中位居第一,并且是唯一排在前 30 名的中等收入国家。可见,总体上中国已经进入创新型国家行列。实际上,在一些具体的创新指标上,中国的创新成绩也是可圈可点的。

从创新的资源投入看,中国研发人力物力增长较快、规模可观。如图1和图2所示,2001年以来,中国研发人员全时当量与研发经费支出均不断增长,而且在一段时期内实现了连续两位数增长的良好态势;从2013年开始,随着经济发展进入新常态,中国研发人员和经费投入的增长速度较前一阶段有了明显回落,但研发投入强度(研发经费投入与GDP之比)突破了2%大关,并继续平稳增长(如图3所示);同时考虑到庞大的研发资源存量,即便研发人员全时当量与研发经费支出只保持个位数的增速,其所带来的增量仍然可观。至2018年年底,中国研发人员全时当量已达438.1万人年,比上年增长8.6%,保持世界第一;每万人口中的研发人员全时当量为31.4人年,同比增长8.2%。全年研发经费投入已达19677.9亿元,比上年增长11.8%,位居全球第二,仅次于美国;投入强度为2.19%,比上年提高0.04个百分点,超过2017年欧盟15国2.13%的平均水平,与美国、日本等发达国家的差距进一步缩小。

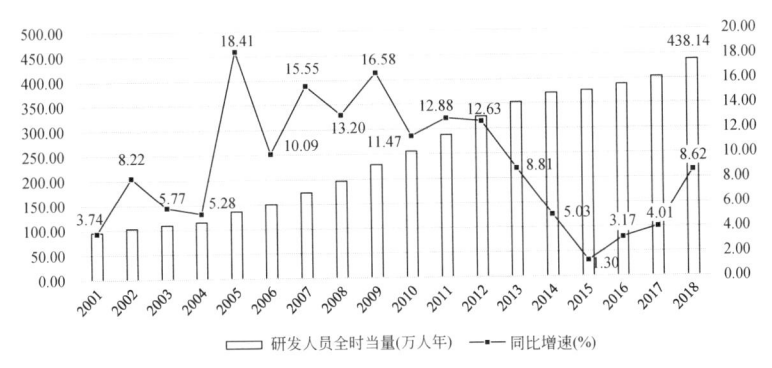

图1 2001—2018年中国研发人员全时当量

资料来源:国家统计局。

从创新的成果产出看,中国以专利和科技论文为代表的科研产出规模平稳快速增长,连续多年稳居全球首位或前列。在专利产出

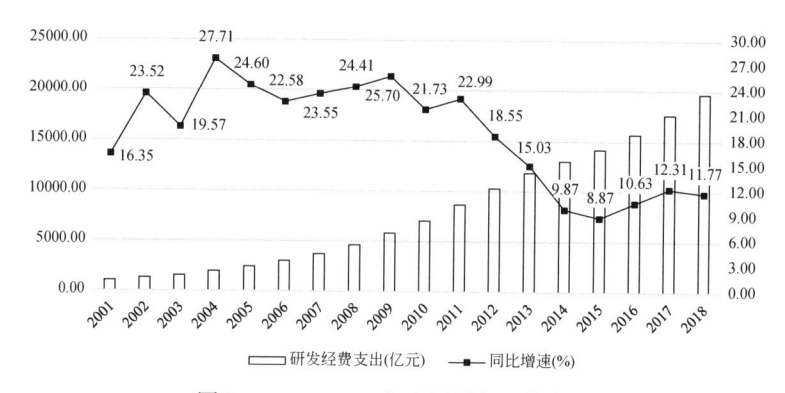

图 2 2001—2018 年中国研发经费支出

资料来源:国家统计局。

图 3 2001—2018 年中国研发经费投入强度(%)

资料来源:国家统计局。

方面,如图 4 和图 5 所示,2001—2019 年,中国国内专利申请受理量由 20.36 万件增加到 438 万件,专利申请授权量由 11.43 万件增加到 259.2 万件,均分别增长了约 20 倍;其间,发明专利受理数一直占总数的三成以上四成以下,发明专利授权数所占比重基本维持在 15%—25%。2019 年,中国发明专利申请量为 140.1 万件,连续八年居世界首位;发明专利授权量为 45.3 万件,排名世界第一;每万人口发明专利拥有量达到 13.3 件,位居世界第三。在论文产出方面,根据中国科学技术信息研究所的公开数据,2017 年,中国被 SCI

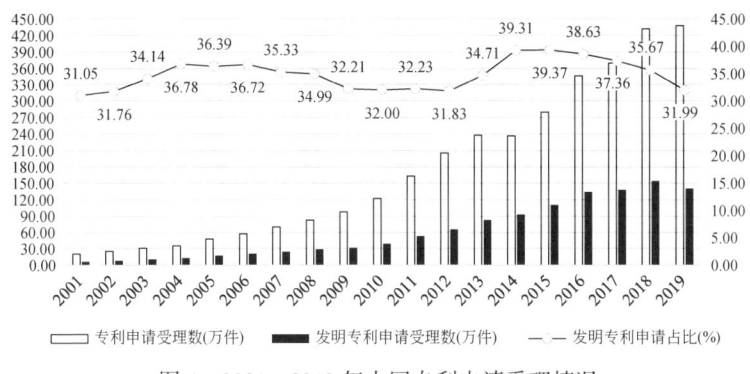

图 4 2001—2019 年中国专利申请受理情况

资料来源：国家统计局。

图 5 2001—2019 年中国专利申请授权情况

资料来源：国家统计局。

数据库收录的科技论文数量为 36.12 万篇，占全球份额为 18.6%，连续九年排名世界第二；中国发表在七种国际顶尖学术期刊上的论文数量为 699 篇，占总数的 6.5%，排在世界第四位；发表在各学科最具影响力国际期刊上的论文数量为 8259 篇，占世界的 15.1%，连续八年排在世界第二位。截至 2018 年 9 月，中国高被引论文数量为 24825 篇，占世界总量的 17.0%，世界排名保持在第三位。2008—2018 年（截至 2018 年 10 月），中国科技人员发表的国际论文共被引用 2272.40 万次，比 2017 年的统计数量增加了 17.4%，排在世界第二位。

从创新的经济效益看,中国各类创新成果的市场交易呈现出不同特征和程度的发展态势。一是全国技术市场交易额的快速稳定增长。如图6所示,2001—2018年,中国技术市场成交额年增速一直维持在20%左右,部分年份超过30%,2018年的绝对数额达到17697.42亿元,是2001年金额(782.75亿元)的22倍,充分表明了中国科技成果转移转化能力的提升。二是高技术产品出口额的外生性波动。如图6所示,由于出口容易受到国际经济贸易形势的影响,在中国正式加入WTO[1]后的前两年、2009年国际金融危机与2016年中美经贸摩擦期间,中国高技术产品出口额出现较大幅度的上升或下滑,但总体规模自2012年以来一直维持在6000亿美元以上,在一定程度上反映了中国高技术产品在国际市场上的难以替代性,因而具有一定竞争力。三是规模以上工业企业新产品销售收入的波动式上升。如图7所示,2011—2018年,中国规模以上工业企业新产品销售收入和出口收入保持着正向增长,说明了企业创新的积极进展,但增速不平稳,又体现了创新的不确定性。

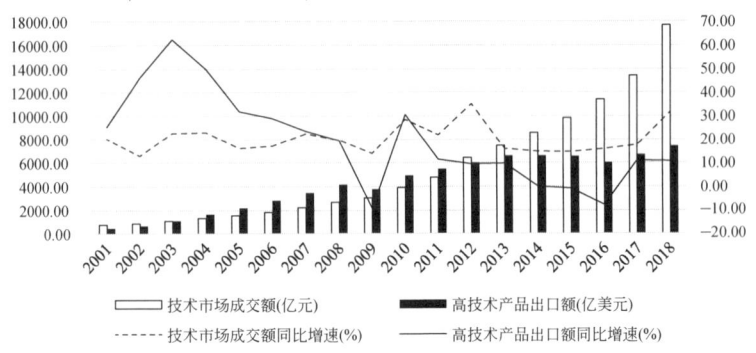

图6 2001—2018年中国技术市场成交额与高技术产品出口额

资料来源:国家统计局。

---

[1] 2001年12月11日中国加入WTO协议书生效,中国正式成为世界贸易组织第143位成员。

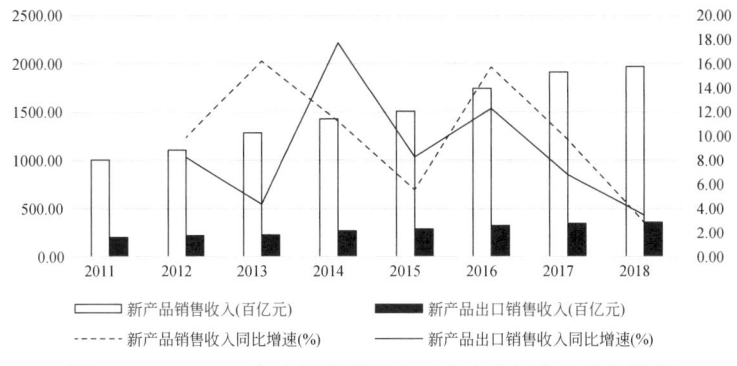

图 7　2011—2018 年中国规模以上工业企业新产品销售情况

资料来源：国家统计局。

从创新模式的变迁看，模仿创新规模保持稳定，自主创新的比例不断提高。用规模以上工业企业技术引进经费支出（等于引进国外技术经费支出与引进技术消化吸收经费支出之和）衡量模仿创新水平，用规模以上工业企业研发经费支出即自主研发支出衡量自主创新水平。如图 8 所示，2011—2018 年，自主研发经费支出规模持续稳定增长，而技术引进经费支出规模基本保持不变，因此，自主研发相对于技术引进的比例（除 2016 年外）逐渐提高，这说明中国创新模式具有从模仿创新到自主创新的演进趋势，中国自主创新能力整体上是有所提升的。

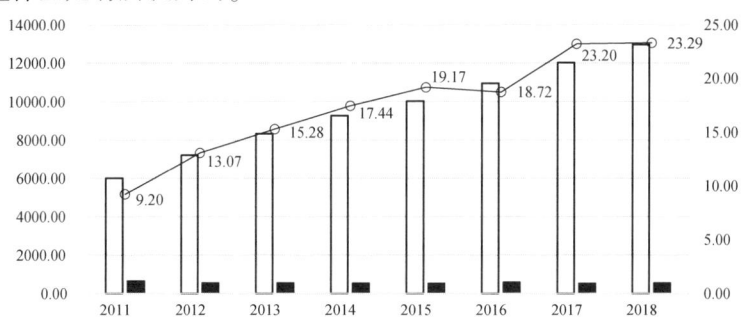

图 8　2011—2018 年中国自主研发经费与技术引进经费情况

资料来源：国家统计局。

（二）创新发展面临的问题及其原因

尽管目前中国许多创新指标位于世界前列，国家创新能力有了很大跃升，中国已经成为全球性"制造大国"和"科技创新大国"，但是距离"创造大国""科技创新强国"仍然任重道远。当前，中国创新之路走到了十字路口，困局和问题愈发凸显（魏婕、安同良，2020）。

其一，基础研究投入不足，核心技术严重缺失。"重应用、轻基础"是中国研发投入结构长期以来的鲜明特点，也是现存的突出问题。以研发经费支出为例，如图9所示，2001—2018年期间，应用研究和试验发展经费支出占全部经费支出的比重始终在90%以上，而基础研究经费支出仅占5%左右，与美国高于15%的基础研究经费配置比例相比具有明显差距；从创新投入的主体结构看，如图10所示，作为基础研究主要阵地的高等学校，其研发经费支出在总经费中的比例一直处在10%以下。形成这种研发投入结构的根源在于以模仿跟随为主的创新模式，使国家和社会缺乏对基础研究投入重要性的认识，从而对创新链中下游环节的支持力度比较大，对上游环节的投入则严重不够。基础研究水平和能力不足，导致核心技术的缺失。在前瞻性基础研究和颠覆性技术创新的不少领域，中国与发达国家存在相当大的差距，例如，中美经贸摩擦中的"中兴事件"暴露出中国半导体领域的技术能力严重落后于美国（程俊杰，2019）。技术"卡脖子"问题已经成为新时代经济结构调整和产业转型升级的重大障碍。

其二，创新成果质量不高，科技创新与经济绩效脱节。一方面，尽管目前中国创新产出的规模庞大，但是高质量创新成果特别是原创性成果偏少。例如，在专利产出中，发明专利的比重较低，其中，发明专利申请量占全部专利申请量的比重在40%以下（见图4），发明专利授权量占全部专利授权量的比重在25%以下（见图5）。另

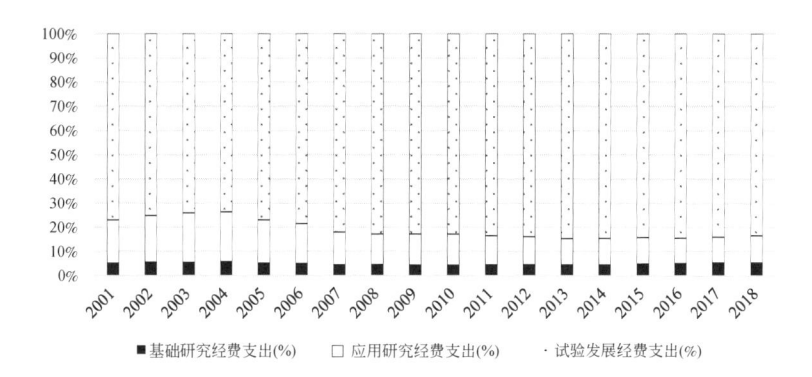

图9 2001—2018年中国分类型研发经费支出结构

资料来源:国家统计局。

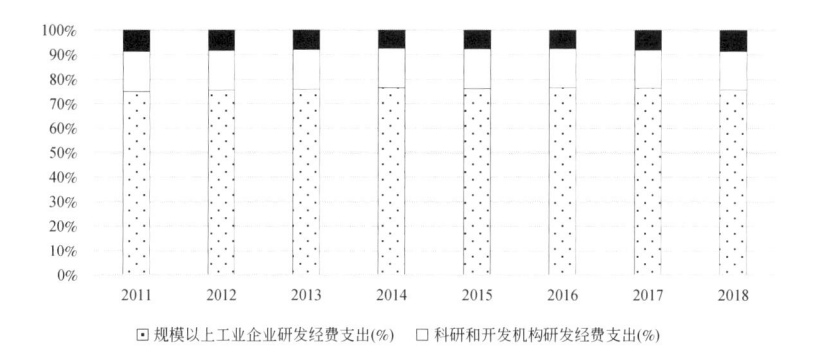

图10 2011—2018年中国分主体研发经费支出结构

资料来源:国家统计局。

一方面,创新成果转化率不高,大量成果脱离市场需求,中国强劲的创新能力建设并未很好地转化为现实经济价值,科技与经济脱节的问题比较突出(魏江等,2015),创新对经济增长及产业升级的驱动作用不够明显。一个典型事实是,中国在创新投入和创新产出快速增长的同时,全要素生产率却在下滑或停滞不前,因而存在中国式"创新悖论"。盛来运等(2018)发现,自2008年国际金融危机以来,中国的全要素生产率(TFP)持续低位徘徊,直到2016年才开始呈现回升态势,目前中国TFP只相当于美国40%左右的水平;1979—2017年,中国平均TFP仅为2.85%,对经济增长的平均贡献率只有25.6%,与发达国家60%以上的水平相比存在较大差距。此外,创新驱动的不足使得中国产业被长期锁定在全球价值链低端,多数行业都集中在加工组装领域,处于"微笑曲线"的中间区域,产品附加值不高,利润空间狭小,中国企业普遍陷入了价值的洼地(余泳泽、胡山,2018)。针对上述现象和问题,张杰等(2016)分析认为,中国主动实施的创新追赶战略及各级政府积极出台的专利资助奖励政策对微观层面专利活动、专利质量乃至专利产业运用行为产生了一系列突出的扭曲性作用,既导致了大量自主创新含量不高的低质量专利的产生,也造成了专利产业运用价值以及技术溢出效应的降低,从而引起专利"泡沫"或者专利"创新假象"的发生,进而扭曲了专利和经济增长之间的作用关系。

其三,企业创新主体地位尚未确立。近年来中国企业在创新方面取得明显进步,然而同欧美发达国家相比,中国企业还没有真正成为主要的创新主体。如图11所示,在中国规模以上工业企业中,有研发创新活动的企业所占比重还不到30%;企业研发投入强度(以企业研发经费支出与主营业务收入之比衡量)比较低,常年位于1%以下水平,2016年以后该指标呈现快速上升势头,但到2018年也只有1.3%。在上市公司层面,2017年中国上市公司总研发支出规模约为5468亿元人民币,大概是美国的22%,平均每家公司研发投入规模约为1.9亿元人民币,约是美国的13%。[1] 根据《2015·中国企业家成长与发展专题调查报告》,中国企业在创新方面面临的亟待解决的问题包括:创新人才短缺、创新资金来源单一、创新环

---

[1] 参见海通证券研究所2018年研究报告《中国企业:研发提升,空间有多大?——"新经济"系列专题之四》。

境不完善、企业家创新意愿不足等(中国企业家调查系统,2015)。此外,中国民营企业创新投入不足,也得不到政府创新资源的公平配置,创新动力无法得到充分的释放(魏江等,2015)。

图 11 2011—2018 年中国规模以上工业企业研发活动基本情况
资料来源:国家统计局。

其四,区域创新能力不平衡。中国的创新总量虽然逐年增加,但在区域结构上呈现出明显的空间集聚特征。从创新投入看,如图 12 所示,东部地区研发经费支出在全国总经费规模中的比例常年维持在 70% 左右,中部地区和西部地区的研发经费支出合计占比往往不到三分之一;从创新产出看,如图 13 所示,专利申请量主要集中在东部地区,其所占比重基本在 70% 以上,虽然近年来中部地区和西部地区专利产出的比重有所上升,但若考虑到专利类型和质量,其与东部地区的差距仍较大。此外,李红雨和赵坚(2020)发现,中国技术创新产出在地级市层面的分布也不均衡,主要分布在经济发达的大中型城市,包括直辖市、部分省会城市以及"长三角"和"珠三角"城市群的核心地级市等。中国区域创新能力的不平衡一方面主要是由区域经济发展不平衡造成的,另一方面又将进一步导致区域经济发展差距有增无减。

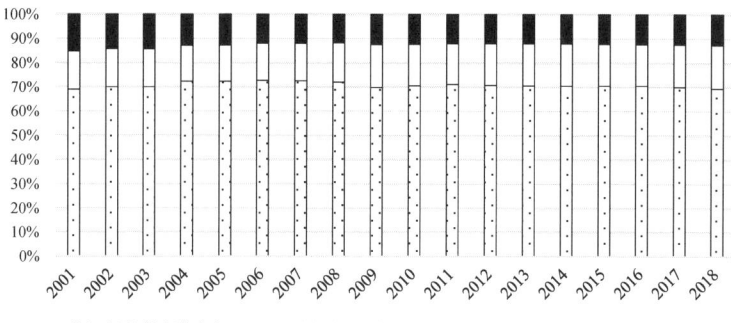

图 12　2001—2018 年中国分区域研发经费支出结构

资料来源：中国科技统计年鉴。

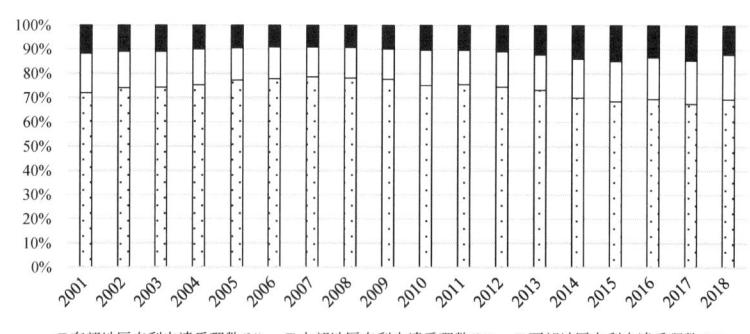

图 13　2001—2018 年中国分区域专利申请结构

资料来源：国家统计局。

四、推动更高水平创新的建议

随着中国经济发展进入新时代,中国科技创新也步入了新的发展阶段。为了适应新形势、新任务,必须解决在创新发展中存在的问题和困境,推动更高水平的创新,从而使创新真正成为引领经济高质量发展的第一动力。为此,本文提出如下建议。

第一,优化创新投入结构。即在保持研发投入总量平稳增长的同时,更加注重调整和优化投入结构。(1)加大对基础研究的支持力度,加快提升基础研究投入在总投入中的占比,争取使全社会基础研究经费支出的配置比例尽快突破10%的水平。(2)优化政府研发资助结构,使政府资金主要投向基础研究领域和具有共性的关键技术方面,发挥政府在基础研究投入中的主导地位。(3)通过税收优惠或减免、财政补贴等政策,激励企业增加研发投入,支持符合条件的企业积极开展基础研究。(4)发挥金融对创新的支持作用,大力发展科技金融、数字金融,吸引社会资金参与研发创新活动;鼓励社会公益捐赠,特别是对高等学校的教育和研究捐赠。

第二,促进创新成果转化。(1)坚决摈弃一味追求专利数量的现象和做法,严格实施国家专利审查和批准制度,消除专利"泡沫",提高专利质量,为使科技创新成果转化成现实生产力提供"源头活水"。(2)加强产学研合作,构建能够强化高校、科研机构与企业之间联系交流的体制机制;坚持市场化原则,完善利益分配机制,提高技术供给方尤其是高校和科研机构转让技术的积极性,鼓励科研人员创新创业。(3)加强财政、税收、产业、金融、政府采购、社会平台等政策协同,为创新成果转化提供优质的环境和服务。(4)完善技术市场建设,运用互联网、大数据等数字化手段,增强技术成果供需双方的匹配度,提高交易效率,扩大交易规模。

第三,完善以企业为主体的技术创新体系。(1)进一步强化企业创新主体地位,实施优惠政策鼓励各类企业积极开展研发创新活动,提高企业创新动力和意愿;综合运用财政、金融等政策手段解决企业创新融资难、融资贵问题,促进创投和天使基金发展,为企业创新提供信息、资金和风险保障。(2)除一些特别情况和特殊领域(如涉密技术、军事技术等)外,应坚持民营企业与国有企业同等享受政府创新支持政策的原则,增加市场竞争程度,激发企业家的创新才能,坚决遏制利用创新活动进行的寻租行为。(3)构建孵化器、众创空间等科技创新平台,完善科技园区建设,着重支持高新技术企业与科技型中小企业的培育和成长;鼓励和支持产学研等创新主体开展共建研发机构、共建产业发展联盟等高层次合作。(4)深入推进人才评价机制改革,破除唯学历、唯资历、唯论文、唯职称、唯奖项导向,营造良好的科技创新氛围和环境,推进大众创业、万众创新。

第四,推动区域协同创新。(1)各地区应遵循比较优势原则,根据自身要素禀赋与经济发展水平选择适宜性创新模式,克服"研发崇拜"心理,避免盲目追求创新规模增长的倾向。(2)整合区域创新要素,打破行政区划对创新要素的分割与限制,引导人才、资本、技术、知识等各类创新要素在区域之间有序流动和高效组合,提高创新资源配置效率和产出效能,鼓励中西部有条件的地方积极与东部地区进行创新要素对接。(3)加强不同区域创新主体之间的交流合作,共建科研平台,共担科研项目,共享科研成果,推动形成区域创新"全国一盘棋"格局。(4)完善创新基础设施建设,构建并开放区域创新大数据信息平台,打破"数据孤岛",促进知识共享和创新溢出。

第五,强化制度和环境保障。(1)坚持市场化改革方向,消除要素市场的扭曲,促进创新资源的合理配置。(2)更好地发挥政府作用,完善创新资助政策,改革科技管理体制,营造大众创业、万众创新的制度环境;构建关键核心技术攻关新型举国体制,健全国家实验室体系。(3)加强知识产权保护,坚持平等执法原则,加大执法力度,坚决依法打击各种侵犯知识产权行为,营造良好的创新环境。(4)提高对外开放水平,加强国际创新合作,吸引和利用国外人才、技术等优质创新资源,积极融入全球创新价值链。

参考文献

1. 白俊红、王林东:"创新驱动是否促进了经济增长质量的提升?",《科学学研究》2016年第11期。
2. 陈阳、逯进、于平:"技术创新减少环境污染了吗?——来自中国285个城市的经验证据",《西安交通大学学报(社会科学版)》2019年第1期。
3. 程俊杰:"高质量发展背景下破解'创新困境'的双重机制",《现代经济探讨》2019年第3期。

4. 付宏、毛蕴诗、宋来胜:"创新对产业结构高级化影响的实证研究——基于2000—2011年的省际面板数据",《中国工业经济》2013年第9期。
5. 华坚、胡金昕:"中国区域科技创新与经济高质量发展耦合关系评价",《科技进步与对策》2019年第8期。
6. 姜超、于博、陈兴:《中国企业:研发提升,空间有多大?——"新经济"系列专题之四》,海通证券研究所2018年研究报告。
7. 李红雨、赵坚:"中国技术创新产出的空间分布——来自中国地级以上区域的证据",《北京理工大学学报(社会科学版)》2020年第1期。
8. 刘思明、张世瑾、朱惠东:"国家创新驱动力测度及其经济高质量发展效应研究",《数量经济技术经济研究》2019年第4期。
9. 任保平、李禹墨:"新时代中国经济从高速增长转向高质量发展的动力转换",《经济与管理评论》2019年第1期。
10. 沈坤荣、曹扬:"以创新驱动提升经济增长质量",《江苏社会科学》2017年第2期。
11. 盛来运、李拓、毛盛勇、付凌晖:"中国全要素生产率测算与经济增长前景预测",《统计与信息论坛》2018年第12期。
12. 魏江、李拓宇、赵雨菡:"创新驱动发展的总体格局、现实困境与政策走向",《中国软科学》2015年第5期。
13. 魏婕、安同良:"面向高质量发展的中国创新驱动",《中国科技论坛》2020年第1期。
14. 余泳泽、胡山:"中国经济高质量发展的现实困境与基本路径:文献综述",《宏观质量研究》2018年第4期。
15. 张杰、高德步、夏胤磊:"专利能否促进中国经济增长——基于中国专利资助政策视角的一个解释",《中国工业经济》2016年第1期。
16. 张军扩、侯永志、刘培林、何建武、卓贤:"高质量发展的目标要求和战略路径",《管理世界》2019年第7期。
17. 赵玉林:《创新经济学(第二版)》,清华大学出版社2017年版。
18. 郑威、陆远权:"创新驱动对产业结构升级的溢出效应及其衰减边界",《科学学与科学技术管理》2019年第9期。
19. 中国企业家调查系统:"新常态下的企业创新:现状、问题与对策——2015·中国企业家成长与发展专题调查报告",《管理世界》2015年第6期。

(张骞,北京大学国家发展研究院;张磊,山东省人民政府办公厅)

实践篇

把握大数据时代机遇,推进国家治理体系和治理能力现代化

谷彬 车耳

党的十九届四中全会对坚持和完善中国特色社会主义制度、推进国家治理体系和治理能力现代化做出重大战略部署,具有里程碑意义。当前信息技术发展日新月异,数字化、网络化、智能化深入发展,在推动经济社会发展、促进国家治理体系和治理能力现代化、满足人民日益增长的美好生活需要方面发挥着越来越重要的作用。习近平总书记强调,信息化为中华民族带来了千载难逢的机遇,必须敏锐抓住信息化发展的历史机遇。大数据是信息化发展的新阶段,要运用大数据提升国家治理现代化水平,推进政府管理和社会治理模式创新,实现政府决策科

学化、社会治理精准化、公共服务高效化。大数据来势汹涌,已成为时代的主题。在大数据时代,科技创新、融合发展、颠覆变革速率加快,其增长速度已经超越摩尔定律。正所谓"独行快、众行远",[1]我们要把握历史机遇,搭乘大数据的时代快车,加快推进国家治理体系和治理能力的现代化。

一、大数据时代国家治理体系和治理能力现代化面临历史机遇

(一) 大数据代表新生产力

习近平总书记指出,"信息流引领技术流、资金流、人才流,信息资源日益成为重要生产要素和社会财富,信息掌握的多寡成为国家软实力和竞争力的重要标志"。科学技术是第一生产力,大数据正是新时代先进生产力的代表,带来整体生产方式的深刻变革。大数据时代,数据的价值前所未有地凸显出来,被誉为未来的石油。作为一种新型资源、生产要素和竞争优势,大数据正在成为国家竞争的前沿、创新发展的源泉,是与自然资源、人力资源同样重要的国家基础性战略资源,是继劳动和资本之后的第三生产力。而开发利用大数据的能力无论对于国家、企业和个人,都是一种核心竞争力。基于大数据的国家治理模式和决策过程更加注重个性化、智能化、透明化和精准化,具有全面感知、客观透明、实时连续、多元协同等新特征。总之,大数据以数据量大、信息种类多、处理速度快、成本低、真实性高等比较优势,有效克服了传统公共管理"木桶效应"的

---

[1] 习近平总书记曾引用非洲谚语"独行快,众行远"形象地说明"合作共赢"的道理。2014年,习近平总书记在蒙古国大呼拉尔发表演讲时指出,"欢迎大家搭乘中国发展的列车,搭快车也好,搭便车也好,我们都欢迎,正所谓'独行快,但众行远'"。

诸多短板,带来国家治理体系和治理能力现代化水平的整体提升。

(二)大数据带来新洞察力

习近平总书记指出,运用大数据提升国家治理现代化水平,利用大数据平台,分析风险因素,提高感知、预测、防范能力。大数据时代,万物互联,所有事物的痕迹都可以被真实记录下来,是现实世界的数字镜像和全景记录,为观察经济社会问题提供了一个全新的视角,可以使决策者透过纷繁复杂的表象发现事物的本质特征,发掘国家治理诸多变量间的内在联系和发展规律,探测出难以发现的信息盲区,提升对国家治理的科学认知水平,从根本上改变过去基于个体和局部调研而进行政策制定的传统决策方式和路径依赖,解决根据局部推断总体并预测未来的偏差和误差问题。总之,大数据有助于促进"用数据说话、用数据决策、用数据管理、用数据创新"的创新型管理模式的形成,用数据创新的路径应对和解决国家治理中的复杂问题,就像为决策者提供了一台可以从纳米级观察世界的显微镜,为国家治理的创新和改进开辟了巨大空间,使大数据时代的国家治理更加精准有效。

(三)大数据塑造新凝聚力

习近平总书记指出,"注重系统性、整体性、协同性是全面深化改革的内在要求,也是推进改革的重要方法。改革越深入,越要注意协同,既抓改革方案协同,也抓改革落实协同,更抓改革效果协同,促进各项改革举措在政策取向上相互配合、在实施过程中相互促进、在改革成效上相得益彰,朝着全面深化改革总目标聚焦发力"。当前单一数据源越来越难以满足应对众多领域日益复杂问题的需求,限于庞大的主体规模、复杂的内部结构、多变的交互关系,经济和社会治理中的"越位""缺位"和"错位"现象时有发生,对治理模式的系统性、精准性、有效性、及时性提出了更高要求,迫切需要更多跨数据集的融通,打造现代化的国家治理体系和治理模式。大数据增强了事物之间的聚合力,提升了对国家治理的科学认知,人们认识、分析、解决问题,都需要借助"关联"的思维和手段,通过人的关联、物的关联、空间的关联、时间的关联、多维度的交叉网络关联,可以找出数据背后隐藏的规律,发现事物之间发展的联系,做出未来趋势走向的判断。可以说,大数据是一种激发创新的能力,通过对看似不相关的数据进行"重组分析""凝聚提炼",可以挖掘出数据的潜在价值,实现数据创新,使得各种事物之间的关系更加清晰透明,使大数据时代的国家治理更加精准有效。

(四)大数据提供新驱动力

习近平总书记指出,"加快公共服务领域数据集中和共享,推进同企业积累的社会数据进行平台对接,形成社会治理强大合力"。大数据之所以能够称为一个"时代",是因为其深刻影响着经济社会生活的各个领域和人们的思想观念,数字化治理成为各国治国理政的基本方式。作为时代变革的推动力,大数据不仅是一种战略资源,更是一种催化变革和创新的驱动力,它深刻改变着传统的经济关系、政治关系和社会关系的形成与发展方式。通过对行政业务数据和其他相关数据的大数据分析,实现片段数据的关联化、局部数据的系统化、隐性数据的显性化、静态数据的动态化、海量数据的智能化转变。可以说,大数据是激发从数据资源向数据红利转变的点火器,让数据资源聚合起来,提高数据活性,产生聚变和裂变效应,成为精细化管理的催化剂、智能化决策的反应堆、创新驱动的加速器,让国家治理体系和治理能力现代化的引擎全速发动起来。

二、大数据推动国家治理体系和治理模式发生深刻变革

(一)从经验型向精准型转变

习近平总书记指出,"天下大事,必作于细"。政府治理的现代

化,离不开精细化政府。传统模式下,政府对不同地区、不同领域、不同人群的特点和需求很难有精准的把握和区分,决策主要依靠主观经验,在政策制定上容易脱离实际,用"一刀切"的粗放型方式来解决问题。大数据有效解决了信息不对称问题,具有精准高效和全面系统的关联分析功能,为优化公共服务供给提供了强大技术支撑,推动了公共服务的供给侧改革。大数据可以对公共服务的体制机制进行流程再造,其关联性分析提高了决策的针对性,实时分析促进了公共决策的持续改进,高速运算提高了应对的及时性,全景记录留痕提升了预测能力,全面提高了公共决策的科学化水平。总之,大数据可以精准识别定位国家治理的盲点、痛点、难点,迅速整合信息,调动资源和力量,集中火力聚焦阻碍经济社会发展的痛点、难点和关键点,促进复杂问题的解决,提高公共服务质量,促进政府改革和创新,实现向透明、高效、廉洁的服务型政府转变。

(二) 从有高度向有温度转变

习近平总书记指出,"要运用大数据促进保障和改善民生。大数据在保障和改善民生方面大有作为"。随着社会发展进步,公众对个性化服务的诉求进一步增强。传统模式下,公众只能被动接受"同质的""一刀切的"公共服务。在大数据时代,反映用户行为偏好和诉求的信息被全面真实地记录,如用户浏览过什么、收藏过什么、购买过什么、评价过什么等痕迹信息。大数据技术能够将包含不同地区的不同社会群体的意见和诉求,以数据的形式呈现出来,通过大规模的数据分析发掘,运用人工智能等技术对决策进行模拟仿真,实现人群和需求的匹配,让公共政策制定更符合大多数人的诉求和社会公共利益,更好地满足人民群众对美好生活的向往。总之,以大数据、云计算为代表的信息技术,极大地完善了公众利益表达协调机制,能及时发现群众关心的重点、难点、焦点问题,对大众需求进行多维度、多层次的细分,做到个性化服务、及时化服务、主动性服务,提高政府供给和公众需求的契合度,打通服务群众的"最后一公里",提升了政府的执行力与公信力。

(三) 从单向型向联动型转变

习近平总书记指出,"随着互联网特别是移动互联网的发展,社会治理模式正在从单向管理转向双向互动,从线下转向线上线下融合,从单纯的政府监管向更加注重社会协同治理转变"。当前公共事务更加复杂,主体更加多元,利益诉求更加多元,不仅超越了单一领域的范畴,也超出了单一治理主体的能力范围,国家治理正在从单一化向多元化转变,形成不同主体间协同联动、共建共享的治理格局,公共政策整体性、系统性、完备性、协同性增强,形成国家治理的整体合力。在大数据背景下,以政府为中心的单一化治理逐渐为多元主体的共同治理所取代,公民参与国家治理的深度和广度更高,政府主导式治理模式也将逐步向公民参与式治理模式转变。在大数据技术的支持下,多元主体深度参与国家治理并结成密切合作关系,明确不同主体间的界限权限和职责范围,充分交流反馈,高效配合,形成良性互动、理性制衡、有序参与、有力监督的共同管理格局,从多方面弥补单向治理模式的不足,实现"1+1>2"的国家治理效能提升。

(四) 从应对性向前瞻性转变

习近平总书记指出,"要充分利用大数据平台,综合分析风险因素,提高对风险因素的感知、预测、防范能力"。传统的治理模式注重事后弥补而疏于事前预防,对于可能造成损失的潜在风险预防不够,对于危机风险的监测预警系统建设相对落后。传统思维倾向于追踪事件的因果关系,容易忽视与其他因素的广泛联系,缺乏全面性和系统性。大道至简,广泛的相关关系代表着更为普遍的客观规律,可以提升认知的科学性、系统性和全面性。通常某个公共事件的发生,往往是多重因素共同作用的结果。如果仅按照因果关系去探究事件的主要原因,容易忽视局部性因素、小概率事件、潜在性诱因以及因素直接的交互影响和规律发生的条件性前提,比如黑天鹅事件、灰犀牛事件、蝴蝶效应,导致对事件分析的孤立化、片面化和零碎化。大数据通过各种感应终端,从各方面获取数据信息,灵敏捕捉苗头性、倾向性问题,见微知著,全面及时准确地把握社会动向,预先提出应对防范措施,将问题消灭在萌芽状态,防患于未然。通过对决策问题的精准分类、深度剖析,细分重要性、紧急性及其他相关维度,实现事前可预知、对策可选择、效果可预判,提高公共决策的前瞻性、科学性、有效性,避免或减少政府决策失误,提高政府公信力。

三、大数据时代实现由数据大国向数据强国的历史性跨越

(一) 牢固树立新的数据理念

习近平总书记指出,"善于获取数据、分析数据、运用数据,是领导干部做好工作的基本功。各级领导干部要加强学习,懂得大数据,用好大数据,增强利用数据推进各项工作的本领"。理念是行动的先导。传统的数据观念在大数据时代推进国家治理体系和治理能力现代化时面临严峻挑战,迫切需要树立科学的数据理念。长期以来,由于传统行政文化影响,某些政府官员在做公共决策时习惯依靠主观经验而非数据,即便使用数据,也只是将数据看作是一个论证问题的工具而非决策的基点。[1] 由于不正确的政绩观,公共管理数据瞒报、少报、漏报等现象时有发生,报喜不报忧,数据的一

---

[1] 高华丽、闫建(2015)对某省委党校 2014 年六个主体班的领导干部进行抽样调查的结果显示,部分领导干部在工作中缺乏大数据思维,常常倾向于依赖个人经验和长官意志进行决策,而不是依赖数据和分析。

致性差、质量低、公信力弱,反映了对数据科学性的漠视,没有充分意识到数据对国家治理现代化的决定性作用,阻碍了国家治理能力的提升。当前中国缺乏的不是可供收集的数据,也不是收集数据的手段,而是大数据意识。要抓住大数据时代的历史机遇,必须树立正确的数据观,培养对数据进行整合、分析、利用的观念和意识,不断深化改革,打破束缚数字化生产力发展的体制障碍,真正实现由数据大国向数据强国的历史性转变。

(二) 积极促进数据开放共享

习近平总书记在分析近代中国科技落伍的原因时,讲到康熙学习西方科技的例子。[1] 康熙仅仅让科学停留在一己爱好、猎奇和雅兴上,如当时处于世界前列的重要成果《皇舆全览图》被束之高阁,锁于宫廷,并没有思考科学背后的方法论、世界观,更没能将西方先进的科学知识传播到全国,并未对经济社会发展起到实际促进作用,与西方科技革命的历史机遇失之交臂。大数据之所以产生巨大的价值,其关键在于开放和应用,有效关联、广泛融合了现有数据资源,打破了不同信息系统之间的壁垒,实现了数据开放、共享,激活了数据的价值。坐而论道、禁中清谈不能经世致用,束之高阁、望洋兴叹制约数据红利。要克服数据小农意识,打破一亩三分地的思想,加大治理数据垄断割据与碎片化问题,让大数据走出"象牙塔",打通壁垒,架起桥梁,跨越鸿沟,跳出孤岛,促进数据开放,共享数据红利,使大数据像"杠杆撬动地球"一样,为推进国家治理体系和治理能力现代化提供更加有力的支撑。

(三) 系统加强数据标准建设

习近平总书记指出,"标准是人类文明进步的成果。从中国古

---

[1]《习近平讲故事》,人民出版社2017年版。

代的'车同轨、书同文',到现代工业规模化生产,都是标准化的生动实践"。标准化是顶层设计,科学完善的标准体系对于促进大数据的应用与发展至关重要。当前是信息爆炸的时代,更需要标准化、高质量的信息,而很多时候,正能量信息让位于负能量信息,高质量信息受困于低质量信息,出现"数据陷阱"和"劣币驱逐良币"的现象,导致政府公信力"被质疑",诱发连锁反应和"多米诺骨牌效应",可能造成"塔西佗陷阱"的严重后果。面对严峻的挑战,迫切需要加强相关体制机制、标准制度、法律法规的建设,为充分发挥大数据作用保驾护航,为规范认知、促进共识、整合资源、形成合力奠定制度基础,从而有助于加快大数据技术与标准的相互融合,促进大数据产业、技术与应用的规范健康发展。政府是国家核心数据资源的最大拥有者,数据的价值密度高于一般数据,蕴含巨大的价值,具有规模性、权威性、公益性和全局性等特点,是国家数据体系的校对基准和参照标尺,标杆示范作用强,凝聚力向心力强,"定盘星""指南针""压舱石"的作用突出。应通过标准和制度建设,提升国家核心数据质量,固本强基,更好地发挥政府统计在"数字中国"建设中的中流砥柱和定海神针作用。

(四) 加强关键技术攻关与人才储备

习近平总书记指出,"互联网核心技术是我们最大的'命门',核心技术受制于人是我们最大的隐患"。从大数据产业收集端、处理端和应用端来看,中国在收集端和应用端具有一定优势,而在处理端的核心技术、基础技术方面还存在不小差距,低端化、空心化问题突出,集中表现为"缺芯少魂",芯片、中央处理器、操作系统、分布式技术、数据库技术等关键技术、核心技术对外依赖较强,技术创新与支撑能力不强,严重制约了对中国大数据的资源掌控能力、技术支撑能力和价值挖掘能力。因此,要集中优势资源,加大前沿及关键技术的研究攻关,确保国家治理大数据建立在自主技术和设备的基础上。技术的载体是人才,技术薄弱是因为人才匮乏,加大人才储备是当务之急。近年来,中国大数据产业发展进入爆发期,由于成熟的人才培训体系尚未建立,人才短缺和瓶颈问题日益突出。针对大数据领域不断变化的选才标准,要建立适应大数据发展需求的人才培养和评价机制,建立健全多层次、多类型的大数据人才培养体系,提高人才培养与大数据岗位的匹配性,培养一批既政治作风过硬、又熟谙大数据关键技术的复合型人才。同时,还要完善配套措施,培养和引进大数据领域创新型领军人才和高层次人才,打造一支坚强有力的国家治理大数据人才队伍,锤炼"大海捞针"的本领,增强在海量复杂数据中萃取知识的能力,在推进国家治理体系和治理能力现代化中发挥主力军作用。

参考文献

1. 胡泳、郝亚洲:"数据治国与数据强国——简论我国的大数据国家战略",《新闻爱好者》2013年第7期。
2. 华强森、成政珉、王玮等:"中国数字经济如何引领全球新趋势",《科技中国》2017年第11期。
3. 田丰:"第四次计算革命孕育'数字经济体'",《中欧商业评论》2018年第1期。
4. 田丽:"各国数字经济概念比较研究",《经济研究参考》2017年第40期。
5. 王灏晨:"国外数字经济发展及对中国的启示",《财经界(学术版)》2018年第4期。
6. 王益民:"全球电子政务发展现状、特点趋势及对中国的启示——《2016年联合国电子政务调查报告》解读",《电子政务》2016年第9期。

(谷彬,财政部金融司;车耳,北京大学光华管理学院)

区域发展助推经济高质量发展——以长江经济带发展为例

罗来军 胡先强

一、区域发展对经济高质量发展的重要性

党的十九大报告指出,中国经济高速增长阶段已经过去,转向高质量发展阶段。新的时代背景下,推动经济高质量发展需要在经济结构稳增长的基础上,进一步实现区域经济的可持续发展。从中国区域发展战略部署对经济高质量发展的支撑来看,长江经济带的发展尤为重要。习近平总书记2016年1月5日在重庆主持召开推动长江经济带发展座谈会,2018年4月26日在武汉主持召开深入推动长江经济带发展座谈会,两次

座谈会为长江经济带发展提出了战略部署和根本遵循。

长江经济带区域发展是中国经济高质量发展的基石。长江经济带是中国体量最大的流域经济带:流域广,沿四川顺流而下途经9个省和2个直辖市,面积超全国总面积的五分之一。资源丰,水能等清洁能源最为丰富,多种金属矿产资源储量居全国前列。人口多,约6亿,超全国的五分之二。经济佳,近几年国家公布的国内生产总值数据显示,长江经济带占比都在45%左右,并且呈明显上升态势,凸显出长江经济带区域发展对全国经济发展的支撑和"压舱石"作用。发展稳,从经济增速来看,长江经济带保持中高速增长水平,近三年平均增速在7.4%左右。生态优,"绿水青山就是金山银山"在长江经济带有最生动的实践,长江干流及支流水体质量明显改善,沿江城市空气质量优良天数增多,上游生态屏障作用日益凸显,两岸生态廊道已然显现。

长江经济带区域发展是中国经济高质量发展的核心联动力。经济发展不平衡不充分是中国经济发展过程中所面临的客观现实,为化解这一矛盾,国家实施区域发展战略,并强调区域间协调发展、合作联动。初期,国家主要按纵向对东部、东北部、中部、西部等进行布局。新时代下,国家先后提出"京津冀协同发展""长江经济带发展""粤港澳大湾区建设"等区域发展战略,实现横向,甚至是多向的区域战略布局。从全局来看,长江经济带发展好比是中国区域发展战略的核心(亦可看作是几何中心),具有联动或对接多个区域发展战略的先天优势。同时,从长江经济带内部发展来看,"长三角一体化""成渝地区双城经济圈"等都已上升到国家战略层面,长江经济带区域发展势如破竹,动力足、辐射联动好,可为全国经济发展提供核心推动力。

长江经济带区域发展是中国经济高质量发展的战略主动力。经济高质量发展是一个具有全局价值的系统工程,需要依靠发展体系、经济体系、产业结构、体制机制以及区域协同等多方面的推动和支撑。国家的区域发展战略表明,当前经济高质量发展的区域推动力在长江经济带,也即是说长江经济带的区域经济发展是推动中国经济高质量发展的战略主动力,这一区域的经济发展水平如何,将直接关系到中国经济总量稳步扩张进程,关系到经济结构、水平、层次整体提升的程度。

以长江经济带区域发展推动经济高质量发展,是未来经济发展的趋向和要求。四年来,长江经济带生态环境持续改善,区域协调合作力度加强,产业创新转型升级显著提升,发展成效显著,进入了一个崭新的历史阶段,当然也不可避免地面临各种新的发展掣肘。新阶段下,推动长江经济带区域发展,既需要通过改革、转型、创新,实现自身的高质量发展,也需要发挥长江经济带的辐射带动作用,发挥其在资源禀赋、经济体量、地理区位、转型创新以及开发开放等方面的优势,进而推动中国经济的高质量发展。

二、长江经济带发展现状

两次推动长江经济带发展座谈会为新时期的长江经济带区域发展明确了目标、指明了方向、提供了方法。可以看到,四年来,长江经济带顶层设计不断强化、生态环境持续改善、产业转型创新持续向好,各项建设都取得了积极成效。

(一) 顶层、中层设计基本完成

顶层设计指的是《长江经济带发展规划纲要》,这是长江经济带发展的总规,更是纲领性文件。中层设计指的是国家有关部委和沿江11省市针对规划落实,制定了一系列专项规划、政策文件和实施方案。如:水利部《长江岸线保护和开发利用总体规划》《长江经济带发展水利专项规划》《长江经济带沿江取水口、排污口和应急水源布局规划》、生态环境部《长江经济带生态环境保护规划》等专项规划,还有各省市陆续制定的《长江经济带发展规划纲要》实施方案。至此,长江经济带"1+N"模式的规划政策体系已经形成,规划引领的先导作用在发展过程中被充分运用。

此外,立法进程加快推进,2019年12月23日,《中华人民共和国长江保护法(草案)》迎来首次审议,这将是中国首部流域性的法律文件,未来长江经济带有望形成"1+N+1"的规划政策和法律体系。

(二)生态环境保护修复持续改善

长江经济带生态资源禀赋、生态系统独特、生物种类繁多,是中国重要的生态屏障区。在"共抓大保护、不搞大开发"政策指引下,一系列针对生态环境保护修复的专项行动得以有效开展,其中"4+1"工程取得明显成效。国家发展改革委2019年11月底的数据显示,长江经济带优良水质比例达82.5%,优于全国平均水平,劣V类比例为1.2%。长江干线非法码头已彻底整改1361座,1318万亩土地造林绿化,长江生态屏障得以巩固。

(三)经济指标稳步提升

四年来,长江经济带经济增长态势较好,基本处于中高速水平,经济总量逐年提升。2017年长江经济带地区生产总值从2016年的33.3万亿元增加到37.38万亿元,增量4.08万亿元;2018年长江经济带地区生产总值持续增长,达40.30万亿元;2019年长江经济带地区生产总值再创新高,达45.78万亿元,总量已占全国46.20%,占比较2017年和2018年分别提升了2.4个百分点和2.1个百分点。

(四) 创新驱动发展持续向好

自主创新取得突破。长江经济带多省市加快全面创新改革试验。上海、湖北、重庆、四川等省份走在前列,国家自主创新示范区、国家级科技创新平台(中心)、综合性国家科学中心、创新型省份加快建设。

产业转型升级不断加快。一产、二产、三产结构不断优化,三产发展趋势最佳,现代工业体系逐步形成。2019年,沿江11省市30个战略性新兴产业集群获国家发展改革委重点支持建设。

(五) 开发开放程度不断深化

从中国开发开放的宏大蓝图中可以看出,长江经济带对外通过"一带一路""陆海新通道"等,衔接广袤的欧亚内陆和南亚、东南亚等辽阔海洋,对内辐射京津冀、粤港澳大湾区,联动新一轮西部大开发,开发开放格局不断深化。据统计,2019年前11月,沿江11省市开行中欧班列4685列,同比增长32%,占全国总列数63%。前10月,北部湾到成渝等地的铁海联运班列达1713列,发运集装箱8.57万标箱,超过2018年全年的总和,西部陆海新通道为长江上游地区开放发展注入新动能。

目前,中国已挂牌的18个自贸试验区中,有7个(其中2019年新批复设立2个)位于长江经济带,这是长江经济带对外开发开放的重要平台和窗口,是推动区域经济"引进来"和"走出去"的主要支撑。

(六) 综合立体交通走廊加快建设

四年来,长江经济带"铁水公空"多式联运协调发展,有效促进了区域内外交通互联互通,现代化综合立体交通走廊基本成型,"黄金水道"的优势和效益开始显现。

目前,长江航道航运能力明显提升,数据显示,5万吨海船可直达南京,万吨轮船可达武汉,3000 吨级船舶可常年通达重庆。沿江港口、综合保税区协同发展力度加大,航运效率获得提高,运输成本进一步降低。

(七) 共抓大保护形成强大合力

一是在国家生态环境保护修复的严要求下,长江经济带生态环境突出问题绝大部分已经得到整改,生态系统发挥出对经济增长的强有力支撑。二是建立健全国土空间管控机制,划定 54.42 万平方公里生态保护红线,占带内国土面积四分之一。三是生态补偿机制探索初见成效,一方面,建立省内生态补偿机制,另一方面,签署横向生态补偿协议,例如,云贵川三省签署了《赤水河流域横向生态保护补偿协议》,浙皖两省签署了《关于新安江流域上下游横向生态补偿的协议》等。四是三峡集团、国家开发银行等多家央企或金融机构积极参与共抓大保护工作,提供稳定的金融支撑。

三、长江经济带高质量发展仍存在的问题

(一) 生态环境形势依然严峻

长江经济带生态环境质量明显改善,但形势依旧严峻。一是资源浪费严重,利用率不高,特别是重复利用率和再生利用率低。以能源为例,综合利用效率仅为33%左右,比国际先进水平低近10个百分点。二是环境污染仍较严重。水污染问题尤为突出,空气质量不容乐观,土壤污染、垃圾污染难以根治。三是森林面积大幅下降、湿地面积锐减、生物多样性减少、水土流失等生态系统退化现象明显。四是长江上游生态屏障区建设滞后,缺乏专门的规划与部署,建设管理主体不清晰,缺乏统筹协调,考核评价机制缺失,且上游多属限制开发区或禁止开发区,经济发展较为落后,关停或技改流域污染企业困难较大。五是协调机制不健全,生态补偿问题难以有效

解决。现有生态补偿指标理论性较强、种类繁多,如何选取具有代表性和操作性的指标难以明确,且生态补偿多以资金补助为主,市场化较弱,补偿效果有限。加之,沿江11省市相互间区域关系复杂,难以确定补偿归属问题。

(二) 产业转型升级任务艰巨

长江经济带产业布局不尽合理、转移升级任务艰巨,这体现在以下几方面:第一,区域发展程度不均衡。长江经济带横跨中国地理三大阶梯,资源、环境、交通、产业基础等差异较大,地区间发展差距明显。第二,区域间经济发展联动性不足。在不平衡发展战略指导下,"珠三角""长三角"、京津冀等地率先开放发展,但"中部崛起战略"尚未取得显著成效。第三,产业布局不尽合理,产业结构趋同。产业遍地开花带来了恶性竞争和产能过剩,企业规模在低效率基础上趋向小型化、分散化,造成分工效益和规模效益双重损失。第四,过度开发导致生态严重超载、环境污染严重。城市无序扩张、环保设施严重滞后导致生态严重超载,重化工业发展加剧了生态环境保护难度,城镇生态功能低下,人居环境恶化。第五,产业转型与结构升级难。长江经济带集中了较多高耗能、高排放的重型化工业,包括硫酸、化纤等,以及机械、冶金、服装加工等行业,这些传统行业需要大量的资金、技术进行升级改造,其专用性资产及产品升级改造十分困难。

(三) 区域协调机制和一体化发展不足

长江经济带各自为政现象依然普遍,区域协调发展的良好氛围还未形成,一体化发展不足。从区域协调机制来看,在国家层面,已经出台《长江经济带发展规划纲要》《全国主体功能区规划》《全国生态功能区划》等,但既有规划对区域合作保护与开发的关系没有给出明确的界定,现有研究对科学发展的内在逻辑缺乏精准而清晰的认识;在地方层面,各省市出台的政策和创新举措主要涉及自身的经济、社会发展及生态环境保护等内容,虽然一定程度上也促进了区域协调发展,但相互间的协调发展政策与举措较少,合作计划虚多实少,还没有形成区域协调发展的良好氛围。从一体化发展来看,一体化程度不足制约了长江经济带增长潜力的充分发挥,"行政区经济"的负面效应是导致这一局面的主要原因,例如各自为政的发展导向,经济碎片化明显,市场分割、产业同构、低效竞争等问题突出。

(四)发展风险时有加剧

化工安全事故频发是长江经济带发展不可忽视的风险之一。实践表明,入园靠海不是解决长江经济带"化工围江、化工围城"的最佳措施,仍面临重大风险。原因在于:第一,带内化工产业密集度高。长江流域拥有全国两大化工群带,还分布着五大钢铁基地、七大炼油厂,岸线侵占比较严重。第二,带内化工产业仍存在恶性发展。部分地方政府仍然看重经济增长指标,在招商引资上,忽视环保问题,引入产值大、利税高、发展带动效应强的能源重化工业,以及其他污染较为严重的企业。第三,化工行业属高风险源,安全事故成本难以估量。化工特大事故是环境、生态的双重灾难,必须时刻警惕和加强防范,既要掌握已有化工企业的安全状况,部署风险防范措施,加强监管,也要关注流域的特殊性,上游特大污染不可避免地会波及整个下游,要建立应急处理机制,做好应对举措。

(五)乡村金融和农村人居生活环境建设滞缓

长江经济带乡村基金等创新型金融方式推广不足,农村人居生活环境遭到破坏,乡村金融和人居生活环境建设滞缓。一方面,乡村振兴离不开有效的金融支持,但在金融支持方式上缺乏创新驱动力,经济增长、产业发展亦出现瓶颈。目前,长江经济带还没有有针对性地建立乡村发展创业投资基金,导致其没有依靠得天独厚的条件在新时代乡村振兴中发挥领头羊的作用,同时没有发挥好具有企业家精神的新型农民队伍这一关键力量,阻碍了乡村振兴进程。另一方面,长江经济带部分农村地区居住条件差、生活用水受到污染和破坏、养殖业污染严重、农村生态环境污染不断加剧、农村基础设施建设滞后、基本公共服务供给严重不足等问题尚未有效解决,人居生活环境整治刻不容缓。

四、长江经济带高质量发展的对策建议

(一)以"生态优先、绿色发展"理念破除生态环境严峻形势

牢固树立"生态优先、绿色发展"理念。(1)确定长江经济带生态发展思路,建设国家生态建设示范区和绿色发展示范区。(2)建立长江经济带激励处罚机制,设立生态至上的政府考核标准,建立生态环境损害赔偿制度,加强生态建设监测,推进奖惩措施落地。(3)推动传统工业转型升级或者搬迁改造。(4)采取切实措施开展生态建设。(5)大力发展绿色、生态产业。如四川省的竹产业。(6)挖掘开放优势,发展清洁经济。借助国家对外开放战略加强沿海开放、内陆开放优势,实现国家战略互推共进。(7)以长江上游生态屏障申报建设国家公园。(8)在中央推动长江经济带发展领导小组下依托生态环境部、水利部、自然资源部设立长江经济带绿色发展协调委员会。

筑牢长江上游生态屏障,完善生态补偿机制。(1)尽快编制长江上游生态屏障建设规划。(2)加强长江上游生态屏障建设相关规划的协调。(3)构建长江上游生态屏障建设保障体系。(4)使用"多规合一"、生态红线等先进规划理念和方法,充分运用国情地理信息数据和长江经济带各类规划成果。(5)从速部署研究长江流域横向生态补偿机制,加大中央财政对长江上游生态屏障区域的生

态补偿,以及对民间和社会的生态补偿。

(二) 以科技创新引领产业转型升级

科学编制主体功能区划,化解无序竞争产业同构。(1)按照发展规律将长江经济带主体功能区划分为生态建设区、生态与开发协调发展区、一般开发区、高度开发区。(2)按照主体功能确定有针对性的差异化考核标准。例如,对于生态建设区,要制定明确的生态建设考核指标。如果生态建设没有做好,即使取得了很大经济增长,也要进行处罚。(3)把主体功能区划落实到具体执行主体,具体到每个地方、每个村庄,并进行有针对性的考核,实施正负向激励机制。(4)针对四类主体功能区经济发展的不同,实施跨区域补偿,以确保经济收入欠缺的功能区在生态建设、社会发展、民生福利上的资金需求。

优化带内产业布局。(1)坚持全局原则,统筹兼顾,以《全国主体功能区规划》为原则和基础,明确各地区在全国经济建设中的角色和地位,确定产业发展方向。(2)把环境保护摆在首位,摒弃"先污染后治理"的老路子,从源头上保护好生态环境。(3)科学选择主导产业,利用城市群梯度接力,构建集中均衡式经济布局,缩小东中西部发展差距。(4)加强综合运输体系建设,以长江黄金水道为轴,加强"铁水公空"综合交通网络的建设;整治黄金航道,加快推进航道等级改造提升、船闸扩建、水陆无缝对接等;以特大城市为中心,支撑大城市群的集聚经济。(5)完善产业转移与承接相关制度安排,设立产业转移协调机构,出台指导目录和负面清单(可参照国家出台的《长江经济带发展负面清单指南(试行)》。例如,贵州省已对《长江经济带发展负面清单实施细则(征求意见稿)》征求意见),通过实施督察、定期评估、动态调整和完善,科学引导产业布局。

以创新引领长江经济带产业转型升级。(1)持续提高自主创新能力,推进各省市全面创新改革试验,支持装备制造、先进微处理器技术等国家工程实验室建设。(2)不断加快产业转型升级,宜宾、重庆、武汉、上海等沿江城市可加快发展新兴技术产业。(3)有序推进新型城镇化综合试点工作,重点建设一批特色小镇、小城镇(如四川省的香格里拉镇)。(4)不断提升对外开放水平,加快带内自贸区发展。(5)推进沿江国家新型工业化产业示范基地建设等。

(三) 以区域协调推动长江经济带一体化发展

重塑发展理念,构建区域协调机制,强化带内区域协作和区际联系,弱化带内竞争,加强跨省合作,打造长江经济共同体。优先制定《长江经济带一体化发展战略规划》,可由中央推动长江经济带发展领导小组牵头,各省市及相关部门负责人组建规划领导小组,邀请专家和其他政府人员组建规划小组,制定中长期一体化发展战略总规。

加快城市群和自贸区发展。(1)城市群发展方面。"长三角"城市化水平较高,川滇黔地区城市化水平较低。未来,应明确城市群中核心城市功能定位,加强三大城市群间的城际合作,加强政策协调,着力消除行政壁垒,促进产业分工、专业化发展规划及相关政策的协调统一。建议启动"长江上游城市群经济区"规划。由国家发展改革委会同川滇黔渝发展改革委参与组建领导机构,设立决策咨询机构,制定《长江上游城市群经济区发展战略规划》和区域发展政策,协调好中央和各级地方政府之间的区域政策目标和工具,并加以推动与落实。(2)自贸区发展方面。一是探索建立沿江自由贸易区集群,营造良好的营商环境,有序发展,错位竞争。下游地区:高新出口+智能制造,中游地区:贸工结合+现代服务,上游地区:转口集散+绿色经济。二是生态优先,产业转型,构建人才支撑体系。三是打破体制机制障碍,形成科学性和统一性相互结合的发展规划。四是对接国家区域发展战略,形成区域性分工协同体系,探索建立沿长江经济带自由贸易区集群和自由贸易港试验区,对接国家对外开放战略,引进高质量外资和创业创新团队,发展高质量技术和服务贸易。五是试点建立成都双流-简阳双国际机场航空港自由贸易港片区等。

全面推进长江经济带一体化发展。近期可通过价值链和产业分工引导产业跨区域转移,逐渐形成以都市圈、城市群为基础的地区分工与合作。进一步地,实施分区推进:下游地区,率先推进深度融合的一体化发展战略,推动经济有机融合,提升国际竞争力和影响力,形成内外双向互动的经济高地;中游地区,完善基础设施,稳步推进以鄂湘赣省会为核心的城市群协同联动;上游地区,推进以成渝城市群为基础的区域经济合作。建议:(1)深化财税、金融、行政体制改革,分类施策,简政放权,建立以服务为导向的中性政府。(2)借鉴美国TVA模式,组建长江流域管理局,负责流域的生态保护和基础设施统一运营和管理。(3)借鉴欧盟一体化经验,建立以制度和规则为基础的协调机制,加强区际信息沟通和政策协调。(4)组建长江经济带发展银行,推动基础设施建设和绿色发展。(5)建立利益分享机制,支持"长三角"与中上游省市构建"飞地经济"合作模式,推进产业和资源跨地区转移,提升中上游省市中心城市增长动能。(6)建立产业转移与生态保护联动的利益补偿机制,推动"长三角"与中上游省市定向合作。(7)建立教育、医疗和科研资源共享机制,推动教育、医疗和科研机构跨地区合作。(8)在长江经济带改革户籍制度,建立统一的社会保障平台,为人员自由流动提供保障。

(四) 以加大监管、科学补偿化解长江经济带发展潜在风险

第一,确定长江流域化工厂加速减量发展总思路并制定实施路线图,政府制定并监管实施完善、可操作的安全法规和标准,重新确立重化工产业布局规划,如江苏省出台的《江苏省化工产业安全环

保整治提升方案》。在条件成熟的情况下,可推动自然资源部、生态环境部、住建部、工信部设立长江经济带化工安全特别委员会,编制长江经济带高质量发展区控规和详规,一张图抓起"生态建设""化工围城"等重大问题,打造"数字长江"。第二,完善生态环境产业高质量发展奖惩、补偿及激励机制,采取足够严厉的环保标准与处罚措施,加大追责力度,强化主体管理。第三,在国家层面建立独立而统一的监管机构与监管功能,创新管理机制,防范化工厂发生流域性生态环境特大污染事故。第四,企业要进行深入的安全隐患排查与纠正,积极建设系统性的安全技术与管理机制。第五,政府要推进专业人才与专业机构的培育。教育部可积极推进大学、职业技术院校、科研机构等加大安全专业人才的培育,同时,也要把部分功能放给行业协会、咨询机构,调动社会资源参与安全建设。

(五) 以乡村金融发展助力长江经济带乡村振兴

建立长江经济带乡村发展创业投资基金,发展乡村金融。可借鉴美国农村社区发展创业投资基金(CDVC)和农村企业投资公司(RBICS)模式。(1)由国家发展改革委、财政部、农业农村部等负责组建长江经济带乡村发展创业投资基金和乡村企业投资公司;(2)由地方政府建立跨区域的乡村创业投资政府引导基金和农业区域投资公司,运用财政、税收、信贷等优惠政策,直接或者间接引导民间资本设立专门针对乡村地区的创业投资基金对区域内乡村企业家创业进行股权投资,发展特色产业和生态农业,培育新动能。(3)依托资本市场,支持符合条件的乡村企业在中小板、创业板上市,在新三板和区域性股权交易市场挂牌交易,实现创业投资价值。

加强农村人居环境整治,提升人民幸福感。(1)政府部门要形成强有力的组织保证,建议组织成立从省到县的专门领导小组,负责制订农村人居环境建设的计划并落实,构建以县(区)为主导、乡镇为主体、村社为辅助、农村全员参与的多中心复合治理体系。

(2)坚持规划先行,科学设计,以规划统领长江经济带农村人居环境建设,抓紧编制《改善长江经济带农村人居环境建设规划》。(3)加强农村住房建设管理,改善住房条件。(4)加强饮用水水源地保护,做到先防后治,边防边治,防治结合。(5)加快农村基础设施建设,提高基本公共品供给。(6)构建跟踪、问责、监督、评估、宣传、管护、协调以及奖惩等保障机制。(7)加快农村人居环境整治相关立法和建设标准的制定,如农村环境保护法等。

参考文献

1. 柏建成、高增安、严翔、张利霞:"长江经济带科技创新与金融发展互动关系研究",《科技进步与对策》2020年第9期。
2. 高芳、谢琳灿:"以高水平开放促进长江经济带高质量发展",《中国国情力》2020年第2期。
3. 台德进、王磊:"长江经济带沿线区域经济高质量增长影响因素研究",《新乡学院学报》2019年第36卷第11期。
4. 滕堂伟、孙蓉、胡森林:"长江经济带科技创新与绿色发展的耦合协调及其空间关联",《长江流域资源与环境》2019年第28卷第11期。
5. 杨仁发、李娜娜:"产业集聚对长江经济带高质量发展的影响",《区域经济论》2019年第2期。
6. 阳小华、靳如意:"长江经济带产业结构调整的实践向度",《社会科学动态》2019年第12期。

(罗来军,中国人民大学长江经济带研究院;胡先强,中国人民大学长江经济带研究院)

丝绸之路经济带核心区高质量发展研究
——基于发展路径及金融模式探析

丁志勇　张莉涓

丝绸之路经济带发展战略主要涉及亚太经济圈、欧洲经济圈多个国家和地区,是世界上最长且最具潜力的亚欧陆路经济大走廊,这一战略实施势必促进中国与沿线国家互利共赢、优势互补、共同发展的良好合作,势必带来基础设施、装备制造、商业物流、服务贸易、产业园区等产业高质量发展。新疆作为丝绸之路经济带核心区和重要节点,具有突出的政策优势、地缘优势、资源优势、人文优势和后发优势,必须紧紧围绕发展战略和重点项目规划,大力支持重点项目融资和跨境人民币结算,将机遇转化成内生发展动力,科学搭建丝绸之路经济带核心区与金融发展的良好平台,把对金融产品的供给从信贷项目资金的供给拓展到结算、租赁、信托、保险、证券、金融衍生工具等多个层面,切实提升金融高质量服务供给能力。

一、丝绸之路经济带核心区高质量发展总体状况

丝绸之路经济带战略是推动中国与沿线国家基础设施建设、经济持续发展、产业转型升级、金融结构优化的重大机遇,有利于推动中国与沿线国家经济高质量发展。新疆是一个多民族聚居的地区,与亚欧地区具有较强文化认同感,维吾尔、哈萨克、柯尔克孜、塔吉克、俄罗斯等少数民族多跨界而居,与亚欧地区血缘相亲、民族相连、语言相通、风俗相近,有着广泛的文化认同,得天独厚的人文优势有助于推进丝绸之路经济带核心区战略实施。

(一)丝绸之路经济带核心区建设总体状况

新疆地处西北边陲,是中国土地面积最大、交界邻国最多、陆地边境线最长的省区,周边的中亚五国均是内陆国,丝绸之路经济带横贯哈萨克斯坦全境,途经吉尔吉斯斯坦,东邻塔吉克斯坦,到达丝绸之路古国乌兹别克斯坦,有利于推动中国与周边国家的互联互通,建立高质量合作伙伴关系。第一,丝绸之路经济带核心区地缘特征。丝绸之路经济带线路分为南道、北道和中道,历史上就是古丝绸之路中国与亚欧各国的贸易通道。中道与中亚五国相连,依托沿线的乌鲁木齐、昌吉、石河子等中心城市,借助霍尔果斯合作中心,成为丝绸之路经济带的重要通道;北道与俄罗斯、蒙古国相通,具有深远的战略意义;南道与西亚六国相通,沿线南疆各地州与西亚在能源经济方面具有互补性,喀什设有经济开发区,是丝绸之路经济带核心区南道的桥头堡。丝绸之路经济带核心区三条线借助中心城市发展提升经济高质量发展,进而推动金融的充分发展。第

二，中巴经济走廊建设总体战略框架。中巴经济走廊是丝绸之路经济带建设六大经济走廊之一，旨在密切与巴基斯坦多领域的交流合作，促进中巴双方经济高质量发展。作为丝绸之路经济带战略背景下的样板项目，中巴经济走廊依托共享合作、开放包容、互学互鉴、互利共赢的丝路精神，在交通基础设施、双边贸易投资、能源通道合作、人民币国际化等方面实现突破，为中巴两国未来发展奠定深厚基础。对巴基斯坦而言，中巴经济走廊建设为巴基斯坦经济发展注入新的动能，瓜达尔港项目已然成为巴基斯坦经济发展的助推器，《中巴经济走廊远景规划》将丝绸之路经济带战略与巴基斯坦"2025愿景"深入对接，有力推动中巴两国经济高质量发展。第三，中巴经济走廊建设项目实施路径。丝绸之路经济带核心区建设在沿线国家取得较大进展，习近平主席访问巴基斯坦时达成以中巴经济走廊为核心，以交通基础设施建设、能源项目合作、瓜达尔港开发和产业合作为重点的"1+4"模式合作项目。中巴经济走廊自喀什起向南延伸，沿途经过塔什库尔干和红其拉甫口岸，以及巴基斯坦白沙瓦、伊斯兰堡、拉合尔、木尔坦、库尔、奎塔和卡拉奇，最后到达瓜达尔港，这是一条集公路、铁路、油气管道于一体的贸易能源走廊，也是丝绸之路经济带核心区战略重要项目。第四，中巴经济走廊建设重大机遇。对新疆而言，中巴经济走廊建设为南疆四地州发展带来历史性发展机遇，借助中巴经济走廊可通过瓜达尔港出海，抵达全球重要的石油供应通道霍尔木兹海峡，使得中国石油进口路径不再过度倚重马六甲海峡，不仅突破内陆地区交通限制，也为保障国家能源战略安全提供新的途径。喀什是中国与巴基斯坦交界的唯一地区，历来也保持着友好的双边经贸往来；克拉玛依在中巴经济走廊论坛上签订多项能源经贸合作协议，涉及范围包含能源、通信等多个领域；中国承担巴基斯坦首个太阳能光伏电站项目，中巴双方正在积极进行经济走廊建设，实现中巴两国经济高质量发展的优势互补。

（二）丝绸之路经济带核心区对外开放布局

边境口岸肩负着重要使命，是中国与沿线国家间的联系纽带和重要载体。中国一类边境口岸243个，其中新疆一类边境口岸17个，包括航空口岸2个及陆地口岸15个，边境口岸已成为丝绸之路经济带战略的前沿阵地。第一，丝绸之路经济带核心区口岸特征。新疆口岸联结亚欧与中国的贸易发展，有效发挥东联西出、西来东去的作用。新疆一类口岸中民航口岸2个，乌鲁木齐机场空运口岸通往中亚、西亚等12个国家，喀什机场口岸通往巴基斯坦等国家。铁路口岸1个，阿拉山口口岸通往哈萨克斯坦。公路口岸15个，包括通往哈萨克斯坦的阿拉山口口岸、霍尔果斯口岸、都拉塔口岸、木扎尔特口岸、吉木乃口岸、阿黑土别克口岸、巴克图口岸等，通往蒙古国的老爷庙口岸、乌拉斯台口岸、塔克什肯口岸、红山嘴口岸，通往吉尔吉斯斯坦的吐尔尕特口岸、伊尔克什坦口岸，通往巴基斯坦的红其拉甫口岸，通往塔吉克斯坦的卡拉苏口岸。第二，霍尔果斯合作中心发展总体状况。霍尔果斯合作中心是新疆边境陆地口岸发展的典范，其所处核心区咽喉要道的区位优势凸显，依托得天独厚的地理位置和自然条件，以及丝绸之路经济带核心区建设优惠政策，已成为中国与沿线国家经济文化交流的重要枢纽。霍尔果斯合作中心是上海合作组织架构下区域自由贸易合作区，由中国和哈萨克斯坦共同设立，合作中心面积5.28平方公里，中国区域面积3.43平方公里，哈萨克斯坦区域面积1.85平方公里，是丝绸之路经济带核心区建设的桥头堡，是联通丝绸之路经济带的国际贸易中心、国际物流中心、加工制造中心和能源大通道，为丝绸之路经济带核心区建设带来诸多商机。霍尔果斯合作中心加速伊犁河谷资源聚集，形成中国"贸易开放"与"金融开放"的高质量开放新格局。第三，霍尔果斯合作中心人民币国际化。霍尔果斯合作中心依托霍尔果斯口岸的通道枢纽优势，大力发展中国与沿线国家的国际贸易、离岸金融，使人民币在丝绸之路经济带沿线国家实现国际化，成为人民币国际化的金融试验区，成为辐射丝绸之路经济带沿线国家的向西开放窗口，成为连接中亚、西亚至欧洲陆路大通道的枢纽。霍尔果斯合作中心内的商业银行可以从境外融资，支持企业走出去及对外投资贸易活动，其贷款利率低于全国平均水平，国外公司可在霍尔果斯合作中心设立人民币账户，促使国内外非居民人民币存款流动，进一步吸引资本、技术向这里集聚。霍尔果斯合作中心已经承担起推进人民币国际化的重要任务，通过跨境人民币业务的试行试点，探索出人民币国际化的发展模式，势必对霍尔果斯合作中心金融发展产生重大影响。

二、丝绸之路经济带核心区高质量发展路径选择

在世界经济全球化、一体化趋势加快条件下，经济竞争与金融竞争已成为国际政治博弈的主要工具。丝绸之路经济带战略把新疆从向西开放的边缘地带转变为前沿阵地，成为东联西进、联通欧亚的重要纽带。当前，必须抓住丝绸之路经济带核心区发展机遇，强化与沿线国家经济贸易联系，广泛建立多边合作机制，努力实现经济的高质量发展。

（一）依托政策沟通平台，推进区域经济持续发展

第一，加强多领域、多层次对话，构建与丝绸之路经济带沿线国家政治、安全、经济、文化等方面的交流渠道，从政策顶层设计上服务于区域经济与金融良性发展。第二，促进经济贸易、投融资、人员往来的便利化，不断加强丝绸之路经济带的高质量合作交流，促进中国与沿线国家的全方位合作，从而带动经济的高质量发展。第三，结合丝绸之路经济带核心区建设战略构想的总体目标，制定适合经济贸易、投资融资、文化交流等方面的配套政策，不断评估配套

政策的实施效果,为科学决策提供有效的信息支持。第四,搭建宏观统计数据平台,收集社会发展、产业结构、融资模式、商贸旅游等经济发展信息,为丝绸之路经济带核心区建设的科学决策提供有力支持。

(二)依托道路联通战略,完善交通基础设施建设

第一,加快与沿线国家的铁路互通建设,通过高铁外交、泛亚铁路、中吉乌公路等项目,将丝绸之路经济带用铁路、公路联通起来。第二,加大交通基础设施建设布局,南线从南疆铁路、314国道出发,经西亚、南亚延伸到新亚欧大陆桥国际经济走廊;中线从陇海线、兰新线出发,经哈萨克斯坦向欧洲延伸到新亚欧大陆桥中线国际经济走廊,并对接国际能源大通道;北线从北疆奎北铁路、边境口岸出发,经俄罗斯、蒙古对接新亚欧大陆桥北线和国际能源大通道。第三,大力发展航空市场网络通道,通过航空市场的大通道建设,打通连接丝绸之路经济带沿线国家的空中运输通道,降低空中货物运输物流成本,解决与沿线国家航空通道发展不足的难题。

(三)依托贸易畅通优势,推动商贸优势产业发展

第一,依托亚欧博览会、中亚南亚商品交易会等国际会展平台,加快能源开发、边境贸易等产业发展,从制度、体制、机制等层面推进贸易投资的便利化,建立商贸与物流一体化的联动机制,使新疆真正成为中国向西开放的桥头堡。第二,加快推进经济开发区及合作中心建设,利用政策好、交易活跃的特点,使其吸引金融机构和优秀企业落户,成为企业资金、产业的集聚地和企业总部的首选地,带动相关产业链上下游中小企业的高质量发展。第三,加快推进商贸物流产业的高质量发展,把新疆打造成为出口商品加工基地、中转商品集散地,支持代理联运、物流配送等现代物流业发展,通过区域资源优化配置的高质量合作,提升沿线国家的经济实力和市场竞争力。

(四) 依托民心相通文化,促进文化传播、科技交流

第一,建立互利共赢的科技交流平台,加强与沿线国家科学技术的交流,通过互利共赢的科学技术合作模式,共享沿线国家的科学技术成果,构建面向沿线国家的实用技术和科研成果转化。第二,建立相互融合的文化传播平台,以丝绸之路国际服装节、国际民族舞蹈节、国家玛纳斯文化旅游节、亚欧博览会、文化艺术节等展会为契机,加大丝绸之路经济带品牌塑造与宣传,通过互利互惠的文化交流模式,促进丝绸之路经济带沿线国家的文化交流。第三,建立资源共享的科学研究平台,以丝绸之路合作发展论坛、丝绸之路经济文化交流论坛、丝绸之路研讨会等形式,探讨丝绸之路经济带的发展模式,研究沿线国家自然资源、交通设施、产业结构、能源开发、人口构成等方面状况,把新疆与沿线国家优势进行互补,形成经济发展与资源禀赋的高质量耦合。

(五) 依托金融互通体系,实施区域金融中心建设

第一,着力创新金融市场服务体系,抓住金融互通的重大机遇,本着面向国际、国内两个市场原则,不断完善证券、保险市场,提供多元化的基金、债券、金融租赁和金融衍生品服务,建立国际大宗能源、棉花等商品的现货或期货交易中心,发行以能源和基础设施项目为依托的金融债、企业债,以更加宽广的金融市场创新视角,构建适合沿线国家的多途径金融市场服务体系。第二,积极探索外汇交易清算体系,推进人民币与坚戈等沿线国家货币挂牌、兑换和交易,扩大本币互换的范围、数量和规模,建立丝绸之路经济带人民币清算行、结算代理行,定制沿线国家通用的信用卡,推进人民币流通、结算和计价的国际化进程。第三,不断完善合作中心跨境贸易结算机制,依托霍尔果斯合作中心跨境自由贸易试验区,拓展与吉尔吉斯斯坦、塔吉克斯坦、乌兹别克斯坦、土库曼斯坦等国的金融互动,

依托各项优惠费率政策,引导居民贸易结算使用电子渠道完成,适应丝绸之路经济带货币流通的需要。

三、丝绸之路经济带核心区高质量发展对策建议

近年来,丝绸之路经济带核心区在对外开放、产业结构、市场化程度等方面取得突出成就,特色产业快速兴起,金融体系日益完善,经济社会发展进入高质量增长期。当前,只有借助丝绸之路经济带发展契机,以中巴经济走廊、霍尔果斯合作中心为突破口,加强与沿线国家贸易的高质量合作,参与沿线国家各类项目,才能有效提升经济的高质量发展水平。

(一)搭建高质量发展生态环境,不断提升市场竞争实力

第一,促进交通基础设施高质量发展。一是加大区域内基础设施建设。制定公路网、铁路网、口岸设施、油气管道等基础设施规划,将重点城市、产业园区、边境口岸连接起来,对原有运输路线进行拓宽升级,在乌鲁木齐、喀什、霍尔果斯等重要城市新建扩建机场,有效提升运输线路效率。二是升级连接内地的交通设施。推进与内地省份交通基础设施建设,提升公路、铁路和飞机网络运输能力及效率,拓宽原有高速公路,将普通路线升级为高速路线,增强与中东部的通达性,缩短跨省交通时间,降低运输成本,方便旅客和货物通行,为丝绸之路经济带核心区与中东部产业合作、人文交流提供便利。三是改善边境口岸的运输网络。以霍尔果斯、阿拉山口等跨境贸易量较大口岸为重点,加大交通运输设施投入,做好运输网络统一规划,推进新建和改造项目落地,打通国内外货运及客运互联渠道。第二,构建高质量政务服务管理体系。贯彻落实丝绸之路经济带战略必须配套高质量政务服务能力,借助网上政务平台提升服务便利化,加快推进智慧城市建设,做好与沿线国家的互联互通。

一是建立各层级政务服务平台。统一制订智慧城市对接计划,及时公开政府优惠政策,分步骤对各层级政务提供网上服务,清除企业遇到的体制机制障碍,建立信息多跑路、群众少跑腿的智能化政务服务平台。二是构建一体化管理服务体系。梳理政府相关部门管理政策,统筹各层级管理服务体系,加强海关、检验检疫和边防等部门沟通协作,解决边贸政策不协调、营商环境差的难题,为边贸企业提供一站式公共服务,激发口岸经济高质量发展活力。三是引导优势产业的项目落地。通过政务服务平台公开市场信息,摸清沿线国家资源禀赋状况,承接优势产业升级转型,建立面向沿线国家产品服务供给体系,搭建中国与沿线国家优势产业集群。第三,建立高质量人才引进机制。依托与沿线国家深厚的血缘关系和文化交流基础,吸引沿线国家高科技人才参与霍尔果斯合作中心建设,拓展丝绸之路经济带发展空间。一是政府出台优惠财税政策。加大基础教育投入力度,对本地劳动力进行专业培训,提升专业技术人员综合素质。二是积极引进优秀专业人才。在喀什经济开发区、霍尔果斯合作中心等地实施人才引进计划,为符合条件的高科技人才提供房屋、落户、一次性补贴等优惠政策,积极引进优秀专业人才,为后续引进新兴产业、高新技术产业提供人才保障。三是建立高端人才培养机制。为保持多层次、多渠道、多形式的边境贸易金融服务格局,使霍尔果斯口岸与城市产业链有效衔接,促进口岸经济及区域经济外向型蓬勃发展,可通过优惠政策吸引人才,邀请东部高端人才来霍尔果斯交流挂职,适应霍尔果斯口岸经济高质量发展的需要。

(二)搭建高质量产能合作平台,持续推进经济特区建设

第一,鼓励高质量资源加工产能合作。新疆拥有优质的自然资源,棉花、动物皮毛、牛羊肉、瓜果、石油、天然气、煤炭、光照、风能等储备丰富,通过与中东部建立产能合作,统一布局农牧产品深加工

产业。一是合理布局各地区优势产业。引进中东部地区优质深加工企业,就地将原料加工为成品后,再销往海外或中东部市场,带动贸易发展,解决当地就业。二是配套差异化财税优惠政策。结合落户企业生产经营、吸纳劳动力、创收情况等条件,给予深加工企业实实在在的优惠,鼓励企业高质量发展。三是打通深加工产品出口渠道。用好霍尔果斯、喀什等产业园优惠政策,统一边境贸易开放政策,与沿线国家互联互通,为生产企业扫除通关障碍,使产品能够顺利销往沿线国家。第二,加快高质量产业走出去的步伐。丝绸之路经济带沿线国家经济发展水平测度表明,沿线国家经济发展水平相对较低,中国可以将优势产能输出至这些国家,在造福沿线国家居民的同时拓展自身发展空间。一是输出优势能源合作项目。在沿线国家投资建设热电厂,改善当地居民生活条件,提升当地企业生产能力,不断拓展优势产业的创新发展。二是参与产业园区建设项目。积极参与沿线国家产业园区建设,推进与沿线国家的产业合作,改善沿线国家贸易往来环境,为丝绸之路经济带建设打好基础。三是推广农业种植加工技术。沿线国家与核心区有着较为接近的气候条件,成熟的节水滴灌技术、棉花种植与加工技术等均可输出沿线国家,在沿线国家建立农业纺织产业园,带动棉花的种植、深加工和产品销售,拓展主要的欧洲市场。第三,推进高质量的综合保税区建设。口岸是丝绸之路经济带核心区建设的重要窗口,发挥园区优惠政策和地缘优势,能够拉动当地经济高质量发展。一是改善营商环境,发挥政策优势。紧扣引进产业目录,在霍尔果斯、喀什等地推行"放管服"改革,实现落户企业咨询、申请、批复只跑一次现场的服务,打造服务效率高、营商环境优、审批流程少的投资服务高地和投资成本洼地。二是围绕产业定位,提升内生动力。根据区位及沿线国家贸易需求,统筹安排四个园区产业定位:霍尔果斯重点发展农产品深加工、生物制药、可再生能源等产业,主要对接中亚-西亚经济走廊;喀什重点发展商贸物流、出口机电产品配套组装加工等产业,主要对接中巴经济走廊;阿拉山口重点发展跨境电子商务、农副产品加工贸易、纺织服装等产业,主要对接新亚欧大陆桥经济走廊;乌鲁木齐主打国际陆港区建设,主要对接新兴产业和高新技术产业。三是结合区域优势,主动招商引资。各经济特区应当在明确定位基础上,结合沿线国家需求和本地资源禀赋,梳理本地需要招商引资的产业,有针对性地到中东部目标产业富集地区开展招商引资,为园区经济高质量发展注入活力。

(三) 建立高质量金融服务体系,着力提升金融供给能力

第一,完善金融机构体系,推动高质量金融服务。一是完善金融组织体系,服务区域经济发展。鼓励股份制商业银行、城市商业银行、农信社等增设分支机构,提供多元差异化金融服务,全力支持当地特色产业发展。二是设置离岸金融机构,承接离岸金融服务。霍尔果斯合作中心应积极引进中小型金融机构,鼓励沿线国家商业银行进驻,不断丰富园区商业银行金融机构种类,为企业提供多层次、多维度的跨国离岸金融服务。三是引进非银行类机构,丰富金融服务种类。积极引进保险公司、基金公司、信托公司等非银行金融机构,丰富金融中介机构种类,构建多样化金融中介体系,实现区域内金融机构互补性发展,形成间接融资、国别风险防控、跨境顾问咨询、衍生产品交易等一揽子金融服务方案。四是适当放宽监管政策,推动金融机构融合。积极鼓励中国金融机构到沿线国家设立分支机构和办事处,增强中国在沿线国家经济走廊影响力,促进相互间贸易投资,以经济走廊建设为契机,继续推广双边贸易本币结算,促进贸易投资便利化。第二,创新金融产品体系,丰富高质量融资渠道。一是设置专项基金,支持核心区建设发展。政府设立开发性投资基金,联合商业银行、保险公司以及当地龙头企业投资入股,支持基础设施建设和新兴产业,满足企业与沿线国家贸易往来的资金需求。二是依托对外贸易,推动人民币贷款业务。针对在沿线国家

建立经济产业链条的走出去企业,优先采用人民币融资,使用人民币融资购买机械设备,增加人民币在境外使用范围,引导对外贸易使用跨境人民币结算。三是运用债券融资,提升非直接融资占比。拓展以基础设施抵押的债券融资方式,以项目公司为主体在境内外发行债券,以项目收入来偿债,鼓励境外投资者和其他金融机构参与债券发行,为丝绸之路经济带建设提供更多融资选择。四是支持实体经济,推动资产证券化业务。资产证券化可动员更多投资者参与丝绸之路经济带建设,将存量金融资产释放出来再次投入使用,撬动全球投资者的资金参与到基础设施建设中。银行信贷资产也可以证券化,在设计证券化产品时,应主要用人民币为计价货币,扩大离岸人民币投资机会。第三,实施人民币国际化,推进高质量金融创新。一是鼓励金融机构开展跨境人民币创新。鼓励金融机构进入园区开设分支机构,开展跨境人民币业务创新,允许银行从境内调动人民币到园区,发放境外人民币贷款,打造霍尔果斯跨境人民币国际金融港。二是推进商业银行跨境人民币业务发展。商业银行应创新金融产品,基于核心企业供应链进行授信,向园区企业提供便捷的人民币交易清算、人民币贷款融资、人民币债券融资等金融服务,提升边境贸易中人民币使用率,推进跨境人民币业务发展。三是突破园区企业人民币直接融资困境。政府部门及金融机构应以项目和贸易吸引企业入园,引进扶植一批龙头企业扩大园区对外贸易额,带动产业链上小微企业发展,提升园区内企业综合实力。

(四)建立高质量预警防控机制,切实增强抵御风险水平

第一,强化高质量风险预警管理机制。一是加强风险监测,及时规避国别风险。建立国别风险监测体系,明确监测指标,对国债负担率、GDP增速、通胀率、失业率、货币供应量、汇率水平、不良贷款率等指标进行重点监测。二是加强区域合作,提升风险防范能力。建立跨区域金融合作机制,与沿线国家主要金融机构共同筹划区域合作事宜,通过跨区域征信、信息披露、反洗钱等信息交换平台,融合境内外金融系统信息,综合反映区域内企业风险水平,提升抵御境外投资风险的能力。三是整合信息资源,建立信用评估体系。建立企业信用风险评估体系,广泛采纳企业法人征信、企业工商注册、税务、海关、电力、水利、法院、质监等部门信息,通过系统联通、信息共享将企业信用风险等级信息统一传送至人民银行,建立企业信用风险评估体系。第二,提升高质量金融抵御风险能力。一是优化合作路径,减少汇率风险。丰富人民币金融产品,优化外贸结算手续和流程,签订货币互换协议,推动货币互换交易,为沿线国家提供人民币流动性支持。建立安全高效的人民币清算系统,提高资金汇划结算效率,为贸易合作提供更多的支持,规避因当地汇率不稳定带来的风险。二是加快金融创新,降低金融风险。通过金融工具、金融制度、金融市场的创新来降低金融风险,尤其应重点关注中亚五国的外部风险影响。三是引入第三方机构,评估财务风险。引入重大项目风险评估机构,借助第三方力量对丝绸之路经济带重大项目财务风险、可持续性进行评估,在后续的投资建设过程中持续跟踪项目财务风险。四是活用保险策略,抵御贸易风险。发挥保险业在风险控制中的作用,加大出口企业信用保险、海外投资保险、国际保险等业务推广,提升走出去企业使用保险规避境外风险的意识,鼓励保险公司针对跨境人民币业务开发新险种,不断提升跨境贸易风险覆盖率。第三,打造高质量区域合作平台。一是借力区域性经济合作组织,打造区域合作平台。充分利用上海合作组织、"一带一路"国际合作高峰论坛等区域性合作平台,探讨与沿线国家的战略合作机制,加快区域经济一体化进程,达成贸易往来、投资保护、争端解决、融资合作等战略共识,建立沿线国家经贸合作协作平台。二是争取更多的机构共同参与,实现利益共享、风险共担。在投资重大项目时依托区域合作平台,争取政府、金融机构或龙头企业共同参与,大家利益共享、风险共担,能够在较大程度上规避营商环境风险,争取国际组织或区域性合作基金的参与,分散潜在金融风险。三是发挥国际非营利组织的作用,提高当地认同程度。加大对参与丝绸之路经济带建设的国际非营利组织的政策支持力度,引导其发挥自身优势,为中国企业提供当地国情社情信息支持和风险预警,帮助走出去企业快速融入当地。推动建立非营利组织信息资料库,整合不同领域信息,在民生、环保等领域开展公共服务合作。

参考文献

1. 曹立等:《推动中国经济高质量发展》,人民出版社2019年版。
2. 迟福林等:《动力变革:推动高质量发展的历史跨越》,中国工人出版社2018年版。
3. 国务院发展研究中心课题组:《迈向高质量发展:战略与对策》,中国发展出版社2017年版。
4. 金江军:《数字经济引领高质量发展》,中信出版集团2019年版。
5. 刘俏:《从大到伟大2.0:重塑中国高质量发展的微观基础》,机械工业出版社2018年版。
6. 刘世锦:《中国经济增长十年展望(2018—2027):中速平台与高质量发展》,中信出版集团2018年版。
7. 刘松柏、葛玉良、杨筱寂等:《建设现代化强国的必由之路:高质量发展怎么看怎么干》,中国言实出版社2019年版。
8. 宋光磊:《飞向2025:交易金融蝶变之路——中国银行业面向高质量发展的战略选择》,经济日报出版社2018年版。
9. 王广宇:《新实体经济》,中信出版集团2018年版。
10. 王彤等:《中国区域经济高质量发展研究报告(2018)》,经济管理出版社2019年版。
11. 朱克力等:《趋势:高质量发展的关键路径》,机械工业出版社2019年版。
12. 朱之鑫、张燕生、马庆斌等:《中国经济高质量发展研究》,中国经济出版社2019年版。

(丁志勇,北京大学光华管理学院;张莉涓,同济大学数学科学学院)

新时代中国制造业高质量发展测度研究

邓　丽　张建武

一、引言

改革开放以来,依托于廉价的要素成本优势,通过实施初级要素专业化的产业发展战略,中国实现经济持续四十年高速增长,制造业增加值从 1978 年的 599.69 亿美元持续增长至 2018 年的 38243.92 亿美元,成为世界第一制造大国。[1] 尽管取得了举世瞩目的成就,但是制造业大而不强、质量不高的问题却十分突出,大多数产业在国际分工中长期处于全球价值链中低附加值的生产

---

[1] 数据来源:国家统计局。

环节,制造业发展陷入低端锁定,严重制约了中国经济高质量发展。据统计,2018年中国制造业增加值约占全球30%,但制造业企业的平均利润却仅为2.59%。

党的十九大报告提出,"我国经济已由高速度增长阶段转向高质量发展阶段,正处在转变发展方式、优化经济结构、转换增长动力的攻关期。必须坚持质量第一、效益优先,以供给侧结构性改革为主线,推动经济发展质量变革、效率变革、动力变革"。报告同时提出,"深化供给侧结构性改革要加快建设制造强国,加快发展先进制造业,促进中国产业迈向全球价值链中高端"。[1] 制造业是立国之本、强国之基,是经济高质量发展的主战场。2018年中央经济工作会议明确提出要将制造业高质量发展列为经济高质量发展的首要重点工作任务。[2] 2019年9月17日,习近平总书记在河南郑州考察时指出,中国必须搞实体经济,制造业是实体经济的基础,强调一定要把制造业搞上去,把实体经济搞上去,扎扎实实实现"两个一百年"奋斗目标。[3] 2019年政府工作报告进一步指出,"要围绕推动制造业高质量发展,强化工业基础和技术创新能力,加快建设制造强国"。这表明加快制造业转型升级、推进制造业高质量发展是推动"中国速度"向"中国质量"转变、"中国制造"向"中国创造"转变、"制造大国"向"制造强国"转变的关键,对中国顺利跨越攻关期、促进经济增长提质增效、实现百年强国梦具有十分重要的战略意义。

---

[1] 具体详见十九大报告,http://news.cnr.cn/native/gd/20171027/t20171027_524003098.shtml。
[2] 具体详见国务院新闻办公室网站,http://www.scio.gov.cn/tt/xjp/Document/1644160/1644160.htm。
[3] 具体详见新华网,http://www.xinhuanet.com/politics/2019-09/18/c_1125007778.htm。

基于此，本文围绕制造业高质量发展的理念内涵，结合当前中国制造业发展存在的主要问题以及新时期制造业转型升级的新要求，系统梳理制造业高质量发展的逻辑主线，构建适应时代发展需求的制造业高质量发展评价指标体系，并据此测度和分析中国2000—2016年各省区市制造业发展状况、问题，并对比分析时空差异，从而为制造业高质量发展明确发展思路、制定方针政策和实施宏观调控提供一定的理论参考。

二、文献回顾

(一) 关于经济高质量发展内涵及测度方式的相关文献

经济高质量发展内涵丰富，从不同视角出发，经济高质量发展的含义存在不同的认知。高质量发展从根本上说是为了满足人的能力全面发展的需要和要求，是能够更好满足人民不断增长的真实需要的经济发展方式、结构和动力状态(金培，2018)。任保平和李禹墨(2018)认为，高质量发展的内涵包含经济发展高质量、改革开放高质量、城乡建设高质量、生态环境高质量、人民生活高质量五个方面。任保平(2018)进一步指出，经济高质量发展是经济发展数量扩张和质量提升的有机统一。李巧华(2019)认为，高质量发展的本质是借助新兴技术及应用追求高经济效益、高社会效益和高环境效益的经济"高质量"发展质态。有学者指出，高质量发展是发展观念、增长模式、发展动力、资源配置方式的转变(赵剑波、史丹和邓洲，2019)。

由于对经济高质量发展内涵的认识和理解存在差异，因此现有研究采用了不同的统计指标和测度方式作为经济高质量发展的衡量指标。就现有文献来看，主要存在两大类方法。第一类方法，单一指标法。例如，陈诗一和陈登科(2018)采用劳动生产率作为经济高质量发展的代理变量。陈喜强等(2019)认为，推动粗放型经济增长方式向集约型转变是实现经济高质量发展的内在要求,他们采用经济增长集约化水平作为经济高质量发展的衡量指标。有的学者采用全要素生产率衡量经济发展质量(张月友等,2018;贺晓宇等,2018;刘瑞翔等,2018;黄庆华等,2020)。

第二类方法,综合指标法。钞小静和任保平(2011)采用主成分分析法,从经济增长结构、经济增长稳定性、经济增长的福利变化与成果分配及资源利用和生态环境代价四个维度出发构建经济增长质量指数,考察了中国 1978—2007 年经济增长质量时序变化。徐鹏杰和杨萍(2019)认为,高质量发展包含产业高质量发展和社会高质量发展两个方面,从产业转型升级和供给侧结构性改革两个层面构建产业高质量发展评价指标体系,从社会平衡发展、环境治理、保障民生三个层面构建社会高质量发展评价指标体系。张震和刘雪梦(2019)从经济发展动力、新型产业结构、交通信息基础设施、经济发展开放性、经济发展协调性、绿色发展、经济发展共享性七个维度出发选取 38 个指标构建经济高质量发展评价指标体系,测度了中国 15 个副省级城市经济高质量发展状况。魏敏和李书昊(2018)从经济结构优化、创新驱动发展、资源配置高效、市场机制完善、经济增长稳定、区域协调共享、产品服务优质、基础设施完善、生态文明建设、经济成果惠民十个维度出发选取 53 个指标构建经济高质量发展水平测度体系,测算了中国 2016 年 30 个省区市的经济高质量发展情况。师博和任保平(2018)从经济增长的基本面和社会成果两个层面出发构建经济高质量发展指标体系,并将经济增长的基本面分解为经济增长的强度、稳定性、合理化和外向性四个维度,将社会成果分解为人力资本和生态资本两个维度。苏永伟和陈池波(2019)从质量效益提升、结构优化、动能转换、绿色低碳、风险防控、民生改善六个层面出发构建经济高质量发展评价指标体系来测度和分析 2017 年中国各省区市经济高质量发展情况。

（二）关于经济高质量发展的影响因素及实现路径的相关文献

经济高质量发展是一项系统性的复杂任务，受到技术进步、产业结构变迁、环境污染、市场分割、城市化、人力资本等多种因素的影响（唐未兵等，2014；傅元海等，2016；陈诗一等，2018；孙博文等，2018；刘瑞翔等，2018）。经济高质量发展根本在于提升劳动生产率和全要素生产率，转换经济增长动能关键是培育以创新驱动为核心的增长新动力，尤其是提升核心、关键技术研发和创新能力，不断提升经济增长的质量和效率（陈昌兵，2018；辜胜阻等，2018）。沈利生（2009）认为，提高经济增长质量必须提高经济增加值率，而提高产业增加值率则是提升经济增加值率的一个重要途径。实现经济提质增效需要转换经济增长动能，推进城市群建设则是塑造新的增长动力机制、促进经济高质量发展的重要推动力（赵倩、沈坤荣，2018）。面对内外部诸多的不确定性风险，科学合理的制度是应对复杂局面、维持经济健康持续稳定发展的基础保障，因此推动经济迈向高质量发展阶段需要加强政策协调和结构性改革（田国强，2019）。从产业结构转型升级的视角来看，提高服务业尤其是生产性服务业在经济结构中的比重是提高全要素生产率、促进经济发展方式转变、推动经济高质量发展的重要路径（李平等，2017；张月友等，2018）。

（三）关于制造业高质量发展的相关文献

当前，中国制造业传统优势逐渐减弱，缺乏核心竞争力，在全球市场上受产业链两端挤压严重（吕铁、刘丹，2019），推动制造业高质量发展的关键是通过创新驱动制造业从价值链低端迈向中高端，突破中低端瓶颈，从"中国制造"转向"中国创造"（刘金友和周健，2018；胡迟，2019）。从微观视角来看，制造业高质量发展归根结底要推动微观制造业企业主体的高质量发展，通过组织创新和技术创新推动微观制造业企业提质增效(李巧华,2019)。李春梅(2019)认为制造业发展质量由制造业行业发展质量、企业发展质量、产品和服务发展质量的统一构成,具体包含增长度、效率度、对外依存度、创新度、企业质量、产品质量、社会贡献度、环境度八个维度。肖德等(2019)指出,要从产业扶持政策、产权制度改革、对外投资并购等途径促进制造业从要素驱动转向创新驱动,实现制造业提质增效。

综上所述,现有文献主要聚焦于宏观经济整体高质量发展,围绕经济高质量发展的内涵、评价指标设计、影响因素及实现路径展开研究,尽管有部分文献探讨了制造业转型升级方向和制造业高质量发展的实现路径,但鲜有文献针对制造业高质量发展评价指标体系设计展开研究,使得相关的对策建议缺乏针对性和系统性。研究和构建制造业高质量发展评价指标体系有助于深入认识制造业转型升级和提质增效的内涵与要求,准确评判和把握制造业发展质量、短板,从而为有关经济政策和制度安排提供理论依据。基于此,本文结合经济高质量发展的内涵及要求,参考已有的相关研究,围绕制造业高质量发展评价指标体系的构建展开研究。

三、制造业高质量发展的逻辑内涵及评价指标体系设计

在初级要素专业化发展战略的推动下,中国制造业迅猛发展,建立了门类齐全、独立完整的制造体系,成为中国经济高速增长的重要支撑和世界经济发展的重要力量。然而这种产业发展战略过度重视速度增长而忽略了质量提升,本质上是粗放型经营方式(傅元海等,2016)。随着要素成本优势逐步丧失,资源和环境约束的不断加大,投资和出口明显放缓,高投入、高能耗、高污染的制造业粗放型发展模式难以为继。特别是长期以来,制造业

企业在国际分工中主要承担劳动密集型、低附加值的生产制造或组装环节,中国制造业发展仍处于全球价值链的低端。相比于世界先进水平,中国制造业大而不强,在自主创新能力、资源利用效率、产业结构水平等方面的不足日益凸显,提升制造业发展质量和效率刻不容缓。

制造业高质量发展是推动实体经济发展、打造现代化经济体系的基础,是促进经济高质量发展的内在要求和重要环节。从发展模式来看,制造业高质量发展意味着制造业从依赖于要素投入数量增加驱动的粗放型增长模式转向以要素使用效率提升驱动的集约型发展模式,从高能耗、高污染的不可持续性发展模式转向低能耗、低污染的绿色发展模式,制造业发展的质量效益不断提升;从动力机制来看,制造业高质量发展意味着制造业发展从投资和出口驱动转向创新驱动,实现新旧动能转换,自主创新能力显著增强;从结构水平来看,制造业高质量发展意味着制造业结构从同构化、低端化、低附加值转型为差异化、高端化、高附加值,核心是从全球价值链低端攀升至全球价值链中高端,形成中国品牌,国际竞争力逐步提升。实现制造业高质量发展,要以供给侧结构性改革为主线,以提高供给体系质量为主攻方向,以提质增效为中心,以提升技术创新水平为重点,促进制造业质量变革、效率变革、动力变革,实现高端制造、智能制造、绿色制造,塑造中国品牌,推动中国制造业迈向全球价值链中高端。

围绕制造业高质量发展的理念内涵,结合中国当前阶段制造业发展存在的主要问题及新时期制造业发展新要求,基于层次性、可比性和可量化性的原则,本文从经济效益、结构优化、技术创新、绿色发展和品牌建设五个方面共 16 个测度指标出发构建制造业高质量发展的评价指标体系,具体如表 1 所示。

表 1 制造业高质量发展评价指标体系

一级指标	二级指标	指标测度	正/逆向指标
经济效益	增加值率	工业增加值/工业总产值	+
	投入产出率	工业中间投入/工业增加值	−
	全员劳动生产率	工业总产值/就业人数	+
结构优化	产业结构差异化	分工指数	+
	产业结构合理化	泰尔指数	−
	产业结构高度化	高端技术制造业总产值/中端技术制造业总产值	+
技术创新	研发经费投入强度	研发内部经费支出/主营业务收入	+
	研发人员投入力度	研发人员数/就业人数	+
	技术创新收益	新产品销售收入/主营业务收入	+
	技术创新效率	有效发明专利数/研发内部经费支出	+
绿色发展	单位工业增加值能耗	能源消耗总量/工业增加值	−
	单位工业增加值废气排放量	废弃排放量/工业增加值	−
	单位工业增加值废水排放量	废水排放量/工业增加值	−
	固体废物处理利用率	固体废物综合利用量/固体废物产生量	+
品牌建设	高技术产业出口占比	高技术产业出口交货值/制造业出口交货值	+
	500强企业占比	500强企业数量/规模以上制造业企业数量	+

注："+"表示正向指标,即指标数值越大则越优,"−"表示逆向指标,即指标数值越小则越优。

经济效益方面,制造业发展提高生产效率是制造业高质量发展的基本要求,本文选取增加值率、投入产出率和全员劳动生产率作为二级指标用以衡量制造业发展的经济效益。结构优化方面,制造业高质量发展需要不断打破产业结构低端锁定,加快产业结构调整优化,推动制造业结构转型升级,本文选取产业结构差异化、产业结构合理化和产业结构高度化作为二级指标用以衡量制造业结构水平。技术创新方面,随着传统竞争优势的丧失,打造创新驱动力是转换制造业增长动力机制、推动制造业提质增效的关键环节,因此本文选取研发经费投入强度、研发人员投入力度、技术创新收益、技术创新效率作为二级指标用以衡量制造业的技术创新能力。绿色发展方面,实现制造业高质量发展必须提高资源利用效率,降低环境污染,构建绿色制造体系,走生态文明发展道路,故本文选取单位工业增加值能耗、单位工业增加值废水排放量、单位工业增加值废气排放量、固体废物处理利用率作为二级指标用以衡量制造业绿色发展水平。品牌建设方面,推进品牌建设、培育自主品牌是提升制造业国际竞争力、树立中国制造品牌良好形象的重要基础,因此本文选取高技术产业出口占比、500强企业占比作为二级指标用以衡量制造业品牌建设情况。

四、制造业高质量发展评价指标体系的测度及分析

基于上述制造业高质量发展评价指标体系,本文以2000—2016年各省区市数据为样本,测度和分析各省区市制造业高质量发展水平。

(一) 测度方法步骤

第一步,数据一致性处理。为消除不同测度指标在数量级和量纲方面的不一致性,使得指标具有可比性,本文对所有原始数据进行标准化处理,计算公式如公式(1)所示。

$$X'_{ijt} = \begin{cases} \dfrac{X_{ijt} - \min(X_{ijt})}{\max(X_{ijt}) - \min(X_{ijt})}, & X_{ijt} \text{ 为正向指标} \\ \dfrac{\max(X_{ijt}) - X_{ijt}}{\max(X_{ijt}) - \min(X_{ijt})}, & X_{ijt} \text{ 为逆向指标} \end{cases} \quad (1)$$

其中，X_{ijt} 为各二级指标，其中 i 表示第 i 个省份（$i=1,\dots,30$），j 表示第 j 个二级指标（$j=1,\dots,16$），t 表示第 t 年（$t=2000,\dots,2016$）；X_{ijt} 和 X'_{ijt} 分别表示原始指标和标准化后的衡量指标，$\max(X_{ijt})$ 和 $\min(X_{ijt})$ 分别表示 X_{ijt} 的最大值和最小值。

第二步，计算各二级指标的变异系数，计算公式如公式（2）所示。

$$CV_{jt} = \frac{\sigma_{jt}}{\bar{X}_{jt}} \quad (2)$$

其中，σ_{jt} 表示各二级指标的标准差，$\bar{X}_{jt}$ 表示各二级指标的平均值，CV_{jt} 表示各二级指标的变异系数。

第三步，计算各二级指标在相应的一级指标中的权重，具体采用各二级指标变异系数占比进行测度，计算公式如公式（3）所示。

$$\omega_{jt} = \frac{CV_{jt}}{\sum_{j} CV_{jt}} \quad (3)$$

其中，$\sum_{j} CV_{jt}$ 表示各一级指标下所有二级指标的变异系数之和。

第四步，计算各一级指标，基于第三步计算得到的二级指标的权重求加权之和，计算公式如公式（4）所示。

$$Y_{imt} = \sum_{j} \bar{\omega}_{jt} X_{ijt} \quad (4)$$

其中，m 表示第 m 个一级指标（$m=1,\dots,5$），Y_{imt} 为各一级指标。

第五步，计算各一级指标的变异系数，计算公式如公式（5）所示。

$$CV'_{mt} = \frac{\sigma'_{mt}}{\bar{Y}_{mt}} \quad (5)$$

其中 σ'_{mt} 表示各一级指标的标准差，$\bar{Y}_{mt}$ 表示各一级指标的平均值，CV'_{mt} 表示各一级指标的变异系数。

第六步，计算各一级指标的权重，计算公式如公式（6）所示。

$$\theta_{mt} = \frac{CV'_{mt}}{\sum_m CV'_{mt}} \quad (6)$$

第七步,计算制造业高质量发展综合指数。基于第六步计算得到的权重计算制造业高质量发展综合指数,计算公式如公式(7)所示。

$$MHD_{it} = \sum_m \theta_{mt} Y_{imt} \quad (7)$$

(二) 数据来源及处理说明

鉴于西藏和港澳台地区相关指标的数据缺失较为严重,本文主要采用2000—2016年全国30个省份面板数据测度各省区市制造业高质量发展水平。本文借鉴傅元海等(2016)和陈喜强等(2017)的方法,选取制造业28个细分行业,按照技术水平将制造业具体划分为低端技术制造业、中端技术制造业和高端技术制造业三个类别。

制造业工业总产值、增加值、就业人数、主营业务收入、出口交货值、企业个数、应交增值税等原始数据主要来源于2001—2017年《中国工业统计年鉴》以及各省区市统计年鉴。制造业研发内部经费支出、研发人员数、新产品销售收入、有效发明专利等原始数据主要来源于中国工业经济数据库。工业能源消耗总量、工业废气排放量、工业废水排放量、工业固体废物综合利用量、工业固体废物产生量等原始数据主要来源于中国能源数据库。高技术产业出口交货值等数据主要来自于《中国高技术产业统计年鉴》。500强企业个数主要来源于《中国500强企业发展报告》。其余数据主要来自于各省区市统计年鉴和统计公报。

(三) 测度结果及分析

1. 制造业高质量发展总体水平

基于上述测度方法和步骤,本文计算得到2000—2016年中国

30个省区市制造业高质量发展综合指数,具体结果如表2和图1所示。[1] 总体上,在样本期间内,各省市区制造业高质量发展综合指数变动幅度不大,制造业发展质量有所改善,但整体的发展质量和效益并不高,大部分省区市制造业高质量发展综合指数在0.200—0.400区间范围内。其中,北京、上海、天津、江苏、浙江、广东的制造业高质量发展综合水平较高,2016年这六个省市的制造业高质量发展综合指数分别达到0.690、0.624、0.544、0.480、0.419、0.505,而新疆、宁夏、青海等省区制造业高质量发展综合水平则相对较低。大部分省市区制造业高质量发展综合水平趋于上升,而辽宁、吉林、黑龙江、四川、云南、青海、新疆等省区制造业高质量发展综合水平则趋于下降。

表2 2000—2016年中国各省区市制造业高质量发展综合水平

地区	2000	2004	2008	2009	2012	2013	2014	2016
北京	0.450	0.659	0.713	0.745	0.763	0.795	0.753	0.690
天津	0.396	0.560	0.621	0.611	0.569	0.585	0.548	0.544
河北	0.235	0.282	0.293	0.318	0.254	0.258	0.241	0.276
山西	0.244	0.289	0.330	0.390	0.397	0.415	0.418	0.319
内蒙古	0.227	0.304	0.323	0.322	0.293	0.314	0.313	0.335
辽宁	0.269	0.362	0.319	0.322	0.279	0.290	0.287	0.373
吉林	0.323	0.436	0.467	0.451	0.375	0.363	0.339	0.327
黑龙江	0.295	0.351	0.362	0.393	0.348	0.340	0.337	0.313
上海	0.448	0.573	0.638	0.686	0.674	0.683	0.688	0.624
江苏	0.327	0.469	0.490	0.527	0.548	0.537	0.519	0.480
浙江	0.359	0.348	0.407	0.422	0.453	0.443	0.426	0.419
安徽	0.252	0.333	0.369	0.358	0.368	0.370	0.367	0.379
福建	0.305	0.326	0.395	0.413	0.385	0.360	0.338	0.308
江西	0.193	0.267	0.251	0.285	0.241	0.239	0.219	0.241
山东	0.308	0.379	0.418	0.428	0.389	0.382	0.367	0.354
河南	0.262	0.329	0.352	0.356	0.367	0.373	0.349	0.288

[1] 由于篇幅有限,本文仅列出部分年份的测度结果。

续表

湖北	0.291	0.381	0.396	0.412	0.383	0.360	0.342	0.370
湖南	0.337	0.436	0.429	0.415	0.362	0.364	0.346	0.357
广东	0.371	0.467	0.534	0.560	0.610	0.564	0.527	0.505
广西	0.228	0.244	0.291	0.329	0.301	0.310	0.299	0.247
海南	0.242	0.339	0.358	0.353	0.364	0.419	0.406	0.367
重庆	0.228	0.275	0.314	0.333	0.366	0.356	0.343	0.295
四川	0.312	0.401	0.417	0.407	0.395	0.399	0.382	0.341
贵州	0.189	0.318	0.315	0.342	0.336	0.332	0.299	0.300
云南	0.333	0.362	0.350	0.361	0.315	0.325	0.316	0.314
陕西	0.275	0.346	0.380	0.388	0.386	0.395	0.365	0.342
甘肃	0.209	0.310	0.341	0.397	0.415	0.380	0.380	0.298
青海	0.241	0.243	0.275	0.258	0.240	0.257	0.236	0.220
宁夏	0.148	0.196	0.265	0.285	0.238	0.240	0.229	0.177
新疆	0.201	0.239	0.264	0.256	0.224	0.206	0.198	0.196

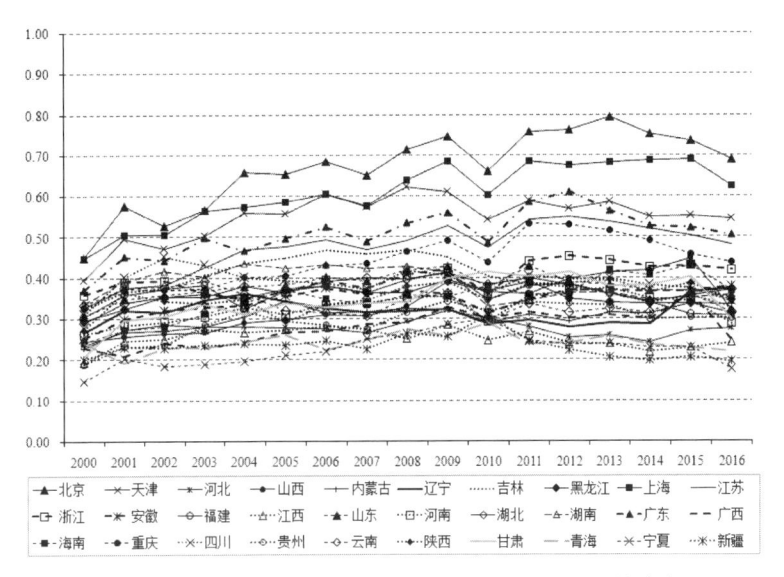

图 1　2000—2016 年中国各省区市制造业高质量发展综合水平

2. 制造业高质量发展各一级指标水平

2000—2016年,中国各省区制造业高质量发展不仅在综合水平上存在较大差异,而且在各一级指标方面也存在较大差异。为了进一步分析各省区市制造业高质量发展过程中存在的不足和问题,本文进一步对比和分析各省区市制造业高质量发展的一级指标。

从经济效益来看,由于中国制造业发展长期依赖于投资驱动,通过资源、能源大量投入粗放式地快速实现规模扩张,资源利用效率低,生产效率并不高。2000—2016年,尽管中国制造业的劳动生产率呈现上升趋势,但投入产出率较高,增加值率不高,制造业整体的经济效益并不高。其中,北京、天津、上海、广东等省市制造业发展经济效益较高,而安徽、江西、河南、湖南、重庆、宁夏、新疆等省区制造业的经济效益较低。相比于2000年,大部分省区市2016年制造业的经济效益水平均有所提升,但福建、河南、湖北、广东、云南五省2016年的制造业经济效益则低于2000年的经济效益水平(见图2)。

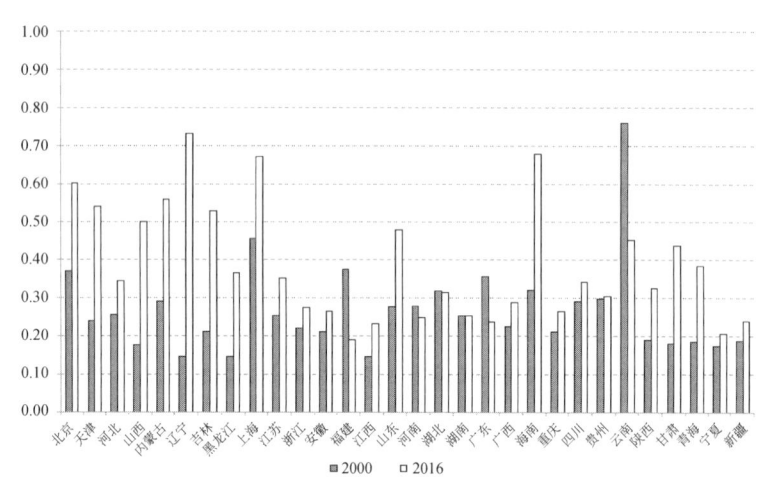

图2 2000年和2016年中国各省区市制造业经济效益

从结构优化来看,受到地方政府不恰当干预、体制机制约束、行业壁垒、资本专用性等因素的影响(傅元海等,2016),各省区市制造业结构并不合理,产业低端化、低附加值;地方GDP"锦标赛"导致重复建设,使得各地区的产业结构趋同。2000—2016年,中国制造业结构水平有所改善,但制造业低端化、同构化问题十分突出。其中,北京、上海、江苏、广东和重庆等省市的制造业结构水平较高,江西、安徽、湖南、海南、陕西等省的制造业结构水平并不高。相比于2000年,大部分省区市的制造业结构在不同程度上有所优化,而天津、山西、内蒙古、安徽、山东、河南、广西、海南、陕西、青海等省区市2016年的制造业结构水平低于2000年的结构水平(见图3)。

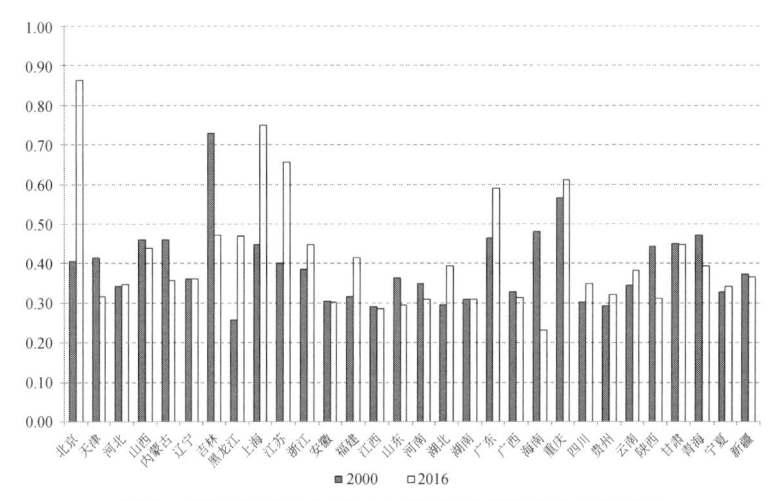

图3 2000年和2016年中国各省区市制造业结构水平

从技术创新水平来看,近年来,尽管中国制造业技术不断进步,但整体的自主创新能力低,研发投入效率不高。相比于世界先进水平,中国制造业整体技术创新水平并不高。就不同省区市而言,北京、天津、上海、江苏、浙江、广东等省市制造业的技术创新能力较强,而广西、海南、贵州、云南、青海、宁夏、新疆等省区制造业技术创新能力相对较低。整体上,2000—2016年,各省区市制造业技术创新能力在不同程度上趋于提升,科技实力有所增强,但各省区市之间制造业技术水平存在较大差距(见图4)。

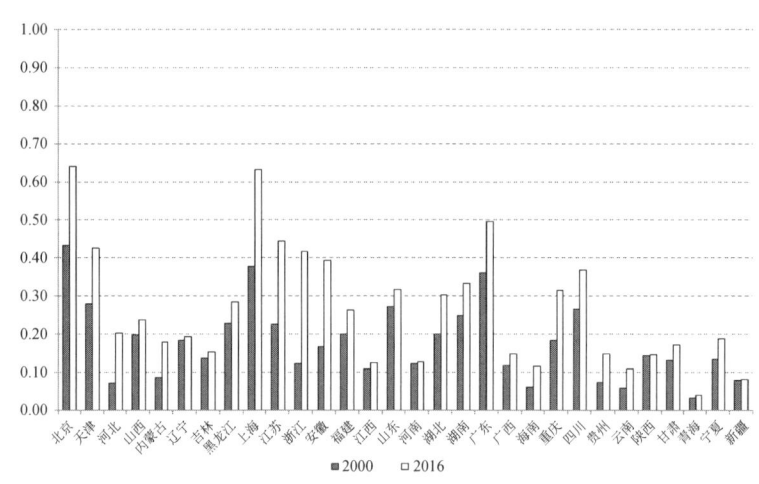

图 4　2000 年和 2016 年中国各省区市制造业技术创新水平

从绿色发展的角度来看,在粗放型发展模式下,高能耗、高排放、高污染是中国制造业的鲜明特点。2000—2016 年,各省区市制造业能源利用效率低,单位工业增加值污染大,制造业整体的绿色发展水平并不高。相比于 2000 年,大部分省市区 2016 年制造业绿色发展水平有所改善,而山西、辽宁、黑龙江、福建、云南、青海、宁夏、新疆等省区 2016 年制造业绿色发展水平则有所下降(见图 5)。

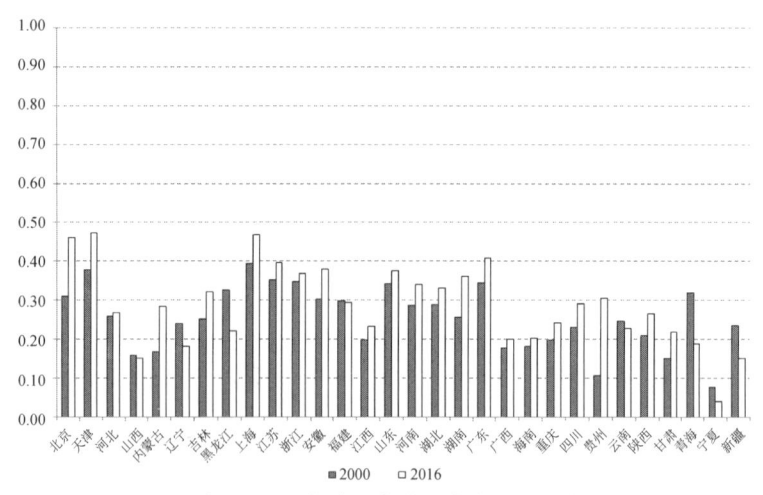

图 5　2000 年和 2016 年中国各省区市制造业绿色发展水平

从品牌建设的角度来看,各省市区制造业的品牌建设明显滞后,缺乏自主品牌和世界知名品牌。2000—2016年,大部分省区市制造业的品牌建设有所改善,但品牌建设情况依然不佳,呈现出"东强西弱"的特征,其中北京、上海、江苏和广东等省市制造业品牌建设水平较高(见图6)。

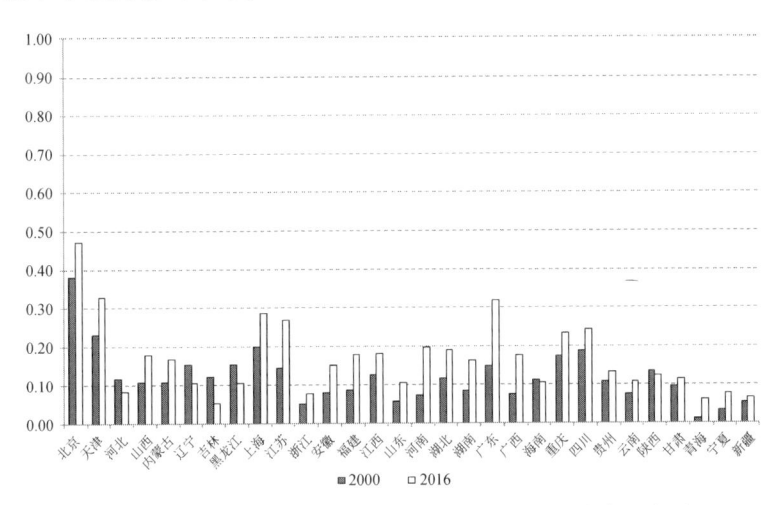

图6 2000年和2016年中国各省区市制造业品牌建设水平

由上述分析可知,各省市区制造业发展的经济效益、结构优化、技术创新、绿色发展和品牌建设存在较大差异,这导致了各省区市制造业总体的高质量发展综合水平存在较大差距,经济效益越高、结构越优化、技术创新能力越强、绿色发展水平越高、品牌建设越佳的省区市,制造业高质量发展综合水平越高,如北京、天津、上海、江苏、浙江、广东等省市。总体上,各省区市制造业高质量发展的各一级指标趋于改善,但各省区市制造业的经济效益、技术创新能力、绿色发展水平仍然较低,缺乏自主品牌,制造业结构低端化、低附加值化,因而中国整体的制造业高质量发展综合水平仍然不高。

3. 制造业高质量发展的区域差异性

与经济发展水平的地区差异性相类似,中国制造业高质量发展水平存在明显的区域差异性。由图 7 可知,东部地区制造业高质量发展综合水平显著高于中部地区和西部地区,且高于全国整体的制造业高质量发展综合水平,中部地区制造业高质量发展综合水平高于西部地区,西部地区制造业高质量发展综合水平最低,三个地区之间制造业高质量发展水平存在梯度差异。2000—2016 年,东、中、西部三个地区制造业高质量发展综合水平总体呈现上升趋势,与全国整体制造业发展态势一致,但各地区和全国制造业高质量发展综合水平提升速度缓慢,整体水平并不高,三个地区制造业高质量发展综合水平在 0.200—0.500 区间范围内。

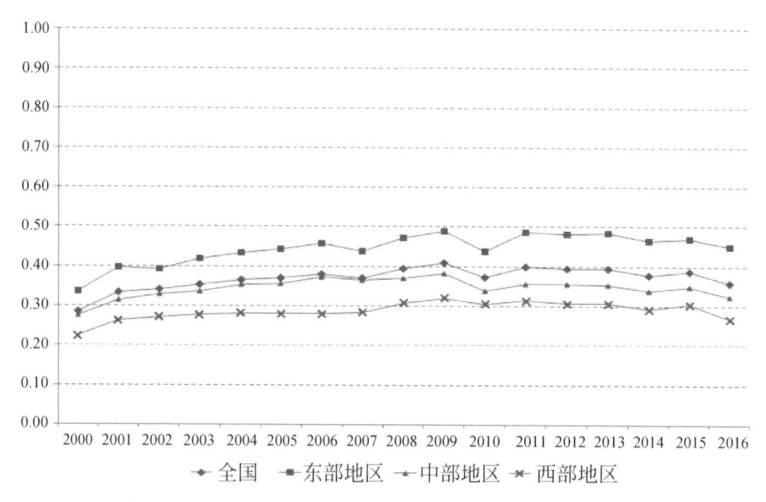

图 7 2000—2016 年中国制造业高质量发展综合水平

五、推动制造业高质量发展的对策建议

进入新时代,中国制造业亟须从追求数量扩张的高速增长阶段转向追求转型升级、提质增效的高质量发展阶段。面对国内转型升级的迫切需求,以及发达国家"再工业化"和新兴市场国家不停追赶的双重挤压,中国制造业亟须转换发展动力,以提升经济效益、优

化结构、增强技术水平、提高绿色发展水平、加强品牌建设为导向加快转型升级、提质增效。

第一,提高制造业经济效益。提升制造业发展质量的核心是提高制造业生产效率,转变发展方式,以效率驱动制造业发展。通过引进、改造、更新、创新生产技术、工艺流程、机器设备提高资源使用效率,延长产业价值链,提升产业附加值即增加值率。加快发展生产性服务业,改善企业管理水平,降低制造业生产成本,降低投入产出率,提升制造业效率。推进供给侧结构性改革,充分发挥市场竞争调节机制,消除低效企业的行政性保护,精准扶持、助力高效优质企业的成长。

第二,加快制造业结构优化调整。推进制造业提质增效需要不断优化制造业结构、推动制造业转型升级。一方面,基于地区比较优势加强区域间制造业分工合作,减少地方政府的不当干预,推动制造业多样化、合理化发展,优化制造业区域布局,形成地区间制造业生产链、价值链;另一方面,大力发展新一代信息技术、高端装备、新材料、生物医药等战略性产业,培育具有竞争优势的产业,提高高端技术制造业占比,推动制造业转型升级,向全球价值链中高端跃升。

第三,着力提升制造业技术创新能力。转换制造业发展动力机制重点在于提升技术创新能力,尤其是加强关键、核心技术的研发与创新。提高外资技术引进标准,扩大先进、高端外资技术的引进,在充分吸收和消化外资技术的基础上,增强制造业微观企业的自主创新能力,引导企业从国家重大战略需求和未来产业发展制高点出发加强关键、核心技术的研发和创新。提升技术创新效率,提高技术成果转换率,推动技术成果产业化,构建和完善地区间、行业间的创新协同体系,推进技术共建共享。加快制造业人才队伍的培养、建设和发展,尤其是强化创新型人才的培育力度,健全多层次人才培养体系,为创新驱动发展道路奠定人才基础和智力支撑。

第四，积极推动绿色制造业发展。发展绿色低碳制造业是制造业提升发展质量的重要导向。通过完善绿色发展评价体系、激励制度以及监管问责机制等方式着力加强企业节能减排、低碳环保的循环发展理念，引导企业加大节能环保技术、工艺和装备的研发力度和推广应用，降低单位工业增加值能耗、单位工业增加值污染，逐步淘汰高能耗、高污染、高排放的落后产业，加快构建绿色制造体系，积极推行清洁生产，发展循环经济。

第五，加强制造业品牌建设。打造自主国际品牌是推动中国制造业向全球价值链高端攀升的关键动力。一方面，品牌建设需要以微观企业为主体，通过完善法规政策，构建公平的市场环境，营造品牌文化氛围，激发企业品牌建设的活力和动力；另一方面，要逐步完善品牌管理体系、产品质量检验检测认证体系、专业化服务机构，形成系统化的品牌建设机制体系，提高品牌国际化营运水平，树立中国制造品牌形象。

参考文献

1. 陈昌兵："新时代我国经济高质量发展动力转换研究"，《上海经济研究》2018年第5期。
2. 陈诗一、陈登科："雾霾污染、政府治理与经济高质量发展"，《经济研究》2018年第2期。
3. 陈喜强、邓丽："政府主导区域一体化战略带动了经济高质量发展吗？——基于产业结构优化视角的考察"，《江西财经大学学报》2019年第1期。
4. 陈喜强、傅元海、罗云："政府主导区域经济一体化战略影响制造业结构优化研究——以泛珠三角区域为例的考察"，《中国软科学》2017年第9期。
5. 钞小静、任保平："中国经济增长质量的时序变化与地区差异分析"，《经济研究》2011年第4期。
6. 傅元海、叶祥松、王展祥："制造业结构变迁与经济增长效率提高"，《经济研究》2016年第8期。
7. 辜胜阻、吴华君、吴沁沁："创新驱动与核心技术突破是高质量发展的基石"，《中国软科学》2018年第10期。

8. 贺晓宇、沈坤荣:"现代化经济体系、全要素生产率与高质量发展",《上海经济研究》2018年第6期。
9. 胡迟:"以创新驱动打造我国制造业高质量成长——基于70年制造业发展回顾与现状的考察",《经济纵横》2019年第10期。
10. 黄庆华、时培豪、胡江峰:"产业集聚与经济高质量发展:长江经济带107个地级市例证",《改革》2020年第1期。
11. 金碚:"关于'高质量发展'的经济学研究",《中国工业经济》2018年第4期。
12. 李春梅:"中国制造业发展质量的评价及其影响因素分析——来自制造业行业面板数据的实证",《经济问题》2019年第8期。
13. 李平、付一夫、张艳芳:"生产性服务业能成为中国经济高质量增长新动能吗",《中国工业经济》2017年第12期。
14. 李巧华:"新时代制造业企业高质量发展的动力机制与实现路径",《财经科学》2019年第6期。
15. 刘瑞翔、夏琪琪:"城市化、人力资本与经济增长质量——基于省域数据的空间杜宾模型研究",《经济问题探索》2018年第11期。
16. 刘友金、周健:"'换道超车':新时代经济高质量发展路径创新",《湖南科技大学学报(社会科学版)》2018年第1期。
17. 吕铁、刘丹:"制造业高质量发展:差距、问题与举措",《学习与探索》2019年第1期。
18. 任保平、李禹墨:"新时代我国高质量发展评判体系的构建及其转型路径",《陕西师范大学学报(哲学社会科学版)》2018年第3期。
19. 任保平、文丰安:"新时代中国高质量发展的判断标准、决定因素与实现途径",《改革》2018年第4期。
20. 沈利生:"中国经济增长质量与增加值率变动分析",《吉林大学社会科学学报》2009年第3期。
21. 师博、任保平:"中国省际经济高质量发展的测度与分析",《经济问题》2018年第4期。
22. 苏永伟、陈池波:"经济高质量发展评价指标体系构建与实证",《统计与决策》2019年第24期。
23. 孙博文、雷明:"市场分割、降成本与高质量发展:一个拓展新经济地理模型分析",《改革》2018年第7期。
24. 唐未兵、傅元海、王展祥:"技术创新、技术引进与经济增长方式转变",《经济研究》2014年第7期。

25. 田国强:"中国经济高质量发展的政策协调与改革应对",《学术月刊》2019年第5期。
26. 魏敏、李书昊:"新时代中国经济高质量发展水平的测度研究",《数量经济技术经济研究》2018年第11期。
27. 肖德、侯佳宁:"中国制造业升级动能转换的路径研究",《理论探讨》2019年第1期。
28. 徐鹏杰、杨萍:"扩大开放、全要素生产率与高质量发展",《经济体制改革》2019年第11期。
29. 张月友、董启昌、倪敏:"服务业发展与'结构性减速'辨析——兼论建设高质量发展的现代化经济体系",《经济学动态》2018年2期。
30. 张震、刘雪梦:"新时代我国15个副省级城市经济高质量发展评价体系构建与测度",《经济问题探索》,2019年第6期。
31. 赵剑波、史丹、邓洲:"高质量发展的内涵研究",《经济与管理研究》2019年第11期。
32. 赵倩、沈坤荣:"以城市群建设推动区域经济高质量发展研究",《经济纵横》2018年第9期。

(邓丽,广东外语外贸大学经济贸易学院;张建武,广东外语外贸大学经济贸易学院)

高质量发展视角下开发区设立与地区制造业升级研究

周茂 陆毅

一、问题提出

在中国经济由高速增长转入"新常态"的背景下,制造业转型升级的成败和进程一方面决定中国未来经济增长的核心动力,另一方面还关乎中国能否跨越中等收入陷阱、能否从制造大国迈向制造强国。现阶段制造业是国民经济的主体,也是立国之本、兴国之器和强国之基,制造业发展的根本出路在于创新升级,[1]深化供给侧结构性改革的核心内容也明确指出要加快建设制造强

---

[1] 参见2015年国务院印发的《中国制造2025》。

国,加快发展先进制造业,支持传统产业优化升级。[1] 在产业政策的实践中,调整产业结构、引导产业发展广为应用的一项政策是设立各类开发区。自1984年首个开发区正式设立以来,截至2017年4月,中国共设立了500个国家级开发区和1166个省级开发区。[2] 经济高质量发展的驱动下,开发区设立的政策重心已由最初的吸引外资、促进经济增长等逐步向产业转型升级政策目标倾斜。[3] 开发区本质上作为一项基于地点制定(place-based)的产业政策,是否有效推动了地区制造业升级呢? 开发区设立又是通过何种渠道机制引导产业发展和资源再配置的方向的呢? 开发区的设立对于不同发展水平地区的产业升级作用是否存在差异呢? 本文旨在研究上述问题。本文对于寻找产业升级新路径以及转变开发区未来发展定位、提升开发区设立质量都具有重要的政策启示。

回顾已有文献,叶江峰等(2015)通过对1984年以来三十余年间相关国家级开发区政策文本的关键词频率分析发现,中国开发区建设的政策主题主要涉及经济发展、技术创新、产业合作、社会发展和公共服务五个方面。相应地,已有文献关于开发区政策效应的评估也基本上集中在上述方面。如Cheng和Kwan(2000)、Wang(2013)研究了开发区设立对吸引外商直接投资这一重要目标的影响;Alder等(2016)、刘瑞明和赵仁杰(2015)考察了开发区对地区经济增长的影响;Lu等(2015)基于2006年省级开发区设立高峰这一拟自然实验,利用倍差法综合评估了开发区对于地区投资、生产、就业、工资、企业生产率等方面的影响;袁其刚等(2015)、王永进和张国峰(2016)集中论证了开发区对企业生产率的影响及机制。上述文献可以基本涵盖开发区可能产生的诸多政策效应,相关研究整

---

[1] 参见2017年10月18日习近平在中国共产党第十九次全国代表大会上的报告。
[2] 数据来源于中国开发区网(http://www.cadz.org.cn/)。
[3] 参见2014年《国务院办公厅关于促进国家级经济技术开发区转型升级创新发展的若干意见》。

体上也基本证实了开发区设立对于相关经济指标的积极影响,但都忽视了对于制造业升级这一关键政策目标的直接评估。

在包括中国在内的大多数发展中国家的发展过程中,产业政策得到了普遍运用,但是对于产业政策是否有效一直以来都存在较大的争议,开发区作为一项依地制定的重要产业政策,其政策有效性也尚未达成一致结论(Busso 等,2013)。对于中国而言,优化产业结构、推动产业转型升级通常是设立开发区以及其他产业政策的核心目标之一,然而,现实中政策的实施效果则可能出现与政策制定初衷背离或大打折扣的情况。在分权治理模式的背景下,地方政府面对中央政府"增量"和"转型"的双重考核目标,会权衡当地的经济发展程度和市场化水平,进而很大程度上会影响地方政府对于实现产业升级目标的落实程度(孙早、席建成,2015)。除当地的经济发展程度和市场化水平以外,产业政策对产业结构优化的积极作用还受到地方政府效率的影响(韩永辉等,2017)。此外,林毅夫(2012)认为,大部分国家产业政策失败的最主要原因在于这些政策违反了本国比较优势。具体到开发区政策,李力行和申广军(2015)研究认为,设立开发区能够有效促进城市制造业内部结构的调整,该积极作用在设置的目标行业符合当地比较优势的情况下尤为明显。关于开发区设立是否有效推动了地区制造业升级及机制问题,有必要开展相关量化评估和进一步讨论。

二、政策背景及推动制造业升级的初步事实

开发区作为一项重要的经济政策,在中国改革开放进程中发挥了关键作用,同时也是中国产业政策实践中,调整产业结构、引导产业发展广为应用的一项依地制定的产业政策。自1984年首个开发区大连经济技术开发区正式设立以来,截至2017年4月,中国总共设立了500个国家级开发区和1166个省级开发区。经过三十余年的发展,开发区衍生形成了多种形态:其中,国家级开发区包含经济技术开发区、高新技术产业开发区、出口加工区等六类,这三种主要

类型占到了总量的87.6%;省级开发区包含经济开发区、高新技术产业园区和特色工业园区三类,省级开发区中经济开发区是最主要的类型,占到了总量的90%以上。三十余年间,开发区设立第一次高峰期为1992年,当年分别新设了70个国家级开发区和144个省级开发区,另外一次高峰期出现在2006年,当年共新设了663个省级开发区,占本文窗口期内(2004—2008年)新设总数的97%,2006年以后基本停止了对开发区新设的批准。开发区设立年份的相对集中有利于较好排除时间维度的干扰,也为开发区政策效应的量化评估提供了难得的拟自然实验。

开发区政策之所以可能推动地区制造业升级的基本机制在于,设立开发区作为一项重要的产业政策能够引导产业发展和资源再配置的方向,这种政策引导主要依靠目标产业的设定来实现。某一地区设立开发区后,一般会将一些产业设置为目标产业,即吸引投资和扶持发展的重点产业,并给予相应有针对性的配套政策支持。如表1所示,本文先根据Hausmann等(2007)的方法计算了2003年(窗口期的前一年)各二位产业的技术复杂度表征技术水平,再将各产业按照技术水平平均划分为高技术、中高技术等五个区间;并根据《中国开发区审核公告目录》(2006年版)分别统计了2006年新设开发区将各产业指定为目标产业的累计次数,据此加总得出不同技术区间目标产业被指定的总次数;最后还计算了不同技术区间产业在开发区政策实施后(2007—2008年)相对政策实施前(2004—2006年)实际产出的增长率,以初步表征现实情况中资源跨产业配置的方向。统计结果初步表明,中等及中等以上技术的产业被指定为目标产业的次数占到了总次数的82.6%,这在一定程度上反映了开发区政策的技术升级目标。此外,从实际产出增长率的角度还可以看到,资源在政策实施后更多地由中等以下技术的产业向中等及中等以上技术的产业发生了转移,表明实际产业结构调整方向和政策目标基本上是一致的。结合表1的统计结果可以初步认为,开发区政策的升级效应具存在的可能性。

表 1 开发区目标产业设定与产业技术复杂度

二位产业名称	技术复杂度（单位：千美元）		指定为目标产业的累计次数（单位：次）		实际产出增长率（%）
专用设备制造业	12.6416	高技术	64	1649	7.28
仪器仪表及文化、办公用机械制造业	11.5022		44		
医药制造业	11.3701		422		
通用设备制造业	9.8314		553		
造纸及纸制品业	9.3369		26		
通信设备、计算机及其他电子设备制造业	9.2208		540		
化学原料及化学制品制造业	9.0579	中高技术	328	683	5.73
交通运输设备制造业	8.9993		196		
印刷业和记录媒介的复制业	8.9110		45		
文教体育用品制造业	8.9067		10		
电气机械及器材制造业	8.6481		63		
塑料制品业	8.4317		41		
金属制品业	8.1066	中等技术	123	1024	1.94
非金属矿物制品业	7.9176		301		
农副食品加工业	7.8827		238		
化学纤维制造业	7.7401		14		
食品制造业	7.6658		325		
黑色金属冶炼及压延加工业	7.0951		23		

续表

工艺品及其他制造业	6.8424	20	
家具制造业	6.8179	21	
橡胶制品业	6.3650	16	
废弃资源和废旧材料回收加工业	5.6429	3	中低技术 120 −19.58
皮革,毛皮,羽毛(绒)及其制品业	5.5825	20	
有色金属冶炼及压延加工业	5.5389	40	
纺织业	5.5041	275	
木材加工及木,竹,藤,棕,草制品业	5.2548	70	
石油加工,炼焦及核燃料加工业	4.7010	43	低技术 586 −5.66
饮料制造业	4.5968	6	
烟草制品业	4.5384	9	
纺织服装,鞋,帽制造业	3.2994	183	

注:各业的技术复杂度根据 Hausmann et al. (2007) 的方法采用 2003 年(窗口期的前一年)数据计算而成;实际产出增长率是指 2007 和 2008 年平均产出(开发区政策实施后)相比 2004,2005 和 2006 年平均产出(开发区政策实施前)的变化率;目标产业根据李力行和申广军 (2015) 的表 1 整理而成。

三、估计策略、变量和数据

(一) 估计策略

倍差法在时间维度差分的基础上通过进一步加入个体对照组,可以减少需要考虑的控制因素,进而能够很好地克服评估中的内生性问题(Angrist and Pischke,2008),近年来该方法在公共政策量化评估中得到了广泛的应用。具体来讲,本文重点参考 Lu 等(2015)的做法,选用 2006 年全国各县级行政区设立省级开发区的情况作为拟自然实验。选择 2006 年的原因在于该年是中国批准开发区设立的峰值,据《中国开发区审核公告目录》(2006 年版)统计,2006 年共新设了 663 个省级开发区,2006 年以后基本停止了对开发区新设的批准,各个省级开发区逐步发展升级为国家级开发区。基于这次难得的拟自然实验,再以政策实施年份为中心,取前后对称的两年,将本文整体分析的窗口期定为 2004—2008 年。在窗口期内除 2005 年新设了 19 个国家级开发区以外,其余 663 个都设立在 2006 年(占窗口期内新设总数的 97%),开发区设立年份的相对集中有利于较好排除时间维度的干扰。此外,还需要说明的是:(1)在窗口期内本文只考察 2006 年省级开发区设立的影响,而剔除了 2005 年设立的 19 个国家级开发区,这是由于一方面省级和国家级开发区的行政属性不同导致两类开发区在很多方面的特征存在差异,另一方面窗口期内国家级开发区只占到新设总数的 3%,忽略不计不会对总体结果产生实质性的影响;(2)对照组的选择是倍差法的关键,本文的做法是选择 2006 年未新设开发区并且在此之前也从未设立过开发区的县级行政区作为对照组,将 2006 年未新设但之前设立过开发区的县从对照组中剔除有助于控制这些已设立过开发区的县的异质性影响。实证模型设定如下:

$$Sophistication_{ct} = \beta SEZ_c \times Post_t + \theta Z_{ct} + D_c + D_t + \varepsilon_{ct} \quad (1)$$

在上式中,因变量 $Sophistication_{ct}$ 表示第 t 年 c 县的制造业升级状况,在后文中用地区的技术复杂度来度量。核心解释变量 SEZ_c 用于识别2006年哪些县新设了开发区,对新设的县赋值为1(作为实验组),令未新设的县为0(作为对照组)。$Post_t$ 标识2006年政策实施的前后:若年份 t 在2006年之前(包含2006年),则 $Post_t = 0$;若年份 t 在2006年之后,则 $Post_t = 1$。D_c 表示地区固定效应,控制地区层面不随时间变化的因素对制造业升级的影响。D_t 表示年份固定效应,剔除时间趋势的影响。ε_{ct} 为随机误差项。此外,在本文的拟自然实验中,实验组和对照组之间除是否设立开发区以外的产业结构和地区其他一些因素对评估也可能会产生潜在影响,从而导致估计偏误。对此,本文参照李力行和申广军(2015)的做法控制了如下变量:经济发展水平(用人均 GDP 的对数值表示)、人口密度(用人口总数/行政区域土地面积表示)、政府预算支出(用地方财政预算内支出的对数值表示)、竞争程度(用赫芬达尔指数表示)、国有企业份额(用国有企业数量占比表示)、三资企业份额(用三资企业数量占比表示)。估计式中,β 是本文关心的回归系数,衡量了政策实施前后实验组和对照组技术复杂度变化的平均差异:若 $\beta > 0$,说明开发区设立对地区制造业升级产生了正向影响;若 $\beta < 0$,说明开发区设立不利于地区制造业升级;若 $\beta = 0$,则政策效应不明显。

(二) 地区制造业升级的度量

如何有效测度产业升级是研究产业升级问题的一个难点。最传统的产业结构方法主要关注不同发展阶段和不同地区的产业比重,如三次产业比重或不同要素特征产业比重,但简单地根据产业比重来判断某时期或某地区产业发展的优劣尚不够准确,该方法更适合用来表征产业结构的变迁而非产业升级,并且该度量方法也无法深入到制造业内部。现阶段较普遍地将产业升级定义为产业向较高附加值和较高生产率的经济活动转移,这种转移过程必须强调技术进步作为基本驱动力的核心作用。对此,大量文献基于 Hausmann 等(2007)提出的技术复杂度概念从技术进步的角度构建了中国出口技术复杂度,但出口结构升级与本文关注的地区制造业生产结构升级的含义并不相同。为此,本文在此基础上进一步参考周茂等(2016)的做法构造如下地区制造业技术复杂度指标:

$$Sophistication_{ct} = \frac{\sum_i Output_{i,c,t} \times Prody_{i,2003}}{\sum_i Output_{i,c,t}} \quad (2)$$

上式中,$Prody_{i,2003}$ 表示 2003 年制造业内部细分产业 i 的技术复杂度,可由产业 i 内各 HS 六位产品技术复杂度进行简单平均得到,实际上特定产品的技术复杂度是由该产品的全球化生产结构外生决定的(Hausmann et al.,2007)。$Output_{i,c,t}$ 表示 t 年 c 地区 i 产业的产出,其占地区制造业总产出的比重表示该地区的制造业内部生产结构,由各产业内企业产出加总得到。需要强调的是,与以往文献通常构造出口技术复杂度研究出口结构问题不同的是,本文在测度产业技术复杂度的基础上,采用每个县的制造业生产结构而不是出口结构作为权重来构建地区层面的制造业升级变量,因此本文旨在关注一个地区制造业生产结构的升级而非出口结构的升级问题。这里之所以将产业技术复杂度固定在 2003 年,有如下两点原因:(1)从理论上来看,某地区的技术复杂度变化可能是由内部细分产业本身的技术复杂度自然变化和地区内产业结构调整共同导致的,将产业本身的技术复杂度固定在 2003 年,就可以识别出地区内产业结构的调整,这样才能进一步识别出开发区设立的政策效应;(2)由于本文考察的窗口期是 2004—2008 年,这里将各产业的技术复杂度基量固定在窗口期的前一年是为了尽可能避免与窗口期产业结构变化产生干扰。

(三)数据

本文所要研究的问题涉及地区开发区设立和制造业升级两个

核心变量。其中,开发区信息来自《中国开发区审核公告目录》(2006年版),包括开发区名称、所在地区、批准年份、批准机关等变量。地区制造业升级采用地区制造业技术复杂度来衡量,地区技术复杂度又涉及细分产业的技术复杂度和各地区制造业的内部产业结构,前者的计算来自 CEPII 网站 HS 六位产品技术复杂度数据,后者产业结构的计算基于 2004—2008 年《中国工业企业数据库》数据。所有地区层面的控制变量一部分直接来自于《中国县市经济统计年鉴》,另一部分通过《中国工业企业数据库》企业数据加总计算得到。

四、实证结果

(一) 基准回归结果

如表 2 所示,基准回归结果表明,开发区政策实施后遭受政策冲击的实验组地区的技术复杂度相比未遭受政策冲击的对照组地区经历了更高程度的增长,因此可以认为开发区设立显著推动了地区制造业升级,设立开发区的县的技术复杂度要高出未设立开发区

表 2 开发区设立对地区制造业升级的影响

被解释变量:地区制造业升级	(1)	(2)
$SEZ_c \times Post_t$	0.1591***	0.1667***
	(0.0473)	(0.0562)
地区层面控制变量	N	Y
地区固定效应	Y	Y
时间固定效应	Y	Y
R^2	0.8493	0.8386
观测值	9552	7208

注:括号中为以县聚类的稳健标准误,***、**、* 分别表示在 1%、5%、10% 的水平下显著;地区层面控制变量包括经济发展水平、人口密度、政府预算支出、竞争程度、国有企业份额、三资企业份额,限于篇幅暂未报告。

的县约 0.17(单位为千美元)。根据公式(2)地区制造业升级的构造原理,进一步可知开发区政策推动地区制造业升级的基本机制在于,设立开发区有效促进了地区制造业内部产业的结构优化,换句话说,开发区政策有利于引导资源向更高技术的产业进行再配置。

(二) 开发区推动升级的影响机制

1. 资源再配置效应。开发区政策推动地区制造业升级的基本途径在于引导地区制造业内部结构的优化调整,产业结构调整背后实质上又是由资源的跨地区、跨产业的再配置决定的。对此,本文参照 Baily 等(1992)、周茂等(2016)等的做法对地区制造业技术复杂度变化进行分解分析。

分解结果如表 3 所示,地区制造业升级主要源自于资源在地区制造业内部各细分产业间的优化再配置。某一地区设立开发区后,一般会将一些产业设置为目标产业,即吸引投资和扶持发展的重点产业,并给予相应配套政策支持,目标产业的设置会在一定程度上引导生产要素和其他资源的流向和再配置。与本文的发现类似,李力行和申广军(2015)研究认为,设立经济开发区能够有效地推动城市制造业内部的产业结构变动,并且该效应的强弱取决于目标行业的设置是否符合当地的比较优势,本文在此基础上进一步证实了由于资源的优化再配置,开发区设立带来的产业结构变动在一定程度上是有利于结构优化的。表 3 的估计结果表明,开发区设立引致的资源再配置主要发生在开发区所在地区内部的产业之间,而非不同地区之间,其主要原因在于,地方保护及所导致的要素市场分割很大程度上阻碍了要素的跨地区流动(Young,2000;刘培林,2005)。

表 3 资源再配置效应

被解释变量	（1）地区间调整 ΔS_{ct}^{inter}	（2）地区内产业间调整 持续生存产业 ΔS_{ct}^{intra}	（3）地区内产业间调整 产业新建消亡 ΔS_{ct}^{ee}
$\Delta(SEZ_c \times Post_t)$	-0.6243 (1.2797)	0.6414 (1.2831)	0.1121** (0.0507)
地区层面控制变量	Y	Y	Y
时间固定效应	Y	Y	Y
R^2	0.2506	0.2506	0.3137
观测值	5744	5744	5744

注：一阶差分消去了地区固定效应，地区层面控制变量取地区特征变量的变化值；其余同表2。

进一步来看，资源的跨产业再配置显著表现为高低技术产业新建消亡式的调整。产业新建消亡这种"创造性破坏"式的调整属于产业结构调整中较为剧烈的调整方式，在政策实践中对于产业结构升级具有"见效快"的优点，但可能不利于整体产业的稳定发展。在分权治理模式的背景下，地方政府会面对"增量"和"转型"的双重考核目标，产业调整政策手段应用的力度与阶段性的政策目标侧重点以及当地的经济发展程度和市场化水平相关（孙早、席建成，2015）。回顾开发区政策的实践过程，为了有效引导当地的资源向更高技术水平的产业配置进而实现制造业结构升级，地方政府在目标产业的指导下，通常一方面会采用优惠政策支持引进和培育一批高技术新兴产业，一方面会采用诸如"关停并转"等大力度政策手段促使落后产能退出。表3的结果证实了新建消亡式的产业结构调整对于地区制造业升级的显著积极作用。但现实中，相对于持续生存式的产业结构调整而言，新建消亡式的产业政策实施频率并不高。为了更好理解这一结果，还可以从本文制造业升级指标的构建原理着手。公式(2)考虑到省级开发区政策的实际实施对象，估算地区制造业升级采用的是"县级行政区-四位产业"数据，相比于省级、地级市和二位产业,地区和产业组合划分级别的进一步细化会大大削减产业内的企业数,从而会在一定程度上高估产业新建消亡调整的幅度。据中国工业企业数据库统计,2004—2008 年,某县某产业只包含 1 个企业样本的情况平均占比分别为 64.59%、59.88%、58.68%、57.39%、55.26%,这表明超过一半的观测样本在资源跨产业再配置的考察中,往往会出现一个龙头企业的新建消亡导致所在整个产业新建退出的情形。[1]

2. 开发区推动升级的其他渠道。开发区政策推动地区制造业升级的基本途径在于引导地区制造业内部结构的优化调整,除此以外,本部分还将从产业集聚、资本深化和出口学习三个其他可能的升级渠道考察开发区的政策效应。

理论上,(1)开发区作为一项依地制定的产业政策,其实现多依托产业园区的模式,进而容易形成同一产业的专业化集聚或不同产业的多样化集聚,产业集聚可通过知识溢出效应、熟练劳动力蓄积、中间投入品共享、信息共享等渠道降低生产成本,提高园区内企业的生产率和技术研发能力(Ciccone,2002),从而有助于地区制造业升级;(2)开发区的设立往往受到如税收、金融、生产用地等多方面的政策支持,良好的投资环境有利于吸引外部投资,而王丹枫(2011)等大量研究表明,资本深化带来的偏向型技术进步是中国制造业技术提升的主要来源;(3)开发区的优惠政策和便利条件有利于企业出口的空间集聚(吴敏和黄玖立,2012),而企业在出口中学习是技术进步和生产结构升级的重要原因,企业通过出口一方面可以在国际市场学习先进技术,另一方面加工贸易模式决定了出口企业通过对高技术中间投入品的进口也能够获得技术溢出(Bernard and Jensen,1995)。

---

[1] 工业企业数据库不包含 500 万以下的中小非国有企业样本也是导致"县-产业"内企业数过少的原因。

本文中,根据 Ciccone(2002)等的做法选取就业密度(地区就业人口/总面积)表征地区的产业集聚水平,并选取了人均资本和出口规模分别表征地区的资本深化程度和出口学习强度,然后逐一验证了上述三个影响机制。如表4结果所示,开发区设立对地区产业集聚、资本深化和出口学习的影响都显著为正,表明除结构优化的基础性机制外开发区还可能通过上述具体渠道推动地区制造业升级的实现。

表4 开发区推动升级的其他渠道

被解释变量	(1) 产业集聚	(2) 资本深化	(3) 出口学习
$SEZ_c \times Post_t$	2.3738*** (0.3269)	0.0388* (0.0235)	0.4356*** (0.0822)
地区层面控制变量	Y	Y	Y
地区固定效应	Y	Y	Y
时间固定效应	Y	Y	Y
R^2	0.9241	0.7549	0.8574
观测值	7237	7197	4148

注:同表2。

(三) 开发区对不同地区升级的异质性影响

由于初始禀赋和早期国家战略等方面的较大差异,中国各地区呈现出不平衡发展的特点。在此背景下,开发区作为一项依地制定的产业政策和重要的区位发展战略,对于不同地区的制造业升级作用是否存在差异性呢? 对于该问题的探讨也有助于从另外一个角度理解开发区政策升级效应的发生机制。结果如表5和表6所示。异质性影响表明,开发区政策对于总体发展更好的高等级地区、政府效率高的地区以及要素市场发育程度差的地区的升级效应更突出,此外升级效应对于最低技术和最高技术水平的地区更大,而对于中等技术水平的地区不明显。

表 5　开发区升级效应：区分地区发展程度

被解释变量：地区制造业升级	(1) 地区等级 高	(2) 地区等级 低	(3) 地方政府效率 高	(4) 地方政府效率 低	(5) 要素市场发育程度 好	(6) 要素市场发育程度 差
$SEZ_c \times Post_t$	0.2508** (0.1256)	0.1546** (0.0610)	0.2070*** (0.0770)	0.1345* (0.0801)	0.1305* (0.0726)	0.2038** (0.1025)
地区层面控制变量	Y	Y	Y	Y	Y	Y
地区固定效应	Y	Y	Y	Y	Y	Y
时间固定效应	Y	Y	Y	Y	Y	Y
R^2	0.8565	0.8344	0.8462	0.8263	0.8605	0.8249
观测值	762	6446	3027	4181	3047	4161

注：同表 2。

表 6　开发区升级效应：区分地区技术水平

被解释变量：地区制造业升级	(1) 低	(2) 较低	(3) 较高	(4) 高
$SEZ_c \times Post_t$	0.1292* (0.0768)	0.0349 (0.0494)	0.0136 (0.0473)	0.2663*** (0.1004)
地区层面控制变量	Y	Y	Y	Y
地区固定效应	Y	Y	Y	Y
时间固定效应	Y	Y	Y	Y
R^2	0.7875	0.7039	0.6618	0.7948
观测值	2065	1909	1760	1474

注：同表 2。

五、结论及政策启示

本文研究发现:(1)开发区作为一项重要的依地制定的产业政策,通过促进内部产业结构优化有效推动了地区制造业升级,这一结论在考虑了识别假设条件和一系列其他可能干扰估计结果的因素后依然成立。(2)影响机制分析发现,产业结构升级主要源自开发区政策引导下生产要素在同一地区制造业内部不同产业间的优化再配置,显著表现为高低技术产业新建消亡式的调整;除此以外,开发区推动地区制造业升级还可能通过产业集聚、资本深化和出口学习三个渠道实现。(3)异质性影响表明,开发区政策对于总体发展更好的高等级地区、政府效率高的地区以及要素市场发育程度差的地区的升级效应更突出,此外升级效应对于最低技术和最高技术水平的地区更大,而对于中等技术水平的地区不明显。基于上述研究结论,本文的政策启示在于:

第一,为适应中国经济转入"新常态"及经济高质量发展阶段新的形势和任务,要明确和不断完善新形势下开发区的发展定位,适宜地调整开发区设立和运行的政策目标,更好发挥开发区的产业转型升级作用。过去三十余年的经验足以证明,开发区作为一项得以普遍应用的经济政策和产业政策,在地区吸引外资、经济增长、产业培育、增加出口等诸多方面都发挥了至关重要的积极作用,在经济"新常态"和进一步深化供给侧结构性改革的背景下,开发区的政策功能在"承前"的基础上要积极探索和适宜调整以符合新形势下产业转型升级的要求。在实践中,要严格把控新设开发区的质量标准,加强对已设开发区运行质量和升级目标的管理。

第二,作为中国改革的试验田和开放的排头兵,要更大化地发挥开发区对于地区产业发展方向和资源优化配置的引导作用。[1]

---

[1] 参见 2014 年《国务院办公厅关于促进国家级经济技术开发区转型升级创新发展的若干意见》。

不应狭隘对立地看待产业政策和市场化之间的关系,在落实市场在资源配置中的决定性作用的同时,可以采取设立各级开发区等有效的产业政策手段克服市场失灵导致的效率损失,发挥开发区政策的调控作用。开发区通过目标产业的设置和相应有针对性的配套政策支持,能够有效地引导生产资源由低端产业向高端产业转移和实现资源的优化再配置,但实现资源再配置的前提是夯实资源流动的市场基础,为此需要着力健全市场机制尤其要矫正要素市场的扭曲。要进一步破除不同区域的要素市场间、同一区域不同产业间的分割和保护,扫清资源跨区域跨产业流动的障碍,在政策目标的引导下促进资源更顺畅地配置到高端产业,实现制造业的转型升级。此外,在资源配置的过程中还需充分考虑依托当地的比较优势,因势利导地发挥结构优化的作用。

第三,在中国各地区非均衡发展的总体特征下,要注重不同地区的发展基础及其他差异性特征,着力优化各地区设立开发区的差异化升级路径。(1)低等级和欠发达地区要全面提升地区的整体发展水平,为制造业升级奠定良好的基础,同时在法制建设、公共服务、公共资源配置等方面发力提高政府运行效率,保障开发区政策的有效实施。(2)鉴于开发区政策升级效应对于要素市场发育程度不同的地区存在"边际递减"的特征,发育较差的地区要抓住设立开发区的机遇缩小和发育较好地区的产业升级差距,此外也启发国家开发区的战略布局可以向发育较差地区适当倾斜,这有利于在推动整体制造业升级的同时兼顾地区间的发展平衡。(3)对于不同技术水平的地区而言,在巩固最高和最低技术地区的政策升级作用的同时,要集中攻破占主导份额的中等技术地区的升级瓶颈,这有助于大大提升开发区政策的总体升级效果。

第四,除促进产业结构调整以外,要积极拓展和优化开发区推动地区制造业升级的其他可能渠道,进一步发挥产业集聚、资本偏向型技术进步和出口学习的抓手作用。关于产业集聚,应避免政府开发区设立的无序竞争导致的集聚分散,更大化地发挥开发区的产业集聚效应。在资本深化带来的偏向型技术进步中,要提高投资质量和水平,还应注重产业园区对于人力资本的培育,借助开发区发展以人力资本和创新为导向的更高层次的产业升级。对于开发区的出口学习,应重点关注出口导向型产业的转型升级,提升开放型经济的发展质量。

参考文献

1. 韩永辉、黄亮雄、王贤彬:"产业政策推动地方产业结构升级了吗?——基于发展型地方政府的理论解释与实证检验",《经济研究》2017年第8期。
2. 李力行、申广军:"经济开发区、地区比较优势与产业结构调整",《经济学(季刊)》2015年第3期。
3. 林毅夫:《新结构经济学》,北京大学出版社2012年版。
4. 刘培林:"地方保护和市场分割的损失",《中国工业经济》2005年第4期。
5. 刘瑞明、赵仁杰:"国家高新区推动了地区经济发展吗?——基于双重差分方法的验证",《管理世界》2015年第8期。
6. 孙早、席建成:"中国式产业政策的实施效果:产业升级还是短期经济增长",《中国工业经济》2015年第7期。
7. 王丹枫:"产业升级、资本深化下的异质性要素分配",《中国工业经济》2011年第8期。
8. 王永进、张国峰:"开发区生产率优势的来源:集聚效应还是选择效应",《经济研究》2016年第7期。
9. 吴敏、黄玖立:"'一揽子'政策优惠与地区出口——开发区与区外地区的比较",《南方经济》2012年第7期。
10. 叶江峰、任浩、甄杰:"中国国家级产业园区30年发展政策的主题与演变",《科学学研究》2015年第11期。
11. 袁其刚、刘斌、朱学昌:"经济功能区的'生产率效应'研究",《世界经济》2015年第5期。
12. 周茂、陆毅、符大海:"贸易自由化与中国产业升级:事实与机制",《世界经济》2016年第10期。
13. Alder, S., L. Shao, and F. Zilibotti, "Economic reforms and industrial policy in a panel of chinese cities," *Journal of Economic Growth*, vol. 21, 2016,

pp. 305-349.

14. Angrist, J. D. , and J. S. Pischke, *Mostly Harmless Econometrics: An Empiricist's Companion*, Princeton: Princeton University Press, 2008.

15. Baily, M. N. , C. Hulten, and D. Campbell, "Productivity dynamics in manufacturing establishments," *Brooking Paper on Economic Activity: Microeconomics*, 1992, pp. 187-267.

16. Bernard, A. , and J. Jensen, "Exporters, jobs and wages in US manufacturing: 1976-1987," *Brookings Papers on Economic Activity: Microeconomics*, 1995, pp. 67-119.

17. Busso, M. , J. Gregory, and P. Kline, "Assessing the incidence and efficiency of a prominent place based policy," *The American Economic Review*, vol. 103, 2013, pp. 897-947.

18. Ciccone, A. , "Agglomeration effects in Europe," *European Economic Review*, vol. 46, 2002, pp. 213-227.

19. Cheng, L. K. , and Y. K. Kwan, "What are the determinants of the location of foreign direct investment? The Chinese experience," *Journal of International Economics*, vol. 51, 2000, pp. 379-400.

20. Hausmann, R. , J. Hwang, and D. Rodrik, "What you export matters," *Journal of Economic Growth*, vol. 12, 2007, pp. 1-25.

21. Lu, Y. , J. Wang, and L. Zhu, "Do place-based policies work? Micro-level evidence from China's economic zones program," Working Paper, 2015.

22. Wang, J. , "The economic impact of special economic zones: Evidence from Chinese municipalities," *Journal of Development Economics*, vol. 101, 2013, pp. 133-147.

23. Young, A. , "The razor's edge: Distortions and incremental reform in the People's Republic of China," *Quarterly Journal of Economics*, vol. 115, 2000, pp. 1091-1135.

(周茂,西南财经大学国际商学院;陆毅,清华大学经济管理学院)

产业升级一定会带来高质量就业吗？
——从欧洲情况看中国提升劳动收入占比的政策着力点

韩非池 张博男

一、问题的提出

习近平总书记指出,"党和国家要实施积极的就业政策,创造更多就业岗位,改善就业环境,提高就业质量"。随着中国经济由高速增长阶段转向高质量发展阶段,实施质量变革和效率变革成为推动高质量发展的必然选择。实现更高质量就业既是提高劳动力资源配置效率的内在需求,也是以人民为中心、增强人民获得感和社会公平正义的外在需求,高质量发展必然要求高质量就业。

随着供给侧结构性改革稳步推进,中国产业结构加速转型,这一结构性因素对经济的全局性影响逐渐突显。产业提质升级与高质量就业之间的联动关系,在理论上是国民经济循环运行的关键环节,在实践上是制定产业政策和就业政策的重要依据。研究产业结构与就业质量间的关系,在理论和实践上都具有重要意义。

就业质量是一个内涵丰富的概念,涉及就业环境、收入水平、劳动关系等多重因素。本文着重研究就业带来的收入水平,因为提高收入水平是提升就业质量的最核心因素。具体而言,本文采用劳动收入占比作为宏观层面就业质量的衡量变量。劳动收入占比即劳动报酬占国民总收入的份额,是度量初次分配中劳动者分享程度的指标(罗长远,2008),既反映了劳动者就业后获得的净收入水平,也关系到经济竞争力和持续增长能力(张车伟,2012)。本文从产业结构与劳动收入占比间关系的角度,研究探讨产业结构对高质量就业的影响。

理论上来说,产业结构的升级,将提升人均资本存量,从而提高就业质量,增加劳动收入占比。然而从中国实际数据来看,尽管中国现代产业体系发展迅速,服务业比重从2012年起超过制造业,产业结构已初步形成服务业为主体的格局(见图1),但从2000年至2014年,中国劳动收入占比处于长期下降或低位徘徊状态,产业结构的提质升级并未带来就业质量的改善(见图2)。

研究产业升级中抑制劳动收入占比提升的因素,不仅对完善理论,更对经济社会发展尤其是供给侧结构性改革实践有着重要意义。中国的劳动收入占比显著低于发达国家,与很多发展中国家也有相当距离(罗长远,2008)。劳动收入占比的持续低位运行,将给经济发展和社会民生带来一系列问题。一是影响居民增收。中国劳动者的工资性收入是城乡居民收入的主要来源,劳动收入占比低位徘徊,意味着居民在国民收入分配中的比例难以提升,城乡居民

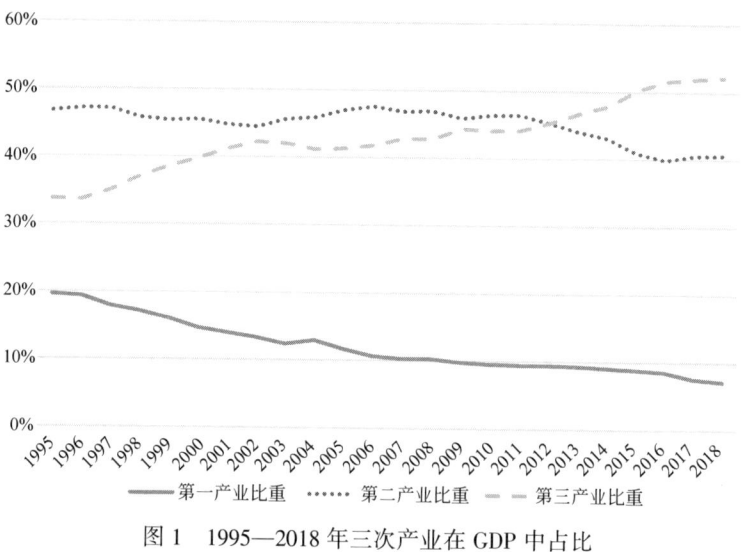

图 1　1995—2018 年三次产业在 GDP 中占比

资料来源：中国统计年鉴。

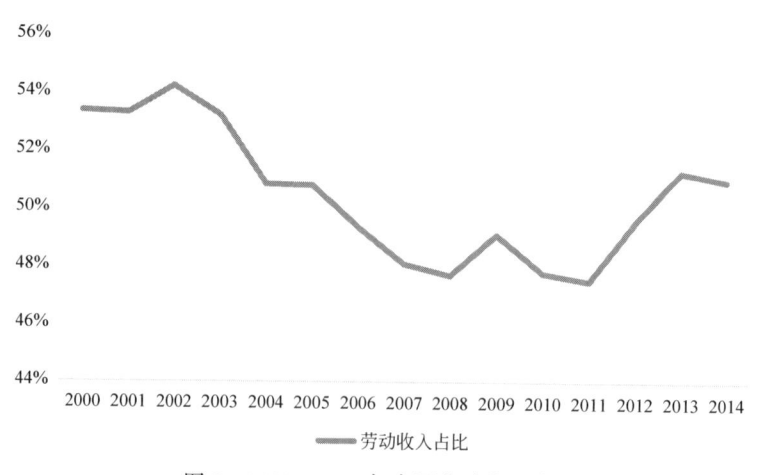

图 2　2000—2014 年中国劳动收入占比

资料来源：中国统计年鉴。

增收乏力。二是影响扩大内需。劳动收入作为城乡居民收入的主要来源,也是影响城乡居民消费支出的基础因素,劳动收入占比低位徘徊,对刺激消费有不利影响。三是影响社会稳定。劳动收入占比下降,意味着资本收入占比提升,社会贫富差距拉大。西方国家近年来由于劳动者收入提升乏力,贫富两极分化,导致民粹主义和反全球化浪潮抬头,社会价值撕裂的殷鉴不远,我们应当努力避免重蹈覆辙。在现代化产业体系日趋成熟完善的过程中,劳动收入占比若不能稳步提升,将对各项改革进程,乃至国家治理体系和治理能力现代化产生阻碍。

针对以上问题,本文首先考察了欧洲国家在20世纪70年代后期以来劳动收入占比不断下降的情况及背后的原因。随后,通过构建实证模型,检验了中国产业结构与劳动收入占比之间的关系,形成了对2000—2014年中国劳动收入占比低位徘徊原因的基本判断,分析了产业结构升级中就业质量未能同步提升的关键原因。在此基础上,梳理了产业结构升级中影响劳动收入占比的关键因素,并以此为着力点提出了相关政策建议。

本文接下来的内容安排如下:第二部分是研究回顾。第三部分简要说明欧洲劳动收入占比下降的现象和原因。第四部分是研究假说。第五部分是研究设计。第六部分是实证结果。第七部分分析了影响劳动收入占比的关键因素。第八部分是政策建议。

二、劳动收入占比决定机制的研究回顾

理论上,解释劳动收入占比决定机制主要有四种角度。一是基于新古典经济学的框架,认为劳动收入占比决定于资本产出比,并受到要素替代弹性的影响(Kaldor, 1956; Blanchard, 1997; Gollin, 2002; Bentolina & Saint-Paul, 2003 等)。

二是考虑技术进步、垄断和劳动力市场特征的影响,即不完全竞争市场下的劳动力收入占比。认为资本增强型的技术进步、产品市场的不完全竞争会降低劳动收入占比;劳动力市场的负向冲击则会在短期中提升、长期中降低劳动力收入占比;工会力量能增加劳动力收入占比;调整成本则影响劳动收入占比对外部冲击的反应程度(Acemoglu,2000;Bentolina & Saint-Paul,2003 等)。

三是考虑全球化的作用,认为全球化下资本流动性强于劳动流动性,使资本谈判能力加强,降低了劳动收入占比(Blanchard,1997;Diwan,2000、2001;Harrison,2002;Lee & Jayadev,2005;Askenazy,2005;Guscina,2006;Jayadev,2007 等)。

四是考虑产业结构,认为随着经济的发展,产业结构的变化会影响劳动收入占比(Kongsamut et al.,2001;Acemoglu & Guerrieri,2006;Zuleta,2007;Zuleta & Young,2007;Arpaia et al.,2009 等)。

在这些理论基础上,西方学者进行了大量的实证研究,发现资本产出比、技术进步、全球化、经济发展水平、产业结构等变量都是影响劳动收入占比的变量(Poterba,1997;Diwan,2000;Harrison,2002;Bentolina & Saint-Paul,2003;Lee & Jayadev,2005;Guscina,2006;Jayadev,2007;Daudey & Garcia-Penabsa,2007 等)。其中,产业结构被认为是影响西方国家劳动收入占比的一个重要因素。

对于中国的劳动收入占比变化,学者也进行了较为深入的研究,目前的研究结论主要关注几个方面的因素:统计口径变化、技术进步与人力资本积累、要素市场缺陷、全球化和产业结构变动(杨俊、邵汉华,2009;李稻葵等,2009;白重恩、钱震杰,2009b;罗长远、张军,2009;陈凌等,2010;方文全,2011;余淼杰、梁中华,2014 等),

其中产业结构变动影响最为显著,被认为是影响劳动收入占比的主要因素。

三、欧洲劳动收入占比变化情况和下降原因

2000—2014年劳动收入占比没有随产业升级而上升的现象,并不仅仅孤立地发生在中国。20世纪70年代后,欧洲经济高度发达,产业结构的主要趋势为制造业比重下降,服务业比重上升。一般而言,服务业劳动收入占比高于制造业,产业结构向第三产业演进,应当提高劳动收入占比。然而,欧洲国家的劳动收入占比却呈现持续下降趋势(见图3)。

欧洲劳动收入占比持续下降的主要原因有二:一是从产业间看,服务业比重上升对劳动收入占比缺乏积极贡献。欧洲的产业结构演进中,以信息通信技术(ICT)为代表的服务业发展迅速,但这些行业与传统的服务业不同,吸纳就业能力不强,劳动收入占比比较低(罗长远、丁纯,2012)。这使得总的劳动力收入份额并未上升而是下降。相关学者研究还发现,上世纪70年代后欧洲农业和工业部门就业大幅减少的同时,服务业就业却没有相应地增加。

二是从产业内部看,技术进步使资本对非熟练劳动力替代程度加深。随着技术进步尤其是ICT在传统行业中的应用,欧洲不同技能水平的劳工在收入份额上出现了分化(罗长远、丁纯,2012)。技术进步显著降低了低技能工人的劳动收入份额,增加了中等技能和高技能工人的劳动收入占比。由于低技能劳动者比重占主导,技术进步总体上降低了各行业尤其是制造业内部的劳动收入占比,对劳动收入占比的总影响为负(见图4)。

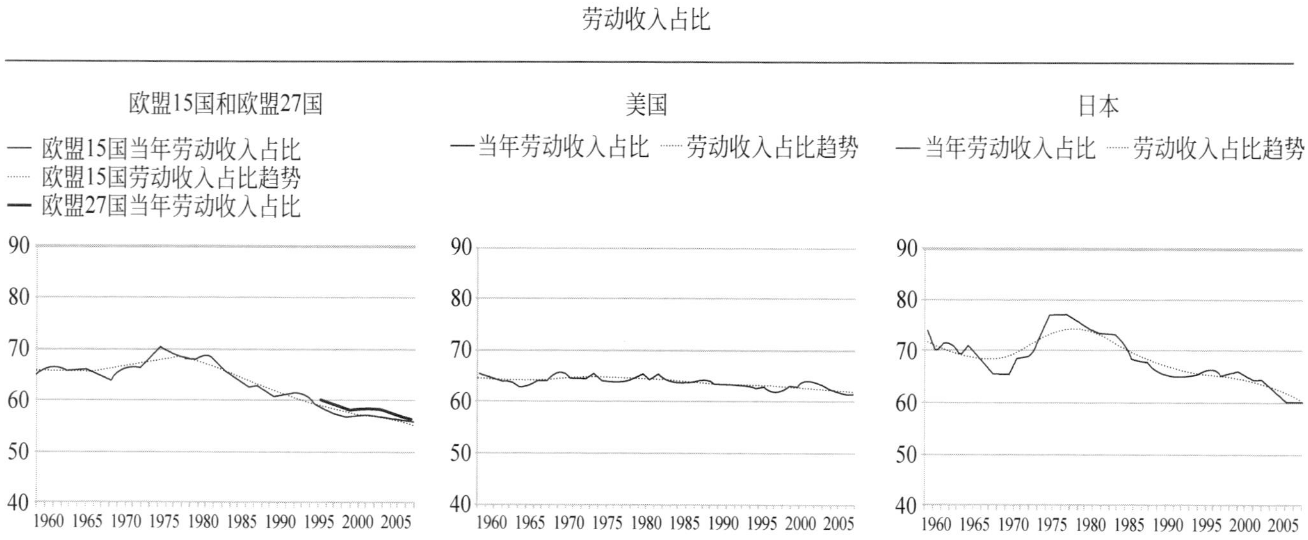

劳动收入占比

图 3 欧洲、美国、日本劳动收入份额

资料来源：欧洲就业报告 2007。

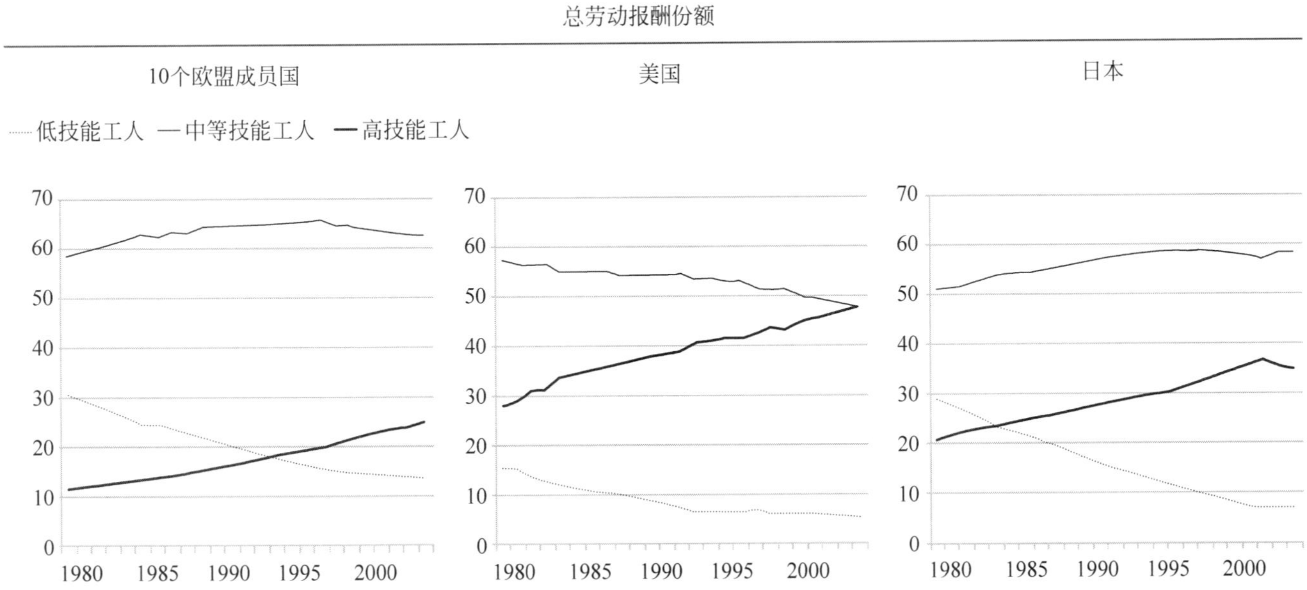

图 4 欧洲、美国、日本的低、中、高技能工人劳动收入占比变化趋势

资料来源：欧洲就业报告 2007。

四、研究假说

欧洲劳动收入占比的变化情况,对我们解释中国的情况有一定借鉴意义。从欧洲的实际情况看,技术进步带来的资本流动可能进一步压低劳动收入占比,抑制就业质量的提升。随着技术进步推动产业结构升级,资本出现了两个运动趋势:在产业间,资本从传统部门流向了边际回报率较高的新兴产业,如 ICT;在产业内,资本更多使用技术手段替代劳动尤其是低技能劳动以抵御劳动力成本上升。这两个运动趋势使得服务业并没有明显拉升劳动收入占比,而制造业则出现劳动收入占比下降,从而造成劳动收入占比低位徘徊。

为检验中国是否有类似的情况,我们需要考察中国产业结构升级过程中,服务业和制造业占比对劳动收入占比的影响,若我们对欧洲的分析在中国也成立,则在一定的历史时期,服务业与劳动收入占比应当不相关或负相关,制造业与劳动收入占比应当负相关。参照欧洲的情况、中国经济发展中的实际以及相关研究,我们提出待实证检验的、解释劳动收入占比低位徘徊的两个研究假说。

与欧洲类似,当前中国经济的转型升级,使得以信息技术为代表的高新技术产业蓬勃发展,在经济中发挥越来越重要的作用。然而这些产业本身劳动收入占比较低,对劳动收入占比整体提升作用不够,成为劳动收入占比低位徘徊的原因。这意味着从产业结构看,一个地区的第三产业比重,可能不影响或者降低劳动收入占比。由此,我们提出假设 1:第三产业比重与劳动收入占比之间不相关或负相关。

按照白重恩、钱震杰(2009)的研究,1995—2004 年,中国工业部门劳动收入占比明显下降。从中国的经济运行实际来看,制造业部门随着技术进步加快转型升级,淘汰落后产能,客观上加强了资本对劳动尤其是低熟练劳动的替代,这与欧洲的情况基本一致。这意味着从产业结构看,一个地区第二产业比重越高,劳动收入占比应当越低。由此,我们提出假设2:第二产业比重与劳动收入占比负相关。

五、研究设计

(一)研究数据

我们以1994—2007年除西藏自治区外全国各省(自治区、直辖市)的劳动收入占比为研究对象。使用这一时间区间主要是考虑到统计口径可比(方文全,2011)。使用的劳动收入占比数据采用国家统计局编制的资金流量表数据,产业结构数据采用国家统计局提供的年鉴数据,其他变量数据主要来自中经网统计数据库。

(二)研究模型

本文采用方文全(2011)等的方法,构建实证模型检验各类因素对于劳动收入占比的影响,为判断劳动收入占比变化趋势和提出政策建议提供基础。构建以下面板模型:

$$LIS_{it} = c + \beta X_{it} + \varepsilon_{it}$$

其中,被解释变量LIS_{it}为劳动收入份额;c为常数项;X_{it}为解释变量,包括第二产业比重、第三产业比重、人均GDP、人均受教育年限、进出口占GDP比重、国有部门就业占比、单位就业人员产出水平、存贷款额占GDP比重、地方政府财政收支、固定资产投资占比、非正式就业占比、就业人数增长率、货币工资水平等(变量定义见表1)。由于考虑到分布问题,大部分解释变量值采用对数值。α和β分别为系数;ε_{it}为残差项。本文主要考察第二产业比重和第三产业比重对于劳动收入占比的影响。根据Hausman检验结果,本文采用固定效应模型进行回归。

表 1　主要变量定义

变量名	变量定义
LS	劳动收入占比
IND3	第三产业增加值比重
IND2	第二产业增加值比重
GDP	GDP(1978年不变价)
EDU	人均受教育年限
TRADE	进出口贸易总额
STATE	国有部门就业占比
TECH	单位就业人员产出水平
BANK	存贷款总额比重
FINREV	地方政府财政收入占比
FINEXP	地方财政支出占比
FDI	固定资产投资占比
INFORMAL	乡村就业人数占比
LGROWTH	就业人数增长率
WAGE	平均货币工资水平

六、实证结果

(一) 主要回归结果

表 2 是本文的主要回归结果。从全国样本看,第三产业比重与劳动收入占比无关,验证了假设 1,说明第三产业对劳动收入占比提升乏力,以服务业比重提高为主要特征的产业升级,没有对劳动收入占比产生显著的提升作用。第二产业比重与劳动收入占比在 1% 的水平上显著负相关,验证了假设 2,侧面反映了由于资本对劳动替代加深,制造业内部劳动收入占比下降,因此对总的劳动收入占比产生了负面影响。总的来看,与欧洲类似,1994—2007 年中国产业结构升级并未显著拉动劳动收入占比提升。

我们同时还将样本分地区做了回归。从结果看,东部地区产业结构转型升级对劳动收入占比影响较为良好,第三产业比重与劳动收入占比在5%显著性水平上正相关。东部地区第二产业比重与劳动收入占比负相关,但系数不显著。西部地区第二产业比重与劳动收入占比在1%显著性水平上负相关,说明西部地区制造业内部资本替代劳动程度较深,这可能与西部地区第二产业的行业分布集中于能源、重化等有关。中部和东北地区,主要解释变量系数不显著,反映出这两个地区产业结构的变化也没有带动劳动收入占比上升。从这一结果可以看出,与欧洲国家相似,中国劳动收入占比低位运行主要是由于新兴的服务业劳动收入占比不高,对整体正面拉动不明显,传统制造业则由于资本替代劳动加深,对整体负面影响突出。

表2 主要回归结果

样本 因变量	全国 LS	东部 LS	中部 LS	西部 LS	东北 LS
$IND3_{it}$	0.0943 (1.0220)	0.5319** (2.5884)	0.3385 (1.4955)	-0.2301 (1.6490)	0.1188 (0.3136)
$IND2_{it}$	-0.4541*** (4.9722)	-0.2274 (1.0127)	0.1474 (0.5087)	-1.0725*** (6.0459)	0.112 (0.2017)
GDP_{it}	-0.0318*** (2.6131)	0.2498 (1.0644)	-0.0350* (1.8050)	-0.6142*** (2.9676)	-0.0314 (1.6040)
EDU_{it}	0.3578*** (2.8785)	0.4707** (2.0212)	-0.3388 (1.1078)	-0.2961 (1.6208)	1.0876 (1.0402)
$TRADE_{it}$	-0.0278* (1.7007)	-0.0674** (2.2865)	-0.1110** (2.0965)	-0.0204 (0.8308)	-0.0402 (0.5719)
$STATE_{it}$	-0.0810* (1.6530)	-0.1917** (2.0978)	0.0961 (0.8827)	-0.5407*** (5.6935)	0.259 (1.0598)
$TECH_{it}$	-0.1392*** (4.7362)	-0.4361*** (3.0405)	-0.0868 (1.1107)	0.3424** (2.4849)	-0.2625 (1.0385)
$BANK_{it}$	0.0931** (2.4190)	0.008 (0.1486)	0.091 (1.1253)	0.1219 (1.3212)	0.6195*** (2.8890)
$FINREV_{it}$	0.7927 (0.7368)	0.3782 (0.2404)	2.2331 (0.7983)	-0.5023 (0.3057)	0.7973 (0.2011)
$FINEXP_{it}$	1.8124 (0.9704)	9.2380*** (3.4475)	-6.6936 (0.9055)	5.0156 (1.5126)	-10.1527 (0.7092)

续表

FDI_{it}	-0.0643***	-0.0833	0.0425	-0.059	0.1265
	(2.6318)	(1.5420)	(0.5181)	(1.1082)	(0.8717)
$INFORMAL_{it}$	0.1892	-0.0049	1.1398**	0.3228	-0.0575
	(1.3704)	(0.0232)	(2.0724)	(1.1154)	(0.0796)
$LGROWTH_{it}$	0.0702	0.214	-0.4569	0.1545	-0.451
	(0.4248)	(1.0982)	(0.7626)	(0.5189)	(0.7444)
$WAGE_{it}$	-0.0000**	-0.0000***	0	0	0
	(2.3670)	(2.6742)	(0.9558)	(0.9513)	(0.2265)
常数项	3.9819***	4.6258***	5.4268***	3.3450***	4.727
	(9.4238)	(4.8730)	(6.1990)	(4.5060)	(1.6498)
观测值	406	140	84	140	42
R^2	0.6967	0.7336	0.8339	0.7962	0.8041

注:括号内是 T 值,***、**、* 分别表示变量在 1%、5%、10% 的水平上显著。

(二) 进一步检验:考察政府导向的影响

从欧盟委员会的研究看,欧洲的产品市场管制(PMR)总体上对劳动收入占比影响为正(罗长远、丁纯,2012)。这说明在欧洲,政府可以通过政策手段在一定程度上提高劳动收入占比。为考察中国政府是否对提高劳动收入占比发挥了积极作用,尤其是考察中国的产业政策对劳动收入占比的影响,我们参照宋凌云、王贤彬(2013)的方法,手工收集了地方省级政府五年计划或规划中关于产业政策部分的内容。按照证监会行业分类,计算了不同年份各地方政府产业政策鼓励的行业中,属于新兴产业的行业数。在此基础上,按照该地区鼓励新兴产业行业数量是否大于中位数,将样本分为鼓励新兴产业程度较高和较低两个样本。我们预期鼓励程度较高的地区,其第三产业比重上升会显著促进劳动收入占比提升,而鼓励程度较低的地区,第三产业比重与劳动收入占比将不相关或负相关。原因主要有二:一是地方政府产业政策对新兴产业企业的资源支持客观上可能降低其土地、融资、税收以及交易成本,减小企业降低劳动收入份额的迫切性;二是地方政府对新兴产业企业的支持往往伴随着对企业承担社会责任约束能力的加强,而稳定就业是企业承担社会责任中最重要的环节。

分样本回归结果符合我们的判断:鼓励程度较高样本中,第三产业比重与劳动收入占比在10%显著性水平上显著正相关;而鼓励程度较低样本中,第三产业比重与劳动收入占比在10%显著性水平上显著负相关(见表3)。这一结果符合我们的预期;也从一个侧面说明,与欧洲类似,中国政府的政策导向有利于实现第三产业发展对劳动收入占比的提升作用。[1]

表3　进一步检验:考察政府导向的影响

样本 因变量	鼓励程度较高 LS	鼓励程度较低 LS
$IND3_{it}$	0.2982* (1.7720)	−0.2087* (1.7598)
$IND2_{it}$	−0.2034* (1.7725)	−0.4365*** (5.7834)
GDP_{it}	0.0074 (0.5145)	−0.0198*** (2.6811)
EDU_{it}	−0.0507 (0.3208)	0.1291 (0.9489)
$TRADE_{it}$	0.0038 (0.3499)	−0.0229** (2.1949)

---

[1] 2014年后,中国劳动收入占比数据出现一定程度提升,一方面可能是源自统计局数据测算方法有所调整,另一方面也很有可能是由于2012年开始的节制资本的政策导向逐渐发挥出作用。

续表

$STATE_{it}$	0.0455	-0.0816*
	(0.8549)	(1.8120)
$TECH_{it}$	-0.1489***	0.0403
	(4.5423)	(1.3384)
$BANK_{it}$	0.0457	0.0601
	(0.8785)	(1.3330)
$FINREV_{it}$	0.0438	-0.4015
	(0.0141)	(0.4858)
$FINEXP_{it}$	-0.3698	-1.7631
	(0.1282)	(1.2263)
FDI_{it}	-0.1665***	0.0433
	(4.9616)	(1.3184)
$INFORMAL_{it}$	0.2197	0.0809
	(1.1580)	(0.4901)
$LGROWTH_{it}$	0.5619**	-0.0197
	(2.1770)	(0.1157)
$WAGE_{it}$	0	0
	(1.1509)	(1.0780)
常数项	5.3330***	2.7451***
	(9.6439)	(6.4891)
观测值	203	203
R^2	0.6203	0.5442

注：括号内是 T 值，***、**、* 分别表示变量在 1%、5%、10%的水平上显著。

七、产业结构升级过程中影响就业质量的关键因素

从之前的国际比较和实证分析结果中，我们可以梳理出一条比较完整的逻辑链条，即在产业结构升级过程中，影响劳动收入占比和就业质量提升的关键因素依次有：

第一，技术进步。在产业结构升级过程中，技术进步是基础性

因素。技术进步改变了资本和劳动的边际生产率进而改变了投资回报率,使得发展劳动收入占比较低的第三产业,以及第二产业内部降低劳动收入占比成为现实选择。

第二,资本流动。基于追求更高回报率的动机,在产业间,资本流向了以信息通信行业为代表的低劳动就业第三产业,在产业内,资本在第二产业中加强了对劳动的替代,是导致劳动收入占比未伴随产业结构升级而提升的直接原因。

第三,劳动力素质。从欧洲的经验看,资本对劳动的替代主要发生在低技能简单劳动上,中等技能劳动的需求保持稳定,高技能劳动需求则随技术进步不断增加。因此,劳动力素质的提升能够有效规避技术进步和资本流动对劳动力的替代作用。

第四,劳动力市场灵活性与安全性。劳动力素质的提升,本质上是劳动力加强人力资本投资。要激发企业和劳动者个人增加人力资本积累的积极性,必须以加强劳动力市场的灵活性和安全性为前提。劳动力市场的灵活性能促进收益,保障劳动者的人力资本积累充分变现,使企业能够从劳动力素质的整体提升中获益;劳动力市场的安全性则能降低风险,保障了劳动者因人力资本积累暂时离开劳动力市场,或人力资本不能有效变现时基本生活不出现困难。

第五,政府导向。对于资本流动、劳动力素质以及劳动力市场,政府都能通过政策导向产生影响。政府能够引导资本流向更有利于劳动就业的产业,解决劳动力素质提升面临的信息不对称和外部性问题,加强完善劳动力市场的灵活性与安全性。

八、针对政策着力点因势利导,推动就业质量稳步提升

产业结构升级影响就业质量作用链条中的关键因素,同时也是提升就业质量的关键政策着力点。在供给侧结构性改革进程中,应

从宏观、中观、微观多个层面针对政策着力点因势利导,推动劳动收入占比稳步提升。

一是宏观层面,在技术进步中更加注重保障劳动收入提升的基础。应充分认识科技进步大潮的必然性和不可逆性,坚持推动技术进步和经济结构转型升级导向不动摇,拓展产业发展新空间,创造就业增收新领域,支持发展就业新形态。同时,宏观经济政策要更加注重稳增长,为劳动收入占比稳步提升和就业质量上升提供坚实基础。实施更加积极的就业政策和更具激励导向的收入分配政策,坚持就业和收入分配政策与宏观政策协调。

二是中观层面,合理引导资本流向有利于劳动收入的产业部门。积极培育吸纳就业能力强的第三产业,尤其鼓励发展就业容量大、门槛低的家政护理等生活性服务业。编制共享经济发展指南,建立完善共享经济信用体系,促进共享经济健康发展。加快发展民生刚性需求大、国际竞争优势明显的轻工业等劳动密集型制造业。鼓励发展家庭手工业。综合运用差别化存款准备金率、再贷款、信贷政策导向效果评估等多种政策工具,引导金融机构开展应收账款融资、动产融资、供应链融资等创新业务,适当鼓励发行小微企业金融债券和小微企业信贷资产证券化产品,优化小微企业融资环境。引导企业积极承担社会责任,对在吸纳就业和富民增收方面有突出贡献的企业给予税收、项目审批、融资上市等多重优惠。

三是微观层面,加强劳动力市场建设。完善提升劳动者素质的软硬件条件。建立覆盖全体、贯穿终身的培训体系。通过政府购买、补助等手段鼓励发展以企业为主体的职业培训。加强技能人才激励工作,提升公共实训基地的开放性和专业性。增加劳动力市场灵活性,激发人力资本投资内生动力。简化监管审批程序,降低劳动力市场制度性交易成本。鼓励灵活就业,减少对企业调整劳动力的限制措施。加强低保和脱贫攻坚措施的就业激励导向。对因参加职业培训离职的求职者发放离职手册,用人单位须对手册持有者给予多种照顾并提供指导。强化劳动力市场安全性,解决技能提升后顾之忧。大力提高失业保险覆盖面、保障力度和领取时间,让失业保险成为失业人群尤其是流动人口的坚实后盾。加强低保政策和脱贫政策扶持力度,将支出型贫困逐步纳入救助范围。增加职业培训补贴,扩大免费职业培训行动受益群体范围。

参考文献

1. 张原:《就业政策教程》,知识产权出版社2016年版。
2. 白重恩、钱震杰:"国民收入的要素分配:统计数据背后的故事",《经济研究》2009年第3期。
3. 陈凌、李宏彬、熊艳艳、周黎安:"企业规模对职工工资的影响:来自中国竞争性劳动力市场的证据",《金融研究》2010年第2期。
4. 方文全:"中国劳动收入份额决定因素的实证研究:结构调整抑或财政效应?",《金融研究》2011年第2期。
5. 罗长远:"卡尔多'特征事实'再思考:对劳动收入占比的分析",《世界经济》2008年第1期。
6. 罗长远、丁纯:"欧洲国家劳动收入占比下降的成因及对中国的启示",《欧洲研究》2012年第3期。
7. 罗长远、张军:"经济发展中的劳动收入占比:基于中国产业数据的实证研究",《中国社会科学》2009年第4期。
8. 杨俊、邵汉华:"资本深化、技术进步与全球化下的劳动报酬份额",《上海经济研究》2009年第9期。
9. 余淼杰、梁中华:"贸易自由化与中国劳动收入份额——基于制造业贸易企业数据的实证分析",《管理世界》2014年第7期。
10. 张车伟:"中国劳动报酬份额变动与总体工资水平估算及分析",《经济学动态》2012年第9期。
11. 中华人民共和国国务院:《关于激发重点群体活力带动城乡居民增收的实施意见》,2016年。
12. 中华人民共和国国务院:《"十三五"促进就业规划》,2017年。
13. Acemoglu, D., "Labor and capitl augmenting technical change," *NBER Working Paper*, vol. 7544, 2000.
14. Acemoglu, D., Guerrieri V., "Capital deepening and non-balanced economic growth," *NBER Working Paper*, vol. 2475, 2006.

15. Arpaia, A., E, Perez, K. Pichelmann, "Understanding labour income share dynamics in Europe," *European Commision Economic Papers*, vol. 37, 2009.
16. Askenazy, P., "Trade, services and wage inequality," *Oxford Economic Papers*, vol. 5, 2005, pp. 674-692.
17. Bentolina, S. and Saint-Paul, G., "Explaining movements in labor share," *Contributions to Macroeconomics*, vol. 3, 2003.
18. Blanchard, O., "The medium run," *Brookings Papers on Economic Activity*, vol. 2, 1997, pp. 89-158.
19. Daudey, E., Garcia-Penalosa, C. "The personal and the factor distributions of income in a cross-section of countries," *Journal of Development and Studies*, vol. 43, 2005, pp. 812-829.
20. Diwan, I., "Labor shares and globalization," *World Bank Working Paper*, Washington, 2000.
21. Diwan, I., "Debt as sweat labor, financial crises, and the globalization of capital," *World Bank Working Paper*, Washington, 2001.
22. European Committie, "Employment in Europe 2007."
23. Gollin, D., 2002, "Getting income shares right," *Journal of Political Economy*, vol. 110, 2007, pp. 458-475.
24. Guscina, A., "Effects of globalization on labor's share in national income," *IMF Working Paper*, vol. 294, 2006, pp. 294.
25. Harrison, A. E., "Has globalization eroded labor's share? Some cross-country evidence," *UC-Berkeley and NBER Working Paper*, 2002.
26. Jayadev, A., "Capital account openess and the labor share of income," *Cambridge Journal of Economics*, vol. 31, 2007, pp. 423-443.
27. Kaldor, N., "Alternative theories of distribution," *The Review of Economic Studies*, vol. 23, 1956, pp. 83-100.
28. Kongsamut, S., Reble, S., Xie, D., "Beyond balanced growth," *Review of Economic Studies*, vol. 68, 2001, pp. 869-882.
29. Lee, K., Jayadev, A., "The effects of capital account liberalization on growth and the labor share of income reviewing and extending the cross-country evidence," in G. Epstein, eds, *Capital Flight and Capital Controls in Developing Countries*, Cheltenham: Edward Elgar, 2005.
30. Zuleta, H., "Why labor income shares seem to be constant?" *Working Paper*, Universidad del Rosario, 2007.

31. Zuleta, H., Young A. T., "Labor's shares-aggregate and industry accounting for both in a model of unbalanced growth with induced innovation," *Working Paper*, Universidad delRosario and University of Mississippi, 2007.

(韩非池,国家发展改革委就业司;张博男,人力资源和社会保障部人事司)

经济高质量发展和人类命运共同体

韩永辉 张帆

一、引言

　　一个国家、一个民族的发展,不仅在于其自身的奋斗和努力,也在于如何与其他国家进行合作并构建基于共享价值的发展理念共同体。历史上,曾经有许多国家尝试构建"人类命运共同体",试图以其治理理念引领全球各国的发展。一方面如英国和美国,通过相对"和平"的方式构建了"英国治世"(Pax Britannica)[1]

---

[1] "英国治世"(Pax Britannica),指1815—1914年期间英国建立霸权后全球范围内相对平静的时期。

和"美国治世"(Pax Americana)[1]。"英国治世"下催生了工业革命,全球市场开始初步建立,但这一切都建立在对各大洲殖民地和民族国家的压榨和剥削之上。美国在第二次世界大战结束后建立的"美国治世"搭建了较为完备的国际治理体系,一定程度上促进了全球经济和政治的稳定发展。但其基于"华盛顿共识"[2]的自由市场和民主人权等意识形态输出裹挟着霸权主义和资本主义生产方式对广大发展中国家人民的剥削,因此也并未实现真正的"共同命运"。另一方面,诸如第二次世界大战及之前的日本和德国,尝试建立和输出法西斯主义,通过战争、征服和压迫的方式来构建其期望的"命运共同体",它们错误的道路也使得其道路注定失败。回顾历史,由于忽略了平等互惠和合作共赢的基本价值理念,近代以来的主要发达国家都没有成功实现过"人类命运共同体"的建立。

进入新世纪以来,中国的综合国力快速增长,并已超越一众发达国家,成为仅次于美国的全球第二大经济体(见图1)。经济实力的增强,也使得中国参与推动全球治理体系变革的意愿不断提高。党的十八大报告明确提出,"要倡导人类命运共同体意识,在追求本国利益时兼顾他国合理关切"。2015年3月,习近平主席出席博鳌亚洲论坛年会的时候提出了"通过迈向亚洲命运共同体,推动建设人类命运共同体"的倡议呼吁。2019年10月,中国共产党十九届四中全会召开,会议《决定》提出要"坚持和完善独立自主的和平外交政策,推动构建人类命运共同体"。中国提出的"人类命运共同体"方案理念和以往的霸权主义国家和法西斯主义国家提出的方案

---

[1] "美国治世"(Pax Americana),指1945年左右至今美国建立霸权后全球范围内相对平静的时期。
[2] "华盛顿共识"曾经是拉丁美洲发展中国家、东欧和前苏联转轨经济国家在经济转型初期一致接受的政策模式,这种共识认为迅速的贸易与金融自由化以及经济私有化措施的有机结合,将克服不发达国家和转轨国家的经济停滞状态并将引发经济的持续增长。

288　中国道路与经济高质量发展

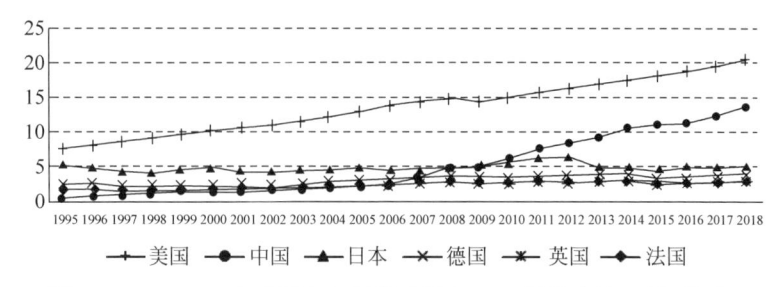

图1　1995—2018年中国与主要发达国家GDP规模比较(万亿美元)

资料来源:世界银行。

具有本质上的不同。[1] 第一,中国方案不以政治控制和意识形态输出为目的。历史上,英美等西方发达国家经常通过意识形态输出、扶植代理人和干预内政等方式对发展中国家进行政治控制。而中华人民共和国成立以来,始终坚持维护全球治理体系的公平正义,坚持不干涉他国内政,坚持求同存异,为充满不确定性的国际变局注入了正能量、带来了新希望。第二,中国的方案是和平的方案。法西斯主义国家的方案是战争和流血的方案,而英美等传统西方发达国家的方案虽然相对"和平",但其"治世"之下依然充满了局部的战争和高烈度的冲突。[2] 而中国始终坚持和平共处五项原则,坚定捍卫多边主义和自由贸易,主张通过合作与协作,共同应对层出不穷的非传统安全威胁,坚决反对和打击一切形式的霸权主义和恐怖主义。不仅如此,中国提出的人类命运共同体方案还从根本上重视全球各国在经济发展和物质生活水平提高上的互利互惠和共

---

[1]　参见周宇:"探寻通往人类命运共同体的全球化之路——全球治理的政治经济学思考",《国际经济评论》2018年第6期。
[2]　"英国治世"时期,英国曾先后对新西兰、印度、塞浦路斯、埃及、南非等地发起侵略战争;在"美国治世"期间,美国对朝鲜、格林纳达、伊拉克和阿富汗等多国发动了侵略战争,并在中东、非洲和南美发动了一系列代理人战争。

赢合作,因为中国的发展道路就是一条由经济发展开始、进而推动各领域变革的道路,中国的经济发展道路不压迫也不剥削任何国家,而是在有为政府和有效市场的共同作用下,充分利用自身的要素禀赋比较优势切入全球价值链分工,深度融入全球市场,并通过不断的努力奋斗实现产业经济的升级迭代。

由此可见,建立人类命运共同体是中国参与推动全球治理体系变革的目标,而经济高质量发展则是中国提供的具体方案和途径。在推动经济高质量发展的过程中,中国为全世界,尤其是发展中国家公平参与全球治理提供了中国方案,为构建人类命运共同体展示了中国道路。[1] 本文接下来将解释经济高质量发展和人类命运共同体的内涵以及两者的关系,接着将阐述中国经济高质量发展道路的特征,最后将提出以中国经济高质量发展推动构建人类命运共同体的方案。

二、经济高质量发展和人类命运共同体的内涵与关系

为明确经济高质量发展如何推动构建人类命运共同体的机理,必须先厘清经济高质量发展和人类命运共同体各自的内涵和两者之间的关系。

(一) 经济高质量发展

经济高质量发展,一般来说意味着高质量的供给、高质量的需求、高质量的配置、高质量的投入产出、高质量的收入分配和高质量的经济循环(安淑新,2018;刘友金、周健,2018)。有学者认为,"高质量发展是通过质量变革、效率变革、动力变革来实现生产效率提升,以实体经济发展为核心,以科技创新、现代金融、人力资本协同

---

[1] 参见宁吉喆:"扎实推动中国高质量发展 积极促进世界稳定与繁荣",《宏观经济管理》2019年第10期。

发展的产业体系为基础,以市场机制有效、微观主体有活力、宏观调控有度的经济体制为特征";[1]也有学者认为,"高质量发展是能够更好满足人民不断增长的真实需要的经济发展方式、结构和动力状态"。[2]高质量发展是体现新发展理念的发展,突出高质量发展导向,就是要坚持稳中求进,在稳的前提下,有所进取、以进求稳,更好满足人民群众多样化、多层次、多方面的需求。"高质量发展"是中国共产党在2017年的第十九次全国代表大会上首次提出的新概念,表明了中央期望推动中国经济由"高速增长"向"高质量发展"转变的决心。2018年政府工作报告强调,深入推动供给侧结构性改革等九个方面的工作部署,都是紧紧围绕着高质量发展来设计的。[3]推动高质量发展,基本前提是科学把握高质量发展的核心内涵。经济高质量发展涉及宏观经济、产业发展、企业经营、民生幸福等多个层面(徐现祥等,2018),但可归结为系统平衡、经济发展和民生指向三个维度。系统平衡,是指经济高质量发展要具有系统性和全面性,要注重多领域和多地区的协调平衡,主要包括推进区域空间高质量发展、构建现代化产业体系、积极发展能源经济、完善生态环境保护、构筑高质量民生体系、打造高质量对外开放体系六大方面。经济发展,是指从"总量扩张"向"结构优化"转变,实现从"有没有"到"好不好"的转变,要求一个国家或地区经济总量提高、经济效益提升、经济结构优化、经济发展可持续和经济发展成果共享。民生指向,是指要满足人民日益增长的美好生活需要,要提升质量的合意性、解决好坏的问题、解决满意不满意的问题,从而实现居民整体福利水平上升或者成果分配的改善,乃至更广范围民生需

---

[1] 任保平、文丰安:"新时代中国高质量发展的判断标准、决定因素与实现途径",《改革》2018年第4期。

[2] 金碚:"关于'高质量发展'的经济学研究",《中国工业经济》2018年第4期。

[3] 新华网,《新表述:今年政府工作报告里有这些"首次提出"》。

求的满足。

(二) 人类命运共同体

从精神内核来看,人类命运共同体旨在倡导各主权国家在追求自身利益的同时兼顾他国合理关切,在谋求本国发展中促进各国共同发展,是一种"立足国内,放眼世界的战略含义",和平、发展、合作、共赢是其理念的应有之义;人类命运共同体的理论原则应从新型的义利观出发,共同体的建构方式应是结伴而非结盟,其根本目的在于"增进世界人民的共同利益、整体利益和长远利益"。[1] 从当下全球治理体系变迁的视角来看,人类命运共同体可以被认为是一种新型的国际主义精神,而这种国际主义精神内核的定义是基于对全人类共同命运的考量而得出的。从全新的国际主义精神出发,人类命运共同体便具有了普惠性、中立性的特质,既不偏袒也不歧视;它以宽广的全球化视野为根基,遵循辩证唯物主义的历史观,提倡走"和平、发展、合作、共赢"的多边主义合作路线,倡导推动全球治理的秩序向更加公平、合理、有序的目标变革,以实现人类社会的进步(丛占修,2016;阮宗泽,2016;徐艳玲、李聪,2016)。

推动构建人类命运共同体是人类历史发展变迁的必然要求,也是中国在新时代向国际社会贡献的全球治理新方案。2017 年 10 月,党的十九大报告明确提出,应"坚持推动构建人类命运共同体",并将其纳入到习近平新时代中国特色社会主义思想和基本方略之中。进入新时代后,推动构建人类命运共同体已成为中国共产党为人类做贡献的目标模式。同时,党的十九大报告对人类命运共同体的内涵做出了明确阐述,认为应建设"持久和平、普遍安全、共

---

[1] 参见李爱敏:"'人类命运共同体':理论本质、基本内涵与中国特色",《中共福建省委党校学报》2016 年第 2 期。

同繁荣、开放包容、清洁美丽"的世界;[1]具体地,应分别从"伙伴关系、安全格局、经济发展、文明交流、生态建设"五个维度着力构建人类命运共同体。从人类命运共同体构建的步骤和路径来看,第一步应探索推动构建利益共同体,然后进一步探索构建责任共同体,最终将其升华建设为命运共同体。中国贡献的人类命运共同体建设方案强调在多样化、多元化、异质性的社会制度当中实现和平共存、和谐相处。同时,在各国之间仍然存在利益竞争、观念冲突和文化差异的现实条件下,倡导每一个主权国家在追求本国利益时兼顾他国合理的利益关切,坚持在谋求本国发展的过程中促进各国的共同发展,在全球治理体系搭建中坚持和平、发展、合作、共赢的核心理念,以增进世界人民的共同利益、整体利益和长远利益。[2] 而这一过程也对中国提出了新的要求,即应以人民利益为首要基础,让全球各国持续享受到中国发展的红利,要求中国实现可持续的高质量发展。

(三) 经济高质量发展与人类命运共同体的联系

经济高质量发展是构建人类命运共同体的基础、途径和抓手。具体而言,经济高质量发展有利于提高物质生活水平,有利于驱动科技创新,有利于推动全球化深入发展,有利于促进多极化政治格局建立,有利于生态环境保护,最终助力构建人类命运共同体。[3]第一,经济高质量发展有利于提高物质生活水平。高质量发展不断提供更新、更好的商品和服务,满足人民群众多样化、个性化、不断

---

[1] 人民网,《推动构建人类命运共同体——党的十九大的世界意义系列评述之三》。
[2] 参见丁工:"人类命运共同体的构建与中国战略机遇期的存续",《国际经济评论》2017年第6期。
[3] 参见郭春丽等:"正确认识和有效推动高质量发展",《宏观经济管理》2018年第4期。

升级的需求,既不断开辟新的消费领域和消费方式,改善、丰富人民生活,又引领供给体系和结构优化升级,反过来催生新的需求,推动社会生产力和人民生活不断迈上新台阶。第二,经济高质量发展有利于驱动科技创新。高质量发展推动科技整体水平从量的增长向质的提升加速转变,加快重点前沿科技突破创新。高质量发展推动新动能培育和传统动能改造提升方面不断创新,通过技术创新提高效益,实现了品质和品牌新的跃升,产业和企业经济效益不断提高。第三,经济高质量发展有利于推动全球化深入发展。高质量发展推动中国国际分工地位不断提高,推进中国由国际直接投资净流入国向对外投资大国转变,加快中国从全球价值链低端向全球价值链中高端的攀升。第四,经济高质量发展有利于促进多极化政治格局建立。伴随着发展中国家特别是新兴市场国家经济高质量发展,国际力量对比正在发生前所未有的积极变化,以西方国家为主导的全球治理体系正处于大变动大调整大转折时期,朝着更为公平的全球经济政治新格局方向发展。第五,经济高质量发展有利于生态环境保护。高质量发展会推动绿色产业体系的构建,提高经济发展绿色含量,促进形成内需扩大和生态环境改善的良性循环。

三、中国经济高质量发展道路的特点

中国走上经济高质量发展的道路并非一蹴而就,而是经过了长时间的探索,是在"摸着石头过河"的情况下完成的。中华人民共和国成立后,为适应当时的国际政治环境,中国走上了"苏联模式"的计划经济道路,虽然为中国的工业化打下了一定的基础,但当时的发展模式并不能实现"高质量"。1978年改革开放后,中国在探索中走出了一条中国特色社会主义市场经济道路,开始注重市场调节和政府干预的合理联动,大力发展外向型劳动密集型产业和对外贸易,为后来的高质量发展道路模式奠定了良好的基础。2008年国际金融危机后,国际市场需求结构骤变,倒逼国内经济发展结构变革;尤其是在供给侧结构性改革的大方向确立后,经济发展动能转换和产业经济升级迭代加速,中国开始步入经济高质量发展的快车道。总而言之,在以往发展模式部分延续的基础上,目前中国经济高质量发展道路具备以下四个特征:

(一) 有效市场决定资源配置

中国实行的是社会主义市场经济体制,坚持在合理、有效、节制的政府宏观调控下,发挥市场在资源配置中的决定性作用。有效市场的搭建,对搞活中国国民经济、带动市场繁荣、促进经济高速增长发挥了重要作用。改革开放以来,党对建立社会主义市场经济的指导精神经历了从"辅助性"到"基础性",再到"决定论"这样三个阶段的认识过程。在十二大,党第一次明确提出计划与市场的关系问题,提出以计划经济为主、市场调节为辅的体制要求,探索发挥市场的主观能动性,运用价值规律对计划经济体制进行有效补充,推动发展社会主义制度下有计划的商品经济。1992年南方谈话之后,中国的改革进入转折点,开始承认市场的"基础性"作用。十四大明确提出社会主义经济体制改革的目标,要建立社会主义市场经济体制。十八大提出"更大程度更广范围发挥市场在资源配置中的基础性作用"。进入新时代以后,为顺应改革和发展的时代要求,十八届三中全会将市场配置资源的"基础性作用"提升为"决定性作用"。全会通过的《关于全面深化改革若干重大问题的决定》明确指出:紧紧围绕使市场在资源配置中起决定性作用深化经济体制改革,着力解决市场体系机制不完善、政府干预过多和监管不到位问题。由此可见,有效市场决定资源配置这一特征,也是经过多年的摸索和总结,才与中国经济高质量发展道路融合在一起的。

(二) 有为政府推动市场体制改革

与许多其他发展中国家不同,中国市场化的起点是计划经济,而"有为政府"则是市场化的主要推动力(韩永辉等,2017)。改革开放前,中国实行高度集中的政治经济体制,在这种政治生态环境下,只有政府有能力推动经济体制从计划经济转变为市场经济。正是在政府的推动下开展一系列改革,中国才逐渐建构起了社会主义市场经济体制。具体而言,政府通过以下三个方面的变革政策推动了市场机制改革。一是重新界定适应市场的产权,包括农村土地产权改革、城市国有企业产权改革、其他类型产权的改革,通过合法的、具有强制力的国家介入来保障产权的有效界定。二是构建全国统一的市场体系,加强制定统一的政策规范,建立统一的税收、法律等制度,推进国内区域市场一体化。1986年3月,国务院发布了《关于进一步推动横向经济联合若干问题的规定》,推动消除区域市场封锁,消除国内市场中的省际贸易壁垒,进一步扫清建立全国市场的障碍。三是推动市场化的价格改革,使得市场真正发挥配置资源的作用,保障市场改革顺利进行。1984年,十二届三中全会提出了《关于经济体制改革的决定》,明确指出价格机制改革是当时整个经济体制机制改革成败的关键所在。党的十八届三中全会《决定》提出,"完善主要由市场决定价格的机制"。2015年10月,《中共中央 国务院关于推进价格机制改革的若干意见》发布,对更好地落实三中全会关于深化价格改革、完善市场价格体制的要求做了具体部署。长期以来,政府主导的体制机制改革一直是中国市场开放和对接国际标准的主要动力,政府在市场改革方面的精准决策维护了经济高质量发展道路模式的稳定性。

(三) 深化开放融入全球市场

对外开放是中国实现经济高质量发展的一大法宝,而大规模引进外资和大力发展出口贸易则是中国推动深化对外开放的两大抓手。改革开放之后,国家逐步承认和确立私营经济的地位,使得对外开放和引进外资具备了可能性和制度合法性。国务院在1986年10月颁布了《关于鼓励外商投资的规定》,给予外资超国民待遇。随后制定的政策目标面向资金和技术引进,实践中鼓励企业出口创汇。1992年南方谈话之后,社会主义市场经济体制改革目标逐步确立,对外开放地域和领域进一步扩大。中国正式加入WTO后,不断扩大外资的准入领域,增加政策透明度,投资环境不断改善,中国逐渐成为世界上最具吸引力的投资目的地。[1] 2012年以来,中国经济逐渐步入"新常态",对外资的利用由规模和短期效率导向转向创新促进导向,国际化营商环境建设提速,外资对中国经济高质量发展的促进效用迈入全新阶段。而出口贸易的发展则是和外资引进密不可分的。在改革开放初期,大量外资企业都是从事加工贸易生产,目标市场基本为海外。尤其是沿海地区,许多乡镇发展出了高度垂直细分的外向型制造业体系,[2]地方政府通过"三来一补"[3]等方式,进一步刺激了出口贸易的发展。在争取"复关"和加入WTO的过程中,中国对关税政策及贸易管理体制进行了卓有成效的改革。进入新时代,中国采取市场多元化战略、大经贸战略、加工贸易升级等举措,继续促进贸易规模扩大,推动优化贸易结构和扩大进口。通过大规模引进外资和大力发展对外出口贸易,中国已经成为全球第二大经济体、全球商品出口贸易第一大国(见图2)

---

[1] 改革开放以来,中国累计使用外商直接投资超过2万亿美元。
[2] 国内较突出的高度垂直细分的外向型制造小镇有杭州临安云制造小镇、杭州萧山机器人小镇、佛山顺德家电小镇、珠海斗门家电小镇、东莞长安电子小镇等。
[3] "三来一补"是"来料加工""来料装配""来样加工"和"补偿贸易"的简称。

以及利用外资第二大国,[1]外汇储备连续多年位居世界第一。[2]强大的外经贸实力和深度融入国际市场,为中国经济高质量发展提供了强劲的动能。

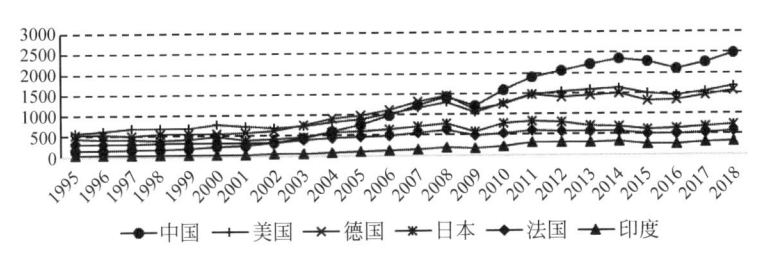

图2 1995—2018年中国与主要国家商品出口规模比较(10亿美元)
资料来源:世界银行。

(四) 循序渐进推动产业转型升级

改革开放后,结合"劳动多、资本少"的要素禀赋结构状况,中国选择发展附加值低的中低端制造业,典型的产业包括服装纺织、玩具家具和食品饮料等。在该时期,中国东部沿海地区大力引进和发展劳动密集型的轻工业,著名的"苏南模式"[3]和广东的乡镇企业便是在这个时候发展起来的。2000年前后,中国的工业部门已经积累了一定的资本和技术知识,附加值相对更高、技术难度相对更大的劳动密集型电子装配行业和中低端的电气机械产业开始发展。其中比较典型的是广东"珠三角"地区,开始从早期的"三来一

---

[1] 数据来源于商务部。
[2] 数据来源于国家外汇管理局。
[3] "苏南模式",通常是指苏南的苏州、无锡、常州和南通等地通过发展乡镇企业实现非农化发展的方式。

补"模式向规模化、集群化的OEM[1]代工模式转变;长三角地区企业开始纷纷摸索进入电气机械、装备制造等较为成熟的中等附加值行业;中部和部分西部地区也开始加速承接东部地区的产业溢出和转移。进入新常态后,由于积累了更多的资本和技术,中国已经开始有能力探索推动发展高端装备制造业、新兴科技产业和高端服务业。"中国制造2025"[2]等一批战略性产业规划不断出台,高端金融业和商务服务业发展在国际化领域不断取得突破,中国许多产业部门已经能够达到国际一线水平。由此可见,中国经济高质量发展道路模式的秘诀之一,就是在各个发展时期根据要素禀赋结构合理判断比较优势,然后精准切入全球价值链中参与国际分工,并且随着资本和技术的持续积累进行产业升级、迭代和突破。合理的产业选择,循序渐进推动产业转型升级,为经济高质量发展提供了持续稳定的支撑。

四、中国经济高质量发展道路:为人类命运共同体建设带来中国红利和中国方案

中国稳步迈向经济高质量发展,不仅为世界经济增长带来了新动能,也为真正建立普惠全球的人类命运共同体提供了新方案。当前全球治理体系充满了不确定性,霸权主义、单边主义、保护主义和逆全球化等难题带来了全新的挑战。中国以坚定信心全面深化改革开放、坚持经济高质量发展道路为应对之道。我们认为,应通过

---

[1] OEM(Original Equipment Manufacturer),指受托厂商按来样厂商之需求与授权,按照厂家特定的条件而生产,所有的设计图等都完全依照来样厂商的设计来进行制造加工。
[2] "中国制造2025"十大重点领域包括新一代信息技术产业、生物医药及高性能医疗器械、新材料、农机装备、电力装备、节能与新能源汽车、先进轨道交通装备、海洋工程装备及高技术船舶、航天航空装备、高档数控机床和机器人。

加强国际产能合作发挥带动作用、扩大进口分享中国市场红利,以及积极开展国际减贫合作等三方面措施,总结推广中国经济高质量发展的经验,增强"中国道路"的正向溢出作用,为普惠全球的人类命运共同体构建贡献"中国红利"和"中国方案"(见图3)。

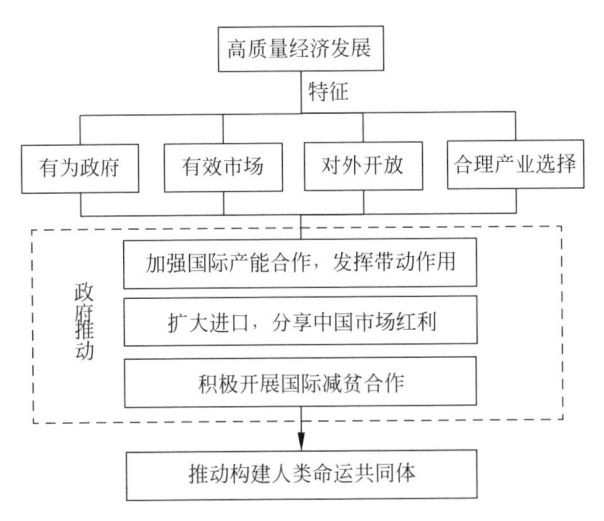

图3 中国经济高质量发展如何推动构建人类命运共同体

(一) 加强国际产能合作,以全球价值链优化发挥提升带动作用

基于"一带一路"合作框架,加强中国与海外国家和地区在各个产业层次和领域的产能合作(明浩,2015;韩永辉等,2019)。优化现有国际价值链体系,推动构建中国引领、惠及全球的新型价值链体系,全面提升产能合作的正向溢出作用。[1] 第一,全领域、多层次加强"一带一路"国际产能合作。一方面,加强与"一带一路"新兴经济体和发展中经济体在食品饮料加工业、棉纺织业、金属制成品产业、水泥加工业等中低端产业的产能合作,而在5G、人工智能、

---

[1] 参见刘伟、王文:"新时代中国特色社会主义政治经济学视阈下的'人类命运共同体'",《管理世界》2019年第3期。

大数据、机器人等高端前沿领域加强与欧洲发达国家合作。另一方面,加快探索依托产业园区的海外产能合作模式,鼓励和推动国家级、省级、地市级别等多层次、多级别的国际产能合作,发挥地方主观能动性,借助行业协会力量,建立多形式组合的海外产业园区。第二,优化现有国际价值链体系,推动构建中国引领、惠及全球的新型价值链体系。加快提升中国自主品牌企业的创新驱动能力,提高产品附加值,提高中国在全球价值链中的位势;创新与发达国家企业技术合作模式,熟悉国际交易规则,提升国际先进产能合作话语权,削弱发达国家对先进技术的垄断能力;基于市场规则,助力新兴经济体融入全球分工体系并切入合适的产业位势,以最大程度收获发展效益。[1]

(二) 优化贸易结构,扩大进口,分享中国市场红利

应进一步优化贸易结构,扩大进口消费,让世界各国人民共享中国经济发展的成果(韩永辉、罗晓斐,2017)。第一,进一步扩大各国特色优势产品进口,帮助进口合作方充分发挥自身比较优势更好融入全球价值链。通过举办国际进口博览会、组建招商采购团等方式将各国优质产品或服务引入中国市场,如埃及的亚麻织品、智利的三文鱼等渔产品、秘鲁的鳄梨等特色农产品等,分享中国经济中高速增长和结构转型升级带来的市场红利。第二,通过降低关税和进一步提高国际贸易便利化程度等措施,提升商品和服务贸易通关的便利化水平,加快降低进口环节的制度性成本。不断扩大各个领域的开放力度,对标世界银行营商环境指数指标逐项改革;加快推动降低互联网信息监管等营商"软门槛"。

---

[1] 参见王竹君、任保平:"中国高质量发展中效率变革的制约因素与路径分析",《财经问题研究》2019年第6期。

(三) 积极开展国际减贫合作,推广中国发展经验

应将中国经济高质量发展道路的历史经验予以总结和推广,将其融入到国际减贫运动当中;针对各发展中国家的具体国情,结合中国道路经验,打造适应本土情形的各国发展方案。第一,善用新媒体和信息化手段,搭建中国经济高质量发展的经验总结资料案例网站,灵活运用社交媒体,传播中国减贫发展经验。聚焦世界减贫与发展的核心问题,推动打造一个更加开放和高效的国际交流合作平台,积极主动地与国际社会分享中国经验和方案。第二,加强与联合国和世界银行等国际组织减贫工作的联动合作,提升中国在全球发展治理体系中的话语权。进一步推动世界各国特别是发展中国家在减贫领域的交流合作,加速减贫经验的孵化和传播。第三,加快与国际各方开展扶贫减贫相关研究活动,共同加强减贫能力建设。加快推进与相关组织机构关于国内外扶贫理论与政策的研究,加大对有关官员和学者的培训力度,积极开展国际研讨会及双边交流活动。

五、结论

历史证明,发展中国家在长期发展中没有形成内生增长能力,就容易成为发达国家或者发达经济体的附庸。第二次世界大战以来,200多个发展中经济体当中能从低收入进入高收入的只有两个,一个是韩国,一个是中国台湾。中国从一个积贫积弱的农业大国逐渐发展成为世界第二大经济体,综合国力和国际地位不断提升,最根本的原因在于走上了一条高质量的经济发展道路。面对复杂的国际政治经济环境,中国深刻地认识到要想实现民族的复兴和国家的崛起,就必须通过经济高质量发展不断提升自身的核心竞争力,持续提高自身在全球价值链中的位势,不断增强在全球经济治

理中的制度性话语权。同时,还应着力发挥对其他新兴经济体和发展中国家的引领带动效应,形成互利互惠、共同发展、合作共赢的局面,共同合力构建人类命运共同体,改变传统全球治理模式中的失衡弊端。

中国高质量的成功转型,为世界上众多的发展中实现国家富强、社会繁荣提供了一个很好的参考。当然,不同的国家发展无法简单地套用同一套发展模式,必须根据不同的国情和特征去选择适合自己的发展道路。中国的发展道路不依靠剥削别的国家来完成资本积累,也不附庸于欧美发达强国来谋求国家发展,而是将自身的发展寓于世界的发展,联系各国的优势,把握发展的机遇,提高经济发展的效益。因而中国经济高质量发展的成果也能够更多地惠及各国人民,与各国实现各取所需、互惠互利、平等共赢的合作局面。中国的经济高质量发展道路,必定能够为推动构建人类命运共同体注入强大的动能,延伸出一条携手共进、互惠互利、合作共赢的全人类共谋发展的道路。

参考文献

1. 安淑新:"促进经济高质量发展的路径研究:一个文献综述",《当代经济管理》2018年第9期。
2. 丛占修:"人类命运共同体:历史、现实与意蕴",《理论与改革》2016年第3期。
3. 丁工:"人类命运共同体的构建与中国战略机遇期的存续",《国际经济评论》2017年第6期。
4. 郭春丽等:"正确认识和有效推动高质量发展",《宏观经济管理》2018年第4期。
5. 韩永辉等:"产业政策推动地方产业结构升级了吗?——基于发展型地方政府的理论解释与实证检验",《经济研究》2017年第8期。
6. 韩永辉、罗晓斐:"中国与中亚区域贸易合作治理研究——兼论'一带一路'倡议下共建自贸区的可行性",《国际经贸探索》2017年第2期。
7. 韩永辉等:"'一带一路'产能合作中的贸易投资竞合联动研究",《广东社会科学》2019 年第 4 期。
8. 金碚:"关于'高质量发展'的经济学研究",《中国工业经济》2018 年第 4 期。
9. 李爱敏:"'人类命运共同体':理论本质、基本内涵与中国特色",《中共福建省委党校学报》2016 年第 2 期。
10. 刘伟、王文:"新时代中国特色社会主义政治经济学视阈下的'人类命运共同体'",《管理世界》2019 年第 3 期。
11. 刘友金、周健:"'换道超车':新时代经济高质量发展路径创新",《湖南科技大学学报(社会科学版)》2018 年第 1 期。
12. 明浩:"'一带一路'与'人类命运共同体'",《中央民族大学学报(哲学社会科学版)》2015 年第 6 期。
13. 宁吉喆:"扎实推动中国高质量发展 积极促进世界稳定与繁荣",《宏观经济管理》2019 年第 10 期。
14. 任保平、文丰安:"新时代中国高质量发展的判断标准、决定因素与实现途径",《改革》2018 年第 4 期。
15. 阮宗泽:"人类命运共同体:中国的'世界梦'",《国际问题研究》2016 年第 1 期。
16. 王竹君、任保平:"中国高质量发展中效率变革的制约因素与路径分析",《财经问题研究》2019 年第 6 期。
17. 徐现祥等:"中国经济增长目标的选择:以高质量发展终结'崩溃论'",《世界经济》2018 年第 10 期。
18. 徐艳玲、李聪:"'人类命运共同体'价值意蕴的三重维度",《科学社会主义》2016 年第 3 期。
19. 周宇:"探寻通往人类命运共同体的全球化之路——全球治理的政治经济学思考",《国际经济评论》2018 年第 6 期。

(韩永辉,广东外语外贸大学广东国际战略研究院;张帆,广东外语外贸大学广东国际战略研究院)

完善科技创新体系构建，助力经济高质量发展

赵祚翔　张龙

随着经济发展阶段的变迁，经济发展的主要动力也会随之发生改变。经过改革开放以来四十多年的高速发展，中国经济正面临着由高速增长向高质量发展转换的局面。这是一个由量变到质变的转换，更是一种多维度、全面化和系统性的转变，需要遵循创新、协调、绿色、开放、共享五大基本理念，不断提升生产效率、优化产业机构、促进协同发展、营造绿色环境，在注重质量变革、效率变革、动力变革的基础上，进一步增强经济的创新能力和竞争力。

党的十九大报告指出，"创新是引领发展的第一动力"。高质量发展的核心在于创

新驱动,通过建设企业为主体、市场为导向、产学研深度融合的科技创新体系,增强自主创新能力,从而实现社会劳动生产率和全要素生产率同步提升。而在现实层面,一些地区还存在着对高质量发展的思想认识不充分、过分追求经济总量扩张、新兴产业创新能力不足、关键性技术和共性技术缺失、资源要素趋紧、体制机制不够灵活等结构性制约。在当前经济增长面临换挡提速的关键时期,如何贯彻新理念,找到新方位,打造能够全面支撑经济发展的科技创新体系,完善创新生态系统建设,已经成为未来经济发展领跑者迫切需要回答的重要命题,对推动新时期高质量发展具有重要的理论和实践意义。

一、科技创新体系建设与高质量发展的理论依据

高质量发展,就是能够很好地满足人民日益增长的美好生活需要的发展,是体现新发展的理念,是创新成为第一动力、协调成为内生特点、绿色成为普遍形态、开放成为必由之路、共享成为根本目的的发展。从经济发展的动态转换层面来看,高质量发展意味着高质量的供给、高质量的需求、高质量的配置、高质量的投入产出、高质量的收入分配和高质量的经济循环。从经济发展的推动机制来看,高质量发展与以工具理性为动力机制的高速增长阶段的最大不同是,前者所体现的是能够更好满足人民不断增长的真实需要的经济发展方式、结构和动力状态。因此,高质量发展是一种理念革新、目的革新和路径革新,是经济发展质量的优化状态,是数量和质量的有机统一。

顺利实现高质量发展的关键在于发挥创新的引领作用,而创新驱动的内在逻辑体现了"科学技术是第一生产力"的马克思主义原理。在具体实施过程中,通过构筑先进的科技创新体系可以有效提升国家和地区的创新能力,使得科技创新能够成为贯穿五大发展理

念的纽带,更好地推动高质量发展迈上新台阶。因此,高质量发展的核心是创新,发挥创新能力的基础设施是科技创新体系。

科技创新体系为创新发展提供良好成长环境。创新理念是以人才和技术为依托,加快新产品、新技术的形成与发展。新时代的经济发展,要求正确理解旧动能和新动能的破与立的辩证关系,实现发展驱动力的转变,顺利完成经济增速换挡。科技创新体系的建立,不仅仅是从人才和技术层面重视科技创新,更是从供给侧结构性改革、产业机构调整、科研成果转换等方面的一套创新驱动组合,从而打破固有的粗放型发展路径依赖,形成能够持续进行创新的氛围。

科技创新体系能成为协调发展的解决方案。协调发展体现在区域协调、产业结构协调、投资消费结构均衡等多方面。单纯的市场经济条件下,由于各地比较优势不同,长期来看会加速不协调局面的形成,固化两极分化。政府在科技创新体系当中,能够通过发挥顶层设计的作用,制定区域发展战略,有效缓解区域间不均衡、不充分发展的矛盾。在区域需要资源助力高质量发展的时候,能够主导要素资源分配到发展较弱的地方。

科技创新体系能够为绿色发展保驾护航。绿色发展的理念要求能源可再生,注重清洁的水资源和土地资源,细化废弃物回收处理。粗放型的发展道路在带来经济腾飞的同时,也对环境造成了较严重的破坏,与绿色发展理念格格不入。科技创新体系下的发展,能够实现生产过程中资源的节约,开发环境时维持生态平衡,产业调整中注重生态化,使科技创新与生态环境紧密相连。

科技创新体系为开放理念提供新平台。开放型经济模式下,多元主体能够共同参与发展,有序竞争,各自发挥自身优势。在科技创新体系中,国内各地区之间的交流能够加强,为技术提升和人才引进提供了便利,国际间的合作也会持续深化,互利共赢。特别是在应对国际经贸摩擦的过程中,建立开放合作的科技创新体系拓展了中国与其他国家的合作方式,推动了全球科技创新生态体系的共建共治,实现了从科技领域影响其他领域的开放协同创新和国际整合治理。

科技创新体系是共享发展的基础保障。科技创新带来的效率提升为人民美好物质生活提供了保障,产品不仅在数量方面,更是在质量和层次方面得到提升,使得科技产品更贴近大众,增加了人民的福祉。科技创新制度体系不仅有助于保障中国深化与其他国家在科技创新领域多层次、多维度、多渠道的交流合作,还可以保障推动双边和多边科技创新的新技术、新产品、新服务、新标准和新思想的务实合作,实现共赢。

二、高质量背景下科技创新发展存在的问题

(一) 基础科研投入水平偏低,整体实力不足

虽然近年来中国在许多重大科学和前沿技术领域取得了突破,已经进入了从点的突破向系统能力提升的重要时期,但从建设世界科技强国的目标来看,中国在基础科研领域的实力仍然落后于世界发达国家。从整个科技创新的链条上看,基础研究投入结构和产出效果依然是短板。

由图1可以看出,中国在研发投入强度这一指标上长期落后于世界上主要创新经济体,近年来才突破2%,与发达国家普遍在3%左右的水平还有一定的距离。在创新投入结构上,中国主要的研发投入来源于政府财政支持,而来源于知名企业和其他社会资本的投入还相对匮乏。除了资金投入,中国顶尖的基础研究人员数量不足,能够长期深耕基础研究领域的科研团队还比较稀缺。而在科技创新成果产出方面,中国对世界影响重大的原创性理论和思想的提出还比较少。整个社会支持基础研究的环境还需要进一步优化,特别是科研评价体系和激励政策还有待提升。

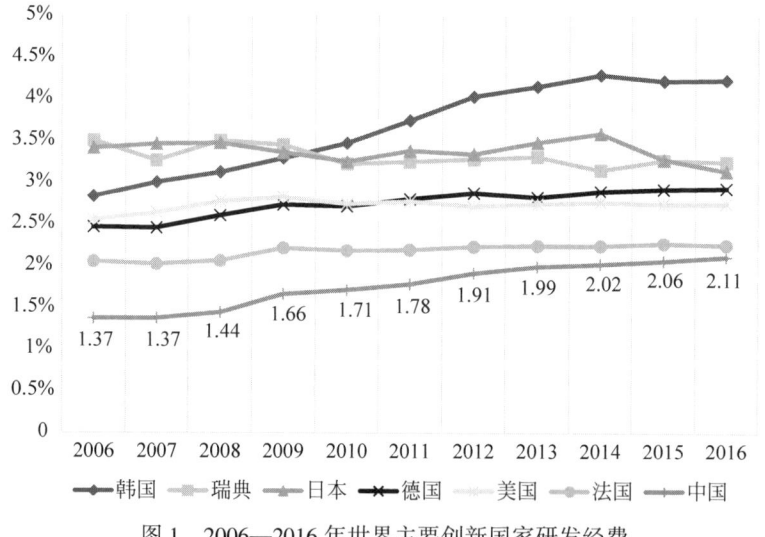

图 1　2006—2016 年世界主要创新国家研发经费
占国内生产总值的比重（研发投入/GDP）

资料来源：《中国科技统计年鉴 2018》。

（二）产学研协同创新模式有待提升

建立以企业为主体、市场为导向、产学研深度融合的协同创新体系，对加强科研机构、高等院校坚持以问题为导向展开科学研究，推动科技成果加速转化落地，有效提升产业的竞争力起到了至关重要的作用。目前，中国以科研机构和高等院校为主要技术提供方的技术交易市场规模持续扩大（见图 2）。

但是，由于科研机构、高等院校和企业在科技创新成果的关注点和研发动机上差别明显，如果没有较好的协调机制，就很难充分调动各方协同创新的积极性。另外，中国高等院校尚未建立促进产学研协同创新的长效人才培养机制，一些涉及交叉学科和个性化的人才培养形式还没有广泛普及，职业技术教育领域的质量还相对较低，为人才提供切合应用实际的专业化培训服务机构数量较少。在

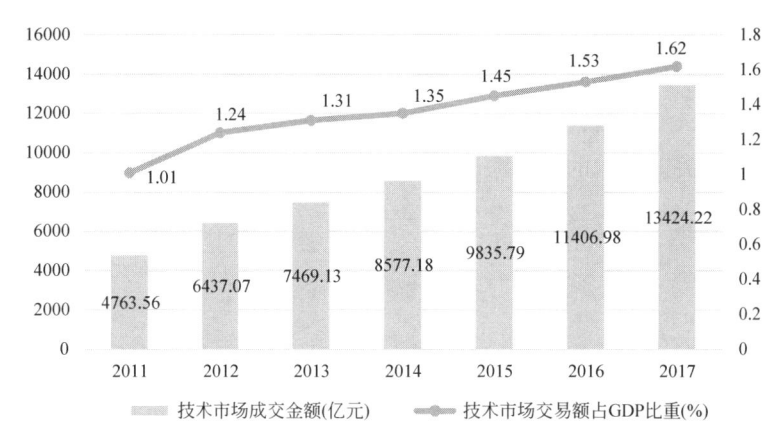

图 2　2011—2017 年全国科技市场成交金额及占当年 GDP 比重

资料来源:全国技术市场年度统计报告,中国统计年鉴 2018。

企业参与方面,由企业内生的研发组织单元和研发平台还比较少,与科研机构合作共建的新型研发平台和技术研发中心在市场上独立运营的优势不足,效益普遍不高。中小企业受困于资金投入不足,很难深度融入产学研协同创新的体系之中。

(三) 一些关键领域核心技术依然受制于人

改革开放以来,中国制造业快速发展,建成了门类齐全、独立完整的产业体系。但是,在自主创新能力、信息化程度、质量效益等方面与世界发达国家差距明显,特别是一部分关键核心技术还没有完全掌握在自己手中,例如芯片及其设备、航空发动机、软件系统、高端科研仪器等。这些"卡脖子"技术长期掌握在国外供应商手中,一旦出现断供,对中国的产业发展和国家安全会产生严重的危害。从技术本身来看,关键核心技术的研发往往需要长时间的积累和多主体的配合。以高端芯片制造为例,其主要生产链涉及 IC 设计、晶圆制造、封装和测试等环节,要完成这些工序就需要高端材料和加工设备的密切配合,对相关的技术创新的复杂度要求较高。从深层次原因看,"卡脖子"技术的根源在于长期以来,中国的创新环境和体制机制还存在制约技术发展的瓶颈。若干关键领域的长远规划和顶层设计不足,科技金融体系缺失,行业龙头企业直接投入前沿领域和关键技术的研发激励不足,成果转让的股权分配和市场化的利益共享机制还没有完全建立起来。

(四) 科技创新能力发展不均衡、不充分

根据中国科技发展战略研究院发布的《中国区域创新能力评价报告 2019》中各地区创新能力的排名来看(见表1),科技创新效应较好的地区普遍集中在东部发达地区。这反映出高端优势科技创新资源过度集聚在经济发展良好的地区,并且相对落后地区在科技创新环境、科技活动投入产出、高新技术产业化和政府创新意识等方面与优势地区差距明显。

表1 2019年发布的中国区域创新能力各方面效用值情况(前五位)

排序	地区	创新能力综合	知识创造	知识获取	企业创新	创新环境	创新绩效
1	广东	59.49	47.16	47.22	75.98	52.2	66.45
2	北京	53.22	74.4	49.36	44.53	52.01	52.61
3	江苏	49.58	48.49	36.75	56.78	43.59	58.52
4	上海	45.63	43.42	58.46	41.76	39.17	50.58
5	浙江	38.8	36.38	22.76	47.64	36.38	44.6

资料来源:中国科技发展战略研究院。

此外,中国科技创新能力呈现出明显的不均衡、不充分的局面,不仅仅体现在东部地区与中西部地区的空间差异上,也体现在国家研究机构与地方研究机构、重点大学与一般大学之间的差异上,尤其是在从基础研究、应用基础研究、应用研究到工程实现的科技创新链条上存在明显短板,这与建设世界科技强国的目标是不相适应的。

三、打造科技创新体系,支撑高质量发展

(一)以企业为中心,建设富有活力的科技创新体系

强化企业在科技创新体系中的主体地位。科技创新体系的主体包含了政府、高校和科研单位、企业等。其中,企业因其天然的逐利性,创新的积极性是最高的。应该鼓励企业加大研发投入,主导前沿性的技术创新,并参与到技术标准的制定当中,培育一批拥有自主知识产权、具有国际竞争力的创新型引领企业。以创新性引领企业为中心,发挥其主观能动性,合理运用人才、科学运用资金、充分利用实施设备和内外部环境,由以企业为中心的单一的关联反馈系统逐步过渡到统一的整体系统,即由"企业与政府"到"企业、政府、高校和科研单位"。科技创新体系能够从积极性最高的主体出发,通过单点发挥出突破性的潜力,带动各主体相互作用,从而提升整体系统的效率。

注重企业与高校的产学研协同。产学研协作体系是通过建设产学研创新平台,聚集产学研创新团队,实施产学研合作项目,以推动重大科技成果孵化出现。强化产学研协作体系包括以下两方面政策措施:一是产学研人才共育政策。通过深化校企合作,不断优化创新型人才培养模式,完善产教融合、协同育人机制,提高人才培养质量。二是产学研接洽政策,提高高校对接企业的能力。高校、科研单位要积极对接企业需求,服务企业技术创新,联合企业着力解决制约产业发展的行业共性关键技术和涉及社会民生的重大科技问题,主动融入以企业为主体的技术创新体系。一方面,通过加强产学研供需对接,构建功能完善、信息畅通、资源共享、便捷有效的产学研合作云服务平台。另一方面,改革评价机制,不断完善高校科研管理体系,依托企业实现技术应用和推广。

(二) 以市场为导向,构建重视平台的科技创新体系

政府应积极转换角色,以打造创新体系的辅助者自居。让市场发挥其在技术研发方向、路径选择中的导向作用,政府则偏重于平台建设,以科技孵化器、产业基金、创新创业园等平台支持创新。充分发挥科技创新平台聚集新兴产业的重要支撑作用,培养和吸纳创新创业人才、团队、项目,加快建设和优化布局国际产能合作平台、创新孵化承接平台、创新生态服务平台,推动行业科技进步和全社会科技创新。

首先,推动重大源头创新平台建设。重点加快推进国家重大源头创新平台建设,加强面向产业层面的应用研究与开发,带动相关重点产业跨越发展。其次,加强技术创新服务平台建设。通过加强专业性行业创新服务平台建设,打造公共技术服务平台等行业创新服务平台。最后,建设科技资源共享服务平台。通过加强资源共享平台建设、科技信息资源共享服务平台建设,整合集成数据资源等科技信息资源,实现一站式数据共享服务。同时,完善专利数据库,加强与国家专利数据库的联网建设,增强对企业自主知识产权技术应用和产品研发的引领与服务。

(三) 以政策为引导,形成集群效应的科技创新体系

改革完善政府考核制度,将教育发展和科技创新纳入考核内容,引领科技创新,推动经济发展方式转变。强化多部门合作,建立多部门联席会议制度,从财税、金融、人才队伍建设等方面制定一系列政策措施,加强经济政策和科技政策的相互协调,形成激励自主创新的政策体系。

在财税政策方面,充分发挥其资源配置和创新激励的功能,助推"核心技术"突破。因"核心技术"的高投入、高风险特点,财税政策一直被认为是"核心技术"的关键助力。中央财政与地方财政应

共同配合，在加大政府产业基金投资力度的同时，整合各部门支持核心技术突破的分散政策，在关键领域形成各层级、各部门的合力。一是提高研发经费投入强度。提高财政支出规模，扩大科技基础设施投入，如在科技创新研发基地、技术成果转化中心上的投入和基础支撑与条件保障类的投入，引导科研经费向关键性技术和集成性技术的研究方向倾斜。二是优化财政投入结构。创新财政资金支持科技创新的模式，转变财政投入的结构和方式，通过设立"产业技术创新与科技金融"专项资金、财政科技基金等有重点有步骤地支持、服务科技创新，提升科技型企业成长能力，进而不断提高科技竞争能力以形成长效的创新机制。三是深入落实、健全科技创新各项税收优惠政策。简化科技创新税收优惠流程，以保障其税收流程的系统性和规范性；并且针对处于初创期、成长期以及成熟期等各个阶段的科技型企业按照不同税收优惠力度予以减免，以进一步提高科技创新税收优惠政策的实用性和针对性。

完善科技金融融合政策，是保障激发科技创新动力活力的重要支撑。一是以多种科技金融机构支持科技创新。通过设立包括科技小额贷款公司、科技支行等在内的多种科技金融机构，支持科技金融机构向科技型企业提供各类科技信贷服务，畅通科技创新直接融资渠道，丰富科技创新直接融资产品。二是搭建多层次金融交易平台，推动科技金融融合发展。通过不断扩大金融交易品种，创新交易工具和交易方式，积极稳妥发展现货与衍生品的大宗商品交易市场，实现金融在科技创新领域发挥支撑作用。三是多元化支持科技创新金融模式，发挥好天使投资等各类风险投资基金的作用。通过知识产权评估等方式搭建金融机构支持初创期空间企业体系，对科技创新重点领域、不同阶段面临的科技创新进行投资，并建立和发展多层次的针对科创企业的间接融资市场，提升科创企业的融资效率，提升其科技创新积极性，增强其自主创新能力。四是积极发展新兴金融业态，推动金融有步骤有阶段地支持科技创新研发链、产品链和市场链。实现新兴金融业态快速发展，可以满足金融体系和科技创新体系形成一种全面融合的阶段性合作要求。通过引进培育商业银行私人银行等资产管理业务，支持有条件的金融机构开展网络银行等业务，以构建业态多元和多层次的财富管理平台；鼓励金融机构积极开发基于互联网技术的新产品和新服务，实现传统金融业务转型升级。

重视人才引进政策，吸引高科技领军人才汇集，支持当地企业创新发展。一是优化人才管理制度，为人才引进提供制度保障。通过对科技人才分类评价体系、奖励制度深化改革，推进人才管理制度优化。在实践层面，基于人才的用途将其划分为基础研究性人才、实践性人才以及组织协调性人才等，并且针对不同的人员出台差异化的评价机制。二是提高科研人员激励强度。"有恒产者有恒心"，只有将科研成果的收益权和使用权切实地赋予科研人员，才能激发作为科研项目核心的科研人员的潜能。技术创新的根本是人才，吸引人才最直接有效的方式是提高科研人才的货币收入。一方面，强化科研人员激励，突出知识价值导向。完善奖励报酬制度，健全职务发明的争议仲裁和法律救济制度。保障资金在重要贡献人员、所属单位之间合理分配，提高科研负责人、骨干技术人员等重要贡献人员和团队的收益比例。另一方面，改革创新激励制度，充分调动科研人员创新积极性。对高等学校和科研院所等事业单位以科技成果作价入股的企业，放宽股权奖励、股权出售在企业设立年限和盈利水平方面的限制。正如改革开放四十多年的成功经验所显示的，政府在支持科研项目的研发时，更多的应是做好引导和制定合理的偏重科研人员的收益分配原则。例如，一些省份在制定科研利益分配规则时，甚至能够将90%的收益归于研发团队，极大地激发了创造力。

（四）发挥创新城市引领作用，打造协调联动的科技创新体系

进一步突出科技创新领先城市的引领作用。"长三角"、京津冀和粤港澳大湾区已成为全球瞩目的经济发展地带，在未来的科技创新体系建设中，应发挥"长三角"、京津冀和粤港澳大湾区的营商环境优势与经济协同效应，将北京、上海、深圳、香港等一线城市打造成世界级的科技创新中心城市，进而推动经济带成为创新要素集散地和创新网络枢纽型节点，促使国际化人才聚集、跨国科技公司落地。以点带面，用科技创新中心城市的进一步崛起带动整个经济带发展的多维度提升，使其成为世界级的超级经济带。

在空间创新要素的协同方面，借鉴已经成熟的自主创新示范区发展经验，在更大的空间内形成创新合力。例如，作为中国首个以城市群为基础单元的苏南国家自主创新示范区，由八个国家高新区和苏州工业园区组成，横跨五个国家创新型试点城市。与普通的以单个高新技术开发区为基础的创新试点不同，苏南国家自主创新示范区在更高的层次和更广的范围内形成了区域创新一体化，发挥各地区的比较优势，形成互补。在创新城市内部协同方面，以行政区为基本单元，统筹整合创新要素。需要突破行政区划对要素整合的限制，推动各行政区之间的创新协同配合，明确不同行政区的发展特色，构建多层次创新体系。

参考文献

1. 陈昌兵："新时代我国经济高质量发展动力转换研究"，《上海经济研究》2018 年第 5 期。
2. 程俊杰："高质量发展背景下破解'创新困境'的双重机制"，《现代经济探讨》2019 年第 3 期。
3. 邓志敏："科技金融驱动经济高质量发展的困境与突破"，《科学管理研究》2019 年第 4 期。
4. 辜胜阻、吴华君、吴沁沁、余贤文："创新驱动与核心技术突破是高质量发展

的基石",《中国软科学》2018年第10期。
5. 金碚:"关于'高质量发展'的经济学研究",《中国工业经济》2018年第4期。
6. 李伟:"推动中国经济稳步迈向高质量发展",《中国经济时报》2018年1月15日。
7. 宋大伟:"坚持创新驱动引领中国经济高质量发展",《中国科学院院刊》2019年第10期。
8. 孙智君、陈敏:"习近平新时代经济高质量发展思想及其价值",《上海经济研究》2019年第10期。
9. 王永昌、尹江燕:"以新发展理念引领高质量发展",《人民日报》2018年10月12日。
10. 吴传清、邓明亮:"科技创新、对外开放与长江经济带高质量发展",《科技进步与对策》2019年第3期。

(赵祚翔,中国科学院科技战略咨询研究院;张龙,对外经济贸易大学法学院)

实用新型专利质量与科技创新

王红玉 周立

一、引言

1985年中国颁布实施了第一部专利法,[1]其中明确指出实用新型制度是指对产品的形状、构造或者其结合所提出的适用于实用的新的技术方案,其目的主要是对中小企业或个人含有商业价值的小发明给予保护,不断提高中国技术人员的创新积极性。在国内外学者看来,新型专利制度可有效地实现中低收入国家的技术追赶(Maskus

---

[1] 中国专利制度可分为三类:发明专利制度、实用新型专利制度和外观设计专利制度。

and McDaniel,1999;Odagiri,2010;Kim et al.,2012;D. Prud'homme,2017;毛昊等,2018),促进中低收入国家的创新能力。截至2018年年末,实用新型专利申请授权量1464979项,专利申请授权数为2447460项,实用新型专利申请授权量与专利申请授权数之比从2008年的43%[1]提高到2018年的60%,可以看出实用新型专利的地位在上升,国家对其重视程度在不断加深。由图1可以看出,2008—2018年实用新型专利申请受理量和授权量整体呈上升趋势,二者上升趋势愈来愈快,但受理量的上升速度快于授权量,这说明中国实用新型专利在申报中可能存在着良莠不齐现象,那么通过授权的实用新型专利质量是否存在同样的问题,是十分值得考问的。胡允银和吴珊瑚(2019)就指出,中国专利存在取伪和弃真问题,并不能提高创新水平。随着知识产权在现代经济中的作用越来越重要,考察中国的实用新型专利质量对国家实现科技创新转型的影响有着极大的意义。

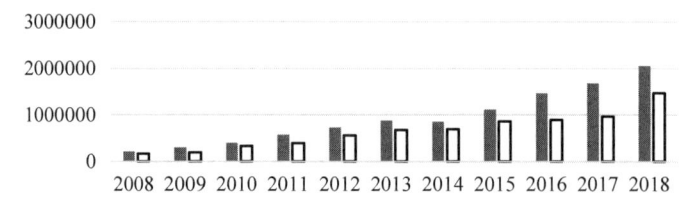

图1 2008—2018年国内实用新型专利申请受理量和授权量
资料来源:国家统计局。

本文的贡献在于:第一,早先文献大多研究专利质量与技术创新的关系,二者关系有三种:正向促进(杨军,2008)、反向抑制(毛

---

[1] 2008年中国专利申请授权数411982项,实用新型专利申请授权数为176675项。

昊等,2018)和非线性关系(Y. Furuka Wa,2007),但具体到实用新型专利质量的研究比较缺乏。本文从实用新型专利质量出发研究其与科技创新的关系,内容上有所丰富。第二,在科技创新的测度方面,一部分学者只考虑科技创新效率问题(Yu-Shan et al.,2012;Jun-You Lin,2014),另一部分学者只考虑科技创新能力问题(Acs et al.,2002;杨明海等,2018)。本文在科技创新效率和科技创新能力的基础上将二者结合,更加全面和深入。第三,综合早先文献对实用新型专利的研究可以发现:大部分仅是理论分析(管荣齐,2015),运用本文中泊松回归、负二项回归等方法的研究是比较少的,并且实证研究中主要分析实用新型专利对经济的影响和实用新型专利质量效应(张杰等,2016;刘昂,2018),研究其对科技创新影响的文章很少,因此具有方法上的贡献性。

二、文献综述与研究假说

实用新型专利已成为中国专利产品中最重要的组成部分,对科技创新有举足轻重的作用。朱广玉(2015)认为实用新型专利授权率较为合理地反映了一个地区实用新型专利的质量高低;对于科技创新的测度,我们从科技创新效率和科技创新能力两个方面来考量。实用新型专利质量对科技创新效率和能力有着怎样的影响?需要进一步分析。

(一)专利质量与科技创新效率

综合已有文献对专利质量和科技创新效率的关系研究,其关系大致可分为三类:第一,专利质量可以显著促进企业的科技创新效率(D. Ernst Nitzki et al.,2013);第二,专利质量对科技创新效率有消极作用(M. Nole & M. Schankerman,2013);第三,专利质量与区域创新效率是非线性的关系(Y. Furuka Wa,2007)。操龙升和赵景峰

(2019)认为,专利质量与科技创新效率为非线性的倒"U"形关系,在一定限度内,专利质量对科技创新效率有促进作用,超过限定程度后,便会致使技术创新效率降低。

本文认为实用新型专利质量提高对科技创新的影响是复杂的,起初,专利质量的提高会形成部门垄断和限制性模仿,闭门造车并不能使创新效率提高,对科技创新效率有抑制作用(毛昊等,2018);中期,由于知识的外溢效应,易在社会形成创新氛围,创新能力进一步提高,科技创新效率也随之提升;后期,随着产业规模化和社会大分工的出现,专利滥诉现象涌现,会"挤出"高质量的实用新型专利,对科技创新形成抑制作用(陈曦,2019)。据此,本文提出研究假说一:实用新型专利质量与科技创新效率之间存在着非线性的"N"型关系,即其作用是抑制—促进—再次抑制。

(二)专利质量与科技创新能力

专利与创新具有高度相关性(Feldman & Florida,1994;邵培樟,2014;刘元刚、蒙大斌,2018),专利质量对创新资源配置具有基础性作用(毛昊,2017),对科技人员的创新、研发活动实践起到积极的促进作用(姚颉靖、彭辉,2010;S. Woo et al.,2015)。周云祥等(2008)认为,专利质量为中国的科技进步提供前提,为中国的技术创新提供保障,为科技创新提供公平有序的市场法律环境。陈曦(2019)也认同专利质量促进技术创新的观点,在他看来,专利质量的提高通过明确产权、垄断利润激励、促进技术扩散、降低交易成本和传递成本等途径促进技术创新的发展(梁志文,2019)。

李晓秋和刘少谷(2016)指出,供给侧改革的关键在于科技创新,专利制度作为科技创新的载体,对科技创新具有驱动作用,专利质量可以促进科技创新。在刘庆琳和毛昊(2018)看来,中国专利质量的提高可以为共享经济的创新发展提供技术保障,是驱动共享经济高质量发展的关键所在。但在中国共享经济产业发展中,底层技术的专利有所缺失,未能形成充分的布局优势,专利滥用问题仍然存在。程德理(2019)将专利质量与技术创业相结合,分析研究专利质量对初创企业创新活动的影响,并得出其二者为促进关系的结论。据此,本文提出研究假说二:实用新型专利质量与科技创新能力为正相关关系,即实用新型专利质量的提高会促进科技创新的能力。

三、研究设计

(一) 回归方程设定

本文在库茨涅茨曲线的基础上采用三次函数拟合实用新型专利质量与科技创新效率之间的关系。本文设定回归模型(1)来验证研究假说一:

$$sti_{it} = \beta_0 + \beta_1 syl_{it} + \beta_2 syl_{it}^2 + \beta_3 syl_{it}^3 + \beta_4 control_{it} + \mu_i + \varepsilon_{it} \quad (1)$$

在(1)式中,各解释变量的下角标 i 和 t 分别表示样本个数和时间年份。i 可以从1取到31,分别表示31个省份;t 可以从1取到11,表示2008—2018年。sti 为被解释变量科技创新的效率;syl 为本文的核心解释变量实用新型专利的质量,我们用实用新型专利申请授予率来表示;$control_{it}$ 为控制变量,具体包括财政支出中的科技贡献率($g\text{-}tech$)、政府支持力度(gov)、人力资本水平(hum)、经济发展水平($rjgdp$)和对外开放水平(jck);μ_i 和 ε_{it} 分别为时间固定效应和随机误差项。本文科技创新效率是受限变量,[1]为了结果更加稳健,我们可以采用Tobit模型进行回归。

我们利用面板数据设定多元回归模型(2),来验证研究假说二:

$$sql_{it} = \beta_0 + \beta_1 syl_{it} + \beta_2 control_{it} + \varepsilon_{it} \quad (2)$$

在(2)式中,sql 为国内实用新型专利申请授权量,$control$ 为控

---

[1] 科技创新效率的取值大于0。

制变量,具体包括人均 GDP、研发人员全时当量、新产品销售收入和人力资本水平,其他变量的解释与模型(1)保持一致。国内实用新型专利申请授权量为离散计数变量,泊松回归、负二项回归是其基本回归方法。考虑到国内实用新型专利申请授权量的方差与标准差相差过大的问题,采用负二项回归法来解决研究假说二可能更为可靠。

(二)数据来源和变量说明

1. 数据来源

本文的数据来源于《统计年鉴》和《中国科技统计年鉴》等。考虑到数据的可得性和完整性,我们选取了 2008—2018 年全国省级面板数据。

2. 变量说明

(1)被解释变量

本文的被解释变量为科技创新,具体包括科技创新能力(sql)和科技创新效率(sti)两个方面。

科技创新能力用专利申请量来衡量(W. Chi, X. Qian, 2010),科技创新效率的测度方法主要为数据包络分析法(DEA)或随机前沿分析法(SFA)。我们采用动态 Malmquist 指数对科技创新效率进行分析。Malmquist 指数是时期和距离均不同的函数动态比值。具体函数形式如下:

$$M(x^{t+1}, y^{t+1}, x^t, y^t) = \sqrt{\left[\frac{D^t(x^t, y^t)}{D^t(x^{t+1}, y^{t+1})} \frac{D^{t+1}(x^t, y^t)}{D^{t+1}(x^{t+1}, y^{t+1})}\right]}$$

$$= \frac{D^t(x^t, y^t)}{D^{t+1}(x^{t+1}, y^{t+1})} \sqrt{\left[\frac{D^{t+1}(x^{t+1}, y^{t+1})}{D^t(x^{t+1}, y^{t+1})} \frac{D^{t+1}(x^t, y^t)}{D^t(x^t, y^t)}\right]}$$

其中,$\frac{D^t(x^t, y^t)}{D^{t+1}(x^{t+1}, y^{t+1})}$ 为技术效率($effech$),$\sqrt{\left[\frac{D^{t+1}(x^{t+1}, y^{t+1})}{D^t(x^{t+1}, y^{t+1})} \frac{D^{t+1}(x^t, y^t)}{D^t(x^t, y^t)}\right]}$ 为技术进步($techch$)。$effech$ 大于 1 代表技术提高,$effech$ 小于 1 代

表技术下降。techch 大于 1 代表技术进步,小于 1 代表技术衰退。技术效率可分解为纯技术效率(pech)和规模效率(sech)。纯技术效率的变动为 $\dfrac{D^t(x^t,y^t|VRS)}{D^{t+1}(x^{t+1},y^{t+1}|VRS)}$,规模效率的变动为 $\dfrac{D^{t+1}(x^{t+1},y^{t+1}|VRS)}{D^t(x^{t+1},y^{t+1}|VRS)}\dfrac{D^t(x^t,y^t|VRS)}{D^t(x^t,y^t|VRS)}$,上述函数可具体分解为 $M(x^{t+1},y^{t+1},x^t,y^t)=techch\times pech\times sech$,若 $pech>1$ 且 $sech>1$,则说明这两个指标对生产率的提高有促进作用,反之则说明其对生产率的提高有抑制作用。

一般说来,科技创新效率的测度包括投入和产出两个方面,其中投入指标具体为研发人员和研发经费等,产出指标具体为专利申请授权量和新产品销售收入等。由于本文研究的对象为实用新型专利质量对科技创新效率的影响,因此产出指标中的专利申请授权量替换为实用新型专利的申请授权量。详细的投入产出指标如表 1 所示:

表 1 科技创新效率指标体系的构建

测量类别	测量指标
科技创新效率的投入	规模以上工业企业研发人员全时当量
	规模以上工业企业研发经费
科技创新效率的产出	规模以上工业企业新产品销售收入
	国内实用新型专利申请授权量

资料来源:国家统计局。

(2)核心解释变量

本文的核心解释变量为实用新型专利的质量,采用实用新型专利申请授权率来衡量一个地区的实用新型专利的质量。

(3)控制变量

财政支出中的科技贡献率:政府的财政支出中科技贡献率与科技创新效率有负相关关系。

政府支持力度:政府支持力度与科技创新效率呈正相关关系,

即其支持力度越大,越有利于科技创新效率的提高。

人力资本水平:劳动力的质量可以在一定程度上影响科技创新的效率和能力,选取6岁及6岁以上大专及以上人口数占人口数的比重作为衡量指标。

人才投入力度:企业对人才的投入影响着企业的科技创新能力。

企业的创新能力:一般来说,企业创新能力越高,越有利于科技创新能力的提高。

经济发展水平:人均GDP可较好地衡量某地区的经济发展水平。科技创新与经济密不可分,活跃的经济可为科技创新提供良好的宏观环境,促进科技创新效率和能力的提高。

对外开放水平:该指标用外商投资企业的进出口总额占各个省份的GDP来衡量。

所有回归变量的简要说明见表2。

表2 变量类型及主要说明

变量类型	变量名	代码	主要说明
被解释变量	科技创新效率	sti	DEA-Malmquist方法测算的效率值
	科技创新能力	sql	国内实用新型专利申请授权量
核心解释变量	实用新型专利申请授予率	syl	国内实用新型专利申请受理量/国内发明专利申请授权量
控制变量	财政支出中的科技贡献率	g_tech	地方财政科学技术支出/地方财政一般预算支出
	政府支持力度	gov	地方财政科学技术支出/国家财政科学技术支出
	人力资本水平	hum	6岁及6岁以上大专及以上人口数/人口数
	经济发展水平	rjgdp	人均GDP
	对外开放水平	jck	外商投资企业进出口总额/地区GDP
	人才投入力度	qsdl	规模以上工业企业研发人员全时当量
	企业创新能力	income	规模以上工业企业新产品销售收入

(三) 描述性统计

表3为主要变量的描述性统计。为了使被解释变量之外的连续变量更加平稳,我们对其进行双边缩尾处理。

表3 主要变量的描述性统计

变量	观测值	平均值	标准差	最小值	最大值
sti	341	1.2919	1.2577	0.1700	7.5730
syl	341	0.2049	0.1228	0.0587	0.6738
g_tech	341	0.0196	0.0141	0.0030	0.0720
gov	341	0.0168	0.0189	0.0006	0.1243
hum	341	0.1082	0.0701	0.0094	0.4595
rjgdp	341	4.5874	0.9855	0.9855	14.0211
jck	341	0.1247	0.1932	0.0001	0.9747
sql	341	7.5547	1.6755	3.1355	10.7307
qsdl	341	10.2819	1.6547	4.3567	13.0291
income	341	7.2293	1.8665	1.1437	10.2604

通过表3直观观察,可以得出:(1)科技创新效率(sti)、人均GDP、国内实用新型专利申请授权量(sql)、人才投入力度(qsdl)和企业创新能力(income)的均值和标准差在这些指标中较大,其平均值均在1以上,标准差也超过0.9855,说明该五个指标每年的波动性和差异性较大。(2)实用新型专利申请授予率(syl)、人力资本水平(hum)和对外开放水平(jck)的均值和标准差适中。可以看出,每年各省份的实用新型专利申请授予率、人力资本水平和对外开放水平都是比较稳定的。(3)财政支出中的科技贡献率和政府支持力度的平均值与标准差较小,均维持在0.02左右,最大值和最小值的差也控制在0.1以内,可以看出这两个指标的差异性较小,比较平稳,基本上没有显著的变化。

四、实证结果分析

(一) 科技创新效率分析

运用 DEAP 软件对 31 个省区市 2008—2018 年的数据进行 Malmquist 指数研究,得到分年份的 Malmquist 指数及其分解,结果如表 4 所示。

表 4 2008—2018 年科技创新效率指数和分解

年份	技术效率变动	技术进步	纯技术效率	规模效率	全要素生产率
2009	0.889	0.624	0.843	1.055	0.555
2010	0.850	2.401	1.042	0.816	2.042
2011	1.487	0.601	1.229	1.210	0.894
2012	0.938	0.916	0.937	1.001	0.860
2013	1.076	0.859	1.062	1.014	0.924
2014	0.988	1.216	0.991	0.997	1.201
2015	0.799	1.747	0.953	0.838	1.395
2016	1.201	0.596	0.977	1.230	0.716
2017	0.628	1.698	0.954	0.659	1.067
2018	0.928	0.815	0.751	1.236	0.757
平均值	0.955	1.022	0.966	0.988	0.975

表 4 为 2008—2018 年[1]科技创新效率指数及其分解,可以看出:全要素生产率大于 1 的年份较少,仅有四年,大部分年份的全要素生产率小于 1,增长状态为负增长。这说明中国的科技创新效率并不太高,发展缓慢,但发展空间较大。那么导致科技创新效率不高的原因是什么?我们知道,全要素生产率包括技术效

---

[1] 运用 DEAP 软件进行动态效率分析时,年份从第二年开始。

率和技术进步两部分,而技术效率可分为纯技术效率和规模效率,从表4最后一行可以直观看到,2008—2018年的技术效率变动低于技术进步,纯技术效率和规模效率均低于1,说明纯技术效率和规模效率为负增长,全要素生产率较低的主要原因为技术效率变动。

由图2可以看出,2009—2018年全要素生产率的波动幅度较大,峰值在2010年,除2010年外,全要素生产率的波动幅度较小,均在1上下变化;技术效率变动在无限正向接近于1,说明技术效率变动整体上呈现负增长;技术进步的变动幅度偏大,大多数年份其值大于1,保持正增长,因此技术效率是全要素生产率的最主要因素,全要素生产率是否为正,取决于技术效率是否大于1。

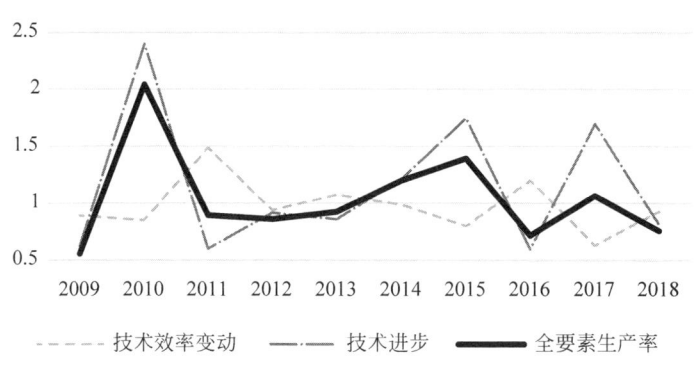

图2 2009—2018年科技创新技术效率变动、技术进步和全要素生产率

(二) 实用新型专利质量与科技创新效率分析

本文借鉴以前学者对专利制度与创新效率的研究,在库兹涅茨曲线的基础上采用三次函数拟合实用新型专利质量与科技创新效率之间的关系,结果如表5所示。

328 中国道路与经济高质量发展

表5 实用新型专利质量与科技创新效率回归结果

被解释变量	sti			
方法	OLS	Re[1]	Tobit	Tobit[2]
syl	-7.5233 (-1.31)	-10.4836** (-1.99)	-7.5233 (-1.60)	-10.4836** (-2.02)
syl^2	35.1181* (1.77)	47.6869*** (2.59)	35.1181** (2.09)	47.6869*** (2.62)
syl^3	-38.6709** (-2.03)	-51.4932*** (-2.95)	-38.6709** (-2.40)	-51.4932*** (-2.98)
g_tech		-26.3710*** (-2.68)		-26.3710*** (-2.71)
hum		0.3745 (0.28)		0.3745 (0.28)
gov		10.2351 (1.61)		10.2351 (1.63)
$rjgdp$		0.0764* (1.70)		0.0764* (1.72)
jck		-0.4087 (-1.33)		-0.4087 (-1.35)
常数项	1.6658*** (3.32)	1.8361*** (3.97)	1.6658*** (4.44)	1.8361*** (4.02)
观测值	341	341	341	341
R^2	0.0182	0.0385	0.0056	0.0128

注:(1)表中第一行为相关系数,第二行为 z 值。(2)***、**、* 分别表示在1%、5%、10%的置信水平下显著,下表同。

表5中通过对比未加入控制变量和加入控制变量的回归结果可以看出,加入控制变量的模型明显要优于未加入控制变量的模型,其拟合优度更高。从整体来看,无论采用普通面板回归还是面

---

[1] 通过进行 Hausman 检验,得到 $P=0.1946$,大于 0.05,因此可以不拒绝原假设,应选用随机效应对该模型进行回归分析。

[2] 通过进行随机效应 Tobit 模型分析,得到 $P=1.0000$,因此应选用混合 Tobit 模型进行回归分析。

板 Tobit 回归,其相关系数和显著水平相同,结果具有一致性,模型比较稳健。通过比较相关系数的大小可以看出,加入控制变量的实用新型专利质量对科技创新效率的影响更大、更明显,但整体上实用新型专利质量与科技创新效率的关系均满足 $\beta_1<0,\beta_2>0,\beta_3<0$,即呈现"N"形关系。实用新型专利在其发展初期,会抑制科技创新效率的提高;一段时间后,随着实用新型专利质量的提高,科技创新效率也会相应地提高;在发展末期,其又会反过来对科技创新效率起消极的抑制作用。这证明了研究假说一的合理性和正确性。

在控制变量方面,财政支出中的科技贡献率对科技创新效率有消极的抑制作用,且在1%的显著性水平下为负,财政支出中的科技贡献率提高会降低科技创新的效率。这与理论是相符的:一方面财政支出中的科技贡献率反映了一个地区政府对科技的投入力度,投入力度过大会造成科技创新活动的成本过高,致使没有获得政府科技投入的企业或项目利润降低,抑制了科技创新效率的提高;另一方面,在科技创新活动中信息不对称现象时有发生,政府对资助经费的使用情况监管力度不够,政府对科技的投入与企业自身对科技的投入在产出效率上差异较大,所以财政支出中科技贡献率的增加会抑制科技创新效率的提高。

人均 GDP 可促进科技创新效率。经济发展水平越高,越有利于提高科技创新的效率,各省份人均 GDP 每提高1万元,会使科技创新效率相应地提高7.64%,因此提高科技创新效率的重要途径之一是提高各省份的人均 GDP。

人力资本水平、政府支持力度和对外开放水平对科技创新效率的影响不明显。其中,人力资本水平和政府支持力度的系数符号与理论相符;对外开放水平对科技创新效率的影响本应为正,在回归中为负的原因在于:对外开放水平越高,与外资企业合作的机会越多,会致使更多的企业直接购买或使用外企的核心技术,抑制本国科学技术的发展,降低科技创新效率。

(三) 实用新型专利质量与科技创新能力分析

本文借鉴以前学者对专利质量与科技创新能力的研究,使用泊松回归和负二项回归进行分析研究,结果如表6所示。

表6 实用新型专利质量与科技创新能力回归结果

被解释变量	sql			
方法	poisson	fe	nbreg	fe
syl	11.1485*** (4.19)	8.0913*** (128.01)	4.4958*** (11.98)	5.7097*** (13.91)
hum		0.4648*** (−15.36)		0.0410*** (−5.82)
$rjgdp$		1.2478*** (219.13)		1.0333** (2.34)
$income$		1.5665*** (111.20)		1.1186*** (3.95)
$qsdl$		1.2722*** (47.10)		0.8781*** (−3.63)
常数项	3260.6270*** (50.64)	—	8.3315*** (21.10)	18.4328*** (9.35)
观测值	341	341	341	341
$pseudolikelihood$	−1441803.9	−56619.2290	−2189.4378	−2165.8572

注:表中第一行为发生率比。

通过对比加入控制变量和未加入控制变量的 $pseudolikelihood$ 可以看出,加入控制变量的模型优于未加入控制变量的模型。从整体来看,无论采用泊松回归还是负二项回归,其显著水平相同,结果具有一致性。通过比较发生率比可以看出,泊松回归的发生率比大于负二项回归的发生率比,考虑到被解释变量过于分散的问题,负二项回归的结果更加有效。实用新型专利申请授权率对科技创新能力有显著的促进作用,从较有效的负二项回归结果中看出,实用新型专利申请授权率每增加1%,实用新型专利申请授权量增加

6个,说明实用新型专利质量对科技创新能力影响较大,与研究假说二相一致,证明其正确性。

从控制变量来看,经济发展水平和企业创新能力的提高均可促进科技创新能力的提高,即随着人均 GDP 和规模以上工业企业新产品销售收入的提高,国内实用新型专利申请授权量也会增加,提高科技创新能力。经济的繁荣和企业创新能力的提高,均可为科技创新提供无形的创新氛围与有形的创新人才,促进科技创新能力的提高。

人力资本水平对科技创新能力具有抑制作用,这与理论相违背,其原因为:人力资本水平仅考虑到文化程度的高低,但是文化程度高不等于创新能力强,低学历的人也会存在较高的创新力。泊松回归结果中人才投入力度与科技创新能力的关系和负二项回归中的结果相反,考虑到负二项回归的效率较高,人才投入力度与科技创新能力呈负相关,这与理论不相符,其原因可能为:人才投入力度过大,说明该地区对创新的重视度较大可能正是由该地区创新人才的缺乏导致的,因此不利于提高科技创新能力。

五、稳健性检验

(一)变量选取问题

本文主要研究的是实用新型专利质量对科技创新的影响。对于科技创新的衡量,国外大多数学者主要采用科技创新效率和科技创新能力两方面来测度:测量科技创新效率时,以往文献中采用 DEA 模型的占主流,本文的数据为面板数据,所以用动态的 Malmquist 指数来衡量科技创新效率;测量科技创新能力时,本文主要参考杨明海等(2018)的方法,用专利量来代表一个地区的科技创新能力。对于专利质量的测量,国内大多数学者主要用实用新型专利授权率来反映某地区实用新型专利的质量(朱广玉,2015)。

关于科技创新效率的影响因素,本文参考 Tsai & Wang(2004)、赵增耀等(2015)和叶祥松等(2018)的内容,将财政支出中的科技贡献率、政府支持力度、人力资本水平、经济发展水平和对外开放水平作为科技创新效率的控制变量;关于科技创新能力的影响因素,本文参考蒋天颖(2013)和吴延兵(2014)的指标,将人力资本水平、人才投入力度、企业的创新能力和经济发展水平纳入到科技创新能力的影响因素中。综合理论和实证结果,可以看出本文的变量选取是合理的。

(二)内生性检验

表5的回归结果是在未考虑核心解释变量的内生性前提下得到的,事实上实用新型专利质量对于科技创新效率可能存在着内生性,因此我们运用工具变量来对回归模型方程进行内生性检验。

实用新型专利质量的工具变量选为滞后一阶的实用新型专利申请授权率(lag_syl)。通过对该模型进行 IV Tobit 估计,得到沃尔德检验结果中"$\alpha = 0.0948$",大于0.05,可以不拒绝外生性的原假设,即认为不存在严重的内生性问题。

(三)回归方法的进一步检验

1. 实用新型专利质量与科技创新效率的再测度

在表5中,被解释变量科技创新效率为受限变量,运用归并回归时未考虑扰动项服从正态分布的问题,运用 CLAD 可以检验模型回归结果的稳健性,结果如表7所示。

表7 实用新型专利质量与科技创新效率回归结果

被解释变量	sti	sti	sti
方法	OLS	Tobit	CLAD
syl	-10.4836 (6.47348)	-8.7328*** (2.14755)	-10.4836 (6.38743)

续表

syl^2	47.6869** (22.71336)	36.7684*** (7.19343)	47.6869** (22.41146)
syl^3	−51.4932** (22.10223)	−37.5775*** (6.73672)	−51.4932** (21.80846)
控制变量	有	有	有
常数项	1.8361*** (0.56423)	1.5130*** (0.19871)	1.2297*** (0.55673)

注:(1)第一行为回归系数,第二行为标准误差。(2)限于篇幅,本表未列示控制变量的结果,下表同。

上表是运用 CLAD 方法进行的回归分析,可以看出运用 CLAD 回归后,实用新型专利质量与科技创新效率同样呈现"N"形关系,这与归并回归结果相一致,说明本文的回归结果是较稳健的。

2. 实用新型专利质量与科技创新能力的再测度

被解释变量国内实用新型专利申请授权量为离散型计数变量,采用面板负二项回归整体效率更高。先前采用的普通泊松回归和负二项回归效率较低,其结果虽具有一致性,但是其效率较低(陈强,2010)。因此选用普通泊松回归和负二项回归对实用新型专利质量与科技创新能力进行分析,结果如表 8 所示。

表8 实用新型专利质量与科技创新能力回归结果

被解释变量	sql	sql
方法	poisson	nbreg
syl	2.8926** (2.46)	1.3406 (0.31)
控制变量	有	有
常数项	13.6893*** (4.19)	252.6258*** (8.49)

注:表中第一行为发生率比。

将表 8 与表 6 进行对比,可以看出:使用普通泊松回归的结果与使用固定效应泊松回归的结果相一致,显著性和发生次数的方向相同;使用普通负二项回归的显著性低于使用固定效应的负二项回归,但发生次数的方向相同,因此可以说本文采取的负二项回归是较稳健的。

六、结论和建议

(一)简要结论

以上分析表明,实用新型专利质量影响着科技创新和科技创新能力的发挥。我们利用2008—2018年中国的省级面板数据,得出:

第一,样本期间科技创新效率是负向增长的,其原因在于技术效率在降低,而技术效率降低的原因在于纯技术效率和规模效率一直在走低。我们要加大知识产权保护的力度,提高纯技术效率和规模效率,进而提高技术效率,促进国家技术创新。

第二,实用新型专利质量与科技创新效率之间为"N"形非线性关系,在其专利期间影响具体为"先抑制,中促进,后抑制"关系。不论采用固定效应的泊松回归或归并回归,发现其影响作用都是存在的。实用新型专利质量过低或过高都不利于中国现阶段科技创新效率的提高,只有保持一个中间度,才能比较好地提高科技创新效率。

第三,实用新型专利质量与科技创新能力呈正相关关系,实用新型专利质量每提高1%,可以使科技创新能力提高六倍,其促进作用是比较明显的。

第四,从相关控制变量看,经济发展水平和企业创新能力与科技创新有显著的正相关关系,其他变量的影响不甚显著。随着经济发展水平和企业创新能力的提高,科技创新的效率和能力也会随之提高。

（二）相关建议

根据以上研究可以发现,在知识产权经济的时代,一个国家的科技创新效率和能力愈发是创新和发展的源泉,因此我们提出以下相应政策建议:

1. 提升实用新型专利质量,促进科技创新高水平发展

实用新型专利的申请授权率反映了实用新型专利的质量,提高实用新型专利的申请授权率有助于科技创新能力的提升。例如,增加实用新型专利的申请授权数,扩大其占总专利的申请数量,提高实用新型专利的申请授权率,这都需要有创新人才的支撑、创新氛围的熏陶和创新文化的注入,需要在宏观环境和微观人力方面共同发挥良好有效的作用。政府应不断建设创新型区域经济文化,继续加大财政支出中科技支出的比重,增加对创新的经费投入;出台创新人才的引进政策,通过引入创新人才带动创新文化氛围的形成与发展;企业也应加大对创新人才的重视,增加具有创新精神人才的薪酬,适时提高其职位,做到从物质和精神上共同促进企业的科技创新能力。

2. 深化新时代政策改革,促进经济高质量发展

经济的发展需要政府、金融机构和企业的共同配合。首先,政府可以利用行政手段对经济进行支持,比如可对金融机构以及科技公司进行资金的支持,也可出台有利于经济或金融发展的政策、法规等。当然,经济的高质量发展少不了监管部门的监督,监管部门应该加大对市场经济的监督与管理,使市场经济走在高效的轨道上。其次,金融机构应该抓住机遇、迎接挑战。当今社会是科技不断发展的社会,金融机构作为经济类的主要机构,更应该与时俱进,利用科技进行金融产品和金融业务的创新,不断提高自身的科技能力与科技水平,提高自身的经营效率,这样才能永葆生机与活力,才能服务于实体经济,从而促进中国经济发展水平的提高。例如,加

大对创新型人才的引入,经常组织员工进行"金融+科技"产品的研发与交流,对有创新想法或对金融产品有贡献的员工进行奖励等。最后,企业需要提高其市场竞争力,提高其赢利能力,促进经济的高质量发展。

3. 打造较为宽松的创新环境,促进企业创新力高水平发展

提高企业的创新力需要政府和企业共同发挥作用。对于政府来说,应进一步完善对于创新保护的相关规定,加大实用新型专利质量的执行力,提高其在业内的影响力,不断提高研发个人以及投资企业的积极性与创造性,打造较为宽松的创新环境;对于科技公司来说,则应该着重开发高新技术,加大对创新人才的引入,不断优化科技创新的环境。在信息科技爆炸的今天,科技公司更加需要具有创新能力与创新思维的人才,更应该重视对人才的培养与引进;创建一个鼓励科技创新的良好环境也极为重要,例如打造创新氛围、出台创新奖励制度等。

总之,要提高科技创新能力和效率,一方面要提高实用新型专利的质量,使实用新型专利质量在科技创新中发挥基础性作用,另一方面,要加强企业的创新能力和促进经济的高质量发展,强调企业的创新氛围和创新力的相互结合与促进,从而推动中国科技创新的发展。

参考文献

1. 陈强:《高级计量经济学及 Stata 应用(第二版)》,高等教育出版社 2010 年版。
2. 操龙升、赵景峰:"专利制度对区域技术创新绩效影响的实证研究——基于专利保护视角",《中国软科学》2019 年第 5 期。
3. 陈曦:"论技术创新与专利制度的辩证关系",《知识产权》2019 年第 4 期。
4. 刘昂:"我国实用新型制度效应的实证研究——基于 1989—2015 年的时间序列分析",《晋阳学刊》2018 年第 4 期。
5. 毛昊、尹志锋、张锦:"中国创新能够摆脱'实用新型专利质量使用陷阱'

吗",《中国工业经济》2018 年第 3 期。

6. 杨明海、张红霞、孙亚男、李倩倩:"中国八大综合经济区科技创新能力的区域差距及其影响因素研究",《数量经济技术经济研究》2018 年第 4 期。

7. H. Odagiri, *Intellectual Property Rights, Development, and Catch Up: An International Comparative Study*, Oxford: Oxford University Press, 2010.

8. A. B. Jaffe, "Technological opportunity and spillovers of R&D: Evidence from firms' patents, profits and market value," *American Economic Review*, vol. 1986, pp. 984-1001.

9. B. Affe Adam, "The U. S. patent system in transition policy innovation and the innovation provess," *Research Policy*, vol. 29, 2000, p. 4.

10. D. Prud'homme, "Utility model patent regime strength and technological development: Experiences of China and other east asian latecomers," *China Economic Review*, vol. 2017, pp. 50-73.

11. Jun-You Lin, "Effects on diversity of R&D sources and human capital on industrial performance," *Technological Forecasting and Social Change*, vol. 2014, pp. 168-184.

12. K. E. Maskus, C. McDaniel, "Impacts of the Japanese patent system on productivity growth," *Japan and the World Economy*, vol. 1999, pp. 557-574.

13. K. Tsai, J. Wang, "R&D productivity and the spillover effects of high-tech industry on the traditional manufacturing sector: The case of Taiwan," *World Economy*, vol. 2004, pp. 1555-1570.

14. N. Kumar, "Intellectual property rights, technology and economic development: Experiences of Asian countries," *Economic and Political Weekly*, vol. 2003, pp. 209-226.

15. S. J. Wallsten, "The effects of government-industry R&D programs on private R&D: The case of the small business innovation research program," *Rand Journal of Economics*, vol. 1, 2000, pp. 82-100.

16. S. Woo, P. Jang, Y. Kim, "Effects of intellectual property rights and patented knowledge in innovation and industry value added: A multinational empirical analysis of different industries," *Technovation*, vol. 2015, pp. 49-63.

17. W. Chi, X. Qian, "The role of education in regional innovation activities: Spatial evidence from China," *Journal of the Asia Pacific Economy*, vol. 2010, pp. 396-419.

18. Y. Furukawa, "The protection of intellectual property rights and endogenous

growth:Is stronger always better," *Journal of Economic Dynamics and Control*, vol. 31,2007,p. 11.
19. Y. K. Kim, K. Lee, W. G. Park, "Appropriate intellectual property protection and economic growth in countries at different levels of development," *Research Policy*, vol. 2012, pp. 358-375.
20. Yu-ShanChen, Ke-Chiun Chang, Ching-Hsun Chang, "Nonlinear influence on R&D project performance," *Technological Forecasting and Social Change*, vol. 2012, pp. 1537-1547.
21. Z. J. Acs, L. Anselin, A. Varga, "Patents and innovation counts as measures of regional production of new knowledge," *Research Policy*, vol. 31, 2002.
22. Z. Griliches, "Patent statistics as economic indicators: A survey," *Journal of Economic Literature*, vol. 1990, pp. 1661-1707.

(王红玉,兰州财经大学金融学院;周立,兰州财经大学金融学院)

推动制造业高质量发展面临的问题与对策

冯宗邦 刘中升

制造业是立国之本、强国之基,从根本上决定着一个国家的综合实力和国际竞争力。对于中国这样的大国而言,如果没有强大的、高质量发展的制造业,工业化和现代化的奋斗目标就难以实现。制造业价值链长、关联性强、带动力大,为农业、服务业提供原料、设备、动力和技术保障,在很大程度上决定着现代农业、现代服务业的发展水平。而且制造业还是国民经济各领域中生产效率最高、提升速度最快的部门,经济发展整体效率效益的提高,离不开制造业的引领和支撑。没有高质量的制造业,就难以提高供给体系的质量,就没有整个经济发展的高质量。因此,建设现代化经济体系,推动经济高质量发展,关键在制造业,重点也在制造业,必须把发展经济的着力点放在制造业的高质量发展上。

一、中国制造业发展的成就

中华人民共和国成立以来,经过艰苦卓绝的努力,从20世纪50年代的"156个工业项目",到20世纪60年代的"三线建设布局",中国逐步建立起了相对独立、比较完整的工业体系。1978年改革开放以后,中国充分利用国际国内两个市场、两种资源,大力推进以消费品为主体的轻工业发展,加工制造业崛起,推动高端制造业加快发展,中国制造业开始由以劳动密集型行业为主逐步向资本密集型行业、技术密集型行业转型升级。随着国有、民营和外资等多种经济成分的竞相发展,中国以推进供给侧结构性改革为主线,加大产业结构调整力度,聚焦破除制约制造业质量提升的关键共性技术瓶颈,制造业总体规模不断壮大,自2010年起超过美国位居世界第一。根据国家统计局的资料,目前中国制造业有29个行业,加上废弃资源综合利用业,金属制品、机械和设备修理业两个延伸性行业,则有31个行业。2017年,中国制造业有规模以上企业35万家,资产总计86.3万亿元,主营业务收入102万亿元,利润总额6.6万亿元;2018年,中国制造业增加值26.5万亿元,在规模上相当于1978年的190多倍,按可比价格计算比上年增长6.2%,占当年GDP的比重为29.4%。[1] 在500余种主要工业品中,中国有220多种产量位居世界第一,建成了一批规模化的产业基地和产业群,形成了世界上最完整的产业体系,在国际产业分工中扮演着重要角色。

中国制造业持续担当世界制造业增长的重要引擎。第四次全

---

[1] 参见郭克莎:"推动制造业高质量发展是稳增长的重要依托",《光明日报》2019年7月16日。

国经济普查结果显示：2018年年末，中国制造业企业法人单位有327万个，比2013年年末增长45.2%，占全部工业的比重为94.8%，比2013年年末提高1.3个百分点；制造业企业资产总计过百万亿，比2013年年末增长32.1%，年均增长5.7%。目前，中国制造业增加值约占全球制造业的30%，位列全球第一。[1] 与此同时，中国制造业的创新能力不断提升。据统计，2018年全国共投入研究与试验发展经费19657亿元，用于研究与开发的支出呈几何倍增长；科技进步对经济增长的贡献率达58.5%，有力推动了产业转型升级。[2] 随着国家大力实施创新驱动发展战略，重大科技成果竞相涌现，新兴产业蓬勃发展，中国在航天工程、超级计算机、量子通信、大飞机工程、高速铁路、国产航母等高技术和高端制造领域取得了一批有国际影响力的重大成果。华为、格力、海尔等一批国际化企业已经进入生产要素全球配置阶段。在国际市场上，一批中国品牌异军突起，以高性价比、高技术含量的产品参与竞争。特别是随着对外开放的不断加深和社会主义市场经济体制的不断完善，中国的营商环境持续优化，制造业正在进入全面开放、全面融入全球经济体系的新时期。中国经济也开始由高速增长阶段转向高质量发展阶段，在一些领域实现由"跟跑"到"并跑"的机会增加，为持续推进中国制造业的高质量发展积累了宝贵经验。

可以说，中华人民共和国成立七十多年来，中国制造业实现了"由小到大"的转变，有力推动了国家工业化和现代化进程，显著增强了综合国力，对中国成为世界大国形成重要支撑。当前，新一轮产业变革正在加速兴起，中国制造业正处于由大变强、爬坡过坎的

---

[1] 参见林火灿：“新年首次国常会为何聚焦制造业？”，《经济日报》2020年1月6日。

[2] 参见"新中国成立70年来我国制造业发展取得举世瞩目的巨大成就"，《中国经济导报》2019年7月30日。

关键阶段,必须坚持稳中求进工作总基调,坚持新发展理念,坚持以供给侧结构性改革为主线,以提高质量和效益为中心,促进形成强大的国内市场,推动制造业高质量发展。

二、当前制造业高质量发展面临的问题

目前,中国制造业规模虽居世界第一,但与发达国家相比依然存在大而不强、全而不精的问题,低端供给过剩与中高端有效供给不足并存,质量效益不高、核心竞争力不强的短板明显。尤其是中国制造业正面临着"双重挤压"的挑战与机遇:在全球范围内"制造业回归"浪潮中,发达国家高端制造"回流"与中低收入国家中低端制造"流入"同时发生,对中国形成"双向挤压"。而且国际贸易中围绕高端制造业的博弈正在加强,中国制造业的大品牌企业不多、资源利用效率不高,在制造业尚未做精做强的情况下,却过早出现了社会资本"脱实向虚"的倾向,推动制造业高质量发展正面临着许多新的困难和挑战。

创新能力不强,在制造业的很多领域缺乏关键核心技术。中国制造业在国际产业链分工中总体处于中低端水平,在附加值较高的研发、设计、营销、售后服务等环节缺乏竞争力,工业基础也有待进一步加强。具有自主知识产权的原创性、颠覆性技术创新少,核心技术对外依存度高,一些产业发展所需的高端设备、核心零部件等还依赖进口,"卡脖子"问题亟须加快解决。研发成果产业化机制不畅:长期以来,中国的科技评价体系侧重于论文、专利等科学价值标准,反映研发绩效的技术价值和经济价值标准所占权重不高、受重视程度不够,科技产业两张皮的问题严重制约了科技成果产业化效率。特别是知识产权保护还存在不力的现象,不同企业在创新上的意识与投入存在较大差异,民营企业特别是小微企业创新动能不足,建设创新引领、协同发展的产业体系仍任重道远。

劳动力等要素成本提升,人才供需结构性矛盾突出。改革开放以来,中国制造业凭借着低廉的劳动力成本取得了飞速的发展。但随着中国劳动力成本不断上涨和劳动力资源总量的渐趋下降,制造业的既有优势开始减弱,单纯依靠劳动力投入的方式已不能满足制造业的长久发展,技术人才、高精尖人才的相对缺乏问题凸显。中国制造业人才队伍在总量和结构上都难以适应制造业高质量发展的要求。从总量上看,新兴产业领域、跨学科前沿领域人才缺口大;从结构上看,创新型、高技能等高素质人才占比明显偏低,既懂制造技术又懂信息技术的复合型人才更是紧缺。据统计,目前中国高技能人才占就业人员的比重只有6%左右,而发达国家普遍高于35%。[1]特别是随着大量人才涌入金融、证券和房地产领域,制造业吸引人才变得困难。近年来,中国制造业内部人工智能、5G等高端技术产业发展迅速,但人才的培养却跟不上产业结构调整的步伐,再加上钢铁、水泥、煤炭等传统行业的产业转移和调整,一些领域出现了"有人没活干、有活没人干"的悖论,亟须针对不同类型的产业需求加大人才培养力度,促进制造业协调健康发展。

部分制造业经营困难,资本脱实向虚的问题不容忽视。近年来不少制造业企业在资源和环境的双重压力下,利润空间不断收窄。国家统计局数据显示,2019年全国规模以上工业企业实现利润总额61995.5亿元,比上年下降3.3%;规模以上工业企业中,国有控股企业实现利润总额16355.5亿元,比上年下降12.0%;股份制企业实现利润总额45283.9亿元,下降2.9%;外商及港澳台商投资企业实现利润总额15580.0亿元,下降3.6%;私营企业实现利润总额

---

[1] 参见何珺:"苗圩:全面用好重要战略机遇期推动制造业高质量发展",《机电商报》2019年3月25日。

18181.9亿元,增长2.2%。工业企业的经营困难仍然比较大。[1]此外,制造业企业融资难、资本脱实向虚的问题不同程度地存在,大量资金流向股市、房地产等领域,以制造业为主的实体经济却面临融资难、融资贵的困境,给制造业的发展增加了不少困难。

制造业内部存在结构性供需失衡,低端产品过剩和中高端产品不足并存问题突出。目前,中国制造业处于全球价值链中低端水平,资源密集型产业比重过大,技术密集型产业和为用户提供服务的服务型制造业比重偏低,一些传统行业产能严重过剩,同时大量关键装备、核心技术和高端产品等依然依赖进口,经常受到出口国限制甚至"断供"的威胁,制造业供给体系在满足和引领消费结构升级方面能力不强。从供应链和价值链看,中国制造业大部分以"代工生产"模式嵌入全球供应链体系。即便是高技术产业,中国也主要以加工贸易方式参与全球分工,进口技术含量高的芯片、制造设备、关键部件等,然后加工组装为成品出口,自身并不拥有研发设计能力,也不掌握关键核心技术、营销渠道和品牌。这导致中国制造业总体上仍处于全球价值链中低端,产业附加值不高,因此中国制造业企业在迈向高端制造方面还需要付出艰辛的努力。

三、推动制造业高质量发展的建议

推动制造业高质量发展是中国当前和今后一个时期经济工作的重中之重,对于中国持续提升国际竞争力、实现"两个一百年"奋斗目标意义重大。从中国现在的情况看,制造业经过多年高速增长,"有没有"的问题已基本解决,"好不好"的问题日益突出。发达国家在高端技术方面对中国的封锁与打压愈演愈烈,中国对于自身在高端制造业方面的后发劣势必须给予足够的重视和解决。今后

---

[1] 参见"2019年全国规模以上工业企业利润下降3.3%",国家统计局网站2020年2月3日。

无论是参与国际竞争,还是适应国内消费升级,都必须着力加快制造业结构优化升级,一手抓传统产业改造升级,一手抓新兴产业培育,加快制造业向高端、智能、绿色、服务方向转型升级,推动新旧动能接续转换。

深入推进供给侧结构性改革,加快构建产业开放新格局。中国制造业已经具备全球瞩目的规模优势,同时劳动生产率持续增长,技术创新成效显著。但从发展质量看,在劳动力、技术、能源等关键要素的投入产出效率方面,中国与美国、日本、德国等全球制造业先行国家的差距依然明显。因此在推进制造业高质量发展中应更多采取改革的办法,更多运用市场化、法治化手段,持续优化发展环境,激发微观主体活力。要进一步破除制约制造业发展的体制机制障碍,最大限度减少政府对市场资源的直接配置,最大限度减少政府对市场活动的直接干预,切实降低制度性交易成本,落实好减税降费的各项措施,更大激发市场活力和社会创造力。抓好钢铁等重点领域去产能工作,注重用新技术、新业态全面改造提升传统产业,推动制造业数字化、网络化、智能化,着力提高供给体系的质量和效率,不断扩大优质供给。开放是促进企业提升国际竞争力的必然要求,要鼓励企业按照市场导向、商业原则参与共建"一带一路",开展国际产能合作,提高国际化经营能力和水平,统筹利用国际国内两个市场、两种资源加快改造升级,深度融入全球产业链、创新链、价值链,让制造业高质量发展的路子走得更快更好。坚持"引进来"和"走出去"并重,以优化外商投资结构为导向,鼓励外商资本流向高端装备制造业、生产性服务业、新能源环保产业,扩大服务业和一般制造业开放,提高投资便利化程度,为中国制造业开辟出更为广阔的发展空间。

促进全要素生产率提升,构建公平竞争的市场环境。中国制造业在核心技术、关键产品、重大技术装备等方面瓶颈短板多,全要素生产率较发达国家平均水平低 10 个百分点以上,必须在持续促进制造业的创新能力与技术能力提升方面下功夫,在化解过剩产能的同时,增加有效供给,提升产品质量与品质,构建公平竞争的市场环境,让市场机制在淘汰落后产能、协调供需平衡化解过剩产能、激励企业不断提升效率和推动制造业调整与转型发展等方面发挥决定性作用。与此同时,不断完善保持市场良好运转的各项制度,建立开放、公平的市场竞争体系,建立现代化的产业治理体系,构建公平竞争的市场环境。改革创新体制机制,构建现代化的产业治理体系与市场公平竞争制度体系,以厘清政府、市场与社会关系为重点,全面推进简政放权和审批制度改革,为制造业发展创造良好的制度环境。加快培育一批有特色、有价值、有底蕴的"中国品牌"和"金字招牌",打造一批有国际竞争力的先进制造业集群,以更加积极主动的姿态融入全球贸易体系,积极参与全球范围内资源配置,积极融入全球价值链、产业链、供应链,为制造业发展营造公平竞争的市场环境。

强化产权和知识产权保护,构建完备的科技创新与技术扩散公共服务体系。发挥好知识产权保护作为社会主义市场经济基石的重要作用,完善激励创新的产权制度、知识产权保护制度和促进科技成果转化的体制机制,让人们在知识产权保护中有更多的安全感、获得感、幸福感。发挥好知识产权保护作为创新驱动发展战略支撑的重要作用,努力攻克"卡脖子"的技术瓶颈,特别是要加强应用基础性研究和制造业关键核心技术攻关,面向战略必争的重点领域,开展前沿技术研发及转化扩散,突出原创导向,强化知识产权战略储备与布局,开展共性关键技术和跨行业融合性技术研发,突破产业链关键技术屏障,带动产业转型升级。加快推动工业化与信息化融合,大力发展智能制造,不断培育制造业竞争新优势。要加快推动科技成果转化应用,构建科技信息交流与共享平台、技术转移平台、科技成果评估与交易平台,进一步明确各研发平台的核心功能定位,打破部门藩篱,推进跨部门研发平台的优化整合,下大力气解决科技和产业"两张皮"的问题。高度重视先进实用性技术在传统制造业领域的应用与扩散,逐步将产业政策资源导向转到帮助企业提升技术能力、创新能力及竞争能力的科技公共服务体系建设方面来。围绕产业链部署创新链,推进产学研协同创新,鼓励企业牵头组建创新联合体,承担重大科技项目和重大工程任务,引导企业加大研发投入,强化企业技术创新主体地位,加快培育一批世界领先的创新型企业、"隐形冠军"、"独角兽"企业,大力发展高新技术企业和科技型中小企业。构建完备的科技创新公共服务体系,包括独立的国家实验室、共性技术研发机构、技术扩散机构以及综合性中小企业公共服务体系,切实提升企业的技术创新能力。

加大专业性人才、工匠型人才培养力度,建设一支适应产业结构演进与制造业高质量发展的人才队伍。人才是推动制造业高质量发展的重要支撑。当前中国经济已由高速增长阶段转向高质量发展阶段,迫切需要人力资本质量提升和结构升级。新技术革命背景下的劳动者不仅要具备与工作相关的知识和技能,还要具备较强的创新意识、创新精神和创新能力以及终身学习的能力。因此,必须深化教育改革,推动人才需求缺口较大领域的"新工科"和新型交叉学科建设,深化人才培养方式改革,推进校企合作和产教融合,强化以实践能力为导向的应用型人才培养,引导更多优秀人才向制造业汇聚,夯实制造业高质量发展的人才支撑。同时,大力发展职业教育,支持企业开展技能人才培训,完善技能认证体系,提高技能人才的社会地位和经济待遇,拓展技能人才职业发展通道,弘扬工匠精神,努力培养大国工匠。

深化金融供给侧结构性改革,逐步解决制造业融资难问题。金融要把为实体经济服务作为出发点和落脚点,改革完善金融支持机制,引导社会资金流向实体经济。疏通货币政策传导机制,增加制造业中长期融资,健全多层次资本市场,发挥政策性金融、开发性金融和商业性金融的协同作用,加大对先进制造业的融资支持。推动产业政策从差异化、选择性向普惠化、功能性转变,为制造业高质量发展创造良好的政策环境。而就目前来看,解决制造业融资难问题,仅靠政策性与财政性贷款或补贴是不够的,需要政府、银行、资本市场、企业等共同发力,通过提高制造业中长期贷款和信用贷款占比、发展直接融资、运用保险市场等一揽子措施提供保障,引导大型商业银行、中小银行以及产业基金等多路资金流向制造业,以逐步解决制造业资金来源问题,加速制造业发展。

积极抢占新兴产业技术制高点,着力推动先进制造业和现代服务业融合发展。新一代信息技术统领了世界各国制造业体系的技术升级,从根本上改变了传统制造业的生产方式与运营模式,极大地提高了制造业的劳动生产率和经济效益。中国在新一代信息技术领域已经具备了较好的基础,抓住新一轮信息化深入发展的重大机遇,不仅可以使中国传统产业的生产方式更加高效、产品更加智能,而且有利于在全球范围内优化资源配置,为制造业高质量发展注入新的动力和活力。当前,新一代信息技术与制造业的深度融合正在推动制造业模式和企业形态的根本性变革,全球经济正加速向以融合为特征的数字经济、智能经济转型。2017年。中国数字经济规模达27.2万亿元,占GDP比重达32.9%,规模跃居世界第二。[1] 2018年,中国数字经济规模达31.3万亿元,占GDP比重达34.8%,数字经济已成为中国经济增长的新引擎。[2] 党的十九大报告强调,加快发展先进制造业,推动互联网、大数据、人工智能和实体经济深度融合。因此要统筹新型基础设施、新型通用技术、新业态新模式和新型监管方式,加快建设5G、工业互联网等新型智能

---

[1] 参见崔国强:"2017年我国数字经济规模达27.2万亿元",中国经济网2018年12月11日。

[2] 参见余俊杰、朱涵:"中国数字经济规模达31.3万亿元",新华网2019年10月20日。

基础设施,强化大数据、人工智能等新型通用技术的引领带动作用,培育发展网络化协同研发制造、大规模个性化定制、云制造等智能制造新业态新模式,构建友好监管环境,大力提高先进制造业与现代服务业融合发展水平。

参考文献

1. 迟福林:《动力变革:推动高质量发展的历史跨越》,工人出版社 2018 年版。
2. 费洪平等:《振兴实体经济与制造业发展对策》,中国计划出版社 2019 年版。
3. 国家制造强国建设战略咨询委员会:《中国制造 2025 蓝皮书(2017)》,电子工业出版社 2017 年版。
4. 国务院发展研究中心课题组:《迈向高质量发展:战略与对策》,中国发展出版社 2017 年版。
5. 国务院发展研究中心课题组:《借鉴德国工业 4.0 推动中国制造业转型升级》,机械工业出版社 2018 年版。
6. 国务院发展研究中心课题组:《高质量发展的目标要求和战略重点(上下)》,中国发展出版社 2019 年版。
7. 贾康:《新供给——迈向高质量发展》,经济科学出版社 2019 年版。
8. 李廉水等:《中国制造业发展研究报告 2019:中国制造 40 年与智能制造》,科学出版社 2019 年版。
9. 刘俏:《从大到伟大 2.0:重塑中国高质量发展的微观基础》,机械工业出版社 2018 年版。
10. 钱诚:《中国制造业人工成本问题研究》,中国劳动社会保障出版社 2019 年版。
11. 邵慰:《创新驱动、转型升级与中国装备制造业发展——经济新常态的视角》,中国社会科学出版社 2016 年版。
12. 王海杰等:《中国制造业全球价值链重构与地位提升研究》,经济科学出版社 2018 年版。
13. 杨仁发:《产业融合——中国生产性服务业与制造业竞争力研究》,北京大学出版社 2018 年版。
14. 张平:《全球价值链分工与中国制造业成长》,经济管理出版社 2014 年版。
15. 赵波等:《中国制造业集群转型升级政策研究》,经济管理出版社 2019

年版。
16. 中国经济时报制造业调查组:《中国制造业大调查:迈向中高端》,中信出版社 2016 年版。
17. 朱之鑫、张燕生、马庆斌:《中国经济高质量发展研究》,中国经济出版社 2019 年版。
18. 奥利弗·索姆、伊娃·柯娜尔:《德国制造业创新之谜》,人民邮电出版社 2016 年版。
19. 克劳斯·施瓦布:《第四次工业革命》,中信出版社 2016 年版。
20. 汤之上隆:《失去的制造业:日本制造业的败北》,机械工业出版社 2015 年版。

(冯宗邦,西北农林科技大学经济管理学院;刘中升,对外经济贸易大学国际经济贸易学院)

经济高质量发展视角下期货及衍生品市场演变的路径分析

陆文山　刘畅

一、问题的提出

习近平总书记在党的十九大报告中指出,"我国经济已由高速增长阶段转向高质量发展阶段"。这是根据国际国内环境变化,特别是中国发展条件和发展阶段变化而做出的重大判断。刘鹤认为,从中国国情出发,高质量发展至少包括三个互相关联的重要方面,即供给体系不断优化、需求体系持续提升、金融体系更加适配,从而使得整个经济增长实现均衡发展。[1] 中国正处于从工业化阶段向后工业化阶段转换的关键时期,逐步从粗放型外延式发展模式转向集约型内涵式发展模式,从要素和投资规模驱动转向创新驱动,产业结构与发展理念随之改变。实体企业产业转型、提质增效、参与全球竞争均对风险管理、优化资源配置提出了更高要求。期货及衍生品市场的建立和发展,提升了资产配置效能,有助于降低价格波动引发的企业经营风险、发挥宏观逆周期调节效果、增强市场内在稳定性,有效地支撑了实体经济发展。

经济高质量发展视角下,期货及衍生品市场的发展目标应主要围绕三个方面:一是微观上服务于实体经济生产要素、生产力、全要素效率的提升,建立与之相匹配的市场结构体系;二是中观上优化治理体系,稳步推动制度变迁,提升经济组织效率,充分发挥市场对资源配置的决定性作用;三是宏观层面均衡发展应该着眼于更高层次,即国际规则再平衡。[2] 现阶段,中国金融市场结构尚存在一定问题,主要表现为重投融资市场,轻风险管理市场;重现货市场,轻期货市场;重投融资数量,轻资金使用效率;重金融资产规模,轻市场深度和广度建设。[3] 金融市场建设偏重保守,创新不足,和实体经济的"适配性"较差。实体企业、贸易商运用衍生品市场进行风险管理的比例偏低,资源要素配置与生产经营仍习惯于"靠天吃饭",参与全球化竞争较为不利。在此背景下,期货及衍生品市场如何以市场为导向、以客户为中心,通过完善市场体系、创新组织模

---

[1] 参见刘鹤:"加大金融对经济高质量发展的支持",第11届陆家嘴论坛,http://www.financeun.com/newsDetail/25214.shtml?platForm=jrw,2019年6月13日。

[2] 参见刘伟:"三个维度解析中国经济高质量发展之道",http://finance.sina.com.cn/roll/2018-03-05/doc-ifyrzinh3499318.shtml,2018年3月5日。

[3] 肖钢:"增强衍生品市场抵御经济下行风险的能力",《中国期货》2019年第6期。

式、优化制度安排,服务经济高质量发展,值得深入思考。本文旨在探讨经济高质量发展背景下中国期货及衍生品市场的发展路径,分析其在市场结构体系、治理结构体系、国际化发展方面的现状和不足,并试图在分析要素禀赋结构差异的基础上,提出适合中国发展阶段和比较优势的发展举措。

二、期货及衍生品市场结构体系发展路径分析

综观全球市场,衍生工具的开发和运用,无不随着社会经济的发展、产业链的延伸以及实体企业防控价格风险与供需矛盾而不断得到发展与完善。其中,最典型的是金融领域的衍生品工具,其依托实体经济的需求而生,若脱离本原(具体表现为或落后或过度金融化即所谓的脱实向虚),就会失去其应有作用甚至是起反作用。回归金融的初心和服务实体经济的本原,现代金融及衍生品市场发展需要不断校正和反思完善。新结构经济学理论也认为,经济体要素禀赋及其结构特点是发展变化的,为此其产业结构、基础设施和制度安排也应该与之配适发展。[1] 由此发展出的内生金融结构与经济体要素禀赋结构相协调,也是最优的生产关系,最大限度地解放生产力,促进经济发展。为了更好地研究中国期货及衍生品市场,首先要明确经济体的要素禀赋结构,利用比较优势建立最优的产业结构,并发展与其相协调匹配的金融工具。

中国经济供给侧结构性改革依托于特有的经济发展阶段和要素禀赋,这直接决定了期货及衍生品市场的结构体系。在世界性产业转移浪潮中,中国扮演了承接发达国家制造业的角色,政府通过金融抑制政策(如调节信贷配置、利率管制等手段)优先发展资本

---

[1] 参见林毅夫:《新结构经济学:反思经济发展与政策的理论框架》,北京大学出版社2012年版。

密集型的重工业产业来实现经济的跨越发展。[1] 该阶段,政府主导下的资源配置有效满足了市场发展需求,实体经济对期货市场需求较为初级。而随着经济结构的转型升级,经济部门发展着力点从规模经济转向了提升效能和精细化管理,进而对期货及衍生品市场提出了更高的要求。适度放宽金融管制,完善期货及衍生品市场结构体系,选择与现阶段产业结构相匹配的最优期货市场结构,是深化服务实体经济、促进经济高质量发展的必然选择。

(一)产品结构体系发展路径

经济发展阶段和产业结构的差异性决定了经济体对期货及衍生品市场的需求各有不同。当前,世界期货及衍生品市场的结构体系是依托西方发达国家产业结构而生,符合发达国家社会经济结构的内生性和特定的发展阶段。美国和英国借助工业革命,迅速实现了生产方式的变革,提升了生产力水平,并打开了世界贸易大门。巨额贸易量诱发了价格发现和风险管理的需求,商品期货应运而生。两次世界大战引发了现货市场供需、价格极大的不确定,一些生产贸易商成功运用期货管理价格风险和库存配置,平稳渡过经营危机。期货的功能逐步得到社会认可,成功延续发展。20世纪中期,美国推行马歇尔援助计划,与OPEC国家达成了美元计价石油约定。在一定程度上,这确立了美元的国际货币地位。而后,布雷顿森林体系的瓦解和通货膨胀,引发了市场风险管理的需求,汇率期货、利率期货率先在美国产生。进入20世纪80年代,全球一体化逐步加深,经济体间贸易和金融往来频繁,汇率期货、股指期货等金融期货及衍生品成为企业乃至国家管理金融风险(债务危机、贸易摩擦等)的重要工具,其市场份额超过商品期货,市场格局发生转

---

[1] 参见赵玮璇、赵秋运:"金融抑制、产业结构转型和收入分配:新结构经济学视角",第十二届中华发展经济学年会议论文,2018年7月16日。

变,金融期货及衍生品成为主导(2019年金融期货及衍生品交易额占场内市场总份额的90%以上)。期货及衍生品市场随着实体经济结构、规模和国际金融体系地位的发展而调整,具有一定的内在规律性,但非唯一的发展方式,并不适用于所有国家。

目前,中国处于后工业化发展时期,工业制造业比重高。以商品期货为主的产品结构,在一定程度上满足了生产制造业的风险管理需求,符合国家经济结构特点。中国商品期货业务增长速度远高于欧美市场,天然橡胶、铜、铁矿石期货凭借国内广阔且活跃的现货市场逐步建立起自己的价格影响力。以"创新驱动、质量为先、绿色发展、结构优化、人才为本"为基本方针的产业结构调整升级,推动了中国由制造大国向制造强国的转变,强调了保持自身产业链独特性和完整性的重要意义,增加了有效供给以满足消费升级需要。金融结构与金融能力需要与实体经济的发展相适应,应大力发展直接融资,调整间接融资,促进多层次资本市场健康发展,提升资源配置效率,推动经济高质量发展。[1] 提升金融服务实体经济的质量和水平,期货及衍生品市场产品结构体系应从以下几方面做调整:

一是服务国家战略,高质量地发展与国民生计密切相关的战略品种。通常某些关乎国民生计战略产品的价格波动,会影响国家间经济竞争和政治博弈。比如,原油价格波动影响了世界政治经济稳定性,天然气价格波动牵制了欧洲同美国、俄罗斯政治经济关系的亲疏,稀土供求关系加深了中美、中欧经贸合作往来。原油期货、铁矿石期货等为中国制造业的原材料价格安全提供了一定保护,而天然气、成品油、航运等产业仍存在较大的价格风险,与他国签订长期

---

[1] 参见刘鹤:"加大金融对经济高质量发展的支持",第11届陆家嘴论坛,http://www.financeun.com/newsDetail/25214.shtml? platForm = jrw,2019年6月13日。

贸易合约时无法通过期货工具协定价格,或是运用衍生品工具管理敞口风险,企业承受了巨大的经营风险,降低了资金使用效率。期货市场需延伸服务实体经济的广度,注重保持产业链的完整性。同时,高质量发展视角下的期货及衍生品产品结构体系还需要丰富内在层次,增加期权品种,拓展市场容量,增强价格连续性,活跃近期合约,为实体经济提供真实、有效、连续的价格预期。

二是协同产业结构改革,提供有效防范化解金融风险的工具。金融风险是指与金融相关的风险,包括金融市场风险、金融机构风险、金融产品风险等。造成金融风险的原因之一就是市场缺乏有效的风险管理工具。金融机构在吸收实体经济风险的同时,无法通过自身消化来分散风险,需要借助期货及衍生品市场进行风险管理。而国际金融风险是指在国际贸易和国际投融资中由市场不确定性引发的风险。防范化解金融风险,需要深化资本市场改革、推进利率市场化、革新汇率形成机制。权益类、利率类、汇率类等金融期货及其衍生品工具,可以有效防范化解金融风险以及企业国际化经营风险,提升经济运行稳定性。建设多层次资本市场体系,有助于为不同发展阶段、不同要素禀赋的企业提供多种资本市场平台,让各类企业都能享受到投融资的便利性,这是资本市场的重要意义。期货及衍生品市场作为资本市场的重要组成部分,不仅需要配合实体经济管理经营中的风险,更需要配合直接融资和间接融资市场管理证券化的资产风险。发展创新股指期货等金融衍生工具迫在眉睫。

三是创新发展理念,以需求为导向提供多层次、差异化的金融工具。创新驱动下的产业结构升级必然会带来企业风险管理的多元性、差异性需求,场外衍生品市场可以有效满足实体经济高质量发展需要。不同于场内市场标准化的合约产品,场外衍生品市场提供个性化、差异性服务,灵活地提供定制化的风险管理工具。同时,为提升期货与现货、场内与场外、线上与线下、境内与境外的互联互通水平,标准仓单交易平台建设也是拓展期货市场服务实体经济广度的重要一环。其拓宽了企业原材料采购与产品销售渠道,仓单串换与调配特性有助于优化库存布局,降低企业库存水平,提升资源配置效率,打通期货市场服务实体经济发展的"最后一公里"。比如,2020年疫情期间,实体企业普遍面临库存高、销售难、产业链运转不畅、原料和现金流紧张等问题,经营风险陡增。期货及衍生品市场风险管理功能凸显:套期保值功能有助于企业规避价格风险,期货交割机制和仓单交易平台有益于企业克服物流障碍,在期货平台上实现购料和销售,降低了库存水平,盘活了现货,缓解了现金流压力。2020年1—2月期货及衍生品场内市场成交金额同比增长29.99%,在一定程度上补充了现货市场功能的不足。场外衍生品口罩期权、手套期权等更是灵活精准服务防疫生产,助力企业锁定了上下游价格风险,降低了资金占用率,缓解了经营压力。[1] 在绿色发展理念指引下,期货及衍生品市场应适时开发彰显绿色金融理念的创新类期货产品(碳排放期权、天气期权、绿色能源期权以及绿色股票指数、绿色债券期货等),以实际行动推动绿色发展、循环发展、低碳发展,助力现代化建设新格局。

(二)投资者结构体系发展路径

要素禀赋及其结构水平决定了最优的生产结构水平,因而,经济体发展早期对资本管理需求较低。按照法人属性,可以将投资者划分为自然人客户和机构客户,两者参与市场交易的目标有所差异。自然人客户往往没有对应的商业行为做支撑,以赚取短期差价为目的。机构客户可以细分为非金融机构客户和金融机构客户,前者以管理生产经营活动中的价格风险为目标,以原料、产品的套期

---

[1] 参见"方星海副主席在液化石油气期货及期权视频上市仪式上的致辞", http://www.csrc.gov.cn/pub/newsite/zjhxwfb/xwdd/202003/t20200330_372919.html,2020年3月30日。

保值为主要业务,即有现货背景做支撑参与交易,控制风险,获得稳定利润;后者需要接收非金融机构的资金风险,对证券化的资产进行风险管理,通过期货及衍生品市场分散风险,获得资产管理收益。[1] 当前,世界期货及衍生品市场(场内市场)的机构客户交易份额占总交易额的九成以上,世界500强中有90%以上的企业使用其进行风险管理。

与此不同,中国期货及衍生品市场是以自然人为主的投资者结构,机构客户的短缺在一定程度上影响了其价格发现和风险管理功能的发挥。究其原因:一是期货及衍生品市场发展时间短,投资者认识不足。在价格双轨制改革初期,期货市场就与商品现货市场同步发展,投资者对"市场化"认识不足。二是行业服务水平有限,未能满足实体经济需求。期货及衍生品领域相对于其他金融领域有较高的专业和资金要求,选择套保策略之差、构建套保模型之多、评估风险系数之烦琐、行业特性之区别以及高杠杆高风险属性等均增加了企业参与的难度。只有提升期货服务机构的业务水平,才能满足不同参与者的风险管理需求。三是行政管控严格,抑制了机构客户参与的积极性。国有企业作为中国特色社会主义的重要物质基础和政治保证,是中国国民经济的中流砥柱,特别是在关系到国民生计的重要领域发挥了支撑作用。《期货交易管理条例》《国有企业境外期货套期保值业务管理办法》(证监发[2001]81号)、《关于进一步加强中央企业金融衍生业务监管的通知》(国资发评价[2009]19号)、《关于切实加强金融衍生业务管理有关事项的通知》(国资发财评规[2020]8号)等文件对国有企业参与期货及衍生品

---

[1] 参见肖成:"试论建设与中国经济地位相匹配的衍生品市场",《期货日报》2019年7月1日。

交易做出了严格规定,包括事前审批、事中管控、事后报告、损失追责[1]等。考虑业务工作的连续性和市场风险的波动性,国有企业在此种严格约束下,很难适时、及时使用期货及衍生品进行风险管理。《中国人民银行关于禁止金融机构进入期货市场的通知》(银发[1996]240号)长期将金融机构限制在外,直至2020年2月,《关于商业银行、保险机构参与中国金融期货交易所国债期货交易的公告》(证监会公告[2020]12号)发布,在一定程度上打开了金融机构运用期货及衍生品对冲风险的通道。

  金融体系结构只有匹配实体经济的最优产业结构,才能提升功效、促进经济发展。[2] 发达的金融体系一般分为直接金融市场、间接金融市场、期货及衍生品市场,不同经济发展阶段,产业结构的差异性导致了对资本需求量和效率要求不同,进而对这三个市场需求各有侧重。经济的高质量发展必然会带来以技术创新为主的产业结构升级,该类企业往往面临着高投入、高风险、长周期等问题,倾向选择直接金融市场降低资本成本,使用期货和衍生品工具套期保值、管理风险,提高资本效率。不同于直接和间接金融市场,期货及衍生品市场独特的价格发现功能,可以帮助前两者消散、化解风险。由此可见,经济发展质量越高,金融市场越是发达,期货及衍生品市场越是重要。投资者结构体系应随实体经济的转型升级优化调整,具体包括以下几个方面:

  一是扩大服务实体经济的广度,丰富投资者结构。"以机构投资者为主的投资者结构是实现市场专业发展、功能发挥的重要前提。"[3]取消不必要的行政限制,积极引导有风险管理需求的机构

---

[1] 《关于切实加强金融衍生业务管理有关事项的通知》取消损失追责部分的描述。
[2] 参见徐忠:"新时代背景下现代金融体系与国家治理体系现代化",《经济研究》2018年第7期。
[3] 肖钢:"稳步推进金融衍生品市场发展",《人民日报》2015年4月17日。

入市交易,有助于实体经济增强应对风险的能力,平滑经济周期、产业周期波动,实现资源合理配置。机构参与市场的水平直接影响了期货及衍生品市场价格信息的真实性、权威性、预期性和连续性。期货价格是集参与价格博弈主体的判断而达成的价格预期。只有建立在丰富的商业知识、广泛的信息渠道、巨大的交易量等基础上的期货价格才对现货市场有指导意义。优化期货及衍生品市场的投资者结构,吸引机构投资者参与交易,探索自然人投资者通过机构参与市场的途径,有助于充分发挥价格发现和风险管理功能,提升资源优化配置的水平。

二是提升服务实体经济的能力,优化机构投资者服务体系。期货及衍生品交易对专业性要求高且具有一定杠杆作用。不少企业由于对套期保值效应、价格波动风险认识不足,投资决策失误带来了损失,进而远离期货市场。期货及衍生品市场急需提升服务水平,为不同的投资者提供专业性的服务,以满足实体经济发展对风险管理的新要求。期货公司、证券公司、保险公司、商业银行等金融机构应联合深入挖掘市场需求,丰富机构投资者参与市场的场景,通过银期合作、产融基地、"保险+期货"搭建与产业客户对接的平台,为机构投资者参与期货及衍生品交易进行风险管理提供更加便捷、高效的服务。[1]

三是增加实体经济的厚度,引导机构入市以提升市场容量。加大市场培训宣传力度,提高不同领域产业对期货的认知度、理解度和参与度。使得不同的需求者可以找到配适的风险管理工具,理性、科学使用期货及衍生品市场管理经营中的风险。比如,2020年,受到地缘政治、疫情等因素影响,世界原油市场供需平衡关系被

---

[1] 参见王玉飞:"大商所将进一步提高期货市场的广度和深度",第七届大连期货论坛,https://baijiahao.baidu.com/s?id=1648604535795457874&wfr=spider&for=pc,2019年10月26日。

打破,油价大幅波动,上下游企业承受了巨大生产经营压力,以美国怀廷石油公司(Whiting Petroleum)为首的一批企业纷纷申请破产。而灵活使用衍生品市场转移风险成为了这场浩劫的破局之法。上海期货交易所适时调整了规则以应对市场需求,通过增加库容、提高套保审批额度、取消交割保证金、提高涨跌停板幅度等手段吸收机构客户入场交易,原油期货持仓量同比增加了160%,有效扩充了市场容量,为实体经济提供了应对油价、汇率、运费风险的有效工具。

三、期货及衍生品市场的治理体系发展路径分析

诺思指出,有效率的经济组织和制度变迁是经济增长的关键。[1] 坚持和完善中国特色社会主义制度,推进国家治理体系和治理能力现代化发展,期货及衍生品市场应适时自我革新,以制度变迁激发实体经济的创新活力,降低交易成本,促进专业化分工和社会发展。波特(Michael Porter)曾经证实,政府在帮助企业创造竞争优势方面发挥了重要作用,可以运用国家资源和行政手段保护民族产业,比如支持研究开发、培养技术创新、帮助其获取国外技术、保护专利技术不被国外竞争者抄袭等,为民族产业创建有利的国内外发展环境。[2] 金融市场的不完善往往会增加融资成本和交易成本,不利于技术研发的增长,而金融发展有益于提高信息和资本效率,有助于产业升级创新。[3] 由此可见,政府和市场在推动经济高

---

[1] 参见道格拉斯·诺思、罗伯特·托马斯著,厉以平、蔡磊译:《西方世界的兴起》,华夏出版社1989年版。
[2] 参见罗伯特·吉尔平著,杨宇光等译:《全球政治经济学:解读国际经济秩序》,上海人民出版社2003年版。
[3] 参见贾俊生、伦晓波、林树:"金融发展、微观企业创新产出与经济增长——基于上市公司专利视角的实证分析",《金融研究》2017年第1期。

质量发展中分工不同。期货及衍生品市场应该配适国家治理体系的现代化建设,优化政府职能,以市场为导向,建设高标准的开放型市场体系。

在政府和市场的协调互动中,发达经济体的期货及衍生品市场实现了渐进式发展。第一阶段是以市场需求为导向的自由发展时期。该时期,政府扮演法律及监管体系、知识体系等基础设施建设角色,有效地消除了外部不经济,为商品期货及衍生品的发展提供制度保障,并促进了功能发挥,欧美期货及衍生品市场成为世界大宗商品的定价中心。在这种包容开放的环境下,金融期货及衍生品也得到快速发展。第二阶段为修正市场行为、防范系统风险时期。2008年,美国爆发金融危机,问题根源不乏市场对于金融衍生品的"滥用",拉长了金融交易链条,掩盖了资产风险,市场投机泛滥。金融危机是美国金融监管改革的重要转折点,《多德-弗兰克华尔街改革和消费者保护法》(*Dodd-Frank Wall Street Reform and Consumer Protection Act*)标志着美国金融监管由放到收,主要表现为:一是从功能监管转向目标监管,将金融稳定作为重要的监管目标,持续支持商业行为的金融互换,抑制投机行为,提升风险管理水平,提高市场秩序、透明度和效率;二是从机构监管转向行为监管,设立金融消费者保护局(CFPB)平衡市场与政府关系。[1]

经济体的要素禀赋结构是一个动态发展的过程,不同阶段有其特有的比较优势。中国期货及衍生品市场伴随着改革开放而兴起,实质是一场制度变迁,生于从政府主导转向市场决定资源配置的市场经济之初,成长于对外开放和深化市场经济体制改革,发展于要

---

[1] 参见滕薇:"美国OTC衍生品市场参与者监管及启示",《中国期货》2020年第1期。

素市场改革,未来将兴盛于生产技术和社会技术[1]的变革。[2] 具体表现为:一是探索规范时期。为配合国家管理和市场调节的价格双轨制发展,促进资源有效配置,国务院批准开展期货交易。在政府的引导和规范下,期货市场逐步由盲目走向规范,同时促进了价格机制从国家管控到市场调节的平稳过渡。二是快速发展时期。随着中国加入世界贸易组织,中国的贸易总量不断攀升,现货市场的壮大促使期货及衍生品市场进入快速发展时期,符合中国产业结构特点和投资者知识水平的期货市场在一定程度上为实体经济提供了学习发展平台。三是对外开放时期。21世纪两次全球性的金融危机促进了世界经济格局的转变,推动了中国产业结构的转型升级。政府引导下的产业政策逐步调整,提高全要素生产率成为高质量发展的动力源泉,实体经济对资本效率和风险管理提出了更高水平的需求,需要期货及衍生品市场适时升级改造以服务实体经济。政治秩序是经济活动的一个重要决定性因素,当国内和国际经济利益冲突发生改变时,出于保护既得利益者,经济关系就会越来越"政治化"。[3] 对外开放时期,实体经济和金融市场都会受到来自外界的冲击,政府在此过程中需要缓解内外部矛盾,弥补市场缺陷和外部不经济,引导资源实现最优配置。

就高质量期货及衍生品市场的治理体系发展路径而言,需要发挥市场在资源配置中的决定性作用,基于要素禀赋和比较优势发展期货市场,即具备广泛现货市场基础、有效价格波动性、可标准化产品等特性的期货及衍生品具有相对价格优势,市场需求性高,应予

---

[1] 生产技术是指将投入转化为产出的方法。社会技术是指社会制度创造行为模式的方法或机制。
[2] 参见卢现祥、朱迪:"中国制度变迁40年,回顾与展望——基于新制度经济学视角",《人文杂志》2018年第10期。
[3] 参见王正毅、张贵岩:《国家政治经济学:理论范式与现实经验研究》,商务印书馆2003年版。

以率先发展。《中共中央 国务院关于深化体制机制改革加快实施创新驱动发展战略的若干意见》[1]明确提出要营造激励创新的公平竞争环境,建立以市场为导向的创新模式,打破行业垄断、市场分割,改革产业准入管理等政策目标。期货及衍生品市场的高质量发展要协调配合实体经济的改革创新,积极发挥"有为政府"的因势利导作用,逐步变革审批式的监管方式,将监管重心从事前向事中、事后转移,以市场为导向,改革准入机制,引导机构投资者有效运用工具进行风险管理。"有为政府"在维护期货及衍生品市场健康发展中主要发挥三方面作用:

一是制定发展战略规划,推动制度变迁。中国期货及衍生品市场起步晚、发展快,在很大程度上得益于政府客观分析国内经济比较优势,通过自上而下的制度变革,逐步推动帕累托改进,走出了中国特色的渐进双轨制发展道路。当前,中国已经逐步走向以技术禀赋为主要特征的后工业化时期,产业集群开始向技术创新型发展,其面临的风险不仅限于财务风险、市场风险,更多是政策风险、法律风险等。政府应适时推动制度变迁,逐步实现从"权利限制秩序"到"权利开放秩序",降低制度成本,以推动经济高质量发展。[2]制度变迁中基础性制度变革最为关键,其中最重要的当属产权制度。[3]产权清晰有利于价格发现,促进资源合理配置。期货及衍生品市场的蓬勃发展依赖于高度市场化建设,政府应推动产权制度

---

[1]《中共中央 国务院关于深化体制机制改革加快实施创新驱动发展战略的若干意见》http://www.gov.cn/xinwen/2015-03/23/content_2837629.htm,2015年3月23日。

[2] 参见道格拉斯·诺思、约翰·约瑟夫·瓦里斯、巴里·温格斯特著,杭行、王亮译:《暴力与社会秩序——诠释有文字记载的人类历史的一个概念性框架》,上海三联书店2013年版。

[3] 参见卢现祥、朱迪:"中国制度变迁40年,回顾与展望——基于新制度经济学视角",《人文杂志》2018年第10期。

改革，促进多元化市场结构体系建设，充分发挥市场对资源配置的决定性作用，促进要素的合理有序流动。期货及衍生品市场应以服务国家发展战略为导向，取消不必要的行政性审批，实施市场进入负面清单制度，尊重商业行为的风险管理，为实体经济提供多元化、多层次、开放性的风险管理平台，有效化解防范金融风险，促进资源的合理配置，助力经济高质量发展。

二是提供知识、信息、基础设施等公共产品，为期货及衍生品市场高质量发展提供保障。公共产品的社会效益高，有助于提升社会发展水平，但非竞争性和非排他性属性决定了其不适宜由私人提供。宣传普及期货及衍生品基础知识，有助于提升实体经济风险管理意识，减少群体性的非法投资行为，稳定市场秩序。期货及衍生品的信息数据、基础设施具有一定敏感性，在一定程度上关乎国家金融市场的安全稳定，需要政府承担起必要的职责，推进金融业关键信息基础设施国产化，保证其安全。产业的创新升级必然会带来制度、教育等基础设施的改进，从而降低交易成本，这种改进可以是市场自发行为也可以由政府引导完成。中国的文化特色决定了政府在推动制度改革中发挥了至关重要的作用，政府推动下的制度改革更有助于社会平稳过渡。

经济增长依赖良好的金融体系，而金融体系的稳定运行需要有效的法律制度做支撑。作为国家经济安全和核心竞争力的重要组成部分，期货及衍生品市场基础性制度建设紧迫且重要，需要具有一定前瞻性的国家层面立法，将市场化、国际化、法治化的市场发展与监管理念，通过立法的形式固定化、具体化。2007年实施的《期货交易管理条例》至今仍为中国期货市场最高层级的立法，虽于2012年和2017年有所修订，但已不适应期货及衍生品市场深化发展的要求，必须加快推动期货立法。要打造具有全球竞争力和影响力的衍生品市场，回归市场本原、遵从市场规律，必须实现依法治市，提高治理效能。力推期货立法，是市场规范、透明、开放、有活力、有韧性的基础性制度建设要求和根本制度保障。基础性制度建设应主动适应改革开放和经济社会发展需求,在法治下推进改革,在改革中完善法治,积极发挥立法对改革的引领推动作用。[1] 期货及衍生品市场基础性制度建设应服务于改革开放的国家发展战略,符合中国国情兼具国际通行性,提升立法的科学性、包容性和可操作性,有效消除境内外市场参与者的顾虑,完善公平竞争制度,强化权益保护,拓展市场的广度和深度,为形成真正能较好满足实体经济需求的多样化、多层次衍生品市场提供制度保障,以实现市场更可预期、行为更具规范、发展更可持续。为切实提升金融服务实体经济的水平和效能,期货及衍生品市场应主动打破单一品种、单一市场的发展格局,增强与直接金融和间接金融市场的联系,打通制度和市场建设上的隔阂,合力优化市场环境、提升市场效率,增加资本市场厚度,促进期现市场共同繁荣,助力经济高质量发展。

三是弥补外部不经济,协调企业发展。政府可以通过税收、补贴、罚款、明确产权等法律和行政手段弥补外部不经济。在期货及衍生品市场上具体表现为:调整会计政策,优化企业套期保值的会计处理规则;完善税收政策,给予运用期货工具进行风险管理的交易行为一定税收优惠;严格处罚扰乱期货市场秩序的行为,维护市场公平公正;鼓励创新运用期货工具服务实体经济,给予金融机构一定的政策导向,引导市场行为。新兴产业发展初期,面临的外部风险较高,需要政府给予一定的政策支持,引导资金、人员进入,补偿外部不经济,降低交易成本和风险,从而帮助新兴产业顺利度过发展瓶颈期。比如,"期货+保险"多年被写入中央一号文件,支持创新期货服务,引导专业服务团队进入农村,为农产品提供套期保值服务。据了解,该项目运行初期,交易所投入了大量的人力、财力

---

[1] 参见朱宁宁:"顺应新时代要求 呼应人民群众新关切 以高质量立法促进高质量发展",《法制日报》2019年8月27日。

支持期货入乡扶贫,弥补了外部不经济,协调了企业发展。

四、期货及衍生品市场的国际化发展路径分析

经济的发展依托于文化,伟大的文化需要具备两个条件:一是创造的智慧,二是收容的能力(郭廷以,1966)。[1] 经济体的高质量发展同样需要兼具创造性和包容性。文化制度是人群为生存生活需要所创造的,有时代之别,无地域之分,纵有东西,亦可互通。文化制度形成之初,各分彼此,随着活动范围的扩大,接触日繁月广,必会相互吸收借鉴。中国期货及衍生品市场的发展环境和时代背景与西方国家大不相同,如何在全球一体化的进程中,发挥自身优势,创新文化制度,兼收并蓄,丰富内涵,至关重要。

西方世界的崛起,无不是以制度创新解放生产力,促进社会经济发展,更以开放的胸怀去拓展市场,求得更广阔的发展。发达经济体立足自身要素禀赋和比较优势,设立国际化的发展方式,发展路径无外乎两种:均势或是搭车,均势偏重创造的智慧,搭车则偏重包容的能力。美国和欧洲国家作为老牌的经济强国,具备强大生产力、广阔贸易网络和发达金融基础设施的要素禀赋和比较优势,其期货及衍生品市场具有开创性,是典型的均势性发展格局。其他地区的经济体或是经济起步晚、实力较弱,或是出于最优资源配置原则无意于独创新的市场,或多或少跟随美国和欧洲期货及衍生品市场发展的步伐,使用产品工具、借鉴文化制度、依托广阔市场,实际上是一种从属关系,保护自身利益,顺势得到发展。

中国期货及衍生品市场依托国内巨大的经济总量和强劲的购买力水平,在未完全对外开放前就拥有不可小觑的交易水平。INE原油期货推出以前,中国期货及衍生品市场仅仅适用于国内投资者

---

[1] 参见郭廷以:《近代中国的变局》,九州出版社2012年版,转载自《中华文化复兴月刊》八卷四期,1966年3月。

需要,未实现国际化。市场规则不同于国际规则,具有典型的中国特色,具体表现为一户一码制度、独立保证金账户制度、涨跌停板制度等,规则相对简单透明、风险管理体系高效。在一定阶段,中国期货及衍生品市场满足了实体经济部分需求。随着中国对外开放进一步深化,中国企业深度参与国际事务,风险管理需求逐步扩大,急需与之相匹配的期货及衍生品市场对冲风险,优化资源配置。中国需要进一步明确对外开放中的自我定位,或是创建均势发展格局,或是从属于欧美市场。

罗伯特·吉尔平(Robert Gilpin)认为,衡量一个国家能否成为国际体系核心的标准主要有三个:一是在国际体系中发挥中央银行的功能;二是在创立、组织国际贸易中发挥重要作用;三是具备为国际体系提供投资资本并促进其功能发挥的能力。[1] 这三种功能不仅要求国家经济体量水平,更对经济质量提出了更高的要求。中国具备独特的要素禀赋,在一定程度上具备改革现有国际体系的可能性,期货及衍生品市场同样具备建立均势发展模式的可能性。期货及衍生品市场需要深入融入中国对外开放战略,协同实体经济和金融市场进行结构调整升级,具体可以从以下三个方面构建国际化发展路线:

一是促进中央银行的功能发挥,突出表现为提升国家的信用水平和贸易水平。2016年10月,人民币纳入国际货币基金组织特别提款权货币篮子,新的SDR货币篮子包括美元、欧元、人民币、日元和英镑,分别占比41.73%、30.93%、10.92%、8.33%和8.09%。增加人民币作为国际贸易的结算货币,丰富了国际货币体系,降低了汇率风险。期货及衍生品市场应适时推出与之相协调的外汇、利率期货及衍生品,协同资本项目的开放和人民币汇率形成机制的改革

---

[1] 参见王正毅、张贵岩:《国家政治经济学:理论范式与现实经验研究》,商务印书馆2003年版。

推动人民币国际化,满足国际市场对于人民币结算国际贸易的风险管理需求。同时,为满足国际机构参与市场的需求,中国可以考虑与境外交易所合作,互挂期货及衍生品合约,谋划境内外制度转换的相互认可机制,提出从互联互通式交易转向完全联通交易的过渡方案,逐步完善市场平台建设,深化对外开放的水平。期货及衍生品市场的国际化发展,有助于倒逼社会制度的改革创新,改善营商环境和创新水平,降低市场运行成本,提高运行效率,进而提升国家信用水平和国际贸易水平。

二是增强在创立、组织国际贸易中的作用。2013年,中国提出"一带一路"倡议,积极与沿线国家开展经贸合作,共同打造政治互信、经济融合、文化包容的利益共同体。相比于马歇尔协议等约束较高的约定,中国所推崇的"共赢合作"、提出的"一带一路"倡议,更像是一种较为松散的合作关系,强调实质性合作更多,提出的约束规则更少。[1] 中国政府需要运用国内外政策,将与沿线国家的合作从经贸领域延伸到金融领域,引导企业使用中国期货及衍生品工具制定贸易价格,进行风险管理。这需要政府搭建起跨境金融市场的法律规范、服务平台、监管规则等,推进"一带一路"金融创新,做好相关制度设计,引导金融服务机构主动作为,提供个性化、差异化的服务,做好国家重大发展战略、改革举措和工程建设的金融服务。要扩大期货及衍生品市场对外开放水平,合理安排开放顺序,在增强市场有序竞争的同时提升金融监管水平,维护市场繁荣稳定。随着外资准入持续放宽,实体经济将面临外争内挤的多重压力,内有发展方式转变、经济结构优化,外有需求升级和全球化冲击,企业的赢利模式从规模经济转型为精细化管理和创新驱动,提升经营管理水平,提高全要素生产率水平,需要借助期货及衍生品市场管理风险、优化资源配置。中国期货及衍生品市场应苦练内

---

[1] 参见刘畅:"中国原油期货政策初探",北京大学硕士学位论文,2019年。

功、外求发展,高质量服务实体经济发展需求,提高国际份额和影响力。同时,中国应积极参与国际期货及衍生品市场制度建设,传递中国的价值理念和利益诉求,推进国际制度的多元化、多样化发展。

三是创建国际化投资平台,促进资本市场功能发挥。中国是世界第二大经济体,也是经济增长最快的国家之一,资本相对充足,创新环境较好,一直被外界誉为最佳投资选择。但金融管制相对限制了资本的使用效率,拉低了资本回报率。经济全球化加速了资本、技术、信息等生产要素的国际流动,促进了跨行业、跨地区的企业重组并购。期货及衍生品市场的国际化程度和功能发挥水平影响了中国在全球资源配置中的地位,直接关系到国家安全。中国应逐步取消不必要的金融管制,完善金融体系,增加直接融资比重,引导机构进入期货及衍生品市场,支持商业性的交易行为,有效管理经营风险,优化资本配置,提高资本效率。期货及衍生品市场应提供多元化、多层次的风险管理工具,提升资本效率和安全性,为国际资本提供投资平台,推动国际金融中心建设。

五、启示

经济高质量发展必然会带来产业结构的优化升级,金融市场作为稳定实体经济的重要工具,同样需要协同升级结构,提高服务实体经济能力。经济高质量发展视角下,期货及衍生品市场需要与实体经济的要素禀赋相协调。应适时调整市场结构,践行新发展理念,形成多元化、多层次的产品结构,建设广泛且具有一定深度的投资者结构体系。推动治理体系的现代化建设,充分发挥"有效市场"的决定性作用,配合"有为政府"推动制度变迁释放市场活力。同时,期货及衍生品市场建设需要深度融入中国发展战略布局,协同实体经济和金融市场发展需要,逐步提升国际市场份额,增进互信,深化国际合作,参与国际市场机制的建设,传递中国价值理念和利益诉求,推动国际制度的多元化发展,服务中国经济的高质量发展。

参考文献

1. 道格拉斯·诺思、约翰·约瑟夫·瓦里斯、巴里·温格斯特著,杭行、王亮译:《暴力与社会秩序——诠释有文字记载的人类历史的一个概念性框架》,上海三联书店 2013 年版。
2. 道格拉斯·诺思、罗伯特·托马斯著,厉以平、蔡磊译:《西方世界的兴起》,华夏出版社 1989 年版。
3. 郭廷以:《近代中国的变局》,九州出版社 2012 年版。
4. 林毅夫:《新结构经济学:反思经济发展与政策的理论框架》,北京大学出版社 2012 年版。
5. 罗伯特·吉尔平著,杨宇光等译:《全球政治经济学:解读国际经济秩序》,上海人民出版社 2003 年版。
6. 王正毅、张贵岩:《国家政治经济学:理论范式与现实经验研究》,商务印书馆 2003 年版。
7. 贾俊生、伦晓波、林树:"金融发展、微观企业创新产出与经济增长——基于上市公司专利视角的实证分析",《金融研究》2017 年第 1 期。
8. 卢现祥、朱迪:"中国制度变迁 40 年,回顾与展望——基于新制度经济学视角",《人文杂志》2018 年第 10 期。
9. 刘畅:"中国原油期货政策初探",北京大学硕士学位论文,2019 年。
10. 滕薇:"美国 OTC 衍生品市场参与者监管及启示",《中国期货》2020 年第 1 期。
11. 徐忠:"新时代背景下现代金融体系与国家治理体系现代化",《经济研究》2018 年第 7 期。
12. 肖钢:"增强衍生品市场抵御经济下行风险的能力",《中国期货》2019 年第 6 期。
13. 赵玮璇、赵秋运:"金融抑制、产业结构转型和收入分配:新结构经济学视角",第十二届中华发展经济学年会会议论文,2018 年 7 月 16 日。
14. "肖钢:稳步推进金融衍生品市场发展",《人民日报》2015 年 04 月 17 日。
15. 肖成:"试论建设与中国经济地位相匹配的衍生品市场",《期货日报》2019 年 7 月 1 日。
16. 朱宁宁:"顺应新时代要求 呼应人民群众新关切 以高质量立法促进高质

量发展",《法制日报》2019年8月27日。
17. "方星海副主席在液化石油气期货及期权视频上市仪式上的致辞", http://www. csrc. gov. cn/pub/newsite/zjhxwfb/xwdd/202003/t20200330_372919. html, 2020年3月30日。
18. 刘鹤:"加大金融对经济高质量发展的支持",第11届陆家嘴论坛, http://www. financeun. com/newsDetail/25214. shtml? platForm = jrw, 2019年6月13日。
19. 刘伟:"三个维度解析中国经济高质量发展之道", http://finance. sina. com. cn/roll/2018-03-05/doc-ifyrzinh3499318. shtml, 2018年3月5日。
20. 王玉飞:"大商所将进一步提高期货市场的广度和深度",第七届大连期货论坛, https://baijiahao. baidu. com/s? id = 1648604535795457874&wfr = spider&for = pc, 2019年10月26日。

(陆文山,上海期货交易所;刘畅,上海期货交易所)

区域经济高质量发展与基础教育平衡研究——以黑龙江省偏远地区为例

杨琳娜　魏智武

教育均衡是经济高质量发展的应有之义和必然要求。投资教育,促进人力资本积累,进而打破贫困代际传递陷阱,不仅是发展经济学的热门话题,同时也是全世界欠发达地区实现经济崛起的广泛共识。一系列跨国研究已经充分地证明了教育对人均收入增长的正向效应。然而,面临现实的资源约束和教育回报的长周期性,决策者往往不会均衡地配置教育资源,这就进一步拉大了区域间的教育投入差距,长此以往便可能形成参差不齐的区域经济发展水平。而经济发展水平低的区域,其一方面可能会延续教育投入不足的局面,另一方面则难以留住高端人才,导致人才流失,无论何者,对经济发展的抑制作用都将是长期性的。因此,在中国经济由高速增长转向高质量发展的当下,讨论未来如何均衡配置教育资源,如何解决基础教育不均衡所导致的教育资源流失、受教育机会不公、政策利好偏失等问题,具有重要的现实意义。

本文以黑龙江省偏远地区(除了省会哈尔滨以外的各区县)为例,采用对比研究法、定性分析法与数量分析法,首先讨论黑龙江省偏远地区基础教育平衡发展的现状,其次结合公共服务均等化的内涵分析黑龙江省县域经济发展与教育经费投入的情况,挖掘问题背后的根源,然后确定黑龙江省发展均衡教育的主要领域,最后给出政策建议。

一、黑龙江省偏远地区基础教育平衡发展现状

黑龙江省在"十三五"规划期间的教育发展良好,教育普及率得到了显著提高。其中,学前教育三年毛入园率达到75.61%,提前实现《教育规划纲要》目标;九年义务教育全面普及,巩固率达到99.34%,学校标准化率显著上升,进入均衡发展新阶段;现代职业教育体系框架基本确立,高等教育毛入学率达到50.01%,迈入高等教育普及化初级发展阶段。这得益于黑龙江省持续不断地投入经费用于教育建设,以及实施有效可行的教育保障政策。然而,即便如此,黑龙江省的教育失衡问题仍然亟待解决。

(一)总体问题

本文以除哈尔滨以外的其他区县、城镇作为研究对象,研究发现这些地区的教育发展存在着一系列问题。首先,广大群众对于公共教育事业的新型要求难以获得满足,比如高质量教育资源的共享和不同教育阶段的资源公平配置等;其次,公共教育事业作为推动

社会发展、经济攀升的基础性力量,没有发挥其服务社会的应有功能;最后,教育治理体系和治理能力还不适应教育现代化的要求。此外,其他突出的问题还包括:科学的育人理念仍未牢固确立,良好的育人生态有待完善;优质教育资源总量不足和教育供给侧结构失衡问题并存,服务国家、区域发展战略和社会需求的能力有待进一步提高;基本公共教育服务仍存在突出的短板和薄弱环节,城乡、区域、校际差距显著的问题仍未全面解决;教师队伍素质和结构还不完全适应提升质量与促进公平的需要;学校办学自主权仍要进一步拓展,办学活力有待增强;依法保障教育经费的监督落实机制仍有待完善,教育优先发展地位需进一步巩固。

(二) 典型问题:幼儿园的不均衡分布

作为研究的一部分,我们选取社会关注度比较高、具有代表性的幼儿入园问题进行调查。首先,我们随机选取了三个省辖市——伊春市、大庆市、黑河市作为代表,梳理其各项学前教育指标。数据显示,截至2016年年底,伊春市的公办幼儿园共计44所,在园幼儿为6082人,学前三年毛入园率达到79.98%,比2010年提高了36个百分点,高于全国、全省平均水平;黑河市的学前教育三年毛入园率为84.8%,普惠性幼儿园覆盖率为78%;大庆市的全市普惠性幼儿园则发展到了412所,覆盖率达68%。可以看出,这三个省辖市的入园率相对高于全省入园率,学龄前教育取得良好成绩。然而,当我们选取另一个省辖市——鸡西市进行对比时,情况则有很大不同。其下辖的县级市区指标如下:

密山市:幼儿园65所,其中标准化公办幼儿园26所,民办幼儿园39所,黑龙江省普惠性民办幼儿园31所。学前三年毛入园率为82.54%。

虎林市:幼儿园36所,其中公办幼儿园15所,民办幼儿园21所。从城乡分布情况看,城镇23所,农村13所。学前三年入园率

83%,学前一年入园率100%。

麻山区:3—6岁儿童入园率达90%以上,学前一年儿童入园率达100%。

恒山区:幼儿园32所,其中城区幼儿园27所,农村幼儿园5所。共有班级数90个,含民办77个。现有在园幼儿为1586人,其中城市在园幼儿1309人,农村在园幼儿277人。公办幼儿园的幼儿数为313人。学前三年入园率81.5%,其中城市学前三年入园率86.57%,农村学前三年入园率72.8%。现有幼儿教师257人,其中城区幼儿教师216人,农村幼儿教师41人。

梨树区:幼儿园13所,其中公办幼儿园1所,民办幼儿园12所。适龄幼儿859人,在园幼儿661人,其中公办220人,民办441人。学前三年入园率达到77%。

鸡冠区:公办幼儿园仅有3所,适龄幼儿达到6000余人,满足不了区域内幼儿入园需求,按照黑龙江省学前教育三年行动计划要求,到2018年公办幼儿园数量应达到幼儿园总数的50%以上,鸡冠区这一数字仅为3.19%。

由以上针对鸡西市县域幼儿园的相关数据可知,总体而言,以上各区县入园率普遍低于其他市级入园率。而在各区县内,农村入园率普遍低于城镇入园率。公办幼儿园少于民办幼儿园,公办幼儿园占比均低于50%的政策要求,其中鸡冠区公办幼儿园占比甚至只有3.19%。偏远区县的公办幼儿园占比未达标,首先表明了偏远地区尤其是县域地区教育资源的不均衡状态,其次反映出了教育经费不足和资源分配不均衡的问题。而教育经费的来源虽然受限于县域经济发展水平,但政府对教育经费的不均衡投入同样不可小视,这二者严重影响着教育的物质基础和最低保障,同时也决定着偏远地区教育建设是否能突破低水平陷阱。

二、黑龙江省县域经济发展及教育经费投入情况

（一）经济高质量发展与基本公共服务均等化

优质的公共服务及其均等化是经济高质量发展的重要内涵。这是由中国当前的社会主要矛盾——"人民日益增长的美好生活需要和不平衡不充分的发展之间的矛盾"所决定的。一方面，为了提供优质的公共产品，政府必须进行供给侧结构性改革，以满足人民群众多样化、个性化、不断升级的消费需求，解决"绝对总量不足"的问题。但另一方面，促进优质公共服务的空间均衡分配、解决"相对不足"的问题同样不可忽视。因为公共资源的均衡分布不仅是人民群众共享经济发展果实的重要保障，当它作为一种要素投入时，它还是确保经济长期可持续发展、高质量发展的重要支撑。

一般地，均等化公共服务指的是政府依据自身的政治、经济、文化等体制建设，将本区域的公共产品资源均衡分配、合理规划，依据各地区不同情况制定相应政策，广泛普及公平正义、促进人民幸福感的社会原则，促使与人们生存和发展相关的最基本条件尽可能地均等化。党的十七大报告就明确指出，要围绕推进基本公共服务均等化和主体功能区建设，完善公共财政体系。从现实情况出发，基本公共服务均等化的内容主要包括：一是基本民生性服务；二是公共事业性服务，如教育、卫生、文化、科技、人口控制等；三是公益基础性服务，例如公共设施、生态环境等；四是公共安全性服务，如治安安全、国防安全等。

教育作为公共服务中的重要一项，必然包含在公共服务的范畴中，因此，确保教育公平的问题受到了公众的广泛关注。教育发展的平衡问题涵盖在公共服务的整体发展与升级中，也具有其独特的重要地位和研究价值。享受义务教育是中国公民的基本需求和生存权利，公共义务教育也是以政府为主体提供的、地方性教育系统

统筹安排的、学校教师等师资力量协同施行的公共服务。政府在实行公共教育的同时,还需要在提供教育的机会上做到基础性的平等,需要在受教育的资源配置上实现以地方性为基础、广泛意义上的平衡,需要在基础教育达到的效用即教育成果上达到公平。

(二)县域经济

黑龙江省教育资源分配不均,无法实现教育公共服务均等化,这本质上是黑龙江省经济发展质量不高的一种反映。作为老工业基地的黑龙江因为产业结构缺乏优化,经济质量不高,总量排名常年位居全国末尾。2019年,黑龙江的GDP总量为13612.7亿元,排名全国第24,与其他省份存在较大差距。与此同时,黑龙江省内各县同内陆沿海等发达地区间横向的经济差距也存在增大的趋势,2019年"中国百强县"无一来自黑龙江省。

不仅如此,黑龙江省内县市间的经济发展也存在不均衡问题,这成为黑龙江省盘活经济的重要难点,而经济发展的欠平衡,是造成教育资源的不平衡建设与发展的主要因素。数据显示,黑龙江省2015年GDP总量最高的三个县分别为:肇东305.4亿元,双城240亿元,安达202亿元;而最低的三个县则为:塔河11.9亿元,孙吴7.7亿元,呼玛7.46亿元。黑龙江省县域经济的不平衡程度可见一斑。黑龙江省内县域间的经济发展不平衡对教育方面的建设所产生的影响体现在以下几方面:首先即是教育机构的构建与创立,表现为政府经费不足与民办机构融资困难。其次在于教师福利保障的难以维系,这从根本上导致了优质教育资源流失与发展严重倾斜。最后在于教育体系的管理与监督困难。由于财政经费的紧张与师资力量的薄弱,在积贫积弱的教育环境下,教育监督管理体系容易出现不公平不公正的现象。

要加强黑龙江省县域经济建设,需要在国家大政方针的号召下,结合本省的区位特色加速产业转型升级,大力发展县域经济。

"绿水青山就是金山银山。"要大力发展农林牧渔,退耕还林,打造绿色旅游文明小镇的特色经济。扩大第三产业的规模,使县域规模下的农村剩余劳动力、城镇下岗职工等参与第三产业,增加收入。目前,黑龙江省的部分县(市)存在财政困难、自给率低的现象,需要在财政体制上施行"省管县",效法辽宁、湖北、浙江等省的政策;其次需要在公共服务项目中,建立公共财政的管理意识,加强公共金融服务的实效性,优化经济资源的公共配置问题,将充足的政府、社会资本用在教育、医疗等公共事业上,加快全面建设文明现代城市的步伐。

(三) 教育经费

黑龙江省积极促进教育事业发展,十分重视优先发展教育,相继出台了一系列教育保障政策,促进全省财政教育投入持续增长。数据显示,黑龙江省教育经费方面的财政投入逐年攀升:从2003年的8109亿元,到2012年的54479亿元,短短九年时间增长了5.7倍,高于GDP总量2.37倍的增幅。而从相对量上,根据王爽和王志伟(2016)的统计,财政教育投入增速的变动幅度较大,最高值于2007年达到49.4%,最低为2013年的-7.99%,近十年间呈"M"形波动,变动幅度大于GDP的增速,但相对稳定在15%左右。

然而,黑龙江省的教育经费依然存在着结构失衡的问题。根据邵波(2015)的研究,黑龙江省基础教育经费在区域间的分配不甚合理:其中,大庆、鸡西、鹤岗、双鸭山、伊春和大兴安岭六个市(地)的预算内基础教育经费所占比例分别为9.83%、5.32%、3.61%、4.20%、3.74%、1.46%,均高于人口所占比例;而以绥化市为代表的农业地区匹配度则比较低,其基础教育经费占比为11.49%,低于其人口比例15.18%。另外,黑龙江省的教育财政投入城乡分配也不合理,由于优质学校主要集中在城市,为了政绩考核,政府通常倾向于将教育资源投在这些地区,于是出现了农村生源萎缩、师资力量良莠不齐的现象,严重影响教育均衡发展。实际上,这种区域基础教育经费的失衡反映了教育资源在空间上的不合理分布,不仅会影响基础教育的均衡发展,如前所述,长期来看,也会进一步阻碍经济的平衡发展,不利于黑龙江省发展高质量经济。

教育作为国民参与度较高的公共服务领域,在公共服务不断升级的同时,其在公共产品资源配置的功能平衡上也会有突出的体现。推进边远地区的教育均衡发展,确保全体社会成员享受到均衡、公平的教育资源,使国民受教育程度在更高的领域内攀升,是黑龙江省未来一段时期的重点任务。

三、健全黑龙江省偏远地区基础教育平衡发展的重点领域

学前教育、少数民族教育和特殊群体教育是教育资源分配的短板,将其作为发展教育和改善民生的重点领域,加快教育资源的均衡化步伐,是发展高质量教育的必然要求,同时也是发展高质量经济的长远打算。建成广覆盖、保基本、有质量的教育公共服务体系,长期来看,将有利于区域间经济差距的缩小和整体福利水平的提升。

(一)完善建设高覆盖率学前教育

扩大优质学前教育资源。严格落实关于本省城乡建设学前教育机构的指导性意见,扩大普惠性幼儿园覆盖面。加大城乡结合地区公办幼儿园建设力度,每个乡镇至少办好一所公办中心幼儿园,幼儿规模较大的行政村独立建园,小村联合办园,人口分散的偏远地区设立巡回支教点。乡镇中心园承担区域内学前教育管理和指导职能,确保城乡间、县域间幼儿入园的刚性指标的可容纳性。科学规划村级幼儿园布局,确保本省偏远地区的学龄前儿童拥有与其他地区学龄前儿童平等的教育资源,享受与其他地区学龄前儿童公

平的学前教育。

完善学前教育办园体制。落实国家政策要求,切实保障幼儿园教师工资和幼儿园正常运转。完善普惠性幼儿园标准及扶持政策,研究制定政府购买学前教育服务实施办法,通过公助民办、委托办园、专项奖补、派驻教师、培训教师等方式,规范、鼓励民间资本参与到建设学前教育的教育性事业中来。

提高保育教育质量。制定完善幼儿园基本办园标准;从学前教育的学园基础建设,到师资力量的规范合规性监管;从办学资质的审批,到入学惠民力量的普及。本省偏远地区、县域地区应该依据自身力量对不同经济社会文化条件下的基础教育建设,提出符合自身发展情况的政策和建议。

(二) 完善少数民族的教育制度

大力提高全民族公共事业的教育质量。提高民族高中教学质量,引导民族普通高中多样化发展。加快发展民族职业教育,支持民族职业院校学科专业建设和实训基地建设。加强民族双语师范生的培养。加快民族学校"三通工程"建设进度。开展民族教育数字资源库建设,开发、引进、编译双语教学、教师培训和民族文化等数字资源。

切实提高少数民族人才培养质量。加强少数民族高端人才培养工作,充分发挥省内少数民族预科基地作用,根据实际需要和培养能力,合理确定、适度增加民族预科招生计划。提升内地民族班及少数民族学生教育管理服务水平。加强普通高等学校、职业院校少数民族毕业生就业创业指导。加强民族学校教师队伍建设。将民族教师招聘权限下放到学校,通过建立绿色通道,确保省内民族学校新招聘和录用的双语教师及时到岗到位。支持省内师范院校培养双语教师,农村义务教育学校教师特岗计划向农村民族学校倾斜。启动实施民族双语教师脱岗培训项目。

(三) 健全保障特殊群体教育机制

深入建设特教制度体系。完善特殊教育学校布局,支持特殊教育资源中心建设,提升特殊教育普及水平和保障能力。鼓励社会力量举办学前特殊教育机构,施行特殊教育儿童的学前教育办法。制定残疾儿童随班就读具体办法,完善政策保障体系,扩大随班就读规模。逐步实现享受特教的贫困儿童、青少年从义务教育到高中阶段教育12年免费教育,提高特殊教育普及水平。建立绿色通道,着力建设职教的普高教育、教学阶段。加快发展面向残疾人(听障、视障)的高等教育,鼓励具备条件的普通高等学校招收更多残疾学生。

保障特殊教育质量。逐步健全特殊教育课程教材体系、学校基本办学标准。推行全纳教育,轻中度残疾学生随班就读,中重度残疾学生在特教学校就读,为无法在校学习的极重度残疾学生送教上门。促进教育与康复相结合,强化职业素养和职业技能培养,促进残疾学生更好融入社会。分批次、有序提高基础教育内特教财政经费的发放标准。深化课程改革,积极开展"医教结合"教学模式改革,并着力提升特殊教育教师队伍整体素质,施行定期培训、适时监管检测等方法方案。

四、健全黑龙江省偏远地区基础教育平衡发展的政策建议

(一) 完善教育科学决策机制

健全升学入学准入考试政策制度。第一,针对偏远地区适龄学生的经济、文化、教学资源等限制条件,进行有针对性的政策倾斜。同时,取消一部分不合理、条件宽松的加分、降低分数线录取政策。第二,加强对各个基础教育阶段的综合素质测评,强调文化素质同职业技能的综合考查,加强新时期中国特色社会主义的政治思想教育培养。第三,贯彻实施终身教育的政策,将学前教育、中小学等教

育阶段有机结合,培养学生、教师、教育系统工作人员终身学习的良好作风,并完善各个学习阶段的学生档案管理制度。

深化教育机构体制重塑。鼓励设立由民间资本主办的教学机构,丰富民众选择。同时努力加强相关政策指导和规范意见,将民办、公办学校一视同仁,并强调在政府监督下的专业化教学理念与办学方向。在黑龙江县域经济不发达地区,充分发挥民办教学机构的灵活性,满足适龄学前儿童的入学刚需,施行政府指引、政策利好等倡导手段。同时,实施公办学校主动同私立、民办教育机构交流的活动,互相取长补短,发挥各自优势并深化公立、私立院校的专业性,从办学条件、师资力量等方面改善本省教育体制及教育受众的资源不均衡性。

(二) 完善偏远城镇地区经费投入保障机制

随着新型城镇化建设和户籍制度的转型变更,城镇教育产生了政策不统一、经费随学生流动性缺失、资源配置不均衡等问题。为了实现城镇间更高层次均衡发展,使得民众获得公平的教育资源,应在合理分配教育资源、经费等的过程中,健全城镇发展一体化的战略目标。

贯彻执行县域基础教育的政府补贴政策。将城乡基础教育的学杂费、书本费免除,对欠发达地区的贫困生进行生活补贴。该项政策的经费来源于中央政府及省内分配出资。偏远地区贫困生的生活补贴,将由地方政府、中央政府平摊出资。细化到地方政府资金来源,则由省级与市县级政府按7:3的比例共同承担。义务教育阶段贫困寄宿生资助面待报财政部、教育部核定后认定。

健全教育经费使用管理机制。坚持钱随事走、绩效考评的原则,以建立机制、优化结构、加强监管、提升效益为着力点,筹好、用好、管好教育经费。健全教育经费监管体系,建立省级内部控制制度体系和资金资产监督管理信息系统,提高管理信息化水平。推行国资管控,建立现代化的资产经费监督问责机制,积极推行"阳光财务",按照规定推进教育经费预决算公开工作。建立并完善经费使用绩效评价和财务检查制度,加强教育重大项目经费使用绩效考评,将评价和检查结果作为经费安排的重要依据。

务必实施基础教学中一线教师的工资福利政策。从省级到各地级市、县域教学机构,完善一线教师的个人经费保障制度,教育教学中也应该贯彻实施绩效同基本工资相结合的现代化模式,良性促进教师的主观能动性,为基础教育的专业性做出基本保障。同时,应该对以研究对象为代表的县域偏远地区的教职员工实施福利补贴、晋升支持等利好政策,促进县域间、省域间的教育教学平衡发展。

(三) 完善偏远地区教师稳定保障机制

着力培养高素质、强能力教师队伍。从师范院校的源头加强对师范生的技术培训、学术能力考核,并且加大培训、实地实践的力度,从而提高教师队伍整体专业能力和个体修养。以培训项目为牵引,加强市县及本校内部培养训练,深入强化县域级教师队伍进修的作用,承担县域内教师培养训练等具体工作,提升属地训练的专业性、定制性。

积极引进一批具有较高政治修养、专业能力过硬的教师人才。将跨县域、跨省域的人才后备力量统筹安排并统一管理,创造具有吸引力的政策并落实以吸引人才落户本省教育机构。积极推进国家、省人才政策落实,启动"黑龙江省高教领军人才引进计划"等一批具有黑龙江教育特色的人才工程,大力引进培养学科领军人才、高层次科技创新人才和青年拔尖人才。调研并规划加强人才体系建设的改革指导意见。提高教师待遇,落实国家关于教师工资、住房公积金及社会保险等各项倾斜政策,推进高等学校薪酬制度改革,努力营造尊师重教的良好氛围,吸引优秀人才积极从教。

优化教师资源配置。健全幼儿园教师补充机制,落实国家关于幼儿园新入职教师资格管理规定。研究制定艺术、体育教师配备办法,加快配齐中小学艺术、体育、健康教育、信息技术、通用技术教师。

(四) 坚决落实城乡县域间基础教育一体化政策

统筹规划义务教育学校布局。出台城乡义务教育一体化改革发展指导意见。以县为基础,根据新型城镇化规划、常住人口规模,统筹规划城乡学校布局和建设规模,合理贯彻"十三五"基础教学的政策方针,将教育教学用地范围优先预留、首要审批。基础教育用地实行联审联批制度。在城乡一体化的政策下,建造现代化的教学机构,改良老旧、不符合新时期标准要求的学校机构、教学设施等等。由当地政府统筹新建或改扩建配套学校,实行"交钥匙"工程。加强农村学校布局规划,在交通便利、公共服务成型的农村地区合理布局义务教育学校,办好必要的乡村小规模学校、教学点和一批寄宿制学校,使农村学校教学、生活设施、留守儿童学习和寄宿需要得到基本满足。县域级政府要将教育事业用地置于优先位置,坚决落实改良落后地区基本生存教育条件,全面建设以网络为载体的信息化教学资源共享平台,努力促进教学资源的进一步平衡发展。

完善基础教育平衡发展的稳定机制。推动《黑龙江省实施〈中华人民共和国义务教育法〉条例》的重新制定工作。落实各级政府推进义务教育均衡发展的责任,把义务教育摆在优先发展的突出位置,加大财政支持力度,对经济困难地区给予政策倾斜。建立城乡义务教育学校教职工编制统筹配置机制和跨区域调整机制,实行教职工编制城乡、区域统筹和动态管理。均衡配置县(市、区)域内校长教师资源和教育装备资源,切实保障教育教学正常运转。推广集团化办学、名校办分校、委托管理、学区制管理、学校联盟、九年一贯制学校等办学形式,加速扩大优质教育资源覆盖面。启动实施消除大班额专项规划,鼓励进行较少人数的实验性教学探索。加大督查和督导评估力度,建立约谈、诫勉、通报、奖惩机制。

保障困难群众受教育的权利。贯彻执行基础教育扶贫政策,着力于精准帮助困难群众。面向特定人群、困难人群做好帮扶工作。为县区离乡务工人员后代提供帮助,确保他们有书读、能入学、平等享受教育福利与资源。坚持"两为主""两纳入",将随监护人迁移求学地点的生源,以工作居住证为迁移证明,实现人性化公共产品服务,将教育资源的平衡性进一步提高。对于留守适龄学生,各级政府需要加强人文关爱。针对贫困的县乡镇,基层党组织应该做到了解每户困难群众的个人情况并对其进行定制性的扶贫指导与教育资源落实。落实"一人一案"工作,帮助未入学适龄残疾儿童接受义务教育。

严格规范中小学办学行为。贯彻《黑龙江省规范普通中小学办学行为若干意见》各项要求。建立义务教育巩固率检测系统,全面落实控辍保学责任制。推进中考制度改革,规范初中学业水平考试的范围和内容,提高命题质量,注重考查学生综合运用所学知识分析、解决问题的能力。根据学生人数的比例,适当提升普高招生人数,并将县域内的分配名额适度倾斜,保持健康合理的比例,保证县域内的生源享受优质的教育资源。地方政府、教育部门、学校和教师不得逐级下达升学任务,不得公布学生考试成绩,不得炒作升学成绩。规范学籍管理,在城市和有条件的农村义务教育学校推行网上招生、一键分班。将省内不发达区县间的网络信息化同全国范围内的教学水平相结合,鼓励各级教育机构将慕课等基于网络一体化的新形式的教学办学方法引入到各自的课堂中。利用网络教育一体化的大趋势,将优质资源同步引进到偏远地区的学习中,进一步实现县域间偏远地区的教育发展平衡性进程。

参考文献

1. 扈中平、陈东升:《中国教育两难问题》,湖南教育出版社1995年版。
2. 姜晓萍、田昭:《基本公共服务均等化》,中国人民大学出版社2016年版。
3. 王爱军:《基本公共服务均等化的制度路径研究》,经济科学出版社2018年版。
4. 翁文艳:《教育公平与学校选择制》,北京师范大学出版2003年版。
5. 朱家存:《教育均衡发展政策研究》,中国社会科学出版社2003年版。
6. 蒋鸣和:"中国农村义务教育投资基本格局和政策讨论",《教育科学研究》2001年第2期。
7. 邵波:"黑龙江省基础教育经费结构研究",《教育探索》2015年第1期。
8. 谈松华:"义务教育的均衡发展:从行政措施到制度建设",《群言》2008年第5期。
9. 王超:"黑龙江省义务教育经费问题研究",《山东青年》2012年第12期。
10. 王爽、王志伟:"黑龙江省财政教育投入存在的问题及对策分析",《城市发展理论》2016年第21期。
11. 武向荣:"义务教育经费均衡现状调查与对策分析",《教育研究》2013年第7期。
12. 袁连生:"建立规范的义务教育财政转移支付制度",《国家高级教育行政学院学报》2001年第1期。
13. 袁振国:"建立教育发展均衡系数 切实推进教育均衡发展",《人民教育》2003年第6期。
14. 于月萍:"义务教育区域内均衡发展的对策研究",《中国教育学刊》2008年第3期。
15. 翟博:"中国基础教育均衡发展实证分析",《教育研究》2007年第7期。
16. 周洪宇:"实现教育公平促进和谐社会建设",《民主》2005年第4期。

(杨琳娜,黑龙江省哈尔滨市委组织部;魏智武,北京大学新结构经济学研究院)

环境规制与高质量创新发展——新结构波特假说的理论探讨

郑洁 刘舫

一、引言

中国经济进入由高速增长阶段转向高质量发展阶段的新时代。高质量发展是以新发展理念为指导的经济发展,要求从追求经济增长速度转变为重视经济增长质量和效益、从追求规模扩张转变为重视结构优化、从要素-投资驱动转变为创新驱动。其中创新的高质量发展是经济高质量发展的重要驱动力。与此同时,新时代人民群众对清新空气、干净饮水和优美环境等更多优质生态产品的需要与表现为环境污染严重、生态环境恶化等的不平衡不充分的发展之间的矛盾成为社会主要矛盾之一。对严重的环境污染采取必要的规制措施成为缓解社会主要矛盾的重要手段,也是绿色发展理念的题中之义。那么,环境规制与创新高质量发展间的关系如何?对此问题的探讨具有重要的现实和理论意义。从学理上来看,关于环境规制与创新两者关系的研究主要涉及波特假说。波特假说的讨论起源于新古典经济学关于环境规制遵循成本的观点,即新古典经济学认为环境规制通过环境外部性的内部化而增加了企业的成本负担,迫使企业改变原有的最优生产决策,从而削弱企业的创新能力和竞争力(Shadbegian & Gray,2005;Greenstone et al. ,2012)。而 Porter(1991、1995)基于动态的视角认为,合理而严格的环境规制能够激发企业的技术创新,从而获得创新补偿,这部分有可能弥补环境规制的遵循成本,从而促进企业生产率和竞争力的提高。

自从波特假说提出以来,后续有大量文献对此展开研究,取得了丰硕的成果。但是已有研究大多忽略了一个事实,即波特假说是基于美国等发达国家提出的,其处于世界经济、技术的前沿,其发展、转型和运行的机制与发展中国家存在很大的差异,不仅存在量的差异,更存在质的结构性区别。因此,将其直接搬到中国等发展中国家进行检验,固然能有一定的启示意义,但是由于理论的前提假设发生了根本性的结构变化,因此,未必能够充分体现中国等发展中国家的规律。例如,已有的理论观点认为,市场化的环境规制是解决污染问题最有效率的机制(Coase,1960),Montgomery(1972)从理论上证明排污权交易机制能有效控制减排成本,明显优于传统的命令控制机制。但是现实和已有实证研究的结果均表明,市场化的环境规制工具未必完全有效(涂正革、谌仁俊,2015),且命令控制型环境规制大量普遍存在。这一理论与实际的矛盾说明已有的理论观点有待改进。

新结构经济学总结了中国等发展中国家的经验,以要素禀赋及其结构作为切入点,强调在不同发展阶段经济结构的内生性差异及其动态变迁,相比于已有的理论,从更高维度总结归纳了经济社会的发展规律。基于新结构经济学视角,对传统波特假说可以提出以下几点新的见解:第一,经济发展阶段不同,最优的环境规制强度也不同,即最优环境规制强度是一个动态变迁的过程。第二,经济发展阶段不同,最优的环境规制结构也不同,即在不同的发展阶段,最优的环境规制的类型不同。第三,环境规制对技术创新结构的影响不同,即环境规制在经济发展早期主要影响以模仿性为主的技术创新,进入高收入阶段影响以自主性为主的技术创新。第四,对于发展中国家而言,环境规制的结构变迁机制是影响其创新和经济高质量发展的主要机制。传统波特假说仅探讨自主性前沿创新的补偿效应,这对于发达国家是合理的潜在假设,而对于发展中国家就需要放松该假设。第五,新结构经济学认为,要素禀赋升级是环境规制的创新补偿效应的根本驱动机制。

接下来的内容,首先是对传统波特假说进行系统性的述评,其次是对新结构波特假说的新见解进行理论探讨,最后总结本文。

二、传统波特假说的理论见解

尽管已有对波特假说的研究浩如烟海,但不外乎从自变量和因变量两个角度切入;其可以归纳为四个维度,即针对自变量的环境规制强度和环境规制结构,因变量的弱波特假说和强波特假说。这四个维度文献的逻辑是,一部分文献围绕"合理而严格的环境规制"展开,其中何为"合理"探讨的是最优环境规制结构问题,何为"严格"探讨的是最优环境规制强度问题。那么,在合理而严格的环境规制下,其创新补偿效应如何?其中关于是否产生创新补偿效应是弱波特假说的研究内容,而关于创新补偿效应的大小涉及的是强波特假说。另外,由于发展中国家一般存在较快的产业和技术结构变迁,因此,环境规制的结构变迁机制也是讨论波特假说的重要一环,我们也对此脉文献进行述评。

(一) 波特假说的最优环境规制强度

一脉文献围绕"合理而严格的环境规制"对波特假说展开研究,它们大多以技术创新或全要素生产率(TFP)作为标准来寻找最优环境规制强度,并形成一定的共识。一方面,已有研究认为,环境规制强度与技术创新或 TFP 存在非线性关系,尽管对于具体的非线性形式仍存争议,但对两者非线性的解释大同小异(张成等,2011)。即环境规制强度较弱时,企业环境成本较低,技术创新的动机不够,TFP 会降低;当环境规制强度提高到一定程度,环境成本在企业总成本中所占比例较大时,就会促进企业进行技术创新,TFP 就会提高;但当环境规制强度过大,超过企业所能承受的负担,也会抑制技术创新,TFP 会下降。另一方面,已有研究也考虑到地区和行业的异质性会使得最优环境规制强度不同。在产业层面上,由于各产业的特性不同,环境规制对其作用也不同,因此,不同产业的最优环境规制强度不同(李玲、陶锋,2012;沈能,2012;王杰、刘斌,2014);在地区层面上,由于各地区的经济发展水平不同,环境规制的作用大小也不同,因此,各地区的最优环境规制强度不同(沈能、刘凤朝,2012;靳亚阁、常蕊,2016)。

已有关于波特假说中最优环境规制强度的研究具有重要启示,但从新结构经济学来看,已有研究仍然缺乏结构视角,仍是以一种相对静态的角度看待最优环境规制强度问题,没有考虑到即使是同一地区和产业在不同的发展阶段,其最优的环境规制强度可能也是不同的。

(二) 波特假说的最优环境规制结构

已有研究也发现,"合理而严格的环境规制"不仅取决于环境规制的强度,同时也取决于环境规制的结构。由于不同环境规制工具的功能和作用不同,这就涉及最优环境规制结构问题。已有研究根据不同的研究需要,对环境规制结构有不同的划分方式(Böhringer et al. ,2012),且名称并不统一。综合已有研究,可以发现大多围绕两类展开:命令控制型环境规制工具和市场经济型环境规制工具。基于新古典经济学理论,大多研究认为,相比于命令控制型环境规制工具,市场经济型环境规制工具更优。例如,后者具有明显的信息优势、成本优势,能为污染控制技术的研发提供更大的激励。因此,新古典经济学派给出的"药方"就是积极发展市场经济型规制工具。然而,一部分学者针对中国的各类环境规制政策进行了评估,结果发现,命令控制型和市场经济型环境规制工具对波特假说的支持程度是不同的,且大体上命令控制型环境规制工具更加支持波特假说(李树、陈刚,2013;谌仁俊等,2019)。王班班和齐绍洲(2016)实证研究也发现,市场型和命令型政策工具均有助于诱发节能减排技术创新,且命令型工具的诱发效应对创新含量更高的发明专利更强。

通过以上研究可以发现,基于新古典理论的观点与基于中国的环境规制政策的实践存在一定的矛盾,新古典理论并不能合理解释命令型环境规制存在的合理性。按照新古典理论,既然市场型环境规制更优,市场型环境规制占主导才是合理的,但是现实中为什么还长期存在命令型主导的环境规制结构。与此同时,即使是同一环境规制工具,其在不同时期的效果也不同。因此,有必要对已有的最优环境规制结构理论进行反思,根据不同的发展阶段进行研究。

(三)波特假说的创新补偿效应

以上是基于波特假说中环境规制自变量角度进行的归纳,从因变量角度可以将波特假说划分为弱与强波特假说(Jaffe & Palmer,1997)。前者主要是探讨环境规制能否促进企业技术创新,也即环境规制是否产生创新补偿效应;后者则主要探讨环境规制的创新补偿效应是否足够大于遵循成本效应,提高企业绩效或竞争力。

首先,对技术创新的弱波特假说这一脉文献进行述评。纵观国内外文献,可以发现,已有研究对技术创新的探讨主要集中于总体技术创新,以及根据是否与环境相关这一维度将技术创新结构分为生产性技术创新和绿色(治污)技术创新(Jaffe & Palmer,1997;Hamamoto,2006;张成,2011),虽然因具体指标选取的不同,最终结果会有所差异,但多数研究结果认为合理而严格的环境规制有利于促进技术创新。然而,对于技术创新结构的另一维度——自主性(发明)技术创新和模仿性技术创新,这类文献探讨得较少,即已有研究大多探讨的是环境规制对自主性技术创新的影响。对于发达经济体而言,强调自主创新具有一定的合理性,因为发达经济体处于世界前沿,其主要依靠自主创新拓展世界前沿。因此,环境规制主要是影响自主性技术创新。但是,对于中国等发展中和转型国家来说,其大部分产业和技术处于世界前沿内部,还具有很多的后来者优势,可以通过引进、消化和吸收已有的技术来实现节能减排。因此,对于发展中国家而言,仅探讨自主性技术创新可能不够全面科学,还是需要根据不同的发展阶段,分析最优的技术创新结构。

其次,对强波特假说这一脉文献进行述评。已有研究从企业、行业和地区层面均对环境规制与TFP的关系进行了翔实的实证检验(Gray & Shadbegian,2003;Lanoie & Laurent,2011;王杰、刘斌,2014;靳亚阁、常蕊,2016),不仅如此,还有一部分文献将能源和环境因素纳入TFP的计算,研究环境规制与绿色全要素生产率的关系(沈能,2012;李玲、陶锋,2012)。尽管已有研究对于TFP的测算方法十分丰富,例如采用OP和LP法、随机前沿分析法和数据包络分析法以及生产前沿最新分析工具SBM方向性距离函数和Luenberger生产率指标等,但是,无论是基于传统全要素生产率还是考虑了能源和环境因素的绿色全要素生产率,其所得的TFP均是反映处于前沿的技术创新。诚如前文所言,这对于发达经济体而言可能是合理有效的,但对于中国等发展中经济体而言则有待商榷。因为发达经济体的技术和产业大多处于世界前沿,其技术创新、产业升级只能依靠自己研发,技术研发在生产函数中不作为生产要素投入,而主要体现在除了资本和劳动等生产要素的 TFP 上;而对于中国等发展中经济体,其技术和产业大多处于世界前沿内部,以模仿性创新为主,而这种技术创新未必体现在 TFP 上。正如林毅夫认为的,一个发展中国家的技术和产业升级,若是通过从发达国家购买新产业的设备来实现,那么,这样的技术和产业升级、生产效率的提高更多表现为资本的增加,而不是表现为由研发带来的 TFP 增加。

（四）波特假说的结构变迁

已有国内外相关研究在讨论波特假说,特别是关于环境规制与 TFP 关系的强波特假说时,大多围绕技术创新机制展开,而很少有文献对其他影响机制进行分析。例如,王勇等(2019)基于中国工业企业 1998—2007 年微观数据,经验分析了环境规制影响生产率的资源重置机制。其原因就在于波特假说的提出是以发达前沿国家为背景,发达国家的产业和技术大多处于前沿,其产业和技术的升级大多是靠自主创新,而需要克服环境规制的遵循成本,其主要渠道也就是通过技术创新来提高生产率,以弥补规制成本。因此,传统的波特假说以讨论技术创新效应为主。然而,对于中国等发展中国家而言,其产业和技术大多处于前沿内部,产业和技术选择的空间还很大,具有后来者优势,其技术创新既可以是自主性创新也可以是模仿性创新,同时,也可以通过结构变迁来弥补规制成本。若仅仅围绕传统的波特假说讨论发展中国家的环境规制问题,则不具有代表性,因此,有必要对传统的波特假说的内涵进行丰富拓展,以适应在全球背景下的讨论。

三、新结构波特假说的理论见解

通过上述对传统波特假说的述评发现,引入结构视角后,对已有研究均可以产生许多新见解,因此,有必要对已有研究进行系统性的重构,形成一个新的波特假说体系,本文称之为"新结构波特假说"。正如林毅夫(2010)所言,新结构经济学与已有的发展经济学文献相比,既有类似之处,又有重要的差异。新结构波特假说也并不是否定已有研究,而是在已有研究的基础上,从新结构经济学视角,重构传统波特假说的理论体系,已有研究是新结构波特假说研究脉络的重要组成要素。按照前文的逻辑顺序,本部分依次从环境规制的强度及其结构、技术创新的结构以及结构变迁等维度展开对新结构波特假说的理论阐述。

(一)最优环境规制强度及其变迁

新结构波特假说关于最优环境规制强度的一般原理表述是,经济发展阶段不同,最优的环境规制强度也不同,即最优环境规制强度是一个动态变迁的过程,随着经济发展阶段的变迁而变迁。一般而言,在经济发展早期阶段,最优环境规制强度相对较弱;而到经济发展后期阶段,最优环境规制强度相对更强。本质上,最优环境规制强度内生于要素禀赋结构所决定的产业结构。

进一步说明,在经济发展的早期阶段,要素禀赋及其结构处于低级水平,劳动相对丰裕,资本相对稀缺,其所对应的产业结构也大多是以劳动密集型产业为主,即使是污染密集型产业也大多以劳动要素为主。由于经济发展水平和产业大多处于初级阶段,环境问题相对较轻,此时所需要的环境规制强度也不需要太强,对应的最优环境规制强度也就较弱。随着经济发展阶段的变迁、要素禀赋结构的升级,与之对应的最优产业结构也升级,此时的产业以工业为主,污染密集型产业也较多,产业能耗和污染排放强度增加,环境问题变得严重。与此同时,环境规制强度应该加强,因此,与之对应的最优环境规制强度也加强。此外,在一个产业内部,最优环境规制强度也是不同的。例如,农业随着经济发展阶段的变迁,由传统农业变迁到现代农业。在传统农业阶段,其所用的大多为农家肥等自然资源,对环境污染少,对其几乎不太需要环境治理;当进入现代农业或农业工业化阶段后,化肥、塑料薄膜等投入使得环境问题变得严重,此时需要的环境规制程度就更高。

已有研究在各维度对上述新结构最优环境规制强度假说做了较为充分的论证,我们对此进行重构整理。(1)针对不同企业的最优环境规制强度不同,张三峰和卜茂亮(2011)研究发现,不同行业、规模和区位的企业面对环境规制,其生产率有不同的表现,表明不同的企业对环境规制带来的压力的消化能力有差异。相对小型企业,中国大中型工业企业完全有能力承受较高的环境标准。(2)针对不同行业的最优环境规制强度不同,李玲和陶锋(2012)认为,由于制造业行业之间的产业特性不同,环境规制对不同污染强度行业的作用也是不同的。(3)针对不同污染物的最优环境规制强度不同,张成等(2015)的研究结果表明,废气、废水和固废三种环境规制强度变化率对生产技术进步变化率的影响均存在两个门槛效应,只有适度的环境规制强度变化率才能引致理想的生产技术进步变化率。(4)针对不同地区的最优环境规制强度不同,王国印和王动(2011)研究发现,在不同区域和不同经济发展水平下,环境规制政策对企业技术创新的影响是不同的。环境规制对较发达地区的企业技术创新具有正的影响作用,在相当程度上支持"波特假说"的成立。中部地区的情况不支持"波特假说"。

(二)最优环境规制结构及其变迁

新结构波特假说关于最优环境规制结构的一般原理表述是,经济发展阶段不同,最优的环境规制结构也不同,即在不同的发展阶段,最优的环境规制工具不同。一般认为,在经济发展早期阶段,以命令型环境规制工具为主、市场型环境规制工具为辅的结构更优。而当经济发展进入高收入阶段,以市场型环境规制工具为主、命令型环境规制工具为辅的结构更为合理。

因为在经济发展早期,资本相对稀缺,劳动相对丰裕,资本的相对价格较高,劳动的相对价格较低,要素禀赋结构相对较低,此时,产业结构大多是以劳动密集型或土地密集型产业为主。由于生产力水平低,经济剩余较少,市场交换往往也不正规,市场机制尚不健全,想要把环境的外部性纳入市场体系就更为困难,况且市场本身并不是免费的,而是昂贵的公共物品,而市场型环境规制工具对市场体系的要求较高,国家和政府在要素禀赋约束下,没有足够的财政资金来提供环境市场体系的建设,无法提供健全的市场体系,因此,市场型环境规制工具无法有效运转。例如,中国正在建设的碳排放交易市场、绿色金融、PPP 等市场化机制都处于起步阶段,且都需要投入大量的人力和物力。而命令型环境规制是政府直接干预,干预成本相对较低,且易于执行,因此,在此阶段采用命令型环境规制工具效果可能会更好。当经济发展进入高收入阶段时,要素禀赋结构升级,资本变得相对丰裕,其相对价格较低,构建市场型环境规制工具的成本降低,且市场型环境规制工具能够有效运转,效率提高。因此,在高收入阶段,以市场型环境规制工具为主更优。

已有相关研究也佐证了新结构最优环境规制结构原理。关于发展阶段不同、环境规制工具的作用也不同这一点,涂正革和谌仁俊(2015)与齐绍洲等(2018)的研究给予了很好的支撑。涂正革和谌仁俊(2015)基于 2002 年中国工业 SO_2 排放权交易试点制度研究发现,该试点政策在中国未能产生波特效应,原因在于低效运转的市场还不足以支撑排污权交易机制的"完美"运行。而齐绍洲等(2018)基于 2007 年排污权交易试点政策研究发现,波特假说在中国确实存在。这说明相比于2002年的排污权交易机制,2007年的排污权交易机制更有效,这在一定程度上支撑了市场型环境规制跟发展阶段有关。

关于不同行业的最优环境规制工具不同这一假说,王班班和齐少洲(2016)实证发现,市场型和命令型政策工具均有助于诱发节能减排技术创新,但其诱发效应各有特点。市场型工具存在外溢性,除了节能减排技术创新之外,还有助于其他类别技术创新的共同增长,为企业提供更灵活的选择。命令型工具的诱发效应则对创新含量更高的发明专利更强,并且有赖于政策的有效执行。

(三)环境规制与技术创新结构

新结构波特假说关于环境规制影响技术创新结构的一般原理表述是,在不同经济发展阶段,环境规制导致的技术创新结构不同。在经济发展早期阶段,环境规制主要是影响以模仿性为主的技术创新;而进入高收入阶段,环境规制主要是影响以自主性为主的技术创新。

新结构经济学认为,提升生产力的生产结构升级是由禀赋结构所驱动的。在工业革命后,处于全世界技术和产业前沿的国家,在给定的技术和产业条件下进行资本积累,实现禀赋结构升级,这使得资本回报率下降。为了克服这个趋势,就会有企业家把资本投向新的技术和产业的研发,以熊彼特创新内生出新的技术和产业,推动世界技术和产业前沿的外移,来提升生产力,克服资本回报率的下降。处于全球产业和技术前沿内部的发展中国家,进行资本积累,实现禀赋结构升级,则可以在现有的产业和技术集中升级到新的与要素禀赋结构相符合的产业和技术,以克服资本回报率的下降。现有的产业和技术集的存在是发展中国家后来者优势的来源。因此,在经济发展早期阶段,发展中国家的产业和技术大多处于世界前沿内部,产业在面临环境规制约束时,基本可以从发达国家引进技术,包括生产性技术和绿色技术。而随着发展中国家进入高收入发展阶段,其产业和技术趋向世界前沿,在面临环境规制时,大多仅能依靠自主性技术创新,包括自主性生产技术和自主性绿色技术。近年来,绿色技术逐渐成为发达国家获得竞争优势的重要方面。

(四) 新结构波特假说的结构变迁机制

上一小节阐述新结构波特假说中环境规制与技术创新结构的关系,属于新结构弱波特假说的内容,本小节进一步对新结构波特假说中环境规制与TFP的关系展开研究,属于新结构强波特假说的内容。前文已经表明,传统的强波特假说主要是围绕技术创新机制展开,这对于发达经济体而言是合理的,但对于发展中经济体而言则是缺乏结构视角的表现。因此,在此部分我们更加强调结构变迁机制对于发展中国家的作用,这也是新结构波特假说的主要内容。新结构波特假说关于环境规制对结构变迁的一般原理可以表述为:在经济发展早期阶段,环境规制促进TFP的主要机制是结构变迁机制;而当经济发展进入高收入阶段,环境规制促进TFP的主要机制转变为技术创新,特别是自主性技术创新机制。具体而言,在经济发展早期,发展中国家的产业和技术处于世界前沿内部,后来者优势明显,在面对环境规制时,发展中国家可选择的路径较多:从成本、风险角度考虑,自主性技术创新的高投入、高风险的特点,不符合发展中国家的要素禀赋情况;而模仿性创新的投入成本较低和风险低,符合发展中国家的阶段需求。与此同时,产业结构也由高能耗、高污染和低附加值的产业逐步升级到附加值更高、能耗和污染更低的产业,实现生产率的提高。

关于环境规制促进要素禀赋和产业结构升级进而提高TFP的基本假说,童健等(2016)的研究支持该新结构强波特假说的理论观点,他们构建了环境规制、要素投入结构与工业行业转型升级的理论模型,认为要素投入结构差异是异质性工业行业的固有属性,但现有研究多忽略了工业行业的技术调整行为与要素投入结构之间的关系。一般而言,固定资产投资比重越高的行业环境技术调整成本越高。因此,要素投入结构将直接决定工业行业环境技术的调整意愿和对环境规制的容忍程度。环境规制对工业行业转型升级的影响取决于环境规制对污染密集行业和清洁行业的经济产出影响的相对大小,而工业行业的经济产出是由要素投入结构差异引发的环境规制经济效应的差异决定的。

四、总结

高质量创新是促进经济高质量发展的重要动力,而绿色发展是高质量发展的应有之义。那么对环境规制与创新发展的研究就具有重要的现实和理论意义。已有对两者关系的研究主要是基于新古典经济学的遵循成本说和基于动态视角的波特假说。纵观已有的理论,我们发现,它们较少考虑处于不同发展阶段的国家存在的结构性差异,因此,对两者关系的探讨缺乏结构性视角。本文基于新结构经济学视角,以要素禀赋结构作为切入点,从结构性的视角重新审视环境规制与创新的关系,提出了与传统波特假说不一样的理论见解,总结为新结构波特假说。通过对现实的梳理和理论的分析,新结构波特假说包含以下几层含义:第一,经济发展阶段不同,最优的环境规制强度也不同,即环境规制强度是一个动态变迁的过程。在经济发展早期阶段,最优的环境规制强度相对较弱;而到了经济发展后期阶段,最优的环境规制强度相对更强。第二,经济发展阶段不同,最优的环境规制结构也不同,即在不同的发展阶段,环境规制的类型不同。本文认为:在经济发展早期阶段,以命令控制型环境规制工具为主、市场型环境规制工具为辅更优;而当经济发展进入高收入阶段后,以市场型环境规制工具为主、命令控制型环境工具为辅的结构更为合理。第三,环境规制对技术创新结构的影响不同。在经济发展早期阶段,环境规制主要是影响以模仿性为主的技术创新;而进入高收入阶段,环境规制主要是影响以自主性创新为主的技术创新。第四,已有研究探讨波特假说时,大多仅分析自主性技术创新机制,而本文认为结构变迁机制对于发展中国家可能更为主要,既包括产业结构升级机制,也包括模仿性技术创新机制。第五,新结构经济学认为,生产结构升级是直接驱动机制,而禀赋结构升级是更为根本的驱动机制。

参考文献

1. 谌仁俊、肖庆兰、兰受卿:"中央环保督察能否提升企业绩效?——以上市工业企业为例",《经济评论》2019 年第 5 期。
2. 靳亚阁、常蕊:"环境规制与工业全要素生产率——基于 280 个地级市的动态面板数据实证研究",《经济问题》2016 年第 11 期。
3. 李玲、陶锋:"中国制造业最优环境规制强度的选择——基于绿色全要素生产率的视角",《中国工业经济》2012 年第 5 期。
4. 李树、陈刚:"环境管制与生产率增长——以 APPCL2000 的修订为例",《经济研究》2013 年第 1 期。
5. 林毅夫、苏剑:"论我国经济增长方式的转换",《管理世界》2007 年第 11 期。
6. 齐绍洲、林屾、崔静波:"环境权益交易市场能否诱发绿色创新?——基于我国上市公司绿色专利数据的证据",《经济研究》2018 年第 12 期。
7. 沈能:"环境效率、行业异质性与最优规制强度——中国工业行业面板数据的非线性检验",《中国工业经济》2012 年第 3 期。
8. 童健、刘伟、薛景:"环境规制、要素投入结构与工业行业转型升级",《经济研究》2016 年第 7 期。
9. 涂正革、谌仁俊:"排污权交易机制在中国能否实现波特效应?",《经济研究》2015 年第 7 期。
10. 王班班、齐绍洲:"市场型和命令型政策工具的节能减排技术创新效应——基于中国工业行业专利数据的实证",《中国工业经济》2016 年第 6 期。
11. 王杰、刘斌:"环境规制与企业全要素生产率——基于中国工业企业数据的经验分析",《中国工业经济》2014 年第 3 期。

12. 王勇、李雅楠、俞海:"环境规制影响加总生产率的机制和效应分析",《世界经济》2019年第2期。
13. 张成、郭炳南、于同申:"污染异质性、最优环境规制强度与生产技术进步",《科研管理》2015年第3期。
14. 张成、陆旸、郭路、于同申:"环境规制强度和生产技术进步",《经济研究》2011年第2期。
15. 张三峰、卜茂亮:"环境规制、环保投入与中国企业生产率——基于中国企业问卷数据的实证研究",《南开经济研究》2011年第2期。
16. Böhringer, C., Moslener, U., Oberndorfer, U., "Clean and productive? Empirical evidence from the german manufacturing industry," *Research Policy*, 2012, vol. 2, pp. 442-451.
17. Coase, R. H., "The problem of social cost," *Journal of Law and Economic*, 1960, vol. 3, pp. 1-44.
18. Gray, W. B., Shadbegian, R. J., "Plant vintage, technology, and environmental regulation," *Journal of Environmental Economics and Management*, 2003, vol. 3, pp. 384-402.
19. Greenstone, M., List, J. A., Syverson C., "The effects of environmental regulation on the competitiveness of U. S. manufacturing," *NBER Working Papers*, 2012, vol. 2, pp. 431-435.
20. Hamamoto, M., "Environmental regulation and the productivity of Japanese manufacturing industries," *Resource and Energy Economics*, 2006, vol. 4, pp. 299-312.
21. Jaffe, A. B., Palmer, K., "Environmental regulation and innovation: A panel data study," *Review of Economics and Statistics*, 1997, vol. 4, pp. 610-619.
22. Lanoie, P., Laurent-Lucchetti, J., Johnstone, N., "Environmental policy, innovation and performance: New insights on the Porter Hypothesis," *Journal of Economics & Management Strategy*, 2011, vol. 3, pp. 803-842.
23. Montgomery, W. D., "Markets in licenses and efficient pollution control programs," *Journal of Economic Theory*, 1972, vol. 3, pp. 395-418.
24. Porter, M. E., Van der Linde, C., "Toward a new conception of the environment-competitiveness relationship," *Journal of Economic Perspectives*, 1995, vol. 4, pp. 97-118.
25. Porter, M. E., "America's green strategy," *Scientific American*, 1991, vol. 4, pp. 168.

26. Shadbegian, R. J., Gray, W. B., "Pollution abatement expenditures and plant-level productivity: A production function approach," *Ecological Economics*, 2005, vol. 3, pp. 196-208.

(郑洁,北京大学新结构经济学研究院;刘舫,北京林业大学经济管理学院)

图书在版编目(CIP)数据

中国道路与经济高质量发展/厉以宁主编.—北京：商务印书馆,2021
(中国道路丛书)
ISBN 978-7-100-19242-2

Ⅰ.①中… Ⅱ.①厉… Ⅲ.①中国经济—经济发展—文集 Ⅳ.①F124-53

中国版本图书馆 CIP 数据核字(2020)第 252828 号

权利保留,侵权必究。

中国道路丛书
中国道路与经济高质量发展
厉以宁　主编
程志强　副主编
赵秋运　主编助理

商务印书馆出版
(北京王府井大街36号　邮政编码100710)
商务印书馆发行
北京新华印刷有限公司印刷
ISBN 978-7-100-19242-2

2021年1月第1版　　　开本 710×1000 1/16
2021年1月北京第1次印刷　印张 26
定价：78.00元